एक
IAS की
आत्मकथा

AF527138

एक IAS की आत्मकथा

सत्य, ईमानदारी एवं न्याय के पथ पर एक IAS की प्रेरक कहानी

प्रमोद कुमार अग्रवाल, *IAS (Retd.)*

प्रभात प्रकाशन

प्रकाशक
प्रभात प्रकाशन प्रा. लि.
4/19 आसफ अली रोड, नई दिल्ली–110002
फोन : 011–23289777 • हेल्पलाइन नं. : 7827007777
इ–मेल : prabhatbooks@gmail.com ❖ वेब ठिकाना : www.prabhatbooks.com

संस्करण
2025

सर्वाधिकार
सुरक्षित

पेपरबैक मूल्य
चार सौ रुपए

मुद्रक
आर–टेक ऑफसेट प्रिंटर्स, दिल्ली

EK IAS KI ATMAKATHA
by Shri Pramod Kumar Agrawal, IAS (Retd.)

Published by **PRABHAT PRAKASHAN PVT. LTD.**
4/19 Asaf Ali Road, New Delhi-110002

ISBN 978-93-5562-328-7

₹ 400.00 (PB)

लेखकीय

मैं अपनी आत्मकथा लिखने का सुझाव वर्षों से टालता आ रहा हूँ, क्योंकि प्रथमत: मैं व्यक्ति-पूजा का विरोधी हूँ तथा द्वितीय मेरे साहित्य के विषय में दूसरे लिखें, पर जब कई युवा आई.ए.एस. अधिकारियों ने माँग रखी तो मैंने अपने विषय में लिखने के लिए कलम उठाई। वैसे व्यक्ति के जीवन के विभिन्न आयाम होते हैं तथा प्रत्येक आयाम पर सैकड़ों पृष्ठ लिखे जा सकते हैं। पर कृति वही है, जिसे पाठक पढ़ें। ऐसी कई आत्मकथाएँ तथा अभिनंदन ग्रंथ प्रकाशित होते हैं तथा समय के प्रवाह में बह जाते हैं अथवा लेखकों या व्यक्तियों की निजी अलमारियों या पुस्तकालयों की रैक में धूल खाते हैं। उस कारण मैंने पूज्य महात्मा गांधी की आत्मकथा 'सत्य के प्रयोग' से प्रेरणा लेकर 'एक IAS की आत्मकथा' आत्मकथात्मक कृति के प्रणयन करने का निश्चय किया, जिसमें समाज, प्रशासन तथा देश के लिए कुछ उपयोगी सामग्री हो। ऐसे तो प्रकृति की पृष्ठभूमि, सामाजिक व्यापारों तथा मध्यवर्गीय जीवन के संघर्षों की सैकड़ों कृतियाँ हैं, पर प्रशासन के अंदर झाँकती हुई हिंदी में कम कृतियाँ हैं। फिर मुझे विविध प्रकार के अनुभव करने का जीवन में सौभाग्य प्राप्त हुआ। जैसे जिला प्रशासन से लेकर राज्य एवं केंद्रीय सरकारी तंत्र के संचालन का अनुभव, वकालत पेशा और साहित्य-सृजन। इसके साथ-साथ मैंने बचपन से आर्थिक अभावों का जीवन जिया तथा भारतीय समाज के वर्तमान मानकों के अनुसार समृद्ध जीवनयापन तक पहुँचा, पर वह भी पूर्ण ईमानदारी, पारदर्शिता, सच्चरित्रता को अपनाकर एवं अन्याय के विरुद्ध एक जुझारू योद्धा की भाँति बढ़कर। हो सकता है कि भौतिकता में संलिप्त वर्तमान पीढ़ी को यह विश्वसनीय प्रतीत न हो, पर सत्य, सत्य ही है। वह अंधकार में भी चमकता है।

यही कारण है कि मैं कभी किसी नौकरी को छोटा या बड़ा नहीं समझता हूँ। नौकरी तो जीवनयापन का एक साधन है, जिस पर चलकर व्यक्ति को अपने जीवन का गंतव्य प्राप्त करना चाहिए। वह नौकरी में सफलता से लेकर सामाजिक कार्यों में समर्पण, साहित्य में योगदान, खेलों में श्रेष्ठता, उद्योग या राजनीति में दखल या आध्यात्मिक

उच्चता हो सकती है। इसलिए मैंने विधि प्रवक्ता से लेकर नायब तहसीलदार, बिक्रीकर अधिकारी, आयकर अधिकारी, जिलाधिकारी से लेकर केंद्र सरकार के संयुक्त सचिव एवं राज्य सरकार के प्रधान सचिव के पदों पर कार्य किया तथा सभी का बारीकी से परीक्षण करके अपना लोकसेवा में सौ प्रतिशत अवदान दिया। आई.ए.एस. भारत में सामाजिक मान्यता के अनुसार सर्वोत्तम नौकरी मानी जाती है, पर मुझे इस बात का कभी एहसास नहीं हुआ। मैं तो प्रारंभ से एक लेखक बनना चाहता था, जीवनयापन के लिए छोटी-मोटी नौकरी करना चाहता था, पर ईश्वर कृपा से आई.ए.एस. बन गया।

मैं सब समय स्वयं को अपने कस्बे के मध्यमवर्ग का सदस्य ही मानता रहा। मुझे अपने जन्मस्थान से सदैव अटूट प्रेम रहा। मेरे सहकर्मी तो मुझे माँ के प्रति समर्पण के कारण श्रवणकुमार कहते थे। व्यक्ति को अपना स्वास्थ्य तथा परिवार ठीक रखना चाहिए, तभी वह समाज के लिए कुछ कर सकता है, पर मुझे कभी दर्प नहीं आया, क्योंकि मैं सोचता हूँ कि इस संसार में घटनाओं, दुर्घटनाओं तथा भाग्य का निरंतर चक्र चल रहा है और कब क्या हो जाए, कोई नहीं जानता। राजा जनक मेरे आदर्श रहे, जो महल जल जाने के बाद भी विचलित नहीं हुए, राग-द्वेषरहित काम करते रहे।

इस कारण मैं कार्यालय को मंदिर मानकर ही पुजारी की भाँति बैठता था। मैंने देखा कि नौकरशाही तंत्र में अधिक सक्रियता दिखने से काम नहीं चलता, क्योंकि यह शक्तिशाली तंत्र एक अदने व्यक्ति को हताश करके बाहर फेंक देगा। इसलिए तंत्र के अनुसार ही चलने में भलाई है, तभी तंत्र आपको मित्र, दार्शनिक तथा मार्गदर्शक मानकर अपनी सीमा के अंदर सुधार ग्रहण करेगा।

पुस्तक को रुचिकर एवं ग्राह्य बनाने के लिए मैंने अपने जीवन के कुछ प्रसंग दिए हैं। साथ में मेरी अभिरुचि के कार्य जैसे साहित्य-सृजन तथा उच्च अध्ययन को भी संक्षिप्त में सँजोया है, ताकि प्रशासन के सूखे विषय में कुछ रस घोला जा सके। वैसे इस पुस्तक में प्रशासन पर विस्तृत ढंग से साहित्य के विवरणों तथा विधि की धाराओं तथा उपधाराओं का संदर्भ देकर लिखा जा सकता था, पर उससे शायद पाठकों को ऊब हो जाती। इसलिए मैंने अपने प्रत्येक पद पर एक-दो घटनाओं का विवरण ही दिया है तथा यह सुनिश्चित किया है कि एक प्रकार का विषय या घटना फिर से न दोहराया जाए। प्रशासन का अधिकांश कार्य सभी पदों पर एक जैसा ही होता है, जैसा मानव-जीवन में भी है, पर व्यक्ति उसी में विविधता घोलकर अपने व्यक्तिगत जीवन में आनंद ला सकता है।

प्रशासन के अकादमिक विशेषज्ञों एवं पश्चिम बंगाल के बाहर बुद्धिवर्ग को यह कृति पढ़कर आश्चर्य होगा कि उस समय पश्चिम बंगाल का प्रशासन इतना पारदर्शी तथा पक्षपातरहित था, पर मैंने वास्तविक घटनाओं को ही अपनी आत्मकथा में स्थान दिया है,

यद्यपि मैं महात्मा गांधी की भाँति अपनी आत्मकथा में ईमानदारीपूर्वक कई ऐसी घटनाओं को स्थान न दे सका, जो केवल व्यक्तिगत चरित्र या मानवीय संबंधों पर आधारित थीं। इसका एक कारण यह भी है कि अनावश्यक विस्तार विवरणवाली कृतियों को न तो किसी को पढ़ने का अवकाश है और न ही शौक। उसके लिए साहित्य में पृथक् रूप से उपन्यास विधा है और मेरे कई उपन्यासों में मेरा जीवन प्रतिबिंबित हुआ है। मानव-जीवन बहुत जटिलताओं तथा कुंठाओं से युक्त है। यदि लेखक उसकी माला स्वयं तैयार करे तो उस माला में कहीं गाँठें आ जाएँगी या कहीं वह कमजोर पड़कर टूट जाएगी और उसकी कृति हास्यास्पद हो जाएगी, इसलिए आजकल दूसरों द्वारा यथार्थपरक जीवनियाँ लोकप्रिय हो रही हैं। प्रत्येक काल का अपना युगबोध होता है, जो परिवर्तनीय है। इस कारण मैंने अपनी आत्मकथा को केवल न्याय के लिए व्यक्तिगत संघर्ष की कहानी ही नहीं बताया, अपितु उसमें समाज के उतार-चढ़ाव, प्रगति-अवनति, उत्थान-पतन तथा उसके संचालक-तंत्र को भी प्रस्तुत किया है, ताकि मेरी यह समाज में न्याय के संघर्ष की कहानी बन सके। यही प्रत्येक लेखक का स्वप्न होता है।

साहित्य के मनीषी तथा पाठक यह प्रश्नचिह्न लगा सकते हैं कि एक भारतीय प्रशासनिक सेवा के अधिकारी को न्याय के लिए संघर्ष करने के लिए आवश्यकता ही नहीं, क्योंकि वह नौकरी में प्रथम दिन से स्वयं इतना क्षमतावान तथा शक्तिशाली है कि उसे संघर्ष करने की आवश्यकता ही नहीं। वह तो सरकार का दामाद है, पर मेरी कृति पढ़कर पाठक यह हृदयंगम कर सकेगा कि सत्य, ईमानदारी एवं न्याय के पथ पर चलनेवाले को सदा संघर्षों का सामना करना पड़ता है, पर अंतिम विजयश्री उसका ही वरण करती है। मेरी आई.ए.एस. में संघर्षपूर्ण कार्यविधि पास से दृष्टिगोचर करके मेरे पुत्रों ने आई.ए.एस. परीक्षा के लिए प्रयास ही नहीं किया। यद्यपि मेरे दोनों पुत्र मेधावी विद्यार्थी थे। वे मेरे संघर्ष में सब समय साथ खड़े रहे। मेरी धर्मपत्नी भी मेरे संघर्षों की प्रत्यक्षदर्शी तथा सहभागिनी रहीं। वास्तव में मेरे घर में लेखन एक उद्योग की भाँति ही था और वर्तमान में भी है, जिसका प्रशासन मेरी धर्मपत्नी उषा ही सँभालती आ रही हैं।

हिंदी साहित्य के स्तंभ तथा अग्रणी समीक्षक नामवरसिंह ने मुझे डायरी के रूप में अपने संस्मरणों को लिखने के लिए कहा। मैंने बीस-पच्चीस पृष्ठ की एक सिविल सर्वेंट की डायरी लिखी भी, पर वह साहित्य-समाज में पैठ न बना सकी, क्योंकि मेरे द्वारा उसमें प्रशासनिक एवं साहित्यिक विवरण भरने के प्रयास में उसकी रोचकता चली गई। हो सकता है, इस कृति में भी मैं विवरण देने की व्यग्रता के कारण उतनी रोचक तथा साहित्यिक श्रेष्ठता न ला सका, पर जो भी कर सका हूँ, वह आपके समक्ष है।

मेरी यह कृति केवल मेरा आत्मकथात्मक वृत्तांत ही नहीं, पाँच दशकों के प्रशासन, साहित्य एवं समाज के महत्त्वपूर्ण मुद्दों का दस्तावेज है। मुझे विश्वास है कि

सिविल सेवा परीक्षा में बैठनेवाले अभ्यर्थी एवं सिविल सेवा अधिकारी इस कृति को पढ़ेंगे तथा लाभान्वित होंगे। आज हमें केवल सर्वोच्च पद पर ही नेहरू, इंदिरा गांधी, अटलबिहारी वाजपेयी, नरेंद्र मोदी की ही आवश्यकता नहीं है, बल्कि भारतीय समाज के प्रत्येक अंग में नेहरू, गांधी, वाजपेयी और मोदी की आवश्यकता है, जो न्याय के लिए संघर्ष करके समाज में न्याय की स्थापना कर सकें। यदि मेरी कृति के आधार पर कुछ प्रशासनिक तथा साहित्यिक संस्थाओं में सुधार का प्रारंभ हुआ तो मैं अपने परिश्रम को सार्थक समझूँगा।

इस प्रति के टंकण में श्री प्रवीण बंसल ने हार्दिक सहयोग दिया, इसके लिए उनको शतशः धन्यवाद।

—प्रमोद कुमार अग्रवाल

अनुक्रम

लेखकीय 5

1. जन्म 11
2. प्राथमिक कक्षाओं में सफलता 14
3. उच्चतर माध्यमिक शिक्षा : जीवन की नींव 20
4. हाईस्कूल एवं इंटरमीडिएट परीक्षाओं में भारी सफलता 24
5. इलाहाबाद विश्वविद्यालय में अध्ययन 29
6. इलाहाबाद विश्वविद्यालय में स्वर्णिम काल 34
7. नौकरी जीवन में प्रवेश 40
8. भारतीय राजस्व सेवा में प्रवेश 45
9. ग्वालियर में नौकरी और विवाह 49
10. आई.ए.एस. में सफलता 54
11. जिला में प्रशिक्षण 60
12. अकादमी में अंतिम प्रशिक्षण और जिले में तैनाती 64
13. अकादमी से विदाई और उपजिलाधिकारी के पद पर तैनाती 68
14. अतिरिक्त जिलाधिकारी के पद पर भूमि-सुधारों का क्रियान्वयन 79
15. हल्दिया विकास प्राधिकरण के अध्यक्ष से अनबन 89
16. अतिरिक्त जिलाधिकारी का दूसरा कार्यकाल 92
17. जिलाधिकारी पद पर स्वर्णिम अवसर 95
18. गंगा निर्मलीकरण परियोजना : एक नया अनुभव 109

19.	कोलकाता में आगमन	120
20.	दिल्ली में संयुक्त सचिव	133
21.	पश्चिम बंगाल सरकार में प्रधान सचिव	146
22.	उपभोक्ता हितों का संरक्षण	170
23.	सरकार में अंतिम पारी	179
24.	वकालत	190
25.	मेरी साहित्य–यात्रा	203

जन्म

नवदुर्गा की चतुर्थी। गोधूलि वेला। माँ सोना देवी ने पास के शिव मंदिर में पूजा-अर्चना की कि वे इस बार भी ठीक तरह से प्रसव से निबट जाएँ। वे पूजा करके घर लौट ही रही थी कि पेट में दर्द बढ़ गया और उन्हें घर के चबूतरे पर से उठाकर प्रसव कक्ष में ले जाना पड़ा। तुरंत ही घर की नाइन बुलाई गई और बरारिन को भी बुलाया गया। प्रसव कक्ष की सफाई होते-होते ही मेरा जन्म हो गया। पिताजी ने खुशी में चाचा की दुनाली बंदूक से दो गोली दगवाईं। सभी को पता चल गया कि सेतू सर्राफ के यहाँ बालक का जन्म हुआ है, क्योंकि लड़की के जन्म पर कोई आतिशबाजी नहीं होती। नाइन और बरारिन ने अपना कार्य किया तथा प्रसव की पीड़ा में भी माँ के चेहरे पर अपार खुशी बिखर रही थी, पर नाइन ने तुरंत ही उनके मस्तक पर पट्टी बाँधी, ताकि जच्चा-बच्चा को ठंड न लगे।

माता सोना देवी पिता सेतूलाल की तीसरी पत्नी थीं, पर अपनी पतिभक्ति और परिवार में अपने सौहार्द से उन्होंने सभी का दिल जीत लिया। उनके विषय में कोई बुराई नहीं करता। दूसरी ओर सुंदर न होते हुए भी वे पिता की श्रद्धा की पात्र थीं, क्योंकि उन्हीं से पिता को संतान सुख प्राप्त हुआ। यद्यपि माता के गर्भ से मेरे पूर्व दो पुत्र एवं पाँच पुत्रियाँ हुईं, पर केवल बड़े भाई एवं एक बहन ही जीवित बचे थे। अत: मेरा जन्म माँ के लिए आनंददायक था। यद्यपि माँ पूर्व में जनमे अपने एक लड़के एवं एक पुत्री की यादगार कभी विस्मृत नहीं कर पातीं।

जन्म के बाद ही पिताजी दुकान में लग गए। पहले से बहुत कुछ जुड़ा हुआ धन नहीं था। रोज कुआँ खोदना, रोज पानी पीना। घर में कुछ अचल संपत्ति अर्थात् दो खँडहर मकान एवं भूखंड अवश्य थे, जिसको देखकर पिताजी परिवार के भविष्य के प्रति आश्वस्त थे, पर जमीन या मकान तुरंत तो नहीं बिक सकते। खरीदने वाला भी खरीदने से पूर्व गंभीर सोच-विचार करता है, पर पुरानी जमीन और मकान के एवज में आवश्यकतानुसार ऋण अवश्य मिल जाता है। गाँव में दो-एक साहूकार ऐसे हैं, जिनके

पास भारतीय रिजर्व बैंक की भाँति अजस्र धन-दौलत है और वे किसी भी क्षण अपनी मनमानी ब्याज दरों पर रुपया उधार दे सकते हैं। पिताजी की कपड़े की छोटी सी दुकान थी, जो घर से लगी थी। दुकान से लगा हुआ एक छोटा-सा कमरा था, जिसमें माल (स्टॉक) रखा रहता था।

सेतू को आश्चर्य हुआ कि लड़के के जन्म के दिन दुकान पर आश्चर्य से अधिक बिक्री हुई। सभी कह रहे थे, "सेठ, यह लड़का तुम्हारे लिए शुभ-लाभ लेकर आया है। तुम्हारे अब दुर्दिन गए। घर में विष्णु पधारे हैं, उनके पीछे लक्ष्मीजी भी आएँगी।"

सेतू मन-ही-मन आह्लादित थे। शायद छोटे लड़के के साथ उनका भाग्योदय हो। दुकान के कृषिजीवी ग्राहक पिताजी को बधाई देने आए, क्योंकि वे पिताजी के अंतरंग मित्र थे। पिताजी का मन अपने पड़ोसियों या जाति-बिरादरीवालों के साथ अधिक नहीं लगता था, क्योंकि वे सामने कुछ और, पीठ पीछे कुछ और। उनकी कथनी और करनी में अंतर था। वैश्य बिरादरी के लोग सेतू को एक गरीब व्यवसायी समझते थे।

दुकान पर मुख्यत: किसानों के मतलब का कपड़ा होता, जिसे मारकीन कहते थे। सूती मिलें केवल किसानों के लिए यह कपड़ा बनाती थीं। इसके साथ-साथ कुछ कलफ किया हुआ लट्ठा तथा अंडरवियर के लिए लाइनिंगवाला कपड़ा। इन्हीं तीनों के बीच पूरी कपड़ा दुकानदारी थी पिताजी की।

माँ ही सुबह दुकान की साफ-सफाई करती थीं तथा रसोई और घरेलू कामों से निवृत्त होकर दुकान पर बैठती थीं। विशेषत: जब पिताजी दोपहर के भोजन के बाद आधे घंटा का विश्राम करते थे। मेरी देखभाल मेरी बड़ी बहन कृष्णा करती। वही मेरी माँ थी। बड़े भाई ने हाईस्कूल में प्राइवेट परीक्षा देकर प्रथम श्रेणी प्राप्त की, पर पिताजी के गिरते हुए स्वास्थ्य को दृष्टिगोचर करके उन्हें पिताजी के साथ दुकान पर बैठना पड़ा। भाई तथा पिता ने मिलकर दुकान चमका दी, ग्राहक बढ़ने लगे और दुकान पर कई किस्म का कपड़ा आने लगा। भाई सायंकाल अपने मित्रों के साथ कस्बे की व्यायामशाला में कसरत करते। भाई एवं उनकी मित्रमंडली का कस्बे में सुनाम हो गया कि कस्बे का प्रभावशाली चौधरी परिवार उनसे ईर्ष्या करने लगा। चौधरी परिवार अग्रवालों में कस्बे का नंबर एक परिवार था। दुकान भी अच्छी चलने लगी। भाईसाहब कानपुर आदि कपड़े की थोक मंडियों से जाकर कपड़ा खरीदते जिससे दुकान में लाभ बढ़ता गया, जो काम पिताजी नहीं कर पाए। पिताजी घर से बाहर आसपास ही तक गए थे—झाँसी, बसोब (ससुराल) तथा उच्च न्यायालय, इलाहाबाद तक। मुल्ला की दौड़ मसजिद तक।

परिवार की अप्रत्याशित आय वृद्धि के कारण पिताजी के चचेरे भाई ईर्ष्या करने लगे एवं उन्हें नीचा दिखाने की चेष्टा में लग गए। चौधरी परिवार में एक युवक अपनी मित्रमंडली के साथ नया-नया उठ रहा था, पर वह कस्बे में खराब काम अधिक करता

था, जैसे लड़कियों से छेड़खानी करना या कमजोर को दबाना। एक बार उसने हमारी बहन से छेड़खानी की। बहन रोती हुई घर आई। उस दिन तो मामला पिताजी एवं माताजी ने वहीं रफा-दफा कर दिया, पर भाई ने निश्चय किया कि वे अवसर आने पर उससे अवश्य ही बदला लेंगे।

रक्षाबंधन का दिन था। अपराह्न तालाब के बाँध पर मेले में दंगल प्रतियोगिता और निशानेबाजी प्रतियोगिता का आयोजन हुआ। चौधरी परिवार का युवक और भाई अपने-अपने साथियों के साथ मेला देखने पहुँचे। दोनों का आमना-सामना हो गया। चौधरी युवक ने भाई पर कुछ कटाक्ष कसा। बस भाई और उनके हृष्ट-पुष्ट साथियों ने उसकी धुनाई कर दी। चौधरी युवक के साथी भाग निकले। वह घायल अवस्था में अस्पताल ले जाया गया। भाई और उनके साथी अपने घर लौट आए। चौधरी खानदान कस्बे का सबसे धनाढ्य तथा रुतबेवाला परिवार था। यह उनका अपमान था। उन्होंने लोग जुटाए एवं घायल युवक को चारपाई पर लेटाकर हमारे घर पर धावा बोलने चले आए। माताजी ने दरवाजा अंदर से बंद कर लिया तथा भाई के कहने पर भी नहीं खोला। मेले में यह समाचार विद्युत् की भाँति फैल गया। सभी अपने-अपने घरों में बंद हो गए। हमारी दुकान का किसान वर्ग, जो मुख्यत: ग्राहक था, वे सभी एकत्र हो गए एवं उन्होंने चौधरी की भीड़ को चुनौती दी तथा भाई और हमारे पिताजी को बाहर आने के लिए कहा, पर माँ ने एक न सुनी। माँ ने मुझे घर के अंदर दुबका दिया, पर मैं बाहर हो रही चुनौतियों-चीत्कारों को सुन पा रहा था। मैंने दरवाजे के एक छेद से अपने घर के बाहर एकत्र विशाल भीड़ को देखा। मैं भय से घबरा रहा था। मेरा पूरा परिवार घर के सामने किसानों के समर्थन के कारण आश्वस्त एवं सुरक्षित था। मुझे लगा जैसे किसान भगवान् के रूप में आ गए थे। उन्होंने मेरे भाई और परिवार को बचा लिया। विरोधी दल किसानों को अत्यंत क्रोध में मरने-मारने पर उतारू देखकर लौट गए—"चलो, हम थाने चलते हैं। वहीं सेतू के लड़के के विरुद्ध एफ.आई.आर. करेंगे, उसे गिरफ्तार करवाएँगे।"

विरोधी पक्ष की भीड़ चले जाने के पश्चात् किसानों के कहने पर मेरे भाई घर से बाहर आ गए। इसके बाद, भाई कुछ दिनों के लिए कहाँ गायब हो गए, मुझे पता नहीं चला। मेरी आँखें उन्हें घर पर ढूँढ़तीं, पर वे घर पर नहीं थे। शायद किसानों ने ही उन्हें अपने यहाँ छिपा दिया हो। मुझे किसानों पर अत्यंत श्रद्धा हो गई। मैंने प्रण किया—"मैं किसानों के इस एहसान को अपने खून की प्रत्येक बूँद से चुकाऊँगा।" मैं किसानों का जीवनपर्यंत ऋणी हो गया।

□

प्राथमिक कक्षाओं में सफलता

मैं पाँच वर्ष का हो गया। मेरी बहन पास की ही दलित प्राइमरी पाठशाला में मेरा प्रवेश कराने के लिए ले गई—पट्टी एवं खड़ी-बोरका लेकर। प्रधान शिक्षक ने मेरा तुरंत ही प्रवेश ले लिया, क्योंकि सवर्ण वर्ग के कम लड़के ही इस पाठशाला में पढ़ने जाते थे। बहनजी के सुझाव पर मेरा नाम प्रमोद कुमार अग्रवाल अंकित हो गया जबकि घर का नाम लल्लू था। मेरी बहन की उस समय भी कितनी ऊँची सोच थी कि उन्होंने मुझे इतना अच्छा नाम दिया। माता-पिता मेरी ओर से चिंतामुक्त थे। पाठशाला में गुरुजी मेरा ध्यान रखते थे तथा घर पर बड़ी बहन। मेरी बड़ी बहन स्वयं पढ़ने-लिखने में मेधावी थी। अत: माँ के निरक्षर होने पर भी मेरी प्रारंभिक शिक्षा उत्तम हुई।

उस समय लड़के-लड़कियों को पाठशाला में ही जो पढ़ाया जाता, वही पूर्ण था। घर पर किसी गृह-कार्य या अभ्यास की आवश्यकता नहीं होती थी, न ही ऐसी कोई परंपरा थी—आजकल के हिसाब से बिल्कुल विपरीत। ऐसा ज्ञात होता है कि प्राथमिक शिक्षा के स्तर पर तो माँएँ सभी काम छोड़कर बच्चों की पढ़ाई में ही लगी रहती हैं, जैसे देश में और कोई उत्तम कार्य किया नहीं जा सकता। पूरा देश जैसे पाठशाला बन गया है। फिर भी शिक्षा के स्तर में इतनी गिरावट! यदि पाठशाला के अध्यापक चौथी या पाँचवीं कक्षा में आवश्यक समझते तो बच्चों को घर पर नि:शुल्क पढ़ाने के लिए रात्रि में बुलाते। कक्षा तीन तक तो खाओ, पियो, पढ़ो और खेलो ही चलता रहता था। यही कारण था कि बच्चों का शारीरिक स्तर अच्छा था। उनकी उसी समय उनके जीवन में इमारत खड़ी करने के लिए ठोस नींव पड़ जाती थी।

पाठशाला में केवल दो कच्चे खपरैल के कमरे थे। बाकी कक्षाएँ खपरैल एवं ईंट, मिट्टी से बने बरामदे में लगती थीं। प्रधान शिक्षक जिस कमरे में बैठते थे, उसमें भी कक्षाएँ लगती थीं—कक्षा के साथ-साथ पाठशाला का प्रशासन। प्रधान शिक्षक अन्य अध्यापकों की भाँति ही कक्षाएँ लेते थे। वे कक्षा शुरू होने से पूर्व सभी विद्यार्थियों को प्रार्थना के लिए श्रृंखलाबद्ध खड़ा करते थे तथा प्रार्थना के पश्चात् प्रत्येक विद्यार्थी के

पास पैमाना लेकर विद्यार्थियों की स्वच्छता की चेकिंग करते थे। मुख्यतः नाखून तथा कपड़ों की सफाई। जो विद्यार्थी स्वच्छता नहीं रखते थे, उन्हें पैमाने से दंड दिया जाता तथा प्रार्थना के पश्चात् उनके नाम की घोषणा की जाती, ताकि वे स्वयं शर्मसार होकर दूसरे दिन पाठशाला साफ-सफाई से आएँ।

एक दिन हमारी पाठशाला में जिला विद्यालय निरीक्षक कक्षाओं का निरीक्षण करने आए। उन पर शहरी छाप थी। उनके कपड़े भी टेरीकॉट के थे तथा मुखमंडल पर प्रभा विद्यमान थी। मैंने सोचा—'काश! मैं भी उन जैसा हो पाऊँ।' सभी प्रधान शिक्षक उनकी आवभगत में लगे हुए थे। जिला विद्यालय निरीक्षक ने हमारी कक्षा में कुछ प्रश्न किए। प्रधान शिक्षक के इशारे पर खड़े होकर मैंने उनका सही जवाब दे दिया। प्रधान शिक्षक को आत्मसंतोष प्राप्त हुआ कि उनका एक विद्यार्थी उनके अनुसार शिक्षा ग्रहण कर रहा है। जिला विद्यालय निरीक्षक भी प्रसन्न हुए तथा उन्होंने प्रस्थान से पूर्व पाठशाला के लिए अच्छी रपट लिखी। उन्होंने बातचीत में कहा कि हमारी दलित पाठशाला का सवर्ण मोहल्ले में स्थित पाठशाला से शिक्षण का स्तर ऊँचा है। फिर क्या था, पूरे गाँव में यह समाचार विद्युत् की भाँति फैल गया। साथ-साथ मेरा नाम भी कस्बे में फैल गया। जो लोग अपने बच्चों का प्रवेश इस पाठशाला में कराने से कतराते थे, वे भी दलित पाठशाला की ओर उन्मुख हुए।

अब मैं पाँचवीं कक्षा में आ गया था तथा प्रधान शिक्षक का प्रिय छात्र हो गया। वे मुझ पर ध्यान रखते तथा कक्षा समाप्त होने पर मुझे आकर सुझाव देते, जो मैं तुरंत कार्यान्वित करता। मुझे भी प्रधान शिक्षक का व्यवहार एवं आचार उत्तम लगा, किसी प्रकार मेरे पिताजी से कम अच्छा नहीं। उनका नाम शंकर था और वास्तव में वे भोले शंकर बाबा थे। कस्बे में लोग उन्हें शंकर पंडितजी के नाम से पुकारते थे। उनमें न किसी के प्रति राग, न द्वेष। उनकी बोलचाल पूर्णतः मधुर एवं सीमित होती। मैंने उन्हें कभी गपशप या राजनीति की चर्चा करते हुए नहीं सुना। वे हर समय सोचते कि कैसे कमजोर छात्रों को आगे लाया जाए तथा मुझ जैसे मेधावी छात्रों को और आगे बढ़ाया जाए, ताकि पाठशाला का नाम रोशन हो। वे सभी विद्यार्थियों को खड़ा करके गिनती, पहाड़ा दोहराते, ताकि बच्चों के बोलने की भाषा भी परिमार्जित हो। जो विद्यार्थी उनके आदेश का पालन नहीं करते, उन्हें डंडे से दंड दिया जाता या फिर कक्षा में ही सबके सामने मुरगा बनाया जाता, ताकि विद्यार्थी शर्मसार होकर स्वयं की भूलें सुधारें और आगे बढ़ें। आजकल तो बच्चों को पीटने पर अभिभावकगण आपत्ति जताने के लिए तुरंत स्कूल में पहुँच जाते हैं। मेरे समय में तो पितागण 'गुरु देवो भवः' कहकर उलटा लड़के को ही डाँट देते थे कि उसने ऐसी गलती क्यों की?

हमारी पाठशाला की अंतिम कक्षा पाँच थी तथा पाँचवीं कक्षा में सफलता ही

पाठशाला के स्तर का मापदंड था। अत: मैं, मेरे सभी सहपाठी एवं अध्यापक पूरी मेहनत से पढ़ाई में लग गए। मुझ पर प्रधान शिक्षक का विशेष ध्यान केंद्रित था कि मैं ही मंडल स्तर की पाँचवीं कक्षा की परीक्षा में सर्वप्रथम आऊँ। प्रधान शिक्षक और मेरी मेहनत तथा भाग्य ने मेरा साथ दिया। परीक्षा परिणाम ग्रीष्मावकाश में घोषित हुआ। कस्बे क्या, मंडल के सभी प्राथमिक विद्यालयों में मैं सर्वप्रथम आया। यह समाचार आँधी की भाँति सारे गाँव में फैल गया। प्रधान शिक्षक शंकर पंडितजी मेरे घर पर बधाई देने आए। पिताजी, माताजी, भाईसाहब एवं मेरी बहनजी की खुशी का ठिकाना न रहा। पिताजी ने मुझे तुरंत पंडितजी को साष्टांग चरण स्पर्श करने का इशारा किया और कहा—"पंडितजी, मुझे अपने लड़के पर गर्व है कि आपके शुभ चरण मेरे घर पर पड़े।" मंडल परीक्षा में मेरे अव्वल होने से हमारी दलित प्राथमिक पाठशाला का मान-सम्मान स्थानीय क्षेत्र में बढ़ गया। अब उसे लोग केवल अनुसूचित जाति या जनजाति की पाठशाला नहीं समझते, बल्कि उसे ब्राह्मणों के मोहल्ला सिनौरा में स्थित प्राथमिक पाठशाला के समकक्ष समझने लगे। मुझे परीक्षा में प्रथम अप्रत्याशित सफलता के लिए सरकार की ओर से सर्वोच्च छात्रवृत्ति प्राप्त हुई, जो मेरी छह से आठवीं कक्षा की पढ़ाई में स्कूल की फीस भरने के लिए काफी थी। माँ ने मुझे खूब प्यार किया तथा ग्रीष्मकाल में ब्राह्मी, शंखा होली बूटी से बनी खूब ठंडाई पिलाई, ताकि बड़ी कक्षा में मेहनत करने के उपयुक्त मेरा शरीर सुडौल बन सके।

ग्रीष्मावकाश के पश्चात् मैंने कस्बे में ही उसी वर्ष स्थापित श्री चौबे रामस्वरूप उच्चतर माध्यमिक विद्यालय में कक्षा-6 में प्रवेश लिया। मेरे कक्षाध्यक्ष श्री प्रभाकर राव परोलकर थे, जो हिंदू विचारों के सिद्धांतप्रिय व्यक्ति थे। उनका शरीर अति सौष्ठव था। वे मुझे कभी-कभी अपने घर पर भी नि:शुल्क पथ-प्रदर्शन के लिए बुला लेते थे। उन्हें देखकर मुझे भी लगा कि व्यक्ति को जीवन के झंझावातों का सामना करने के लिए स्वस्थ शरीर रखना अति आवश्यक है। यद्यपि वे महाराष्ट्रीयन थे, लेकिन मुझे कभी यह महसूस नहीं हुआ कि वे स्थानीय व्यक्ति नहीं थे। उनकी बोलचाल, रहन-सहन एवं खानपान बुंदेलखंडी ही था तथा लक्ष्मीबाई के काल से जो कुछ मराठा परिवार झाँसी जिले में बस गए थे, उनका परिवार उनमें से एक था। कभी-कभी गुरुपत्नी को मराठी साड़ी पहने देखकर निश्चित होता था कि वे मराठी हैं। प्रथम वर्ष ही विद्यालय में राजाराम तिवारी प्रधानाध्यापक नियुक्त होकर आए। वे झाँसी से आए थे। उन्होंने हमारी प्रथम कक्षा ली तथा हमें अनुशासन, चरित्र एवं परिश्रम का महत्त्व समझाया। प्रधानाचार्यजी हिंदी के प्रवक्ता थे। उन्होंने हमें हिंदी भाषा में नियमित डायरी, निबंध या कविता लिखने का अभ्यास करने को कहा। मुझे तब से ही हिंदी में लिखने की रुचि जाग्रत् हुई। उन्होंने हिंदी में एक-दो निबंध प्रतियोगिताएँ भी करवाईं, जिनमें मुझे प्रथम

और द्वितीय स्थान प्राप्त होने पर हिंदी में लिखने की प्रेरणा बलवती होती रही। कक्षा छह की षट्मासिक परीक्षा में मेरे प्राय: पचास प्रतिशत ही अंक थे, क्योंकि उस समय अध्यापकगण आजकल की भाँति अंक नहीं लुटाते थे, पर मैंने वार्षिक परीक्षा के लिए और मेहनत की और मैंने वार्षिक परीक्षा, 1962 में 70% अंक प्राप्त किए, जिसमें अंकगणित, रेखागणित एवं बीजगणित में 92% अंक थे। भूगोल और इतिहास में भी मेरे 72% अंक थे। अंकगणित में मैं प्रारंभ से ही अच्छा रहा। छमाही परीक्षा में भी मेरे अंकगणित में 82% अंक थे। अंकगणित ही मेरी सफलता की कुंजी थी। मैंने कक्षा छह में सभी छात्रों में प्रथम स्थान प्राप्त किया। अब मुझे कक्षा में सर्वप्रथम आने की लत लग चुकी थी। कक्षा सात में प्राय: 78 प्रतिशत अंक प्राप्त करके मैं प्रथम हुआ। गणित में मेरे शत-प्रतिशत अंक थे। अंग्रेजी में 80% अंक थे। यही कक्षा आठ में हुआ। मुझे गणित में 100% अंक प्राप्त हुए तथा कुल 73% अंक आए। कक्षा-8 में हिंदी में मेरे 73% अंक थे, जो अच्छे माने जाते थे। मैं कक्षा में त्रैमासिक, अर्धवार्षिक तथा वार्षिक परीक्षा के कुल योग में प्रथम तो हो गया, पर वार्षिक परीक्षा में द्वितीय रहा। मेरा एक प्रतिद्वंद्वी छात्र उभरकर आ रहा था, जो बाद में मेरा परम मित्र बन गया। मैं परीक्षा फल पाकर खूब रोया। मैंने निश्चय किया कि अब मैं सभी परीक्षाओं में प्रथम आकर दिखा दूँगा। अत: ग्रीष्मावकाश की दो मास की छुट्टियों में मैंने नवीं कक्षा का तीन महीने का पाठ्यक्रम समाप्त करने का निश्चय किया। अब मेरे लिए ग्रीष्मावकाश खेलने, खाने, टहलने या विवाह उत्सव में सम्मिलित होने का समय नहीं रह गया था। मुझमें यह धारणा दृढ़ हो गई—"ग्रीष्मावकाश में अध्ययन के आधार पर ही छात्र कक्षा के अन्य छात्रों से आगे निकल सकता है।"

अब मैंने निश्चय कर लिया था कि मैं कक्षा में अव्वल ही रहूँगा, पर कोर्स की पुस्तकों के साथ-साथ मैं अपने घर के दरवाजे पर बैठे अनपढ़ दर्जी को धार्मिक पत्रिका से लेख एवं प्रेरक कहानियाँ पढ़कर सुनाने लगा। टेलर मास्टर मुझसे धार्मिक पत्रिका 'अखंड ज्योति' एवं 'कल्याण' से वैसे ही मन लगाकर नीचे बैठकर लेख और कहानियाँ सुनते जैसे मैं अपने गुरुजी के सान्निध्य में बैठकर अपना कोर्स तैयार करता। इस प्रकार ग्रीष्मावकाश मेरे लिए आनंदोत्सव और स्वास्थ्योत्सव के साथ-साथ मानसिक, नैतिक एवं आध्यात्मिक उन्नति का कालखंड हो गया। साथ-साथ मुझे प्रतिदिन व्यायाम के लिए निर्धारित आखिरी घंटे में बड़ा आनंद आने लगा। मैं सभी विद्यार्थियों के आगेवाली पंक्ति में खड़ा होकर सभी कसरत एवं सामूहिक कवायद करता। कभी लेझम ड्रिल होता तो कभी डंबल और मुकदर से एक घंटे में मैं पसीना-पसीना हो जाता। हमारे शारीरिक प्रशिक्षण (पी.टी.) अध्यापक पंडित नायकजी बड़े अनुशासनप्रिय एवं कस्बे में लोकप्रिय थे। उनसे कोई विद्यार्थी तर्क-वितर्क नहीं कर सकता था। वे अपने हाथ

में एक डंडा रखते थे। वही आदेश का काम करता तथा आज्ञा न माननेवालों को दंड देने का भी। मुझसे मेरे पी.टी. शिक्षक बड़े प्रसन्न रहते थे तथा कभी-कभी मुझे सामने बुलाकर व्यायाम का प्रदर्शन भी करवाते थे। मुझे पसीने से तर-ब-तर देखकर माँ बहुत खुश होतीं, क्योंकि घर पर आने पर माँ के द्वारा दिया गया दूध मैं गटागट पी जाता। माँ को इससे बढ़कर और कोई ब्रह्मानंद नहीं।

हम एक विवाह में सम्मिलित होने के लिए रेलयात्रा कर रहे थे। साथ में मेरा हमउम्र एक पड़ोसी अग्रवाल लड़का था। उसके मामा ने मेरी व्यापार में हिसाब-किताब की परीक्षा ली। मैं तुरंत उनका सही-सही उत्तर न दे सका, जबकि उनके भानजे ने हिसाब-किताब ठीक बना दी। मैंने तब निश्चय किया कि मैं गणित में अव्वल होकर सभी को दिखा दूँगा कि व्यापार के गणित क्या मुख्य गणित में पारंगत हूँ। मैंने गणित में प्राय: सौ प्रतिशत अंक पाकर अपनी निम्न कुंठा से निजात पाई। मैं व्यापार न समझ सका। मेरे पिताजी ने दुकान पर बैठाया, पर मैं कपड़ा ठीक-ठीक नहीं नाप सका, न ही उन कपड़ों की तह लगा सका। भाईसाहब मुझे झाँसी और कानपुर व्यापार के सिलसिले में ले गए, पर मैं कुछ विशेष न सीख सका। फिर मेरी भाभी का व्यवहार भी मेरे साथ ईर्ष्यापूर्ण था, क्योंकि मेरा भतीजा मेरी उम्र का था, पर मेरी प्रतिष्ठा परिवार और मोहल्ले में बहुत अधिक थी। अत: मेरी माँ चाहती थीं कि मैं बाहर नौकरी करूँ, ताकि दोनों भाइयों में प्रेम बना रहे। भाई अपनी जान से बढ़कर भी मुझे चाहते थे तथा मुझे बीमारी से जीवनदान मिलने पर उन्होंने कस्बे में हनुमानजी की स्थापना की, पर नौकरी करना मेरी मजबूरी थी।

कक्षा सातवीं में मेरे साथ एक दुर्भाग्यपूर्ण घटना हुई। कक्षा सात में झाँसी से एक नए युवक अध्यापक श्री कोहलीजी हमें गणित पढ़ाने के लिए आए। वे अति चपल थे तथा उनके व्यक्तित्व में अन्य गुरुजनों जैसा गांभीर्य नहीं था। उनका तौर-तरीका विद्यार्थियों में चर्चा का विषय था, पर मैं कभी भी किसी गुरुजन की आलोचना चक्र में शामिल नहीं होता था, पर मुझे हँसने की आदत थी, जिससे कभी-कभी मेरे साथी यह समझ बैठते थे कि मैं उन पर हँस रहा हूँ तथा उनका मजाक उड़ा रहा हूँ। यह मेरे परिवार की परंपरा भी नहीं थी, न ही मेरे परिवार में घमंड करने का कोई कारण था, न ही हमारे घर में अन्य घरों की तरह रईसी थी और न ही मेरे पिताजी समाज या गाँव के अगुआ थे। कोहलीजी कक्षा में गणित पढ़ा रहे थे। मुझे लगा कि उन्होंने कहीं गलत पढ़ा दिया। मैं अपने पास में बैठे लड़के से बात करके यह कहने लगा तथा हँसने लगा। कोहली सर यह समझते थे कि विद्यार्थी उन्हें पसंद नहीं करते। उनकी मानसिक ग्रंथि का यह गुबार मुझ पर उबल पड़ा। वे मुझे एक पतले डंडे से पीटने लगे। मैंने उनका दंड अपने हाथों पर लिया, पर अधिक पीटने के कारण मैं रो पड़ा तथा मेरे हाथ लाल

हो गए और हथेलियों में सूजन आ गई। सभी छात्रों ने इसका विरोध किया तथा यह बात प्रधानाचार्य के कान में पड़ी। मैं जब घर पहुँचा तो माताजी को हाथों में सूजन देखकर दुःख पहुँचा। दूसरे दिन पिताजी प्रधानाचार्य के पास गए और शिकायत की। प्रधानाचार्य ने उस समय तो कोहली के विरुद्ध कोई काररवाई नहीं की। उन्हें शायद सलाह देकर छोड़ दिया, पर सत्र की समाप्ति पर कोहलीजी को विद्यालय से विदा कर दिया। मेरा भी सम्मान रह गया और कोहलीजी का भी सम्मान रह गया।

□

उच्चतर माध्यमिक शिक्षा : जीवन की नींव

कक्षा आठ की वार्षिक परीक्षा ने मेरी आँखें खोल दीं, मुझे झकझोर दिया। सब समय शिखर पर रहनेवाले को भी शिखर पर आरूढ़ रहने के लिए निरंतर परिश्रम करना होता है। शिखरस्थ व्यक्ति चूका, वह धड़ाम से नीचे आ जाएगा। उसे अध्यवसायपूर्वक लक्ष्य केंद्रित पूर्ण समर्पित लगे रहना होता है। ग्रीष्मावकाश में मैंने भारत के प्रथम राष्ट्रपति डॉ. राजेंद्र प्रसाद की जीवनी पढ़ी एवं मैंने उनकी जीवन-गाथा से निश्चय किया कि मैं भी बाबू राजेंद्र प्रसाद की भाँति परीक्षा की उत्तर पुस्तिका में इतना अच्छा उत्तर लिखूँगा कि परीक्षक यह लिखने को बाध्य होगा—The examnee is better than the examiner अर्थात् परीक्षार्थी परीक्षक से उत्तम है। अब यही मेरे विद्यार्थी जीवन का पथ प्रदर्शक सूत्र होगा तथा पूर्व राष्ट्रपति राजेंद्र प्रसाद का प्रेरणा वाक्य Faith can move mountains अर्थात् विश्वास पर्वत को भी डिगा सकता है, मेरे जीवन का आदर्श वाक्य बन गया।

मैं इतिहास और भूगोल की पुस्तकें कंठस्थ कर रहा था, ताकि मैं परीक्षा में वैसा ही लिख सकूँ, जैसा मेरी पाठ्यपुस्तक में है। हमारे अध्यापक महाशय ने बताया—"छात्र जितना ही अपनी ओर से लिखे, वह पाठ्य पुस्तक के लेखक की भाँति सही और विषय के सभी आयाम नहीं लिख सकता, इसलिए पाठ्यपुस्तक के महत्त्वपूर्ण अंशों को रटना आवश्यक है।"

मैं पूरे परिश्रम से अपनी सभी पाठ्यपुस्तकों को खँगालने लगा। कक्षा में विषय की पूरी पृष्ठभूमि तैयार हो जाती थी तथा विषयवस्तु समझ में आ जाती थी, लेकिन केवल कुछ महत्त्वपूर्ण बिंदु न ओझल हो जाएँ, इसलिए पुस्तकों को आद्योपांत पढ़ना और याद करना आवश्यक था। फिर सुना था कि बाहर से आए इतिहास के एक अध्यापक निरंकुश हैं, वे किसी की नहीं सुनते। वे घर पर कुछ छात्रों का ट्यूशन भी लेते हैं। मेरा प्रतियोगी छात्र चतुर्वेदी उनका प्रिय छात्र था। अतः मैंने इतिहास की पुस्तकों को विशेष रूप से कंठस्थ किया। वार्षिक परीक्षा हुई। उन्होंने जहाँ ज्ञानेंद्र चतुर्वेदी को इतिहास में

शत-प्रतिशत अंक दिए, वहाँ मुझे भी 81% अंक प्राप्त हुए। वे चाहते हुए भी मेरे अंक 81% से कम न कर सके, पर दूसरे विषयों में मैं चतुर्वेदी से काफी आगे निकल गया और 9वीं कक्षा में शत-प्रतिशत गणित में अंकों के साथ मेरा कुल प्रतिशत 91% था, जो उस समय काफी आश्चर्यपूर्ण घटना थी। मेरे विषय भूगोल में तो परीक्षक ने लिख ही दिया—Examinee is better than examiner.

मेरा स्वप्न पूरा हुआ। बाद में मुझे पता चला कि मेरे गणित के अध्यापक श्री खद्दर साहब भी मेरी कक्षा में बड़ी तैयारी के साथ आते हैं कि कहीं मैं कोई ऐसा कठिन प्रश्न या सवाल का हल न पूछ लूँ, जिसका वे जवाब न दे सकें।

मेरे जीवन में कक्षा-9 के प्राप्तांक अंत तक मील का पत्थर बने रहे। मैं इस स्तर तक बाद में कभी नहीं पहुँच सका, यद्यपि मैं कई परीक्षाओं में सर्वप्रथम रहा। मुझे भी आज लगता है कि विद्यार्थी के हिसाब से मेरी मेधा शक्ति का सर्वोत्तम प्रकटीकरण कक्षा-9 में ही था, जब मैं सभी विषयों में पूर्ण रूप से घुला-मिला रहता था, मुझे पढ़ने में रस आता था एवं अति आनंदानुभूति होती थी।

मेरे कक्षा-9 की परीक्षा के परिणाम को प्रधानाचार्य ने छात्रों की सभा में घोषित किया। अब मैं अपने विद्यालय के छात्रों के बीच नायक हो गया और सभी मुझे पहचानने लगे। इसी बीच मेरे विद्यालय में 3 कन्याओं ने प्रवेश लिया। एक मेरे साथ ही अन्य सेक्शन में थी तथा दो ज्येष्ठ कक्षा 10 में थीं। उनमें से एक का छोटा भाई मेरी कक्षा में था। उनके पिताजी का बरूआसागर स्थानांतरण होने के कारण उन्होंने कक्षा-9 तथा 10 में प्रवेश लिया था। मेरे मित्र की बहन भी अपनी दसवीं कक्षा में प्रायः सर्वोत्तम थी। अतः मेरा उनके प्रति आकर्षण हो गया। मैं अपने मित्र से उनकी बहन के विषय में पूछता कि वह कैसे पढ़ती है? मेरे मित्र ने एक बार मुझसे कह ही दिया—"दीदी कह रही है कि प्रमोद को मेरे विषय में पूछने की क्या आवश्यकता है। वह तो मुझसे भी पढ़ने में उत्तम है। स्वभावतः उसके पढ़ने का ढंग भी मुझसे उत्तम होगा। उसके तो नौवीं कक्षा में 90% से अधिक अंक आए हैं। मैं तो उसकी कल्पना भी नहीं कर सकती।"

मैं अपने किशोर मन से यह नहीं समझ पाया कि क्या मेरे मित्र की दीदी की यह मेरे प्रेम की स्वीकारोक्ति थी या मनाही थी, क्योंकि वे देखने में सुंदर एवं मांसल थीं। सभी लड़के उन्हें जिस प्रकार कुतूहल से देखते थे, मैं भी देखता रहा। मैं सोचता हूँ कि इस प्रकार लड़कों के विद्यालय में इक्का-दुक्का लड़कियों का प्रवेश उचित नहीं, क्योंकि कई लड़कों की दृष्टि उन लड़कियों पर केंद्रित होती है। मैं सोच ही नहीं सकता कि वे लड़कियाँ कैसे लड़कों के बीच में स्वयं को स्थितप्रज्ञ रख पाती हैं। उचित होता कि हम सभी स्कूलों में सह-शिक्षा की अनुमति दे दें, ताकि भविष्य में लड़के-लड़कियों को यौन दुविधा का सामना न करना पड़े। जब शेष जीवन में एक नारी को पुरुष तथा

पुरुष को नारी के साथ व्यतीत करना ही है तो चोरी-छिपे या कनखियों से एक-दूसरे की भाव-भंगिमा, चाल-चलन, मन या व्यवहार का अध्ययन न करके आमने-सामने एवं बड़े पैमाने पर अनुभूति प्राप्त करना उत्तम पथ होगा। इस असमंजस की स्थिति में यौन मनोवैज्ञानिक में मैं गोता लगा ही रहा था कि एक दिन मेरे बड़े भाई के मित्र मेरे घर पर आए। वे उत्तर प्रदेश सरकार में नायब तहसीलदार थे तथा कस्बे में उनका काफी सम्मान था। वे स्वतंत्रता सेनानी पंडित राम सहाय शर्मा के भतीजे थे। उन्होंने उसी दिन हमारे मकान के आँगन में पानी के हौज के पास खड़े होकर बताया कि उनके सबसे बड़े अधिकारी जिला अधिकारी अर्थात् कलेक्टर का जिले में किस प्रकार का दबदबा रहता है। "उनकी कलम में इतनी ताकत है कि वे किसी को भी जेल में डाल सकते हैं तथा मेरे विरुद्ध काररवाई कर सकते हैं। मेरी चरित्र-पंजिका में तो वे अच्छा-खराब कुछ भी लिखकर मेरे कॅरियर को बना सकते हैं या बिगाड़ सकते हैं। मेरे तो वे भाग्यविधाता हैं।' मैं तो भाईसाहब के मित्र को ही अपनी दृष्टि में सबसे बड़ा अधिकारी मानता था। मैंने आश्चर्यचकित होकर पूछा—"वे आपसे भी बड़े हैं?" "मैं उनके सामने क्या हूँ। मैं तो उनके सामने जाकर बातचीत भी नहीं कर सकता। मैं उनके सामने जाने पर हड़बड़ा जाऊँगा। हाँ, यदि तुम चाहो तो आई.ए.एस. की परीक्षा पास करके उन जैसे कलेक्टर बन सकते हो।" "वह कैसे?" मैंने जिज्ञासापूर्वक प्रश्न किया। "तुम जैसे पढ़ रहे हो, पढ़ते रहो। आई.ए.एस. में लड़के कोई अंतरिक्ष से नहीं आते हैं। वे हम और तुम्हारे बीच के लड़के हैं। बस, जिन विद्यार्थियों ने लगन, परिश्रम तथा अध्यवसायपूर्वक पढ़ लिया, वे आई.ए.एस. जैसी कठिन परीक्षा की गंगा पार कर आई.ए.एस. बन जाते हैं। भारत में यही एक परीक्षा है, जिसमें न तो बेईमानी है, न पक्षपात है, न रिश्वत चलती है। विशुद्ध अभ्यर्थी की योग्यता के आधार पर उसका चयन होता है। तुम आई.ए.एस. के लिए आज से प्रयास करो, लेकिन यह ध्यान रहे कि आई.ए.एस. में साक्षात्कार के समय तुम्हारे हाईस्कूल के अंक तथा योग्यता सूची में स्थान भी महत्त्वपूर्ण होगा। अतः तुम फिलहाल अपनी स्कूल बोर्ड परीक्षा पर ध्यान केंद्रित करो। आई.ए.एस. के लिए जरूरी होता है कि विषय को पूरी तरह पढ़ो। प्रत्येक मामले पर अपना विचार बनाओ, केवल परीक्षा के लिए चुना हुआ पढ़कर निचली कक्षाओं में विशेष योग्यता अर्थात् 75 प्रतिशत अंक लेकर उत्तीर्ण हो जाते हैं, वे विद्यार्थी आई.ए.एस. में सफल नहीं हो पाते, क्योंकि आई.ए.एस. में कहीं से भी प्रश्न पूछ लिया जाता है। आई.ए.एस. की परीक्षा की तैयारी के समय विषय को पूर्णरूपेण पढ़ना असंभव होता है, क्योंकि समय का अभाव होता है।"

भाईसाहब के मित्र की सलाह मेरे जीवन का पथ प्रदर्शक बन गई। मैंने प्रथम बार जाना कि आई.ए.एस. नौकरी भारत में एक नौकरी है, जो देश की सर्वश्रेष्ठ नौकरी है और उसमें मैं सफल हो सकता हूँ। उससे पूर्व मैं तो अपने मित्र की भाँति किसी कार्यालय

या बैंक में लिपिक बनना चाहता था। या बहुत-से-बहुत बिक्रीकर निरीक्षक, जो आकर नियमित तौर से मेरे पिताजी को डराता-धमकाता रहता था। मेरे पिताजी का उसी कारण मुझे बिक्रीकर निरीक्षक देखने का स्वप्न था। मेरे सामने आई.ए.एस. का लक्ष्य क्या उपस्थित हुआ कि मैं अपने मित्र की दीदी को भूल गया। मेरे साथ भी एक लड़की पढ़ती थी, उसमें भी अब मैं सुंदरता न देखकर उसमें कमी देखने लगा।

मेरे भाईसाहब ने और मेरे लक्ष्य को पुख्ता करते हुए सलाह दी—"तुम वही करो, जो शर्माजी कह रहे थे। तुम चिंता न करो, पिताजी का बिक्रीकर निरीक्षक भी कलेक्टर के नीचे काम करता है। जिले में कलेक्टर के आदेश के बिना चिड़िया भी पंख नहीं हिलाती है। फिर तुम जब आई.ए.एस. में आ जाओगे तो मैं पिताजी को समझा-बुझा दूँगा।"

मेरे हिंदी के प्रवक्ता श्री चतुर्वेदीजी एक समर्पित तथा तपस्वी व्यक्ति थे। उनके दो कथन मेरे मन-मस्तिष्क में घर कर गए कि हिंदी ही भारत की राष्ट्रभाषा हो सकती है तथा होनी ही चाहिए एवं भारत को परमाणु बम बनाना चाहिए। विद्यार्थी उन्हें अणुबम कहकर पुकारने लगे।

अब हाईस्कूल में सारे उ.प्र. में प्रथम दस स्थानों में स्थान प्राप्त करना मेरा लक्ष्य हो गया और इस लक्ष्य की प्राप्ति के लिए मैं तन-मन से लग गया। मैंने भारत के सर्वाधिक लोकप्रिय प्रधानमंत्री पंडित जवाहरलाल नेहरू की मेज पर रखा आदर्श वाक्य अपनी पढ़ने की मेज पर रख लिया—

Miles to go before I sleep अर्थात् सोने से पूर्व मीलों दूर जाना है। यह मेरे जीवन का प्रेरणा-पाथेय बन गया। जब व्यक्ति का उद्देश्य बहुत उदात्त होता है तो वह अपनी मानव सुलभ दुर्बलताओं या अपने कुंठाग्रस्त मन की कुंठाओं पर विजय प्राप्त कर लेता है। मैं शनैः-शनैः अपने एकतरफा प्रेम से उबरता गया और लक्ष्य प्राप्ति में प्राणपण से समर्पित हो गया। बाद में मुझे पता भी चला कि उनके चाहनेवाले बहुत से लड़के हैं। मैं भी उनमें से एक हूँ। बस, मेरे भावी जीवन में इस प्रकार के प्रेम करने की शैली हो गई। उस समय आधुनिक काल की भाँति मोबाइल या कंप्यूटर में इंटरनेट, फेसबुक या व्हाट्सएप तो था नहीं कि तुरंत संदेश भेजकर मुलाकात हो सके या प्रेम को आगे बढ़ाया जाए। विद्यालय में लड़की से वार्त्तालाप करना सामाजिक रूप से तथा विद्यालय के अनुशासन के अनुसार वर्जित था। फिर मैं स्वयं भी अति शर्मीला था, क्योंकि मेरे सामने नौकरी करने तथा परिवार की आर्थिक सहायता करने का महती लक्ष्य था। प्रेम के चक्कर में पढ़ने से पढ़ाई नहीं होती। यह उस समय स्वर्णिम सिद्धांत के रूप में प्रचलित था। यहाँ तक कि फिल्में देखना, गाने सुनना भी अध्ययन में बाधा के रूप में गण्य होते थे।

□

हाईस्कूल एवं इंटरमीडिएट परीक्षाओं में भारी सफलता

दसवीं कक्षा हमारे विद्यालय में दो वर्ष पूर्व ही प्रारंभ हुई थी, इसलिए हमारी परीक्षा का केंद्र राष्ट्रकवि मैथिलीशरण गुप्त की पुण्य जन्मभूमि चिरगाँव में पड़ा। चिरगाँव बरुआसागर जैसा ही कस्बा था, बरुआसागर से थोड़ा बड़ा। हम सब छात्र जाकर एक धर्मशाला में रुके, जहाँ दो बड़े-बड़े हॉलों में प्रत्येक विद्यार्थी को बिस्तर लगाने की तथा अपना बक्सा रखने की जगह दी गई। बक्सा या संदूक ही परीक्षा के निर्णायक समय में पढ़ने की मेज थी। प्राय: तीस-चालीस छात्र हॉल में एक ही बल्ब में पढ़ते थे। किशोरावस्था में आँखों को भी क्या परेशानी? मेरे विभिन्न विषयों की परीक्षा अच्छी हो रही थी। मैं खुश था। हम शाम को सड़क के किनारे घूमने निकल जाते और कहीं बैठकर महफिल जमती। कभी-कभी मैथिलीशरण गुप्त स्मारक के उद्यान में बैठक लगाते। हमारी महफिलों की शिकायत प्रधानाचार्य तक पहुँच गई, पर तब तक हमारी परीक्षा समाप्त हो गई। परीक्षा में मेरी तल्लीनता देखकर अन्य स्थानों के परीक्षार्थी प्रभावित हुए तथा कुछ ने मुझसे परीक्षा के समय टोका-टोकी की, जिसे परीक्षा निरीक्षक महोदय ने पसंद नहीं किया। परीक्षा निरीक्षक ने स्वयं मेरी उत्तर पुस्तिका पर दृष्टिपात किया और पाया कि मैं प्राय: सभी विषयों में उच्च स्तरीय उत्तर दे रहा था। मेरा नाम चिरगाँव परीक्षा केंद्र में फैल गया। मुझे प्रतीत हुआ कि मैं केवल बरुआसागर में ही पढ़ने में श्रेष्ठ नहीं हूँ, मैं आसपास के क्षेत्रों में भी श्रेष्ठ हूँ।

इसके बाद मैं अपने परिवार के एक विवाहोत्सव में सम्मिलित हुआ। हमारा परीक्षा परिणाम आनेवाला था। हमारे परिवार के रिश्तेदारों एवं परिचितों ने पूछा—"तुम्हारा परीक्षा परिणाम कैसा रहेगा?" मैंने कहा—"मैं विशेष योग्यता अर्थात् 75 प्रतिशत से ऊपर अंक प्राप्त करूँगा।" उस पर झाँसी के लड़के भड़क उठे। वे ट्यूशन पढ़कर भी प्रथम श्रेणी से ऊपर अंक प्राप्त नहीं कर पाते थे, पर भोपाल शहर के हमारे एक

सम्मानित रिश्तेदार ने मेरा समर्थन करते हुए कहा—"मैं निश्चित रूप से कह सकता हूँ कि प्रमोद के 75% से अधिक अंक आएँगे। मैं इस पर शर्त लगा सकता हूँ।" वे मनुष्य पारखी व्यक्ति थे। वे हमारे सर्व सम्मानित व्यक्ति थे। उनका मुझ में विश्वास देखकर मुझे आगे बढ़ने की अपार प्रेरणा मिली। विवाह की समाप्ति के दिन मेरा परीक्षा परिणाम आ गया। मैं प्रथम श्रेणी में उत्तीर्ण हुआ। उस समय समाचार-पत्र में इससे अधिक परीक्षा परिणाम घोषित नहीं होता था। अब मैं अपनी अंकतालिका की प्रतीक्षा करने लगा, जो एक सप्ताह के अंदर ही मेरे बरुआसनगर विद्यालय में पहुँचनेवाली थी।

मेरी बहुप्रतीक्षित अंक तालिका हमारे विद्यालय में आ गई। मेरी अंकतालिका देखकर प्रधानाचार्य से लेकर सभी अध्यापकों तथा विद्यालय प्रशासन को अपार हर्ष हुआ। मुझे कुल 79 प्रतिशत अंक प्राप्त हुए तथा हिंदी को छोड़कर सभी विषयों में मेरे 75% से अधिक अंक थे। अंकगणित में तो मेरे 98% अंक थे। प्रधानाचार्य ने मुझे विद्यालय बुलाकर अपना आशीर्वाद दिया। मैंने सभी पूज्य गुरुजनों के चरण स्पर्श करके कृतज्ञता प्रकट की। एक-दो दिन में मुझे विद्यालय से अंकतालिका प्राप्त हो गई। साथ-साथ उ.प्र. हाईस्कूल इंटरमीडिएट शिक्षा परिषद् से मेधावी सूची भी प्राप्त हो गई। मेरा दसवीं कक्षा की बोर्ड परीक्षा में प्राय: तीन लाख छात्रों के बीच बारहवाँ स्थान रहा। झाँसी जिले में मेरा प्रथम स्थान था। झाँसी जिले के सभी स्थानीय समाचार-पत्रों जैसे 'दैनिक भास्कर' तथा 'दैनिक जागरण' में यह समाचार विशेष रूप से प्रकाशित हुआ। भारत में दैनिक समाचार-पत्र पढ़ने का नशा है। चाय के साथ जैसे दैनिक समाचार-पत्र भी नाश्ते की एक वस्तु है।

कई लोग मेरे पिताजी एवं भाईसाहब को बधाई देने आए। मेरे विद्यालय का जिले में नाम हो गया। साथ-साथ मेरे कस्बे का नाम भी जिला स्तर पर रोशन हो गया। यह मेरा अपने विद्यालय एवं गुरुजनों के प्रति ऋण चुकाने का उपक्रम था। विद्यालय के गुरुजन तथा प्रधानाचार्यजी घर पर पिताजी को बधाई देने आए। मैं यह सम्मान प्राप्त करके खुश, सहज तथा नम्र था। मैंने अपने माता-पिता, भाईसाहब एवं सभी गुरुजनों का दोबारा चरण स्पर्श किया। मेरे आलोचकों का मुँह बंद हो गया। मेरे भोपाल के रिश्तेदार मेरे अप्रत्याशित परीक्षा परिणाम के कारण अपनी शर्त जीत गए। मेरे पिताजी को जीवन में प्रथम बार यह सौभाग्य प्राप्त हुआ कि एक बनिये की ड्योढ़ी पर गाँव के प्रमुख लोग बधाई देने आए। मेरे माता-पिता को मेरी सफलता पर आश्चर्यजनित खुशी थी। भाईसाहब स्वयं पढ़ने में मेधावी थे, पर उन्होंने बीमार पिताजी की व्यापार में सहायता करने के लिए पढ़ाई छोड़ दी। उन्हें मेरे इस परीक्षा- परिणाम पर आश्चर्य नहीं हुआ, पर खुशी अपार हुई। वे मुझसे इसी प्रकार के परीक्षा परिणाम की आशा कर रहे थे।

झाँसी में प्रथम स्थान प्राप्त करने के पश्चात् सभी ने इंटरमीडिएट की पढ़ाई जिले

के सर्वश्रेष्ठ कॉलेज राजकीय इंटर कॉलेज, झाँसी में करने की सलाह दी। राजकीय इंटर कॉलेज में प्रवेश पाना मुश्किल था, पर शायद मुझे परेशानी न होगी। हमारे पड़ोस का ही एक लड़का राजकीय पॉलिटेक्निक स्कूल से जूनियर इंजीनियर (जे.ई.) की पढ़ाई कर रहा था। राजकीय इंटर कॉलेज उनके स्कूल के रास्ते में पड़ता था। वे मुझे अपने साथ साइकिल पर बैठाकर प्रधानाचार्य के आवास पर उनसे मिलाने ले गए। प्रधानाचार्यजी बड़े रिजर्व तथा कम बोलनेवाले व्यक्ति थे। पूरा कॉलेज उनसे काँपता था। उन्होंने अपने चश्मे के काँच से जैसे ही मेरी अंकतालिका पर निगाह दौड़ाई, वे खुश हो गए। उन्होंने प्रसन्नतापूर्वक कहा—"तुम्हारा प्रवेश अवश्य ही हमारे कॉलेज में होगा। हमें तुम पर गर्व है।" उसके साथ ही उन्होंने एक तिथि बताई, जिस दिन मैं उनके पास जाकर कॉलेज तथा छात्रावास में प्रवेश पा सकूँगा।

प्रथम बार घर छोड़ने का दु:ख था। माँ को काफी दु:ख हो रहा था, पर पुत्र के भविष्य के लिए उन्होंने अपने दु:ख को छुपा लिया। वे एकांत में ही आँसू बहा लेती थीं। उनके दु:ख को बाँटनेवाली सामनेवाली पड़ोसन ब्राह्मण काकी थीं, जिनकी कोई संतान नहीं थी। वे मुझे ही अपना लड़का मानती थीं और जब भी मौका मिलता था, मुझसे अपने पुत्र जैसा प्यार करती थीं और खाना खिलाती थीं। यद्यपि उनके पति बड़े क्रोधी स्वभाव के एवं मध्य प्रदेश में पास के क्षेत्र के जमींदार थे, पर उनकी ऐंठ नहीं गई। वे किसी का कहना नहीं मानते थे तथा खूब पान, सुपारी, तंबाकू खाते थे। फलत: उनकी गले के कैंसर से मृत्यु हो गई।

चूँकि झाँसी शहर हमारे कस्बे से केवल बीस किलोमीटर दूर था, मेरी माँ एक-दो महीने में मेरे छात्रावास में घर के बने पेड़े, मठरी तथा शुद्ध घी भेज दिया करती थीं, क्योंकि छात्रावास में बना साधारण खाना मिलता था। नाश्ता तो कुछ नहीं। बस दोपहर में दाल, रोटी और कभी-कभी चावल तथा रात्रि में सब्जी और रोटी। न चाय और न ही अन्य कुछ। हमारा जब मन होता तो कॉलेज के पंडित खोमचेवाले के यहाँ जाकर समोसा या कचौड़ी खा लेते थे तथा दो-तीन दिन में एकाध बार चाय। कमरे में शौचालय तथा स्नानघर नहीं था। छात्रावास से लगे हुए विशाल मैदान को ही शौचालय के रूप में प्रयोग किया जाता तथा मैदान में कुआँ स्नान के लिए। एक बार तो मेरे कमरे में साँप ही घुस आया और जैसे ही मैं सोकर उठा, हमने उसे पीछे मैदान में खदेड़ा। इसके बाद हम यह ध्यान रखने लगे कि रात्रि में साँप के ऊपर पैर न पड़ जाए, क्योंकि साँप व्यक्ति को आक्रमणकारी समझकर उसे काट लेता है।

इन सभी न्यूनताओं के बावजूद मेरा मनोबल हर समय उच्च शिखर पर रहता। मैं अपनी पढ़ने की मेज पर बाबू राजेंद्र प्रसाद के इस अंग्रेजी प्रेरणा सूत्र को रखता—Faith can move mountains.

मुझे भी विश्वास हो गया कि मैं इन सभी परेशानियों के बावजूद जीवन का लक्ष्य प्राप्त करूँगा। पर एक दिन खराब घटना घटी। हम छात्रावास के सामने वॉलीबॉल खेलने के पश्चात् तहमद आदि पहनकर शतरंज खेल रहे थे। हमारे छात्रावास के अधीक्षक हमसे इस बात से नाराज चल रहे थे कि हम कुछ लोग पढ़ने में उतने गंभीर नहीं हैं, जितने वे चाहते थे। कुछ लड़कों ने उनसे जाकर शिकायत कर दी और हम शतरंज खेलते हुए रँगे हाथों पकड़े गए। फिर क्या था? छात्रावास अधीक्षक ने क्रोध में आकर हमें जो डंडे से पीटना, मारना शुरू किया, वे रुके नहीं। हमें बहुत चोट लगी, पर जिसकी लाठी उसी की भैंस। हमने प्रधानाचार्य से शिकायत करनी चाही, पर हमारे छात्रावास अधीक्षक उपप्रधानाचार्य भी थे। उनके प्रधानाचार्यजी के साथ अच्छे संबंध थे, अतः शिकायत करने से कोई अच्छे परिणाम की आशा न देखकर हम अपना मन मसोसकर रह गए। अब छात्रावास में हमें वॉलीबॉल खेलने के अतिरिक्त अन्य कोई खेल खेलना या मनोरंजन करने की आज्ञा नहीं थी। केवल पढ़ाई और पढ़ाई ही छात्रावास का कर्म और धर्म था।

राजकीय इंटर कॉलेज में भौतिकी का ट्यूशन लेने की होड़ थी। मेरे पास छात्रावास का खर्च चलाने तक का साधन था। अतः मैंने ट्यूशन लेने का सोचा भी नहीं। इस पर मुझे बड़ा तनाव रहता था कि कहीं इस कारण प्रैक्टिकल में कम अंक न आ जाएँ। फिर मैं भी भौतिकी की प्रयोगशाला में प्रकाश बिंबों को ठीक तरह से एकाकार नहीं कर पाता था, क्योंकि मैं एक आँख बंद करके ठीक तरह से देखने पर ध्यान केंद्रित नहीं कर पाता था तथा रसायन शास्त्र में टाइट्रेशन का परिवर्तन बिंदु ठीक तरह से परीक्षण नहीं कर पाता था। भाग्य से दोनों प्रैक्टिकल परीक्षाएँ ठीक रहीं। वार्षिक परीक्षा में दोनों शिक्षकों ने भी मेरा साथ दिया। मैंने अंग्रेजी को ऐच्छिक विषय के रूप में ले रखा था। एक दिन हम लोगों ने अंग्रेजी के प्रवक्ता रिजवी साहब की कक्षा में ठहाका लगाया। यह ठहाका बाल सुलभ था, पर रिजवी साहब ने सोचा कि हम उन पर हँस रहे हैं, क्योंकि वे आठ-दस दिन में सेवानिवृत्त हो रहे थे। उन्होंने भावनात्मक रूप से आहत होकर कहा—"उगते हुए सूर्य की सभी प्रार्थना करते हैं, पर मनुष्य वही है, जो डूबते हुए सूर्य की प्रार्थना करे।" उनके इस कथन से कक्षा में श्मशान घाट की शांति विराजमान हो गई, पर मैंने उनके इस कथन को अपने जीवन का सूत्र बना लिया और मैंने कभी भी अवसान प्राप्त व्यक्ति, वरिष्ठ नागरिक, निर्बल, निर्धन, निरुपाय एवं असहाय व्यक्ति का मजाक नहीं बनाया। हिंदी के प्रवक्ता सिंहजी बड़े लोकप्रिय थे। वे विषय के साथ-साथ विद्यार्थियों को उनका जीवन-दर्शन या विचार बनाने में सहायता करते थे। मैं चुपके से उनकी अन्य सेक्शन में दो-तीन कक्षाओं में उपस्थित रहा।

छात्रावास में रूखा-सूखा भोजन करके बिना पंखे के पढ़ते, सोते, मैदान में शौच जाते एवं कुएँ पर नहाते तथा मार खाते हुए मेरा बारहवीं कक्षा का परीक्षा परिणाम उत्तम

रहा। मैंने हिंदी को छोड़कर गणित, भौतिकी, रसायन शास्त्र तथा ऐच्छिक विषय अंग्रेजी में अस्सी प्रतिशत से अधिक अंक प्राप्त किए। यदि इन चारों विषयों को जोड़ा जाता तो मेरा परीक्षा परिणाम हाईस्कूल की भाँति था। सभी ने मेरी परीक्षा में भारी सफलता की प्रशंसा की। मेरे छात्रावास के अधीक्षक ने भी दो वर्ष में प्रथम बार मुझे बधाई एवं सुंदर भविष्य के लिए शुभकामनाएँ दीं। उन्होंने कहा—"तुम मेरे छोटे भाई की भाँति ही आई.ए.एस. में आना।"

ग्रीष्मावकाश में रामचरितमानस, महाभारत का सांगोपांग अध्ययन करके माँ के हाथ के खाने से शरीर को पुष्ट बनाकर मैं अपने लक्ष्य को प्राप्त करने के लिए इलाहाबाद विश्वविद्यालय में प्रवेश के लिए प्रतीक्षा करने लगा। मैं इंटर की परीक्षा के बाद आई.ए.एस. को जानेवाली रेलगाड़ी में बैठ चुका था।

□

इलाहाबाद विश्वविद्यालय में अध्ययन

इलाहाबाद विश्वविद्यालय हमारे समय में उत्तर प्रदेश क्या भारत का सर्वश्रेष्ठ विश्वविद्यालय था। इलाहाबाद विश्वविद्यालय पूर्वी एशिया का ऑक्सफोर्ड विश्वविद्यालय कहा जाता था। सभी विद्यार्थियों का स्वप्न होता था कि वे इलाहाबाद विश्वविद्यालय में शिक्षा ग्रहण करें तथा आई.ए.एस. बनें। पर इलाहाबाद विश्वविद्यालय में प्रवेश हेतु मेरे पास पैसे की व्यवस्था नहीं थी। माँ ने कोठे में जमीन के अंदर गाड़ी हुई दो मिट्टी की हाँडी खोद दीं तथा अपने जीवन की संपूर्ण बचत मेरें हाथ में रखते हुए कहा—"बेटे, इस दूध की लाज रखना।" मैं खुश था कि मेरा नाम बी.एस-सी. डिग्री में प्रवेश की प्रथम सूची में था तथा मैं प्रसिद्ध पत्थर से निर्मित म्योर परिसर की कक्षाओं में बैठूँगा। इलाहाबाद पहुँचने पर पता चला कि आई.ए.एस. बनने के लिए म्योर छात्रावास में प्रवेश जरूरी था। म्योर छात्रावास अपनी परंपराओं का गौरवशाली छात्रावास था, जहाँ से देश के प्रमुख आई.सी.एस. एवं आई.ए.एस. अधिकारी निकले थे। सब समय म्योर छात्रावास से भारत सरकार, दिल्ली में छह-सात सचिव तैनात रहते थे। कई कैबिनेट सचिव म्योर छात्रावास के ही थे। म्योर छात्रावास की परंपरा को अक्षुण्ण रखने का महती कार्य डॉ. अमरनाथ झा ने किया जब वे इस छात्रावास के अधीक्षक नियुक्त हुए। म्योर छात्रावास का नाम बाद में उनके नाम पर ए.एन. झा छात्रावास पड़ा। मैंने ए.एन. झा छात्रावास में प्रवेश का आवेदन दिया। ए.एन. झा छात्रावास में प्रवेश इलाहाबाद विश्वविद्यालय से भी कठिन था, क्योंकि वहाँ सीमित कमरे थे तथा ए.एन. झा छात्रावास से निकले छात्रों के लड़कों को अनौपचारिक रूप से प्राथमिकता थी। यह भी सोच थी कि वे लड़के, जो आई.ए.एस. परंपरा के पले-बड़े होने के कारण आसानी से लोक सेवा संघ की गंगा को पार कर सकेंगे, पर ईमानदारी स्वयं में बहुत शक्तिशाली तत्त्व है। वह पक्षपात, बेईमानी तथा भाई-भतीजावाद के बीच में भी एक स्फटिक की भाँति चमचमाती रहती है। ईमानदारी एवं मेरे भाग्य ने जोर मारा और मेरा ए.एन. झा छात्रावास की द्वितीय सूची में प्रवेश हो गया, पर मेरी पृष्ठभूमि अच्छी न होने के कारण मुझे दो अन्य लड़कों

के साथ क्यूबिकल के एक कमरे में दिया, जहाँ से शौचालय तथा स्नानगृह दूर था, पर मुझे संतोष था कि जो मेरे दो सहवासी थे, वे भी मेरी तरह महारथी थे तथा उनके मुझसे इंटरमीडिएट परीक्षा में बहुत कम अंक नहीं थे तथा वे वाणिज्य तथा विज्ञान शाखा में थे।

मेरे जी.आई.सी. झाँसी छात्रावास के सहपाठी नरेंद्र सिंह कुशवाहा का भी ए.एन. झा छात्रावास में प्रवेश हो गया था, पर छात्रावास में रैगिंग के कारण वे छात्रावास छोड़कर गंगानाथ झा छात्रावास में चले गए। मुझे छात्रावास के ज्येष्ठ आवासियों ने कपड़े पहनने, बोलने, चलने का ढंग सिखाया। साथ ही ज्येष्ठ साथियों का उचित सम्मान करना सिखाया। किसी भी ज्येष्ठ सहवासी को देखकर तीन बार सलाम करना पड़ता था, जिन्हें फर्शी कहते थे। भूल होने पर दंड दिया जाता था। मेरी साधारण पृष्ठभूमि तथा जीवन-शैली में कमी देखकर मुझे देहाती श्रेणी में रखा गया। कभी-कभी छात्रावास के प्रवेश पथ पर घुटनों एवं हाथ के बल पर चलने का दंड दिया गया, जिससे मेरे घुटने तथा पंजे छिल गए। रात में हम आपस में तेल लगाकर अपने अंगों को चुस्त-दुरुस्त कर लेते या छात्रावास परिसर में स्थित चिकित्सालय में जाकर मलहम लगवा लेते, पर हमें कोई गिला-शिकवा नहीं था, क्योंकि हमारी रैगिंग करनेवाले ज्येष्ठ सहवासी आई.ए.एस. में आनेवाले होते। वे हमें यथेष्ट सिखाते भी थे, जो कालानुसार आवश्यक था तथा उच्चकोटि की नौकरी के लिए साक्षात्कार का प्रारंभिक प्रशिक्षण था। उस समय प्राय: सभी नौकरियों में साक्षात्कार अनिवार्य था। मैं जब इंजीनियरिंग में नहीं गया तो यही मेरे लिए जीवनरेखा थी, जिस पर मुझे आनेवाले पाँच-छह वर्ष चलना था। इंजीनियरिंग कॉलेज में न जाने का कारण, जहाँ मेरा लक्ष्य एक कारण था, वहीं दूसरी ओर परिवार की ऐसी आर्थिक स्थिति नहीं थी कि वह मेरी चार वर्ष इंजीनियरिंग की पढ़ाई का खर्च वहन कर सके। फिर उस समय आज की भाँति इंजीनियरों की नौकरियाँ भी नहीं लगती थीं। इंजीनियरों की बेकारी की समस्या देश एवं समाज में मुँह बाए खड़ी थी। अब विश्वविद्यालय की डिग्री प्राप्त करके कम-से-कम जीवन में कमाया, खाया जा सकेगा। अब मैं अपने लक्ष्य के प्रति पूर्व से अधिक दृढ़, आत्मविश्वासी तथा परिश्रम के लिए तैयार था, ताकि मैं अपने परिवार पर भार न बनकर शीघ्र ही उनकी सहायता कर सकूँ। दूसरी ओर पिताजी भी बीमार चल रहे थे। भाग्य से इंटरमीडिएट परीक्षा परिणाम के आधार पर मुझे राष्ट्रीय छात्रवृत्ति प्राप्त हो गई, जो मेरी विश्वविद्यालय की फीस, छात्रावास की फीस तथा सामान्य खाने के खर्चे के लिए काफी थी। पुस्तकों को खरीदने के लिए मेरे पास पैसे नहीं थे। मैंने अपने खाने के खर्च में बचत करके पुस्तकें खरीदने का निश्चय किया। खर्च बढ़ता ही रहा। मैंने इलाहाबाद स्थित राज्य स्तरीय पुस्तकालय की ओर रास्ता पकड़ा।

इलाहाबाद विश्वविद्यालय में अध्यापन कार्य ठीक था। सभी कक्षाएँ नियमित रूप से होती थीं। सभी विषयों के अध्यापक अपने विषय में पारंगत थे। सभी प्राध्यापकों को

लड़के किसी-न-किसी छद्म नाम से पुकारते थे, जैसे हमारे गणित के प्राध्यापक, जो ऊँचाई में केवल 5 फीट गोल-मटोल थे, पर ग्रह-नक्षत्रों के गणित में विशेषज्ञ थे, लड़के उन्हें स्पूतनिक कहते थे। गणित विभाग में एक प्राध्यापक खरे थे, जिनकी पुस्तक हमारे पाठ्यक्रम में थी। बड़े गंभीर एवं शालीन प्रकृति के थे। वे छात्रों को तथा छात्र उन्हें चाहते थे। गणित विभाग में एकमात्र युवा महिला प्राध्यापक थीं, जो पढ़ाने की कला में निपुण नहीं थीं, पर सूरत-शक्ल की ठीक-ठाक थीं। कक्षा में लड़के ब्लैक बोर्ड की जगह उन्हें अधिक ताकते थे। गणित विभाग में ही एक प्राध्यापक सफेद धोती-कुरते में पढ़ाने आते थे और वे सबसे अधिक आधुनिक विषय मॉडर्न बीजगणित पढ़ाते थे। यह विषय कुछ एक-दो वर्ष पूर्व ही आया था और वे फ्रांस से इसमें डॉक्टरेट करके आए थे। यद्यपि अपनी जीवन-शैली में वे विशुद्ध भारतीय थे, पर वे विषय पूर्णतः अंग्रेजी में पढ़ाते थे। यह जीवन भी विरोधाभासों से भरा है। बाद में भी स्वदेशी आंदोलन से जुड़ गए। मैं उनका विषय न समझ सका, क्योंकि मैं दूर का ठीक-ठीक नहीं पढ़ पाता था। उस विषय की पुस्तकें भी उपलब्ध नहीं थीं तथा पुस्तकों को खरीदने के लिए मेरे पास पैसे नहीं थे। दूसरे मेरी आँखें कमजोर हो गई थीं। उस कारण कक्षा में जो बिंदु छूट गए, जिनको मैं ध्यान से न समझ सका, वह कठिन होते गए। फिर उस समय अध्यापकगण अपने घर पर निजी ट्यूशन नहीं करते थे। कोचिंग संस्थान भी नहीं थे। मैं निराशा में डूबता गया। फिर जब आँख के अस्पताल दिखाने गया, तब तक बहुत देर हो चुकी थी। मुझे चश्मा लगा, सिलेंडर भी लगा तथा आँखों को ठीक करने के लिए अभ्यास (एक्सरसाइज) के लिए अस्पताल जाना पड़ता। अपने दोस्त की साइकिल पर कई बार अस्पताल गया, तब जाकर आँखें ठीक हुईं।

विज्ञान संकाय में भौतिकी विभाग की स्थापना प्रसिद्ध नाभिकीय विज्ञान के प्राध्यापक मेघनाथ साहा ने की थी। उनकी प्रयोगशाला में आज भी उनका न्यूक्लियर रिएक्टर विद्यमान है। हमारे भौतिकी विज्ञान के विभागाध्यक्ष प्रसिद्ध वैज्ञानिक थे, पर वे एक कमजोर प्राध्यापक थे। उनके बिंदु तथा सिद्धांत हमारे माथे में नहीं घुसते थे। इसी प्रकार एक प्रकाश (ऑप्टिक्स) के प्राध्यापक थे। वे राष्ट्रीय स्वयंसेवक संघ की राजनीति में सक्रिय थे तथा कभी-कभी कक्षा में आते थे। वे सीधे ब्लैक बोर्ड पर लंबे सूत्र लिखते चले जाते थे, पर यह गौर करने का उनके पास अवकाश नहीं होता कि विद्यार्थियों की व्यक्तिगत क्या समस्या है। हम भी उनके राजनीतिक व्यक्तित्व को सुनकर प्रश्न करने से डरते थे। फिर भी भौतिक विभाग में सप्ताह में एक बार अध्यापक विशेष के पास हमें जाने का अवसर मिलता था। वहाँ हम पूरे सप्ताह के अपने शक, संदेह या परेशानियाँ हल करते थे। यह अत्यंत उत्तम व्यवस्था थी। रसायन शास्त्र में भी एक प्राध्यापक पढ़ाते थे। उनकी भी रसायन शास्त्र पर एक पुस्तक थी, पर वे पढ़ाने में निपुण नहीं थे। विद्यार्थी

सब समय उन्हें काले चश्मे में देखकर प्रमुदित होते। वे अत्यंत धीमे-धीमे चलते थे। मुझे अफसोस रहा कि मुझे कभी प्रोफेसर तिवारी की कक्षा में पढ़ने का अवसर प्राप्त न हो सका। प्रोफेसर तिवारी की ऑर्गेनिक रसायन शास्त्र पर प्रसिद्ध पुस्तक थी तथा वे पढ़ाते भी बड़े आत्मविश्वास के साथ, विषय के विशेषज्ञ की भाँति। रसायन शास्त्र विभाग में प्रोफेसर आर.सी. गुप्ता थे, जो हमारे क्षेत्र के थे। वे झाँसी एवं जालौन जिले के विद्यार्थियों के स्थानीय अभिभावक थे एवं छात्रों को उनके आवास पर मिलने एवं उनसे पथ प्रदर्शन लेने की खुली छूट थी। ईश्वर ने भी उनके इस परोपकार पर आशीर्वाद दिया। उनका पुत्र भारत के राष्ट्रपति का सहायक रहा। बी.एस-सी. करने के दौरान मैं डॉक्टर एस.के. सक्सेना से मिलने गया। वे मेडिकल कॉलेज में एनाटोमी के प्राध्यापक थे। वे एक समय बरुआसागर में प्राथमिक स्वास्थ्य केंद्र में चिकित्सा अधिकारी थे तथा मेरे पिताजी के साथ उनसे पारिवारिक संबंध थे, क्योंकि प्राथमिक स्वास्थ्य केंद्र तथा उनका आवास हमारे घर के चार-पाँच मकान छोड़कर ही था। उन्होंने मुझे तुरंत पहचान लिया एवं वे हमारे छात्रावास रिकॉर्ड में स्थानीय अभिभावक हो गए। मैं जब भी उनसे मिलने जाता, वे मुझे पुत्रवत् स्नेह करते। उनके यहाँ जाने पर वह सब समय चाय-नाश्ता कराते जिसे खाने में मुझे अत्यंत आनंद प्राप्त होता था। छात्रावास के शुष्क खाने में तरलता का समावेश हो जाता।

यह सभी ठीक चल रहा था, पर मैं बी.एस-सी. की पढ़ाई में आगे नहीं आ पा रहा था। उत्तर प्रदेश बोर्ड के प्रथम दस उच्च स्थान प्राप्त करनेवालों में प्राय: छह छात्र हमारे साथ थे। अत: मेरी कक्षा में प्रथम रहने की परंपरा ध्वस्त हो रही थी। मैं प्रयास करने पर भी कुछ कर नहीं पा रहा था। प्रथम बार स्वयं को असमर्थ, असहाय अनुभूत कर रहा था। बी.एस-सी. प्रथम वर्ष का परीक्षा परिणाम आशानुकूल नहीं रहा। मेरे प्रथम वर्ष प्रथम श्रेणी के अंक ही आ सके। द्वितीय वर्ष भी मैंने काफी परिश्रम किया। अब अपने सहवासियों के ताने भी मेरे ऊपर पड़ने लगे थे। बी.एस-सी. प्रथम वर्ष का टॉपर मेरे पास के कमरे में ही रहता था। वह यू.पी. बोर्ड का भी टॉपर था। वह पहाड़ी लड़का अति परिश्रमी था, पर मुझे आश्चर्य होता कि द्वितीय स्थान पानेवाला, मेरे पास में रहनेवाला लड़का खूब टहलता रहता था। उसे शायद कक्षा में पढ़ने पर ही सभी याद हो जाता था। मेरे साथ ऐसा कभी नहीं रहा। मैं पाठ्य पुस्तकों को जब तक दो-तीन बार पढ़कर नोट्स नहीं बना लेता, मुझे संतोष नहीं होता था। फिर परीक्षा के समय उन्हीं नोट्स को पढ़कर चला जाता था, पर विश्वविद्यालय की परीक्षा में कई प्रश्न बाहर से भी आ जाते थे, जो मेरी क्षमता के बाहर होते। वस्तुत: विज्ञान के विषयों में स्वयं को अक्षम अनुभव कर रहा था, पर बी.एस-सी. तो करना ही था। स्नातक योग्यता भारत में सभी नौकरियों के लिए प्रथम पायदान है। मैं परिश्रम करता रहा, पर सफलता हाथ न लगी। बी.एस-सी.

में मेरे केवल 59% अंक आए तथा मैं एक प्रतिशत अंक से प्रथम श्रेणी से नीचे आ गया, जिसकी मैंने कभी कल्पना भी नहीं की थी। मैं निराश हो गया। मैं ग्रीष्मकाल के लंबे अवकाश के दौरान बरुआसागर घर पर आ गया। मेरे बड़े भाईसाहब ने मुझे निराश देखकर अपने एक मित्र के यहाँ भरतपुर भेजा, जो वहाँ बिड़ला वैगन फैक्टरी में नौकरी करते थे। वे मुझे दिल्ली में दो आई.ए.एस. कोचिंग संस्थानों में ले गए, जहाँ राव कोचिंग के मुखिया ने मुझे लॉ में प्रवेश लेने की सलाह दी, ताकि यदि आई.ए.एस. में सफलता न मिले तो मैं वकालत कर सकूँ। उनका यह सुझाव हम सभी को पसंद आया। मेरा साहित्य की ओर शुरू से झुकाव था। सन् 1966 में ही झाँसी के स्थानीय समाचार 'दैनिक भास्कर' में मेरा प्रथम लेखन 'वसुधैव कुटुंबकम्' प्रकाशित हो चुका था।

मैं नई उत्प्रेरणा लेकर घर लौट आया तथा इलाहाबाद विश्वविद्यालय में एल-एल. बी. प्रथम वर्ष में प्रवेश की तैयारी करने लगा।

□

इलाहाबाद विश्वविद्यालय में स्वर्णिम काल

एल-एल.बी. में प्रवेश में कोई परेशानी नहीं हुई। वैसे भी विधि पाठ्यक्रम में वे छात्र ही प्रवेश लेते हैं, जिनका अन्य विषयों में प्रवेश नहीं होता, पर मैं प्रथम दिन से ही गंभीर था। मेरा उद्‌देश्य वकील बनना नहीं, अपितु आई.ए.एस. के लिए तैयारी करना था। एल-एल.बी. प्रथम वर्ष में विषय थे—भारत का संविधान, लॉ ऑफ टार्ट, भारत का वैधिक एवं संवैधानिक इतिहास, व्यापारिक विधि अर्थात् लॉ ऑफ कॉन्ट्रैक्ट, सेल ऑफ गुड्स एक्ट आदि। भारत का संविधान हमें प्रोफेसर गुप्ता पढ़ाते थे, जिन्हें भारत के संविधान के अनुच्छेद मुखस्थ हो गए थे। वह अपने साथ जेब में एक छोटी सी डायरी में छपा हुआ संविधान रखते थे तथा धाराप्रवाह बोलते थे। हमें उनकी कक्षा में बड़ा आनंद आता था तथा उनके गंभीर ज्ञान तथा सहजता से छात्र मंत्रमुग्ध रहते थे। वे छात्रों की जिज्ञासा का भी उत्तम ढंग से समाधान करते थे। हमें आश्चर्य होता कि इतने सरल संविधान के अनुच्छेदों पर इतनी मुकदमेबाजी क्यों होती है। प्रत्येक राजनीतिक दल अपने अनुसार संविधान की व्यवस्था करता है। यदि लोगों को भारत का संवैधानिक इतिहास ठीक-ठीक से पता होता तो शायद संविधान के उपबंधों को लेकर इतना झगड़ा नहीं हो। मैं समझ नहीं पाया कि क्यों ब्रिटेन में प्रचलित लॉ ऑफ टार्ट हमें पढ़ाया जाता है, जबकि भारत में अधिनियम एवं विभिन्न प्रकार के कानूनों की कमी नहीं है, जैसे—उपभोक्ता अधिनियम, पंचाट अधिनियम, जमीन संबंधी कानून आदि। जमीन संबंधी कानूनों को ऐच्छिक विषयों के अंतर्गत रखा गया, जबकि भारत की बहुसंख्यक जनता गाँव में निवास करती है तथा वह दिन प्रतिदिन भूमि संबंधी विवादों के सम्मुख होती है। लॉ ऑफ टार्ट के हमारे अध्यापकजी भी ऐसे थे कि विद्यार्थी उनकी कक्षा में ध्यान केंद्रित नहीं कर पाते थे। लॉ ऑफ कॉन्ट्रैक्ट के हमारे प्रवक्ता श्री चौधरी युवा थे, पर उनका पढ़ाने का ढंग अति उत्तम था और वह तब तक विषय को दोहराते रहते थे, जब तक विषय हमें ग्राह्य नहीं हो जाता। उनके बताए हुए कई विधिक सिद्धांत या सूत्र मुझे आज भी याद हैं। सुना है कि वे बाद में आई.ए.एस. हो गए और उन्होंने बिहार राज्य में सेवाएँ देकर खूब ख्याति

अर्जित की और वहाँ मुख्य सचिव के सर्वोच्च पद से सेवानिवृत्त हुए। मैं लॉ के प्रथम सत्र में ही परिश्रम से जुट गया। प्रथम सत्र का परीक्षा परिणाम आया और मैं विश्वविद्यालय में द्वितीय स्थान पर हुआ, पर मुझमें तथा प्रथम स्थान पानेवाले में बहुत कम अंतर था। मैं द्वितीय सत्र में और गंभीर हो गया, ताकि मेरी बी.एस-सी. की असफलता का इतिहास दुरुस्त हो जाए। जीवन में सफलताएँ और असफलताएँ आती-जाती रहती हैं, पर मनुष्य वह है, जो सफलता में गर्वीला न हो तथा असफलताओं से सीखकर अपनी त्रुटियाँ दोबारा न दोहराए। अब मैं फूँक-फूँककर कदम रख रहा था। कानून की पढ़ाई में इसलिए और आनंद आ रहा था, क्योंकि समाज का स्वरूप कानून के विषयों में साक्षात् हो रहा था। फिर इलाहाबाद, उच्च न्यायालय का शहर। जगह-जगह एडवोकेटों के विशाल बँगले, उन पर नाम पट्टिकाएँ तथा उनकी बड़ी ऊँची कीमतों की कारें, शान-शौकत। पर मैं शायद वहाँ तक न पहुँच पाता, क्योंकि मेरे परिवार में वकालत की कोई पृष्ठभूमि नहीं थी। छात्रों की धारणा थी कि एडवोकेट जिंदगी भर पिसता रहता है, तब जाकर अपना पुस्तकालय तथा कोठी खड़ा कर पाता है। उसका परिवार उसकी धन-संपत्ति का आनंद उठाता है, जबकि आई.ए.एस. में नौकरी के प्रथम दिन से पूरा वेतन, शान-शौकत और सरकारी क्षमता। सामाजिक स्तर से यद्यपि आई.ए.एस. का वेतन सर्वोच्च न हो, पर श्रेष्ठ जरूर था। अत: मन-ही-मन मेरा कानून की पढ़ाई का उद्देश्य था कि एल-एल. बी. में प्रथम रहूँ तथा विधि-विषयों को लेकर आई.ए.एस. में सफलता प्राप्त करूँ। मैं प्रथम वर्ष की दूसरी पारी में विश्वविद्यालय में सर्वप्रथम आ गया। मेरा प्रतियोगी सेना में अधिकारी बनकर चला गया। एल-एल.बी. द्वितीय वर्ष बहुत उथल-पुथल का नहीं रहा। मेरा विधि संकाय में नाम गूँजने लगा। लड़के दूर से कहते कि साइकिल पर जानेवाला लड़का ही विधि संकाय का टॉपर है। एल-एल.बी. की तीसरे वर्ष के टॉपर की नौकरी दिल्ली की एक प्रतिष्ठित निजी कंपनी में लग गई थी। उसने मुझे वहाँ नौकरी का ऑफर दिया। यद्यपि मेरे पास निजी कंपनी में कानूनी सहायक और सलाहकार की नौकरी हाथ में आ रही थी, पर मैंने निजी नौकरी की घोर अनिश्चितताओं के बीच कोई सरकारी नौकरी पक्की करने का निश्चय किया। यद्यपि निजी कंपनी की नौकरी में अच्छा वेतन एवं अन्य सुविधाएँ थीं, पर भविष्य की कोई निश्चितता नहीं थी। कभी भी निजी कंपनी का स्वामी, निदेशक या मुख्य कार्यकारी अधिकारी अपनी भृकुटि के इशारे पर कंपनी का दरवाजा आपके लिए बंद कर सकता है, जिसके विरुद्ध आप किसी कोर्ट-कचहरी में नहीं जा सकते। कभी-कभी यह अकारण एवं व्यक्तिगत कारणों से भी होता है। मैंने उत्तर प्रदेश सरकार के नायब तहसीलदार पद के लिए फॉर्म भर दिया। मैं बिना विशेष तैयारी के छुपकर परीक्षा में बैठा, क्योंकि ए.एन. झा छात्रावास में आई.ए.एस. परीक्षा से छोटी नौकरी में बैठना छात्रावास की शान के खिलाफ था। मैं छात्रावास की परंपरा देखता या

अपनी रोजी-रोटी सुनिश्चित करता। फिर पिताजी का स्वास्थ्य दिन-प्रतिदिन गिरता जा रहा था। मुझे तो कोई भी सरकारी नौकरी चाहिए थी। मेरी विचारधारा के अनुसार सभी नौकरियाँ समान हैं। बहादुर वह है, जो नौकरी में आकर छोड़ दे। नायब तहसीलदार के सारे उत्तर प्रदेश में केवल सात पद थे एवं प्रतियोगिता कड़ी थी। फिर भी गणित में 97% अंक प्राप्त करने के कारण तथा साक्षात्कार में खराब प्रदर्शन के बावजूद नायब तहसीलदार के पद पर मेरा चुनाव हो गया।

अब एल-एल.बी. तृतीय वर्ष में मैंने बड़े आत्मविश्वास के साथ प्रवेश किया जैसे मैं किसी से कम नहीं था। मेरे मन-मस्तिष्क से यह धारणा वाष्पित हो गई कि मैं ग्रामीण क्षेत्र से आया हूँ एवं आई.ए.एस. जैसी पाँच सितारा नौकरी के लायक नहीं हूँ। उस प्रकार की शैली में काम नहीं कर पाऊँगा तथा उस प्रकार का जीवन नहीं जी पाऊँगा। मैं अपने छात्रावास में ही कई सहवासियों से आगे निकल चुका था। मेरे एक सहपाठी ने मुझसे कटाक्ष करते हुए देहाती कहा तो मैंने उसे पीटा एवं नाली में ढकेल दिया। अन्य सहपाठियों के बीच-बचाव करने पर ही मैंने उसे छोड़ा। एल-एल.बी. में मेरी अंग्रेजी भी अच्छी हो गई। मैंने फिर भी अपना भाग्य उ.प्र. प्रांतीय सिविल सेवा (पी.सी.एस.) में आजमाने का निश्चय किया। मैं चुपके से पी.सी.एस. परीक्षा में बैठा एवं प्रथम प्रयास में ही गणित में 97% अंकों के कारण बिक्रीकर अधिकारी के पद पर चयनित हो गया, जिसे बाद में वाणिज्य कर अधिकारी की संज्ञा दी जाने लगी। साक्षात्कार बोर्ड के अध्यक्ष एक यादव थे और उन्हें बड़ा आश्चर्य हुआ कि अग्रवाल लोग कैसे सरकारी नौकरियाँ में आने लगे हैं। मुझे इस प्रकार के पक्षपात की आशा थी। अतः मैंने लिखित परीक्षा में इतना अच्छा किया कि मेरे प्रति दुर्भावना रखनेवाला साक्षात्कार बोर्ड प्रभावहीन हो गया। मेरा अब यह सिद्धांत बन चुका था कि अभ्यर्थी इतना अच्छा लिखित परीक्षा में करे कि साक्षात्कार के अंक निष्प्रभावी हो जाएँ और उसे नौकरी में प्रवेश के लिए कोई न रोक सके। फिर कहीं भी साक्षात्कार में पास होना आवश्यक नहीं होता। कुल अंकों के आधार पर ही नौकरी में चयन होता है। साक्षात्कार का योग कुल अंकों में से 18-20% अंकों से अधिक नहीं होता। फिर अभ्यर्थी को अपनी अकादमिक परीक्षा में सफलता, खेलकूद आदि की विशेष उपलब्धि आदि के आधार पर कुछ अंक साक्षात्कार में मिल ही जाते हैं। आज तक किसी को साक्षात्कार में शून्य नहीं मिला है। मेरी विश्वविद्यालय के सर्वोत्तम विद्यार्थियों में गणना होने लगी। मैं भी आत्मविश्वास से लबालब था। हताशा के बादल फटने से बुद्धि भी पैनी हो गई। अतः मैं एल-एल.बी. तीसरे वर्ष की पाठ्यक्रम पुस्तकों के पढ़ने के साथ-साथ आई.ए.एस. इत्यादि परीक्षा से संबंधित पुस्तकें भी पढ़ने लगे। सामान्य अध्ययन एवं सामान्य ज्ञान का अभ्यास तो छात्रावास में ही काफी होता रहता था। छात्रावास के कमरे से लेकर मेस तक सामान्य ज्ञान (जी.के.) की चर्चा होती रहती

थी। ए.एन. झा छात्रावास का मेस तो जैसे दिल्ली की किसी भी कोचिंग (प्रशिक्षण) संस्था से श्रेष्ठ था। प्रत्येक मेस में कम-से-कम चार-पाँच ऐसे छात्र रहते थे, जिनका आई.ए.एस. या आई.ए.एस. की सहायक नौकरी में प्रवेश निश्चित था। मुझे अन्य छात्रों की भाँति सामान्य ज्ञान में महारत हासिल नहीं थी। मैं विभिन्न विषयों पर बहस या सामान्य ज्ञान संबंधी चर्चा में पीछे रहता था। मैं वक्ता से अधिक श्रोता था। हमारे साथ के लड़कों को नौकरी संबंधी मामलों में अच्छा ज्ञान था, क्योंकि वे प्रायः आई.ए.एस., पी.सी.एस. परिवारों से आए थे और उनके परिवार में नौकरी से संबंधित चर्चाएँ आम होती थीं, जबकि मैं बचपन से केवल व्यापार, कर, ग्राहक एवं किसान ग्राहकों संबंधी चर्चाएँ सुनता आ रहा था। मैं अपने एल-एल.बी. अंतिम वर्ष के लिए प्रतीक्षा करने लगा, जब मैं मेस में ज्येष्ठ सहवासी की भाँति अपने कनिष्ठों का पथ प्रदर्शन करूँगा।

मेरे समय लड़कियाँ गिनी-चुनी होती थीं। मेरे साथ प्रायः 200 लड़कों के बीच दो-तीन लड़कियाँ थीं। उनमें दोनों अग्रवाल थीं। मुझे उनमें से एक लड़की अच्छी लगती थी, पर इसके पहले कि मैं अपने प्रेम को प्रकट करूँ, मेरे साथ का एक लड़का उसके पीछे पड़ गया। वह उसके एकतरफा प्रेम में पागल था। मुझे यह जानकारी होने पर मैंने अपने कदम पीछे हटा लिये। मैं अपने सड़क छाप प्रेम को पसंद करने लगा। लक्ष्य प्राप्ति की अग्नि मेरे अंदर चौबीस घंटे धधकती रहती थी। मैं सोचता था कि यदि मैं प्रेम के चक्कर में पड़ गया तो यह मेरे परिवार के साथ विश्वासघात होगा। मेरी माँ के प्रेम एवं विश्वास पर कुठाराघात होगा। उस समय प्रेम करना अनैतिक माना जाता था। अच्छी पढ़ाई-लिखाई करो, नौकरी में सफलता अर्जित करो और नौकरी के बाद माता-पिता की मर्जी के अनुसार विवाह करो। अपने लड़के, लड़की का उपयुक्त विवाह संपन्न करना ही जैसे उस समय माता-पिता के जीवन की महत्त्वाकांक्षा रहती थी। मैं कैसे माता-पिता एवं भाई के साथ विश्वासघात करता?

एल-एल.बी. तृतीय वर्ष के उत्तरार्ध में प्रांतीय सिविल सेवा परीक्षा का परीक्षा परिणाम आ गया। मेरा पी.सी.एस. की सहायक सेवा बिक्रीकर अधिकारी के पद पर चयन हो गया तथा मेरा उसमें पाँचवाँ स्थान रहा। मेरी प्रांतीय सिविल सेवा प्रशासनिक में चयन न हो सका, क्योंकि जहाँ सफल परीक्षार्थियों को 80% तक साक्षात्कार में अंक प्राप्त हुए थे, वहीं मुझे प्रायः 20% अंक प्राप्त हुए। खैर, नौकरी में सफल परीक्षार्थियों से कोई अंक नहीं पूछता था। मुझे अपनी मौखिक परीक्षा या साक्षात्कार में प्राप्त अंक बताने में शर्म आती थी, पर सफलता सफलता ही होती है, उसमें कारण-दोष नहीं। अब मैं आई.एस.एस. की लिखित परीक्षा की तैयारी उस हिसाब से करने लगा कि मुझे साक्षात्कार में केवल 20% अंक प्राप्त होंगे। मैं स्वयं को साक्षात्कार में 20% वाला गण्य करने लगा। जगत् में आत्मविश्लेषण या आत्मनिर्धारण से बड़ा कोई विश्लेषण या

निर्धारण नहीं होता। मुझे निश्चय हो गया कि पक्षपात, निरंकुशता तथा भाई-भतीजावाद से लड़ने की मुझमें शक्ति नहीं है, न ही मेरा कोई सहायक है। न्याय के लिए मैं केवल संघर्ष कर सकता था, परिणाम सुनिश्चित नहीं कर सकता। मेरे हाथ में मेरी लिखित परीक्षा है, जिसमें मैं अच्छा करके साक्षात्कार में कमी को पूरा करूँगा और देश की सर्वश्रेष्ठ नौकरी में आकर ही दम लूँगा।

पिताजी बीमार चल रहे थे। जब घर पर मैंने टेलीफोन करके बिक्रीकर अधिकारी की नौकरी में सफलता का समाचार दिया तो पिताजी को विश्वास नहीं हुआ। वे मानते थे कि उनका लड़का यदि बिक्रीकर निरीक्षक (इंस्पेक्टर) हो जाए, वही काफी था, क्योंकि बिक्रीकर इंस्पेक्टर उन्हें बहुत जलील करता था। दुकान की गद्दी पर आकर उनका अपमान करता था तथा अनाप-शनाप कर लगाने की धमकी देकर उनसे पैसा भी ऐंठता था। इंस्पेक्टर से अधिक उसके साथ चलनेवाला चपरासी ही पैसे की वसूली करता था। यदि उस समय उसे पूरी रिश्वत न मिल सकी तो वह समय-समय पर कस्बे में आकर रिश्वत की वसूली करता था। पिताजी के शक-संदेह को दूर करने का मेरे पास कोई उपाय नहीं था, क्योंकि बिक्रीकर अधिकारी का नियुक्ति-पत्र आने में अभी भी सात-आठ मास का विलंब था।

एल-एल.बी. अंतिम वर्ष का परीक्षा परिणाम समाचार-पत्रों में प्रकाशित हुआ। साथ-साथ मेधावी सूची (मेरिट लिस्ट) भी प्रकाशित हुई। परीक्षा परिणाम में मुझे दूसरे स्थान पर दिखाया गया। मुझे विश्वास नहीं हुआ, क्योंकि अंतिम वर्ष में यदि मैं एक विषय की परीक्षा में न बैठता तो भी मैं सर्वप्रथम रहता। पर मैं उस दिन तो निराश हो ही गया। यह कारनामा मुझसे द्वितीय स्थान पर रहनेवाला तुहीन कांति घोष का था, जो इलाहाबाद से प्रकाशित 'नार्दर्न इंडिया' पत्रिका अंग्रेजी समाचार-पत्र के मालिक का पुत्र एवं प्रबंधक था। उसने स्वयं को प्रथम छापकर मुझे द्वितीय स्थान पर दिखाया।

मैं दूसरे दिन विश्वविद्यालय के कार्यालय हाँफता हुआ पहुँचा। संबंधित लिपिक ने कुछ भी बताने से इनकार कर दिया, क्योंकि परीक्षा संबंधी कागज गोपनीय होते हैं, पर मेरे बहुत अनुनय-विनय करने पर उसने मुझे दूसरे दिन आने के लिए कहा। मैं दूसरे दिन उससे मिलने गया। वह गोपनीय ढंग से मुझसे कार्यालय के बाहर मिला और उसने मुझे भरोसा दिलाया—"आपको चिंता करने की आवश्यकता नहीं है। आपका परीक्षा परिणाम आपकी आशा के अनुकूल ही है।"

मैं विश्वस्त होकर चला आया तथा अपने लेबर लॉ तथा प्रशासनिक विधि के प्राध्यापकों से मिलने गया। उन्होंने मुझे ढाढ़स बँधाते हुए कहा—"तुहीन मेरे पास आता रहता था, पर मैंने कह दिया कि अग्रवाल सर्वप्रथम है, और सर्वप्रथम ही रहेगा।" मैं अपने प्राध्यापकों की ईमानदारी का मुरीद हो गया। एक सप्ताह में ही विश्वविद्यालय

की ओर से अंकतालिका प्रकाशित हो गई। मेरी संपूर्ण एल-एल.बी. परीक्षा पाठ्यक्रम में प्रथम श्रेणी के साथ प्रथम स्थान था। साथ में मेरे चार विषयों में उच्चतम अंक थे। अंतरराष्ट्रीय विधि, मुसलिम विधि, श्रम विधि एवं प्रशासनिक विधि। इन चारों विषयों में मुझे स्वर्ण पदक प्राप्त होना सुनिश्चित हो गया। मैं अपनी सफलता से पूर्णतः संतुष्ट एवं प्रसन्न था, पर आई.ए.एस. की तैयारी के लिए खर्चे की व्यवस्था करना आवश्यक था। परीक्षा परिणाम के प्रकाशित होने के दूसरे दिन ही इलाहाबाद विश्वविद्यालय के अंतर्गत इलाहाबाद डिग्री कॉलेज में विधि के प्रवक्ता पद के लिए मैं साक्षात्कार देने गया। मेरा ज्ञान ताजा था। मैंने प्रायः सभी प्रश्नों का संतोषजनक उत्तर दिया। इलाहाबाद डिग्री कॉलेज के प्रबंधक शांतिप्रसाद अग्रवाल एक ईमानदार तथा समर्पित व्यक्ति थे। उन्होंने मुझे दूसरे दिन से ही कॉलेज में प्रवक्ता की नौकरी दे दी और मेरा वेतन पाँच सौ रुपए प्रतिमास निश्चित कर दिया। मैं दूसरे दिन से ही इलाहाबाद डिग्री कॉलेज में विधि पढ़ाने लगा। पर मुझे विधि में छात्र अनुशासित न लगे। वे मेरे पढ़ाने पर ध्यान भी नहीं देते थे तथा कभी-कभी ऊलजलूल प्रश्न करते जिसका विषय से कोई संबंध नहीं होता था। मैं प्रतीक्षा करने लगा कि शीघ्रातिशीघ्र मेरी बिक्रीकर अधिकारी के पद पर नियुक्ति हो और मैं आई.ए.एस. की तैयारी कर सकूँ। एल-एल.बी. द्वितीय वर्ष के अंतिम महीनों में मैं आई.ए.एस. परीक्षा में अपना भाग्य आजमा चुका था। मैं केवल आई.ए.एस. (एलाइड) एवं आई.पी.एस. में बैठा तथा मुझे केवल आई.पी.एस. के साक्षात्कार के लिए बुलाया गया, पर मुझे सफलता प्राप्त न हो सकी। मैं बिल्कुल निराश नहीं था, क्योंकि प्रथम प्रयास अभ्यर्थी केवल स्वयं को समझने के लिए लेता है कि वह कितने पानी में है। अब मैं आई.ए.एस. की तैयारी आत्मविश्वास के साथ करने लगा। छात्रावास में आई.ए.एस. में सफल ज्येष्ठ अधिवासियों के सामान्य अध्ययन, सामान्य ज्ञान एवं निबंध के नोट्स उपलब्ध थे। मैं छात्रावास से ही कॉलेज में पढ़ाने तथा अधिकांश खाली समय में आई.ए.एस. परीक्षा की तैयारी करता। मैं जब तैयारी न करके ही प्रथम बार में लिखित परीक्षा पास कर गया तो मुझे तैयारी करके आई.ए.एस. में बैठने पर कोई कठिनाई नहीं महसूस हुई। परीक्षा परिणाम प्रकाशित हुआ। मैं आई.ए.एस. की लिखित परीक्षा में सफल घोषित हो गया। मुझे अत्यंत प्रसन्नता हुई। मुझे आश्चर्य हुआ कि भौतिक विषय लेकर भी मैं आई.ए.एस. की लिखित परीक्षा को पार कर सका जबकि विज्ञान और गणित से मेरा दो वर्ष से अधिक समय से तादात्मय नहीं रहा। मुझे शक होने लगा कि मैं बुद्धिमान हूँ, मेरी स्मृति शक्ति तेज है। मैं अब आत्मविश्वास से लबालब था।

□

नौकरी जीवन में प्रवेश

मैं विधि के प्रवक्ता की नौकरी को नौकरी नहीं मानता, क्योंकि यह पूर्णतः अस्थायी थी तथा मेरा मन विधि का प्रवक्ता रहने का नहीं था। मैंने चार-पाँच महीने ही काम किया होगा कि बिक्रीकर अधिकारी के पद पर नियुक्ति-पत्र प्राप्त हो गया। मुझे अफसोस रहा कि पिताजी के जीवन-काल में मैं बिक्रीकर अधिकारी का पद ग्रहण न कर सका। मेरे पिताजी बड़े शक्की स्वभाव के थे। उन्हें अंत तक विश्वास नहीं था कि मैं बिक्रीकर अधिकारी बन गया हूँ, क्योंकि हम बहुत सी सूचनाएँ उन्हें खुश करने के लिए ही देते थे। पिताजी को तब विश्वास होने लगा, जब मेरे विवाह के प्रस्ताव धनी और अधिकारी वर्ग के परिवारों से आने लगे। यह नियुक्ति-पत्र मुझे उस समय प्राप्त हुआ, जब मैं पिताजी के संगम में अस्थि विसर्जन करने के पश्चात् इलाहाबाद में अपने छात्रावास के कमरे में गया। एक गम, दूसरी खुशी। पर पिताजी की मृत्यु के गम में बिक्रीकर अधिकारी का नियुक्ति-पत्र आच्छादित हो गया। मैं किसी से यह भी नहीं कह पाया कि मैं उ.प्र. लोक सेवा आयोग की परीक्षा पास करके बिक्रीकर अधिकारी हो गया, पर माँ का हृदय बहुत विशाल होता है। माँ ने सिर पर हाथ रखकर आशीर्वाद दिया। भाईसाहब खुश थे, पर वे अपनी खुशी किसी से प्रकट नहीं कर रहे थे।

मैंने बिक्रीकर अधिकारी के पद पर प्रशिक्षण के लिए बिक्रीकर विभाग के मुख्यालय, लखनऊ में जॉइन कर लिया। बिक्रीकर भारत के सबसे बड़े राज्य उत्तर प्रदेश का मुख्य राजस्व स्रोत है। बिक्रीकर मुख्यालय पुरानी राजसी कोठी में स्थित था, जो अति सुंदर थी। फिर मेरे लिए प्रथम सरकार का वेतन यहीं से आरंभ हुआ। मैंने बिक्रीकर मुख्यालय को प्रणाम किया और अपनी लंबी लोक सेवा की शुरुआत की।

प्रशिक्षण का परिवेश सरल था। हमें मारवाड़ी भी पढ़ाई गई, जिसमें कई व्यापारी हिसाब रखते हैं, विशेषतः नंबर दो का हिसाब-किताब। बिक्रीकर अधिनियम एवं एकाउंटेंसी (लेखाविधि) का भी बृहद् प्रशिक्षण हुआ। मैं भाईसाहब के मित्र जगदीश भाईसाहब के मित्र चतुर्वेदीजी की माँ के पास क्ले स्क्वायर में रहता तथा हजरतगंज की

गलियों में खाना खाता। लखनऊ में माताजी को ऐसी गंभीर बीमारी थी कि वे पलंग से उठ नहीं सकती थीं, पर वे अपनी नेपाली नौकरानी से पूरा काम करवा लेती थीं। नौकरानी भी पति के साथ उसी घर में रहती थी।

क्ले स्क्वायर में रहते हुए एक दिन मेरा आई.ए.एस. के लिए साक्षात्कार-पत्र आ गया। चतुर्वेदी माताजी को विश्वास नहीं हुआ कि मैं आई.ए.एस. की लिखित परीक्षा में उत्तीर्ण हुआ, क्योंकि उनका भतीजा भी आई.ए.एस. लिखित परीक्षा में सफल हुआ, जो पढ़ने में बहुत तेज था और उसके पिताजी पूर्व आई.ए.एस. थे। मैंने जैसे-तैसे अपनी एक-दो मास के वेतन से आई.ए.एस. साक्षात्कार के लिए टेरीकोट का सूट बनवाया तथा दिल्ली में दो-तीन दिन के लिए साक्षात्कार की तैयारी हेतु गया। दिल्ली से लखनऊ आने पर लखनऊ गाँव लगता था, पर लखनऊ ही मेरी रोजी-रोटी का आश्रय-स्थल था। मैं आई.ए.एस. के साक्षात्कार की तैयारी में जुट गया। दस से पाँच कार्यालय में उपस्थिति देने के पश्चात् साक्षात्कार की तैयारी करना मुश्किल ज्ञात हो रहा था।

संघ लोक सेवा आयोग में नियत तिथि एवं समय पर मेरा साक्षात्कार संपन्न हुआ। इसी बीच मेरी नियुक्ति इलाहाबाद के बिक्रीकर कार्यालय में हो गई। मैं इलाहाबाद के कुछ प्रमुख बाजारों के बिक्रीकर मामले देखने लगा।

मैं ए.एन. झा छात्रावास के अधीक्षक से मिला। उन्होंने मुझे आई.ए.एस. की तैयारी करने के लिए मेरे प्रिय कमरे में रहने के लिए अनुमति दे दी। वैसे भी कई विद्यार्थी विश्वविद्यालय का पाठ्यक्रम समाप्त करने के पश्चात् प्रतियोगितात्मक परीक्षाओं की तैयारी तथा उनमें बैठने के लिए छात्रावास में अनियमित रूप से रह रहे थे। फिर इलाहाबाद विश्वविद्यालय का पुराना इतिहास कुछ ऐसा ही रहा। चंद्रशेखर आजाद ने कंपनी बाग में अंग्रेजी राज की पुलिस से मुठभेड़ होने से पूर्व गुप्त रूप से कई बार हिंदू छात्रावास में निवास किया। मैं बिक्रीकर कार्यालय जाता। वहाँ एक होटल में मात्र एक रुपए में दोपहर का भोजन करता और विद्यार्थी की भाँति मनोयोगपूर्वक आई.ए.एस. की तैयारी करता। मुझे डर था कि आई.ए.एस. का अखाड़ा छोड़ने के पश्चात् मुझे तैयारी का ऐसा सुनहरा अवसर प्राप्त नहीं होगा। फिर मैं किसी भी हालत में नौकरी छोड़कर आई.ए.एस. की तैयारी नहीं कर सकता था। घर की आर्थिक परिस्थिति मुझे ऐसा करने के लिए कतई अनुमति नहीं दे रही थी। मैंने छात्रावास का यह प्रवास पूर्णत: आई.ए.एस. की तैयारी में लगाया। जो अधिकारी साक्षात्कार देकर आते, उनसे मुझे हूबहू प्रश्न-दर-प्रश्न सुनने को मिलते, जो अन्यत्र संभव नहीं था। हाँ, हिंदी विषय की तैयारी के लिए मुझे जी.एन. झा छात्रावास में अपने मित्रों की सहायता लेनी पड़ी, क्योंकि ए.एन. झा छात्रावास में अंग्रेजी का वर्चस्व था। कोई भी छात्र न तो हिंदी में बात करता और न ही हिंदी में निबंध लिखता, हिंदी विषय को अतिरिक्त ऐच्छिक विषय के रूप में लेकर

आई.ए.एस. में बैठने की तो बहुत दूर की बात थी।

मुझे ए.एन. झा छात्रावास के वे निराशापूर्ण दिन याद आते जब बी.एस-सी. प्रथम वर्ष में मेरा परीक्षा परिणाम खराब रहा तथा मैं भविष्य की अनिश्चितता और निराशा के अंधकार में डूब गया था। कई बार मैं संगम पर जाकर शांति खोजता, पर बाहरी लोग समझते कि मैं आत्महत्या करने जा रहा था। वर्तमान मेरा उत्तम और आनंद से परिपूरित समय था।

मेरा छात्रावास का स्वप्न पूरा होने जा रहा था। मुझे विश्वास था कि मैं आई.ए.एस. में कहीं-न-कहीं अवश्य लटकूँगा, क्योंकि आई.ए.एस. (मुख्य) के साक्षात्कार के लिए अभ्यर्थी को तभी बुलाया जाता है, जब उसके कहीं-न-कहीं आने की संभावना हो।

इलाहाबाद (अब प्रयागराज) का परिवेश आई.ए.एस. मय था।

आई.ए.एस. परीक्षा का परिणाम जैसे इलाहाबाद के परिवार का सबसे महत्त्वपूर्ण दिन होता था। एक दिन सभी समाचार-पत्र आई.ए.एस. के परीक्षा परिणाम से युक्त थे। मैंने झटपट अपने चश्मे से अपना अनुक्रमांक समाचार-पत्रों में खोजा। भाग्य से मेरा अनुक्रमांक केंद्रीय सिविल सेवा में था। फिर क्या था ? मैं आज से आई.ए.एस. की पंक्ति में बैठ गया। मेरा अनुक्रमांक भी सफल सूची में काफी ऊँचा था कि हम सभी सहमत थे कि मुझे मेरी प्रिय भारतीय राजस्व सेवा की नौकरी प्राप्त हो जाएगी। मेरे पिताजी को इन्कम टैक्स अधिकारी बनने से बड़ी मेरे द्वारा और क्या श्रद्धांजलि हो सकती थी ? मैंने घर पर फोन किया। सभी खूब प्रसन्न हुए। मैंने कटरा की प्रसिद्ध नेतराम की मिठाई लाकर सभी में वितरित की एवं आनंदोत्सव मनाया। फिर अब मैं एक ग्रामीण साधनहीन विद्यार्थी से मध्यवर्गीय सरकारी अधिकारी हो गया था। छात्रावास के वरिष्ठ प्राय: 15-16 लड़के आई.ए.एस. परीक्षा में सफल हुए। मेरे एक वरिष्ठ छात्रावासी श्री हरीशचंद गुप्ता को गणित में 97 प्रतिशत, भौतिक विज्ञान में 96 प्रतिशत अंक प्राप्त हुए। उनके उच्च गणित में भी 95 प्रतिशत अंक प्राप्त हुए और उन्होंने आई.ए.एस. में सर्वप्रथम स्थान प्राप्त किया। एक ऐसे ही एक अन्य हमारे परिचित अभ्यर्थी को निबंध में शून्य अंक प्राप्त हुआ, क्योंकि वे निबंध का शीर्षक ही नहीं समझ सके, पर उनका भी भारतीय राजस्व सेवा में चयन हो गया, क्योंकि उनके भी गुप्ता की भाँति गणित और भौतिक विज्ञान में प्राय: 90 प्रतिशत अंक थे। मेरे सिविल सेवा श्रेणी में कुल 50 प्रतिशत अंक थे। विषयों में इस प्रकार निबंध-78/150, सामान्य अंग्रेजी 77/150, सामान्य ज्ञान 73/150, भौतिक विज्ञान 109/200, विधि प्रथम 122/200, विधि द्वितीय अर्थात् वाणिज्य विधि 98/200 कुल 53 प्रतिशत; पर मुझे साक्षात्कार में केवल 38 प्रतिशत अंक मिले। मेरा चयन भारतीय पुलिस सेवा में भी हो गया तथा मेरा इस सूची में भी ठीक स्थान था, पर मुझे भारतीय पुलिस सेवा के शारीरिक परीक्षण से भय लगता था।

छात्रावास पर मेरा ऋण अभी भी बाकी था। मैं अपने साथियों को भी यह दिखा देना चाहता था कि मैं किसी से कम नहीं हूँ। अत: मैंने खुशी के साथ-साथ आई.ए.एस. मुख्य परीक्षा की तैयारी जारी रखी। मैं दिन में अपने छात्रावास के साथियों के साथ मौज-मस्ती करता, पर रात में पूरे मनोयोग से दूसरे दिन से ही जुट गया, क्योंकि मुझे निश्चय हो गया कि छात्रावास के कमरे से निकलने के पश्चात् और पढ़ाई-लिखाई नहीं होगी। बिक्रीकर अधिकारी के पद पर नौकरी करते हुए जेब में भी पैसा आने लगा था। खर्चा नाममात्र को था, पर सिविल लाइन स्थित कार्यालय में गपशप में समय बरबाद करना मुझे पसंद नहीं था। मजबूरी में कुछ समय देना पड़ता था। जैसा देश, वैसा भेष। फिर मेरे बॉस श्री सिंह अति उत्तम अधिकारी थे। वे मुझे बहुत चाहते थे। वे मेरी प्रत्येक व्यक्तिगत आवश्यकता का ध्यान रखते थे। मुझे चौखटा चेकपोस्ट के बिक्रीकर अधिकारी का पद दिया गया। जब इलाहबाद की गंगा-यमुना सीमा पर इस बिक्रीकर चेकपोस्ट (जाँच केंद्र) का उद्घाटन हुआ तो प्रथम ट्रक से उतरे एक सरदार ड्राइवर ने कहा—"इन्होंने एक और पैसा खाने की चुंगी बना ली है।" पर मैं जाँच केंद्र पर बैठा-बैठा आई.ए.एस. की पुस्तकें पढ़ता रहता। मैं वास्तव में कभी यह नहीं देख पाता कि कैसे चेकपोस्ट पर रिश्वत का आदान-प्रदान होता है। जाकी रही भावना जैसी प्रभु मूरत तिन तैसी देखी। रिश्वतखोर तुरंत रिश्वत को पहचान लेते हैं तथा कोई भी अवसर अपने हाथ से नहीं गँवाते। एक बिक्रीकर निरीक्षक मुझे अपनी मोटरसाइकिल पर बैठाकर ले जाते। एक बार मोटरसाइकिल पर जाते समय हलकी सी दुर्घटना में मुझे चोट लगी। पर युवा शरीर एक क्या कई घाव सहन करने की क्षमता रखता है। मेरा कार्यालय जाना बदस्तूर चालू रहा।

कुछ महीने पश्चात् मेरा भारतीय राजस्व सेवा के अंतर्गत आयकर विभाग में सेवा देने के लिए नियुक्ति-पत्र आ गया और मुझे लाल बहादुर शास्त्री राष्ट्रीय प्रशासनिक अकादमी, मसूरी में जुलाई तक उपस्थित होने का आदेश आया। मैं आनन-फानन में बिक्रीकर अधिकारी के पद से त्याग-पत्र देने में जुट गया। सरकारी सेवा से छुटकारा पाना रेलगाड़ी की तरह नहीं है कि मनचाहा टिकट लेकर उससे पहले कहीं भी उतर गए। त्याग-पत्र स्वीकार करने में काफी औपचारिकताओं से गुजरना पड़ता है तथा आयुक्त, बिक्रीकर ही त्याग-पत्र स्वीकार करके 'कोई आपत्ति नही' दे सकते थे। मैं इलाहाबाद स्थित उपायुक्त बिक्रीकर से मिला। कुछ आनाकानी करने के पश्चात् वे मेरे त्याग-पत्र को अग्रसारित करने के लिए सहमत हो गए। अनेक चेष्टा-चरित्र करने के पश्चात् मेरा त्याग-पत्र 15 जुलाई, 1974 को स्वीकृत हुआ। मुझे बिक्रीकर विभाग से बकाया वेतन आदि इतना मिला कि मेरी मसूरी यात्रा में कोई परेशानी नहीं हुई। फिर अकादमी जाते ही खर्च के लिए एडवांस वेतन मिल जाता है। मेरे बॉस ने मेरे त्याग-पत्र की स्वीकृति तथा

मेरे प्रस्थान में अत्यंत सहायता की, पर मुझे बिक्रीकर विभाग छोड़ना खराब लग रहा था। नौकरी कोई अच्छी या खराब नहीं होती, जब तक नौकरी के माध्यम से स्वयं एवं परिवार का भरण-पोषण हो सके। फिर बिक्रीकर अधिकारी के पद पर रहते हुए मैं इलाहाबाद शहर के मुख्य व्यापार केंद्र एवं व्यापारियों के संपर्क में आया। व्यापारी भले मानुष होते हैं, बस उनका उद्देश्य होता है अधिक-से-अधिक लाभार्जन करना, चाहे वह सरकार के राजस्व को धोखा देकर ही हो। नौकरी के हिसाब से बिक्रीकर अधिकारी की नौकरी एक सम्माननीय एवं शांतिप्रिय नौकरी है।

□

भारतीय राजस्व सेवा में प्रवेश

17 जुलाई, 1974 को मैंने भारत के सबसे बड़े प्रशिक्षण केंद्र लाल बहादुर शास्त्री राष्ट्रीय अकादमी, मसूरी के परिसर में प्रवेश किया। मन में खुशी, उत्साह पर साथ में असमंजस। यह तो महारथियों का संगम स्थल है। यहाँ मेरे जैसा सरल एवं देहाती व्यक्ति कैसे सहज हो पाएगा ? पर राष्ट्रपति का नियुक्ति-पत्र मेरा संबल था। राष्ट्रपति ही सँभालेंगे। देहरादून स्टेशन पर ही अकादमी का वाहन मुझे लेने के लिए खड़ा था। ऐसे प्रथम स्वागत ने मेरे अंदर विश्वास का संचार कर दिया। अकादमी के परिसर में मुझे भारत सरकार की प्रथम श्रेणी की नौकरी में प्रवेश करा दिया। दूसरे दिन बहु प्रतीक्षित प्रशिक्षण के उद्घाटन समारोह के बाद प्रशिक्षण की समय-सारणी दे दी गई। अब विश्वविद्यालय के हलके एवं ताजगी भरे वातावरण से संबंध विच्छेद शीघ्र होनेवाला था।

प्राय: पाँच वर्ष की तैयारी एवं कठिन परिश्रम के पश्चात् नवागंतुक प्रशिक्षणार्थी कक्षाओं में पढ़ाई पर ध्यान नहीं दे रहे थे। अधिकांश प्रशिक्षणार्थियों ने आई.ए.एस. परीक्षा की तैयारी करते हुए इन सभी विषयों का अध्ययन किया था। अत: उन्हें कक्षा में भाषण सतही प्रतीत हो रहे थे। फिर प्रशिक्षण के दौरान सभी प्रशिक्षणार्थी उत्तीर्ण भी हो जाते हैं। जो कुछ प्रशासन का व्यावहारिक ज्ञान दिया जाता था, उसको ग्रहण करनेवाले कम ही प्रशिक्षणार्थी थे। उन्हें बहुमत के.टी.पी. (कीन टाइप प्रोबेशनर) कहकर उन पर तंज कसते थे। इस कारण पढ़ने न वालों की जमात बढ़ती जा रही थी। सभी की स्थायी नौकरी हो गई। किसी को भी नौकरी से नहीं निकाला जा सकता था। खेलकूद, सामाजिक उत्सवों का भी खूब आयोजन होता था, जिससे लड़के-लड़कियों में मेलजोल बढ़ रहा था। अकादमी में स्पष्ट हो गया था कि विवाह का जोड़ा अभी बन जाए अन्यथा कभी नहीं। अकादमी के अध्यापकगण परेशान थे कि कैसे भारत के नए प्रशासकों को ज्ञान की घुट्टी दी जाए। भारत का संविधान पढ़ानेवाले प्रोफेसर अति लोकप्रिय थे, क्योंकि वे बीच-बीच में अपना तकिया कलाम छोड़ते रहते थे। वे अकादमी के स्थायी प्राध्यापक थे। उन्हें संविधान का सतही ज्ञान था, जो एक प्रशासक के लिए काफी था। अकादमी

में सभी प्रकार के प्रशिक्षण की व्यवस्था थी। घुड़सवारी से लेकर एल.एम.जी. चलाने, भोजन करते समय आचार-व्यवहार, प्रशासन में शुचिता एवं मानव मूल्य, खेलकूद एवं योग। मैंने योग को अपना लिया।

महेश योगी की संस्था की ओर से योग सिखानेवाले प्रशिक्षक से बड़ी लगन से आसन, प्राणायाम एवं साधना सीखी। जब से योग मेरे दैनिक जीवन का अपरिहार्य अंग बन गया। छात्रावास की बालकनी में लोग मुझे शीर्षासन में ही देखते थे। तीन महीने के सम्मिलित प्रशिक्षण के पश्चात् मैंने नागपुर के आयकर प्रशिक्षण संस्थान में आयकर अधिनियम एवं आयकर विभाग का विशेष प्रशिक्षण ग्रहण करने के लिए प्रवेश किया। यहाँ पर भी लाल बहादुर शास्त्री अकादमी जैसा सहज पर गंभीर परिवेश था। नौकरी सभी की पक्की थी। पास हो या फेल। बाद में पास होने के भी अवसर थे, पर प्राय: सभी सफल होकर विभाग के विभिन्न स्थानों पर तैनात कर दिए जाते थे। यहाँ प्रशिक्षण की अवधि एक वर्ष की थी।

आयकर अधिनियम की बारीकियों को लेखाविधि की बारीकियों को समझने पर ही समझा जा सकता है, इसलिए एकाउंटेंसी विषय प्रत्यक्ष कर प्रशिक्षण कॉलेज, नागपुर में सबसे महत्त्वपूर्ण एवं सबसे कठिन था। अकाउंटेंसी ने प्रशिक्षणार्थियों के चेहरों से लाल बहादुर शास्त्री अकादमी की मस्ती उड़ा दी। महिलाएँ अधिकांश कला विषय लेकर भारतीय राजस्व सेवा में आई थीं। उनके लिए लेखा विषय अत्यंत दुरूह था। वह अपने सहपाठी लड़कों की सहायता लेने लगीं। सहायता लेते-देते कई युग्म भी बनने लगे। राजस्व प्रशिक्षण कॉलेज के नीरस जीवन में उल्लास, हर्ष और आनंद को भरने के लिए अजंता, एलोरा गुफाओं के भ्रमण का कायर्क्रम आयोजित हुआ। बिल्ली के भाग्य से छींका टूटा। जो युग्म कच्चे थे, वे भी स्वच्छंद वातावरण में, अजंता, एलोरा के यौन-चित्रों एवं पाषाण प्रतिमाओं को देखकर पक्के हो गए। ये युग्म स्टाफ कॉलेज की नियमित पढ़ाई-लिखाई में प्रगाढ़ होते गए। यहाँ तक कि कक्षा में भी साथ-साथ बैठने लगे, तब कुछ अनुशासन लाने के लिए निदेशक को सीटों का निर्धारण करना पड़ा। इसमें कुछ मेरे जैसे शुष्क लड़के-लड़कियों को कॉलेज की तरफ से रंगीला होने का अवसर प्राप्त हो गया। मेरी सीट बैच की सबसे सुंदर लड़की के पास पड़ी। मैं खुश था, पर सहपाठी मुझसे ईर्ष्या करने लगे। मुझे आयकर का प्रशिक्षण आसान लगता था, क्योंकि मैं प्राय: एक वर्ष बिक्रीकर विभाग में कार्य कर चुका था।

होली, दीवाली तथा विशेष अवसरों पर सामूहिक भोजन का आयोजन हुआ तथा कुछ सांस्कृतिक कार्यक्रमों का भी आयोजन होगा, जिससे प्रशिक्षण कॉलेज का स्वरूप बदल गया। अब प्रशिक्षणार्थियों के मस्तिष्क में लेखा-जोखा भी प्रवेश कर गया तथा आयकर अधिनियम की लंबी-चौड़ी दुरूह धाराएँ तथा उपबंध। आयकर अधिनियम में

मुख्य प्रावधानों से अधिक अपवाद हैं, जिन पर ही आयकर अधिकारियों को अपना ध्यान केंद्रित करना पड़ता है। आयकर पढ़ानेवाले तमिल विद्वान् श्री अय्यर अतिरिक्त निदेशक तथा लेखा-जोखा की बारीकियों को आयकर के साथ समझाने वाले श्री जैन विभाग के मेधावी प्रशिक्षक उपनिदेशक थे। प्रशिक्षणार्थीगण उनकी कक्षाओं में अत्यंत लगन एवं चाव से उपस्थित रहते थे। अन्य कक्षाओं में तो वे केवल भौतिक रूप से उपस्थित रहते थे।

मुझे प्रशिक्षण संस्थान के छात्रावास में नौ माह रहने के पश्चात् माताजी को नागपुर लाना पड़ा। पिताजी की मृत्यु के पश्चात् माताजी का परिवेश परिवर्तन आवश्यक था। पड़ोसी उन्हें उनके प्रति सहानुभूति दिखाने के लिए पिता की मृत्यु की बार-बार याद दिलाते थे, पर मेरे विचार से पुत्रों की माँ विधवा नहीं होती। मैं पास की एक नई कॉलोनी में एक कमरे का फ्लैट लेकर रहने लगा। मेरे साथ एक विवाहित साथी प्रदीप अग्रवाल थे। हम दोनों भाइयों की भाँति रहते। मकान मालिक मराठी परिवार भी हमारी सभी प्रकार से सहायता करता। मकान मालकिन तथा भाभीजी माँ को अकेला अनुभव नहीं होने देतीं। प्रशिक्षण के बाद मैं माँजी को प्रतिदिन पास के दक्षिण भारतीय मंदिर में दर्शन के लिए ले जाता तथा समय बचने पर अपना प्रथम उपन्यास 'बेतवा की कसम' लिखता, जो मेरे गाँव बरुआसागर के पास के एक जमींदार की लड़की तथा उसके निजी शिक्षक की प्रेम कहानी पर आधारित था।

मैं भारतीय राजस्व सेवा में संतुष्ट था। भारत की सर्वोच्च नौकरियों में है भारतीय राजस्व सेवा। मैं आई.ए.एस. में बैठने के लिए इच्छुक नहीं था, क्योंकि मेरी मान्यता थी कि आम वेतन के साथ पारिवारिक जीवन व्यतीत करने का शुभ अवसर जिस नौकरी में हो, वही अच्छी नौकरी है, पर मेरे साथ के प्रशिक्षु कहते—"तुम आई.ए.एस. में आ नहीं सकते, इसलिए तुम आई.आर.एस. को सर्वोत्तम मानते हो।"

इस चुनौती को मैंने स्वीकार किया और मैंने एक रुपए में आई.ए.एस. की परीक्षा का फॉर्म भर दिया। नागपुर में उत्तम जलवायु थी। शांतिप्रिय परिवेश था। सड़कों पर कोई हो-हल्ला नहीं। लोग अपने-अपने काम में व्यस्त रहते। मैं विधि विषयों की तैयारी हेतु नागपुर स्थित ऑल इंडिया रिपोर्टर के मुख्यालय जाता और वहाँ प्रकाशित व अप्रकाशित अधुनातन उच्चतम न्यायालय के निर्णय पढ़ता।

बस माँ के पवित्र सान्निध्य में आई.ए.एस. की परीक्षा में बैठा। यह मेरा अंतिम प्रयास था, क्योंकि मैं नागपुर के पश्चात् विवाहादि में विलंब नहीं करना चाहता था। परिवार में सभी की यही इच्छा थी। घर की आर्थिक परिस्थिति निरंतर खराब हो रही थी।

नागपुर में प्रशिक्षण संपन्न हुआ। प्रशिक्षण के अंत में भारत सरकार के वित्त राज्य मंत्री श्री प्रणब मुखर्जी पधारे। उनका भाषण अति प्रेरणादायक एवं ज्ञान से भरा था। मुझे

खुशी हुई कि भारत में कुछ मंत्री योग्य हैं। पर जब रात्रि में उन्होंने हमारे साथ की महिला प्रशिक्षणार्थियों के साथ शराब के साथ रात्रिभोज किया तो मेरा उनके प्रति विचार बदल गया। बाद में वही युवा मंत्री भारत के राष्ट्रपति हुए और मैं आई.ए.एस. में रहते हुए कई बार उनकी प्रतिभा का कायल हुआ।

मेरी आयकर में गहन दक्षता, ज्ञान, सरलता एवं सहजता से मेरे सरल पर योग्य निदेशक बापत साहब अति प्रभावित थे। उन्होंने कई तेज तथा प्रभावशाली प्रशिक्षणार्थियों के बीच मुझे अपना स्नेह दिया एवं मुझे मेरी प्रथम प्राथमिकता ग्वालियर में ही आयकर अधिकारी तैनात करवा दिया। मैंने जाकर ग्वालियर में आयकर अधिकारी के पद का कार्यभार ग्रहण किया, उसी दिन मुझे जीवाजी क्लब में उपायुक्त ने आमंत्रण भेजा। उनके कहने पर मुझे प्रथम दिन ही बियर पीनी पड़ी, जो मैं अभी तक छोड़ता चला आ रहा था। मैं कैसे अपने इतने वरिष्ठ अधिकारी के आदेश का उल्लंघन करता? बस ग्वालियर में मौज–मस्ती का दौर शुरू हो गया।

□

ग्वालियर में नौकरी और विवाह

ग्वालियर में मेरे घर के पास ही तैनाती थी। मैं कुछ दिनों प्रतिदिन उत्कल एक्सप्रेस से ग्वालियर कार्यालय के लिए 7 बजे निकल जाता था तथा ग्वालियर 9 बजे पहुँच जाता। कुछ दिनों में होटल के एक कमरे में रहा। तत्पश्चात् मैंने लक्ष्मीनगर में 3 कमरोंवाला एक मकान किराए पर ले लिया। माँ भी मेरे साथ रहने आ गई। मैं प्रतिदिन पैदल पास में ही कार्यालय जाता। मुझे भिंड, मुरैना तथा दतिया जिलों के साथ ग्वालियर शहर के मुख्य बाजार का भी दायित्व मिल गया। साथ में वेतन प्राप्त लोगों के आयकर का निर्धारण विशेषत: जिनकी सरकारी या निजी वेतन के अतिरिक्त अन्य आमदनी भी थी।

मेरे नए कार्यालय में बड़ा बाबू शर्मा बहुत दक्ष था तथा आधुनिक मापदंडों के हिसाब से ईमानदार भी। वह प्रतिदिन आयकर के मामलों का निर्धारण करके मेरे पास प्रस्तुत करता और मैं हस्ताक्षर कर देता। मेरे और शर्मा के बीच विश्वास गहरा हो गया था। भारत की सर्वोच्च सिविल सेवा का अधिकारी कम-से-कम व्यक्ति को परखना सीख जाता है। मैंने अपने बड़े बाबू से आयकर मामलों की पेचीदगियाँ सीखीं। मेरी व्यक्तिगत सहायक एवं टाइपिस्ट एक दक्षिण भारतीय महिला थी, जिसका पति स्टेशन पर पानी लेने उतरा और चढ़ते समय ट्रेन के नीचे आ गया। वह उस दुर्घटना को याद करके बहुधा रो देती थी, पर वह अपने काम में दक्ष थी। मैं अपने को फिट रखने के लिए कर्मचारियों के साथ दोपहर के भोजन अंतराल में वॉलीबॉल खेलता। कर्मचारियों के साथ इस प्रकार घुलना-मिलना हमारे साथ के अधिकारियों को रास नहीं आता, पर एक घमंडी अधिकारी को छोड़कर वे भी मुझे चाहने लगे। मेरे साथ के भारतीय राजस्व सेवा के वरिष्ठ आयकर अधिकारी मुझे सब समय चाहते एवं मेरी सहायता करते थे। नौकरी में जीवन इतना सुखमय होता है, यह मेरी कल्पना के बाहर था। मैं अपने साथ भाई के एक लड़के और लड़की तथा बहन की एक लड़की को भी ग्वालियर पढ़ाने ले आया। वे पास के स्कूल में पढ़ने लगे। हम लोगों के घर पर ही एक दुकानदार

महीने के राशन का सामान देता तथा कुछ वकीलगण मेरी अनुपस्थिति में अतिथियों के लिए काजू, बादाम, किशमिश आदि दे जाते, ताकि मुझसे मिलनेवाले आई.टी.ओ. को फटेहाल न समझें। यदि वे मेरे सामने आते तो शायद मैं मना कर देता, ऐसा वे सोचते थे। मेरी सरलता एवं ईमानदारी की ख्याति फैलने लगी।

इसी बीच भारत की सबसे शक्तिशाली प्रधानमंत्री स्वर्गीय इंदिरा गांधी ने भारत में आंतरिक आपातकाल लगा दिया। उनका कहना था कि धनी लोग, काला धंधा करनेवाले एवं पूर्व राजा-महाराजा उनके गरीबों के कल्याणकारी कार्यक्रमों में बाधा सृष्टि कर रहे थे। लोगों को काला-धन घोषित करने का अवसर प्रदान किया गया। मैं लेखक था। मैंने विभाग की काला धन स्वघोषित योजना पर स्थानीय समाचार-पत्रों में लेख लिखे तथा व्यापार एवं उद्योग संगठनों की सभाओं में सरकारी योजना का स्वरूप सामने रखा। मेरे वरिष्ठ अधिकारी करदाताओं की शंकाओं का समाधान करते। फिर ऊपर से आदेश आए कि ग्वालियर की महारानी सिंधिया तथा उनकी सरदारों पर आयकर का छापा मारा जाए। मुझे आगे कर दिया गया। ग्वालियर की महारानी पर काररवाई को न्यायसंगत ठहराने के लिए जे.बी. मंघाराम बिस्कुट औद्योगिक घराने तथा कई सर्राफा, अर्थात् आभूषण विक्रेताओं के घरों पर भी छापे मारे गए। मैंने जीवन में प्रथम एवं आखिरी बार इतने बहुमूल्य आभूषणों तथा मोती, माणिक, जवाहरात आदि रत्नों को देखा।

मुझे भिंड जिले में डकैतों को पनाह देनेवाले एक व्यक्ति के घर पर जाँच करने का आदेश प्राप्त हुआ। पर जैसे ही मैंने उसकी गढ़ी में प्रवेश करना चाहा, उसने अपने विशाल प्रवेश द्वार से बंदूक मुझ पर तान दी। मैं वापस पुलिस थाने आया। तब कहीं उस व्यक्ति ने हमें उसके दस्तावेज़ों तथा घर की जाँच करने दी। हमें उसके घर पर कुछ विशेष धन नहीं मिला, जो सूचना के अनुसार चंबल के डकैतों ने उसके घर में छुपा रखा था। मैं दतिया के राजा से भी उनसे बाकी आयकर वसूली हेतु मिला, पर उनके पास देने के लिए धनराशि नहीं थी।

मेरे भारतीय राजस्व सेवा के वरिष्ठ सहकारी सिन्हा साहब मुझे साथ में दावतों में ले जाते। एक बार मैं ऐसी ही एक दावत से लौटकर आया। मैं नशे में था। घर में आकर मैं सो गया। भाईसाहब को प्रणाम न कर पाया। भाईसाहब असंतुष्ट हुए। मुझे बहुत खराब लगा। भाईसाहब को मैं पितातुल्य मानता था। मैंने मन-ही-मन निश्चय किया कि मैं नशा नहीं करूँगा।

मेरा आई.ए.एस. की लिखित परीक्षा का परिणाम आ गया। मैं पास हो गया। मैंने यह अपने कार्यालय में गुप्त रखा, क्योंकि उस समय यह ग्वालियर में अच्छा नहीं माना जाता था। इससे अधिकारी की स्थानीय लोक मान्यता में कमी आ जाती है। मैं घर के आखिरी कमरे में पुस्तकें फैलाकर रखता एवं कार्यालय से लौटने के बाद उन्हें उलट-

पुलटकर पढ़ लेता। दो-तीन दिन के लिए दिल्ली की राव कोचिंग में साक्षात्कार का अभ्यास करने गया।

अब तो मेरे पास पैसे की कमी नहीं थी। साक्षात्कार के लिए एक अच्छा नीले रंग का टेरीकोट सूट सिलवाया तथा संघ लोक सेवा आयोग दिल्ली में साक्षात्कार समिति के सामने उपस्थित हुआ। मेरा साक्षात्कार अभी तक के सभी साक्षात्कारों से उत्तम हुआ। उस समय भी न्यायालयों में मुकदमों के निस्तारण में विलंब एक चिंता का विषय होता जा रहा था। समिति में एक अवकाश प्राप्त आई.सी.एस. सदस्य ने मुझसे इसका हल पूछा। मैं प्रशासनिक विधि में विशेषज्ञ था। मेरे प्राध्यापक डॉ. केशरी ने अपनी पुस्तक 'प्रशासनिक विधि' में प्रथम बार विशेष अदालतों एवं अधिकरणों (ट्रिब्यूनलों) के माध्यम से इसका हल प्रस्तुत किया था। मैं इस विषय पर समिति के सामने बाजी मार ले गया। श्री कुरेशी मेरे साक्षात्कार बोर्ड के अध्यक्ष थे। वे मध्यमवर्गीय अभ्यर्थियों को प्रोत्साहन दे रहे थे। शायद भारत सरकार की ओर से भी ऐसा नीतिगत फैसला था, क्योंकि उच्च वर्ग के जो लोग आई.ए.एस. अधिकारी बन रहे थे, उन्हें जनता के कल्याण की अपेक्षा अपने वर्ग की स्वार्थ-सिद्धि तथा अपने भविष्य की अधिक चिंता रहती थी।

वैसे मेरी व्यापारी वर्ग की पृष्ठभूमि सब समय मुझे साक्षात्कार में 10% कम अंक उपलब्ध कराती थी। समिति के सदस्यों को आश्चर्य होता क्यों और कैसे अग्रवाल या व्यापारी वर्ग से लड़का उच्च नौकरी में प्रवेश करेगा। अब समय के साथ यह धारणा निर्मूल हो चुकी है और अग्रवालों तथा व्यापारी वर्ग के बहुसंख्यक लड़के-लड़कियाँ बड़ी-बड़ी सरकारी नौकरियों एवं तकनीकी क्षेत्रों में बड़े पैमाने पर प्रवेश कर रहे हैं। शायद वे गत अभाव को पूरा कर रहे हैं। परीक्षा की उत्तर पुस्तिका जब परीक्षण के लिए जाती है तो परीक्षार्थी का नाम आदि उस पर से हटा दिया जाता है। जो परिश्रम करता है, वह परीक्षा में सफल होता है। कोई भी व्यक्ति जन्म से बुद्धिमान नहीं जन्मता है। मैं कक्षा में कभी बुद्धिमान छात्र नहीं रहा, न ही बुद्धिमान अधिकारी। मैं परिश्रम करके अपनी बुद्धि को हर समय पैना करता रहता हूँ, ताकि समाज के संघर्षों को मैं तैरकर पार सकूँ।

आई.ए.एस. परीक्षा परिणाम काफी अनिश्चित रहता है, क्योंकि उसमें कोई पास-फेल नहीं होता है। उसमें तो ऊपर से अभ्यर्थियों को रिक्त स्थानों या घोषित पदों के लिए चुन लिया जाता है। हो सकता है कि किसी विशेष वर्ष अधिक मेधावी अभ्यर्थीगण परीक्षा में बैठे हों, तब निचले क्रम में रहनेवालों की सफलता की आशा कम होती है। यद्यपि मेरी परीक्षा तथा साक्षात्कार उत्तम हुए, पर मैं भारतीय राजस्व सेवा में प्रशिक्षणरत रहने के तथा नौकरी करने के कारण परीक्षा में अपना सौ प्रतिशत न दे सका। अत: मैंने विवाह करने का निश्चय किया। आई.आर.एस. मेरी पसंद की नौकरी थी तथा भारत सरकार की प्रथम श्रेणी की नौकरी है। आई.ए.एस. और आई.आर.एस. के वेतनमानों में भी कोई

खास अंतर नहीं है। थोड़ा-बहुत अंतर बाद की प्रोन्नति में होता है, जब तक व्यक्ति के जीवन में सेवा संबंधी व्यापारों से अधिक पारिवारिक विषय एवं स्वास्थ्य संबंधी विषय महत्त्वपूर्ण हो जाते हैं।

मैं आई.टी.ओ. पद पर कार्यरत था। अग्रवाल समाज एवं परिवार में व्यापार या उद्योग के अतिरिक्त आयकर अधिकारी एवं बिक्रीकर अधिकारी की चर्चा होती है। मैं वैश्य जाति में ही विवाह करना चाहता था, जो मेरे परिवार का स्वप्न था। मैं परिवार भक्त था। मेरे लिए विवाह के उत्तम-से-उत्तम प्रस्ताव आने लगे। कुछ लड़कीवाले केवल इसलिए पीछे हो जाते थे, क्योंकि मेरे साथ मेरी माँ रहती थीं तथा तीन बच्चे भी, साथ-साथ मेरा रहन-सहन भी साधारण था। फिर भी मेरे उज्ज्वल भविष्य को दृष्टिगोचर करके कई विवाह प्रस्ताव आए। मैंने सभी प्रस्तावों पर विचार करने का निश्चय किया। छात्र जीवन एवं प्रशिक्षण काल की प्रेम कथाएँ, प्रेम, लगाव, स्वप्न ग्वालियर में नौकरी लगते ही पीछे छूट गए। सुबह से शाम तक मैं कार्यालय में व्यस्त रहता। माँ को भी गृहकार्य में सहायता के लिए बहू की आवश्यकता थी। माँ की उम्र करीब 60 वर्ष हो चुकी थी।

मैंने दो-तीन लड़कियों को देखा। उनमें से एक सुंदर नहीं थी, दूसरी ठीक थी, पर उसके भाई मेरे भाई के अनुसार विवाह करने को सहमत नहीं थे। झाँसी और ग्वालियर के संदर्भ से मेरे लिए मुरादाबाद से एक रिश्ता आया। घरवालों को भी रिश्ता पसंद आया। मैं एक दिन मुरादाबाद लड़की को देखने गया। अपराह्न लड़की वालों के आवास के बैठकघर में मैंने अपनी होनेवाली पत्नी को देखा। मैं उसकी बड़ी-बड़ी आँखों से काफी प्रभावित हुआ। नाक-नक्शा भी ठीक था। रंग भी ठीक था। लड़की एम.एस-सी. तक पढ़ी थी। बात करने पर पता चला कि लड़की भी नौकरी करने में रुचि नहीं रखती थी। मुझे घरेलू पत्नी की आवश्यकता थी, जो मेरी माँ के साथ निभा सके। मैंने अपनी होनेवाली पत्नी से स्पष्ट कह दिया—"समझ लो कि तुम एक आई.आर.एस. अफसर से ही शादी नहीं कर रही हो, मुख्यतः तुम एक लेखक से शादी कर रही हो। मैं अपने घर पर नौकर नहीं रखता हूँ।"

यह एक विस्फोटक प्रस्ताव था, जो केवल हम दोनों के बीच में बातचीत क्रम में सामने आया। मैंने आगे कहा—"तुम मुझे अपने मन की बात बता दो। तुम्हें कोई दोष नहीं देगा। मैं ही मना कर दूँगा।" यह मेरी पत्नी के लिए एक अजीबोगरीब प्रस्ताव था, क्योंकि कोई भी लड़की आई.आर.एस. अधिकारी से विवाह करके नौकरों के मध्य महारानी की भाँति रहना चाहती है, पर यहाँ तो उलटी गंगा बह रही थी। मुझे आश्चर्य हुआ कि एक धनी जमींदारी परिवार से आनेवाली मेरी होनेवाली पत्नी ने तुरंत ही उत्तर दिया—"मैं सबकुछ निभा लूँगी। मुझे उसमें कोई आपत्ति नहीं है।"

शायद अपने मामा से मेरे विषय में सुनकर मेरी होनेवाली पत्नी ने मन-ही-मन

मुझे वरण कर लिया था। उसके मामा कई बार इस विवाह के बारे में मुझसे ग्वालियर में मिल चुके थे। उस पर भी उसके पिताजी की ओर से एक आई.आर.एस. अधिकारी के साथ विवाह करने का दबाव था। उसके बाद तो विवाह एक औपचारिकता मात्र ही रह गया था।

पर इस विवाह पर अंतिम मुहर मेरे भाई की लगनी थी। मेरे बड़े भाई, अपने परम मित्र जगदीश भाईसाहब तथा बहन को लेकर आगरा के दयालबाग मंदिर में मेरी होनेवाली पत्नी उषा को देखने गए। सभी को उषा की सुंदरता तथा व्यवहार बहुत पसंद आया और उन्होंने उषा को अँगूठी पहना दी। लड़कीवालों की ओर से हमारे परिवार को मिठाई आदि भेंट स्वरूप दी गई। अब मेरे विवाह का रिश्ता पक्का हो गया था। मैं अब कार्यालय आते ही उषा को मुरादाबाद फोन लगाता तथा बातें करता। टेलीफोन मिलते-मिलते दो-तीन घंटे लग जाते। कार्यालय में अधिक बात करना भी अशोभनीय था। कभी-कभी जब फोन मिलता तो सामने व्यापारी बैठा होता, फिर दीवारों के भी कान होते हैं।

हमारा वार्त्तालाप बड़ा संक्षिप्त होता। "आप कैसी हैं ?" "क्या कर रही हैं ?" उत्तर और भी संक्षिप्त होता—"मैं ठीक हूँ। खाना बना रही हूँ।"

कार्यालय में सभी को मैंने मिष्टान्न वितरण किया तथा अपना संबंध पक्का होने के लिए साथ के आयकर अधिकारियों को एक होटल में दावत दी। इसकी व्यवस्था भी मेरे वरिष्ठ साथी अधिकारी ने की। हम होटल जाते-जाते रास्ते में एक फिल्म की शूटिंग के लिए आई एक नायिका मौसमी चटर्जी से मिलने चले गए। मैं मौसमी चटर्जी से चिपक गया और मुझे होटल पहुँचने में देरी हो गई। मेरे वरिष्ठतम आयकर अधिकारी, जो प्रोन्नति से आई.आर.एस. हुए थे, ने सलाह दी—"अग्रवाल साहब, आप यह गाँठ बाँध लीजिए। जब आप किसी को आमंत्रित करें तो समय से पहले उसके स्वागत के लिए तैयार रहें।"

उनकी इस सलाह को मैंने अपने जीवन का सिद्धांत बना लिया। मैं आज भी जिस भी अतिथि को निमंत्रित करता हूँ, उसके आने से पहले पूर्ण रूप से उसके स्वागत के लिए तैयार रहता हूँ। अतिथि देवो भव, हमारी संस्कृति है। जीवन में व्यक्ति को महत्त्वपूर्ण मोड़ों पर सीख प्राप्त होती है। सफल व्यक्ति वह है, जो जीवन की इस भट्ठी से तपे-तपाए सिद्धांतों को ग्रहण करे एवं अपना जीवन-निर्माण करे।

□

आई.ए.एस. में सफलता

मेरे तिलक का आयोजन हुआ। मैं अपने एक भारतीय राजस्व सेवा युग्म के विवाह में मथुरा चला गया। मुझे यह पसंद नहीं था कि तिलक में रुपया-पैसा भी आए। मेरे बड़े भाई प्रसन्न थे कि उनके पास मेरे विवाह में व्यय हेतु शगुन के रूप में नकद रुपया आ गया। साथ-साथ उन्हें अपना गिरता हुआ व्यापार भी सँभालने में मदद मिली।

मेरा विवाह ग्वालियर में ही एक साथी आयकर अधिकारी के खाली मकान में आयोजित हुआ। मेरी बारात का बी.एस.एफ. के प्रशिक्षण केंद्र टेकनपुर में भव्य स्वागत हुआ। ग्वालियर में तो मेरे वरिष्ठ मित्र सिन्हा साहब, गर्ग साहब एवं एडवोकेट गुप्ताजी ने उत्तम व्यवस्था की थी। विवाह का आयोजन बड़ी धूमधाम से हुआ। प्रायः ग्वालियर के प्रमुख लोग विवाह में उपस्थित हुए और वे बहुमूल्य भेंटें लाए। प्रायः अस्सी कारें विवाह में सम्मिलित थीं, जो उस समय ग्वालियर में एक रिकॉर्ड था।

हमारा पूर्ण वैदिक पद्धति से विवाह संपन्न हुआ। मैंने विवाह की जयमाल के दिन आखिरी बार हलका नशा तथा मांस खाया। इसके बाद दोनों को जीवनपर्यंत हाथ न लगाने का प्रण किया, जिसका पालन मैं आज तक कर रहा हूँ। विवाह के पश्चात् हम अपने पैतृक गृह बरुआसागर गए तथा वहाँ पर विवाह के बाद की रस्में संपन्न हुईं। फिर हम मधुचंद्रिका मनाने अपने ग्वालियर स्थित आवास में चले आए। हमारी परिचित आदरणीय महिला ने हमारी मधुचंद्रिका के लिए सजावट कर रखी थी। हम कुछ दिनों एक-दूसरे के प्यार में खोए रहे। कुछ दिनों औपचारिक रूप से मधुचंद्रिका मनाने कश्मीर आए। दुनिया से बेखबर थे हम। कश्मीर की वादियों का सबसे अधिक खिलनमार्ग के बर्फ पर आनंद लिया। एक दिन सायंकाल श्रीनगर में हम एक दुकान पर साड़ी पसंद कर रहे थे कि स्थानीय हिंदी समाचार-पत्र में आई.ए.एस. का परिणाम दिखा, मैं चौंक गया। मैंने हृदय की धड़कनों को रोककर सूची में अपना क्रमांक देखा, जो सूची में प्रायः 79वें क्रम पर था। मुझे आई.ए.एस. मिलना निश्चित था। मैंने घर पर तुरंत टेलीफोन पर बात द्वारा यह खबर भेजी।

ग्वालियर लौटने पर आई.ए.एस. में सफलता को हमने ग्वालियर में गुप्त रखा, ताकि लोग हमसे कतराने न लगें। हमारे कार्यालय एवं मिलनेवालों के लिए तो आई.आर. एस. ही आई.ए.एस. से बेहतर था। शनैः-शनैः मैंने अपने साथी अधिकारी सिन्हाजी को एवं आत्मीय एडवोकेट रामचरण लाल गुप्ताजी को बताया। दोनों बड़े प्रसन्न हुए, पर दोनों ने इस समाचार को फिलहाल गुप्त रखने की सलाह दी। हमारी जान-पहचान में कान, नाक और गले के प्रसिद्ध डॉक्टर तथा मेडिकल कॉलेज के विभागाध्यक्ष डॉ. आनंद को यह समाचार अच्छा लगा और उन्होंने हमें भोज दिया। डॉ. आनंद का आई.ए.एस. मंडली में उठना-बैठना था तथा उनकी दृढ़ धारणा थी कि आई.ए.एस., आई.आर.एस. से काफी अच्छी नौकरी है, यद्यपि उनकी स्वार्थसिद्धि केवल आई.आर.एस. अधिकारियों के माध्यम से हो रही थी।

प्रायः एक माह पश्चात् आई.ए.एस. में मेरा नियुक्ति-पत्र आ गया, जो भारत के राष्ट्रपति का आदेश पत्र था। एक माह पश्चात् मुझे 17 जुलाई को लाल बहादुर शास्त्री राष्ट्रीय प्रशासनिक अकादमी में प्रशिक्षण के लिए आदेश दिया गया तथा उसी दिन से भारत सरकार के अंतर्गत मेरी भारत में सर्वोच्च स्थायी नौकरी आरंभ हो जाएगी।

कुछ दिनों में मुझे आई.ए.एस. वर्ष 1975 परीक्षा की अंकतालिका प्राप्त हो गई। मुझे कुल 1750 अंकों में, 918 अंक प्राप्त हुए, अर्थात् केवल 52 प्रतिशत। मेरे निबंध, हिंदी, विधि विषयों तथा मुगल इतिहास में अच्छे अंक थे तथा साक्षात्कार में प्रायः 40 प्रतिशत अंक थे, जो अभी तक मेरी सभी नौकरियों की परीक्षाओं में सर्वोच्च थे।

बधाइयों, शुभकामनाओं तथा भोजों का दौर आरंभ हो गया। मेरी ससुराल वाले बहुत प्रसन्न थे कि उनके उद्योग घराने में प्रथम बार कोई लड़की आई.ए.एस. को ब्याही है। मेरे परिवारवाले असमंजस की स्थिति में थे, क्योंकि मेरी ग्वालियर में तैनाती के कारण उनकी आर्थिक तथा पारिवारिक समस्याओं का हल निकल रहा था। पश्चिम बंगाल संवर्ग मिलने पर मैंने आई.आर.एस. में ही रहने के लिए आवेदन दिया, पर वह स्वीकृत नहीं हुआ। मेरे परिवारवालों ने भी समाज के विचारों से सहमत होते हुए मुझे आई.ए.एस. में प्रवेश करने की मौन अनुमति दे दी। मैं ग्वालियर के जिलाधीश से मिला, जो इलाहाबाद विश्वविद्यालय के ही प्राक्तन छात्र थे। उन्होंने मुझे निःसंकोच आई.ए.एस. में जाने की सलाह दी तथा भारतीय प्रशासनिक सेवा में वैविध्य की प्रशंसा की। मुझे भी प्रतीत हुआ कि आई.आर.एस. में बही का परीक्षण, लाभ-हानि का लेखा-जोखा तथा आयकर का निर्धारण करते-करते जीवन नीरस होने लगेगा। अतः सभी दृष्टियों से आश्वस्त होकर मैंने आई.आर.एस. से त्याग-पत्र का आवेदन आयकर आयुक्त, भोपाल मध्य प्रदेश भेज दिया तथा उनकी स्वीकृति की प्रतीक्षा करने लगा।

मेरे मित्र गुप्ताजी ने मेरे सामान रखने की व्यवस्था अपने ही गोदाम में कर दी,

क्योंकि 3 महीने के बाद ही मुझे जिले से संबद्ध होने के लिए निर्धारित राज्य के लिए प्रस्थान करना पड़ेगा।

आई.आर.एस. तथा आई.ए.एस. दोनों भारत सरकार की नौकरियाँ हैं। अत: आई.आर.एस. से त्याग-पत्र स्वीकृत होने में विलंब नहीं हुआ। नौकरी में आना बहुत कठिन है, पर नौकरी केवल एक पत्र पर अपने हस्ताक्षर से छोड़ी जा सकती है।

मजबूरी में माँ, भाई एवं बहन के तीनों बच्चों को घर पहुँचाया तथा पत्नी को ससुराल भेजने का निर्णय लिया गया, क्योंकि मुरादाबाद से मसूरी बहुत पास पड़ता है। पत्नी को भी सामान की पैकिंग करने का अनुभव नहीं था। अत: जैसे-तैसे ग्वालियर के एक गोदाम में अपना यत्न के साथ जोड़ा हुआ तथा विवाह में प्राप्त खाने की मेज, सोफा तथा पलंग आदि रखा। अब मैंने नौकरी प्रारंभ करने के तीन वर्ष पूर्व की भाँति एक अटैची, बेडिंग और एक बैग लेकर भारत के युवाओं की स्वप्न नगरी मसूरी तथा नौकरी का मक्का लाल बहादुर शास्त्री राष्ट्रीय प्रशासनिक अकादमी के लिए प्रस्थान किया। वह भी संस्थान के आई.ए.एस. प्रशिक्षणार्थी के रूप में। अकादमी में प्रशिक्षणार्थी को प्रोबेशनर कहते हैं, क्योंकि वह प्रथम दिन से ही नौकरी में आ जाता है और आए भी क्यों नहीं, उसने जो वर्षों से उस दिन के लिए कठोर तपस्या की है।

अकादमी भारत के मेधावी युवाओं का संगम स्थल है, जहाँ भारत की सर्वोच्च नौकरियों में सफल युवा एक साथ तीन महीने के लिए रहते हैं, सीखते हैं एवं विचार-विनिमय करते हैं। अकादमी में शिक्षण की अपेक्षा परस्पर विचार-विनिमय से प्रशिक्षु अधिक सीखते हैं। वे भारतीयता के एक सुर में बँध जाते हैं। भारत की विभिन्नता में एकता के सच्चे दर्शन यहीं होते हैं तथा अकादमी के प्रशासन का भी यह प्रयास होता है कि भारतीय एकता की भावना पूर्णरूप से विकसित हो। चूँकि मैं अकादमी में यह तीन माह का सामान्य प्रशिक्षण कर चुका था, अत: हमें बस्तर जिले में आदिवासियों के बीच रहने के लिए तथा उनकी समस्याओं का आकलन करने एवं एक रपट तैयार करने के लिए भेजा गया। यह एक अजीबोगरीब निर्णय था, पर हमने इसे स्वीकार किया।

मैं अपनी नई-नवेली पत्नी को छोड़कर आदिवासियों के बीच पहुँचा, पर वहाँ हमारा प्रशिक्षणार्थी कम आई.ए.एस. अधिकारी के रूप में अधिक स्वागत हुआ। बस्तर जिले के जिलाधीश एक दक्ष अधिकारी थे। जिलाधीश के भोज के पश्चात् हमें दूसरे दिन सीधे एक आदिवासी ग्राम में ले जाया गया तथा गाँव की प्राथमिक पाठशाला में ही हमारे ठहरने की व्यवस्था हुई। पाठशाला में केवल मिट्टी के बने छप्पर से ढके दो कमरे थे। यह आदिवासियों के बीच रहने का एक अद्‌भुत अनुभव था। कुछ लोगों ने आदिवासियों के पेय 'हड़िया' का भी आनंद लिया तो कुछ ने उनके 'घोटुल' को देखा, जहाँ आदिवासी लड़के-लड़कियाँ रात्रि में एक साथ मिलते हैं, नाचते-गाते हैं, मौज-मस्ती

करते हैं तथा अपने साथी के साथ सो जाते हैं। मैंने पाया कि यदि भूमिहीन आदिवासियों को खेती करने के लिए भूमि उपलब्ध करा दी जाए तो वे काफी सीमा तक अपनी गरीबी से निजात पा सकते हैं तथा काम में व्यस्त रह सकते हैं। इसके फलस्वरूप उनकी नशा करने की आदत में भी कमी आएगी। हमारे समूह ने अपना प्रतिवेदन बनाया और जिलाधीश का भोज ग्रहण करने के बाद हमने मसूरी अकादमी के लिए विदाई ली। हमारे प्रतिवेदन में जिलाधीश द्वारा दिए गए सुझाव भी समाविष्ट किए गए, जो बहुमूल्य थे। आदिवासी लोग एक शर्मा कलेक्टर को बहुत याद करते थे, जिन्होंने जाकर आदिवासियों के बीच काम किया एवं उनकी समस्याओं को राष्ट्रीय पटल पर प्रस्तुत किया।

अकादमी में आते ही तीन माह का सभी सेवाओं का एक साथ प्रशिक्षण समाप्त हो गया। तीन माह का समय बहुत कम। तीन माह में तो लोग एक-दूसरे से अच्छी तरह से घुलमिल नहीं पाते हैं कि अकादमी छोड़ने का समय आ जाता है। सभी प्रशिक्षणार्थी अकादमी की कुछ मधुर स्मृतियाँ एवं संदेश लेकर अपने-अपने विभागीय प्रशिक्षण केंद्र चले गए। मैं मसूरी अकादमी में रह गया, क्योंकि आई.ए.एस. का पेशेवर प्रशिक्षण पर्वतों की रानी मसूरी में ही होता है। अकादमी में संविधान, विधि, अर्थशास्त्र, प्रबंधन, प्रशासन के अतिरिक्त बांग्ला भाषा भी अपराह्न सत्र में नियमित रूप से पढ़ाई जा रही थी। बांग्ला भाषा के गुरुजी एक उड़िया बंगाली थे। वे पढ़ाने में बहुत अच्छे थे, पर मैं चाहते हुए भी उनके अनुसार बांग्ला न बोल सका। उन्होंने बहुत कहा कि बंगाली रसगुल्ला मुँह में रखकर यदि हिंदी बोलोगे तो बांग्ला बाहर निकलेगी। मैंने उनके सामने हथियार डाल दिए। दूसरी बार बी.एस-सी. गणित के पश्चात् मुझे किसी विषय में हीनता अनुभव हुई। अपनी इज्जत को छिपाने के लिए मैं उनसे कहता—"मैं बँगाल जाकर वहाँ रसगुल्ला खाऊँगा, तभी हमारी जबान ठीक होगी।" वे मेरे तर्क से संतुष्ट थे, पर एक दिन वे मुझसे नाराज हो गए जब उन्होंने पत्नी के साथ घूमते हुए मुझे मसूरी के कुलरी बाजार में देखा। मैंने सफाई देते हुए कहा—"पत्नी मुरादाबाद से हैं। आज ही मसूरी घूमने आई हैं।" पर जब दोबारा एवं तीसरी बार उन्होंने मुझे पत्नी के साथ घूमते हुए देखा तो मेरी शिकायत अकादमी प्रशासन में कर दी। मैंने इस बात पर विशेष ध्यान नहीं दिया, क्योंकि हमारे बांग्ला के अध्यापक स्वयं अविवाहित थे तथा वे कक्षा के बाद मसूरी की गलियों में घूमते रहते थे, उनसे बचना मुश्किल था। जब मेरा प्रशिक्षण का मूल्यांकन हुआ तो मुझे सबसे कम अंक मिले। पर विषयों में विधि की पृष्ठभूमि होने के कारण अच्छे अंक मिले। मेरा आई.ए.एस. की सूची में वही स्थान रहा, जो चयन के समय संघ लोक सेवा आयोग में था। आई.ए.एस. में यद्यपि विधि के अभ्यर्थियों को सफलता प्राप्त करना कठिन होता है, क्योंकि कानून स्वयं उलझा हुआ रहता है, पर आई.ए.एस. में प्रवेश के पश्चात् विधि के सहारे सेवा में 50% कार्य होता है, जो कि हम जैसे विधि के मेधावी छात्रों के लिए आसान होता है।

हमसे कई ज्वलंत और जटिल प्रशासनिक मामलों पर बहस कराई गई तथा पश्चिम बंगाल संवर्ग के एक वरिष्ठ अधिकारी पृथक् रूप से हमें पश्चिम बंगाल राज्य के व्यावहारिक मंत्र देते थे। उनके साथ हमारी कक्षाएँ बड़ी निजी होती थीं तथा वे खुलकर हमारी शंका का समाधान करते थे, पर पश्चिम बंगाल से हमारे साथी बंगाली अधिकारी बंगाल के विषय में कुछ ऐसा बताते थे कि हमारा दिल बैठ जाता था तथा आई.ए.एस. में आने की खुशी गायब हो जाती थी।

सबसे अधिक प्रभाव अकादमी के निदेशक राजेश्वर प्रसाद का पड़ा, जो हर समय प्रशासन में मानव-तत्त्वों की वकालत करते थे तथा अपने अनुभव से ऐसे उदाहरण एवं घटनाओं का विवरण देते थे कि मैंने प्रशासन को जनता की दृष्टि से देखना आरंभ किया, न कि एक सामंतवादी, शक्तिशाली एवं क्षमता संपन्न अधिकारी की हैसियत से। मैंने अपने साथी प्रशिक्षणार्थियों के मध्य परस्पर वार्त्तालाप से बहुत कुछ सीखा। वस्तुतः अकादमी का मेस या भोजनालय अकादमी की कक्षा से अधिक महत्त्वपूर्ण था तथा रात्रि के भोजन के पश्चात् तो हम टहलते-टहलते बहुत देर तक विभिन्न विषयों पर चर्चा करते रहते थे। दूसरी ओर अकादमी के जीवन में सब समय सांस्कृतिक कार्यक्रम, अतिथि भाषण होते रहते थे, जिससे अकादमी का जीवन सक्रिय एवं अर्थपूर्ण रहता था। मैं विवाहित था। मेरे पास विभिन्न विषयों पर चर्चा करने का अधिक अवकाश था, जबकि कई अन्य प्रशिक्षणार्थी महिला प्रशिक्षणार्थियों के साथ जोड़ा बनाकर घूमते थे तथा वे विषयों के साथ-साथ अपने भावी पारिवारिक जीवन की भी संकल्पना तैयार करते थे, क्योंकि अकादमी के बाहर निकलने पर विशेषतः महिला आई.ए.एस. अधिकारियों को उपयुक्त वर प्राप्त नहीं होता, जिसके साथ उनके व्यक्तिगत जीवन के साथ-साथ नौकरी में भी सामंजस्य हो सके।

सबसे महत्त्वपूर्ण हमारा दो सप्ताह का भारत दर्शन भ्रमण था, जब हम रेलगाड़ी से देश के विभिन्न स्थानों का अनुभव करने गए। यह अध्ययन के साथ-साथ पर्यटन का भी शुभ अवसर था। हमारा समूह पश्चिम एवं दक्षिण भारत के भ्रमण पर था, क्योंकि पूर्वी भारत मेरी कर्म भूमि होनेवाला था तथा मध्य एवं उत्तर भारत मेरी जन्मभूमि थी। अहमदाबाद, सूरत, हंपी, बेंगलुरु, कन्याकुमारी, महाबलीपुरम तथा चेन्नई भ्रमण में अति आनंद आया तथा आई.ए.एस. साथियों के साथ और गहरे तथा आत्मीय संबंध स्थापित हुए। कन्याकुमारी की चट्टान पर बैठकर स्वामी विवेकानंद के 'एक भारत, श्रेष्ठ भारत' का अनुभव हुआ। मुझे लगा कि मैं भी स्वामी विवेकानंद की भाँति कम उम्र में बहुत कुछ करके दिखा सकता हूँ।

दक्षिण भारत तमिलनाडु में हमें रसायन उर्वरक कारखाना (फैक्ट) उदगामंडपम् के अतिथि गृह में रखा गया। फैक्ट का अतिथि गृह अति व्यवस्थित एवं सुंदर था। चाहे

हमारे सरकारी क्षेत्र के उपक्रमों ने सरकार को आर्थिक लाभ न पहुँचाया हो, उत्पादन भी आशानुकूल न किया हो तथा भ्रष्टाचार को भी न रोका हो, पर वे अतिथि गृहों के निर्माण एवं रखरखाव में भारत में सर्वश्रेष्ठ हैं। उनके अतिथि गृह भारत की वास्तुकला एवं बागवानी के दर्शनीय स्थल हैं। वैसे तमिलनाडु में कार्य-संस्कृति जन-जन तक विद्यमान है। कोई सरकार आए या जाए, तमिलनाडु के लोग मंदिर जाने के बाद केवल श्रम में समर्पित हैं। उनकी मान्यता है कि सरकार में स्थित लोगों का धर्म पैसे मारना है तथा उनका धर्म है केवल यथेष्ट परिश्रम करना तथा सरकारी अधिकारी तथा सरकार का सम्मान करना एवं उनके आदेशों का पालन करना। यही कारण है कि एक दिन तमिलनाडु भारत का सिरमौर राज्य बनेगा। इस संदर्भ में मुझे एक घटना स्मरण हो रही है। मुझे एक अतिथि गृह का सहायक या बटलर प्रतिदिन ठीक 7 बजे चाय देने आता था। मैंने पूछा—"तुम इतने समय के पाबंद क्यों हो?" उसने कहा—"सर, मैं लॉर्ड माउंटबेटन का बटलर था। अंग्रेज समय के पूर्ण पाबंद रहते थे। यदि एक मिनट की भी कभी मैं देरी करता तो मुझे नौकरी से बाहर कर दिया जाता। आप लोग भी हमारे साहब हैं। मैं कैसे देरी कर सकता हूँ?" मुझे सबक मिल गया कि नौकरी में मैं सभी काम समय पर करूँ तथा कोई ऐसा काम न करूँ, जिससे हमारे नीचे कर्मचारियों एवं जनता के मन में उस अगाध आस्था और विश्वास का हनन हो। वास्तव में जनता आई.ए.एस. को सरकार मानती है अथवा माई-बाप समझती है।

□

जिला में प्रशिक्षण

मुझे जिला बीरभूम, पश्चिम बंगाल में एक वर्ष के प्रशिक्षण का आदेश प्राप्त हुआ। मैंने कानपुर से सीधा बीरभूम जिले में रामपुर के लिए आरक्षण कराया तथा अपना सामान ग्वालियर से कानपुर ले जाने की तैयारी की। साथ में था मेरा चार माह का पुत्र अंकुर और माँ। जैसे-तैसे सामान लगेज के डिब्बे में कुलियों की सहायता से चढ़ाया गया और हम अपने नए गंतव्य के लिए चल दिए, जहाँ मुझे अपना युवा काल गुजारना था। मन में बंगाल के विषय में तरह-तरह की आशंकाएँ थीं कि वहाँ गेहूँ नहीं मिलता, जादूगरनियाँ हैं तथा लोग उत्तर भारत के लोगों को नहीं चाहते, यद्यपि अकादमी में इनमें से अधिकांश आशंकाओं का निराकरण हो गया था। मेरे साथ माँ थीं, पत्नी थी तथा पुत्र था। मेरे साथ मेरा पूरा संसार था, जो खुश रहने के लिए पर्याप्त था। गाड़ी रामपुरहाट स्टेशन पर रुकी। स्टेशन पर कलेक्टर के कार्यालय से लोग मुझे लेने आ गए। मुझे तसल्ली हुई। मेरा पश्चिम बंगाल का प्रथम अनुभव आशा से अच्छा था। मैं विश्वस्त होकर सरकारी जीप एवं छोटे ट्रक में सामान लदवाकर जिला मुख्यालय सिउड़ी के सर्किट हाउस पहुँचा, जिसमें एक विशाल कमरा प्राय: एक वर्ष के लिए मेरा अस्थायी आवास चिह्नित था। माँ ने नन्हे बालक को सँभाला, पत्नी ने गृहस्थी का सामान और हम सर्किट हाउस में व्यवस्थित हुए। सर्किट हाउस के चपरासी तथा चौकीदार बड़े सहृदय व्यक्ति थे। उन्होंने प्रथम दिन से ही मेरी माँ तथा बच्चे को मुझसे अधिक प्यार देना आरंभ किया। शायद ही पूर्व में कोई भी आई.ए.एस. प्रशिक्षणार्थी, जिसे पश्चिम बंगाल सरकार में सहायक मजिस्ट्रेट एवं सहायक कलेक्टर कहा जाता है, पूरे परिवार को लेकर आया हो।

जिला अधिकारी के साथ प्रथम भेंट अत्यंत सकारात्मक रही। उन्होंने मेरे एक माह का प्रशिक्षण कार्यक्रम मुझे देते हुए कहा—"तुम्हें बंगाली समझने एवं बोलने में दिक्कत आ सकती है, क्योंकि बंगाल में भी बंगाली भाषा का स्वरूप प्रत्येक जिले या क्षेत्र में थोड़ा भिन्न होता है। फिर कार्यालय की बांग्ला भाषा, नौकरों, चपरासियों की भाषा भिन्न होती है तथा घर पर काम करनेवालों की भाषा तो बिल्कुल अलग है, पर मोटा-मोटी

सभी हिंदी समझते हैं तथा हिंदी बोलने से किसी को परहेज नहीं है। तुम एक बंगाली शिक्षक रख लो, वह तुम्हारी अकादमी की कमी पूरी कर देगा और तुम कार्यालय का काम प्रत्येक क्लर्क (लिपिक) की मेज पर बैठकर सीखो। अन्य प्रदेशों से अलग पश्चिम बंगाल में न तो लोग अथवा कर्मचारी आई.ए.एस. को बड़ा साहब समझते हैं और न ही नीचेवालों को तुम्हें काम सिखाने में कोई झिझक होगी।"

मैंने प्रत्येक लिपिक की मेज के पास बैठकर जिला प्रशासन का काम सीखा, नोट्स बनाए एवं प्रशिक्षण में आनंद ग्रहण किया। कुछ दिनों में एक प्रवीण शिक्षक मुझे बांग्ला भाषा सिखाने लगे। मैं समय मिलने पर सायंकाल एक घंटे उनके पास बांग्ला भाषा लिखता, सीखता। पूरे दिन बांग्ला सुनने तथा बोलने से मुझे बांग्ला बोलना आ गया। प्रशिक्षण के दौरान मैंने पाया कि अतिरिक्त जिलाधिकारी तथा जिलाधिकारी सब समय ज्ञान देते और मुझे कलेक्टरेट से, जो मेरे प्रशिक्षण का कार्यक्रम प्राप्त होता, वह राज्य सरकार के आदेश से भिन्न होता। इसी को मैंने नौकरी जीवन की नियति मान लिया। अंततोगत्वा जो क्लर्क नीचे लिख देता, वही उत्तर के रूप में भारत की संसद् में मंत्री के मुँह से निकलता। अतिरिक्त जिलाधिकारी अत्यंत सहानुभूति रखते थे, क्योंकि इलाहाबाद विश्वविद्यालय में बी.एस-सी. भौतिकी विज्ञान में उनके पास सात-आठ छात्रों के छोटे समूह में था, ताकि सप्ताह में एक बार एक घंटा उनके विश्वविद्यालय के कमरे में मिलकर अपनी कठिनाइयों को दूर कर सकूँ।

उन्होंने एक सिंचाई विभाग के अधीक्षण अभियंता के पास के खाली बँगले में हमारी व्यवस्था कर दी। अब हम अधिकारियों की भाँति बड़े बँगले में रहने लगे। मेरी माँ तथा पत्नी मिलकर खूब अच्छी चाट बनाती थीं। जिलाधिकारी तथा अतिरिक्त जिलाधिकारी हमारे यहाँ चाट-दावत में आते। शनैः-शनैः सिउड़ी, बोलपुर, रामपुरहार में लोग मुझे पहचानने लगे। मेरा एस.डी.ओ. का प्रशिक्षण रामपुरहार में हुआ। वहाँ के एस.डी.ओ. यद्यपि पश्चिम बंगाल सिविल सेवा के अधिकारी थे, पर वे अत्यंत दक्ष अधिकारी थे एवं मेरे प्रशिक्षण पर ध्यान देते थे। उनके पश्चात् एक आई.ए.एस., एस.डी.ओ. आए। वे बांग्ला गान में दक्ष थे। उनके साथ हमारी पारिवारिक मित्रता हो गई। हमें लगने लगा कि पश्चिम बंगाल से अच्छा कोई प्रदेश हो ही नहीं सकता। मैं कम आशा-आकांक्षावाला व्यक्ति अपने में ही संतुष्ट एवं मस्त रहता। फिर मेरा परिवार मेरा बहुत बड़ा संबल था, जो सब समय मेरे दुःख-सुख, असफलता-सफलता में मेरे साथ खड़ा था। माँ सब समय साहस एवं सांत्वना देती। हम रामपुरहाट के सिंचाई बँगले में रह रहे थे। एक दिन मेरे सोते हुए लड़के के ऊपर से साँप गुजर गया। हम सभी घबरा गए। बंगाल साँपों का देश है, पर यदि आप उन्हें न छेड़ें तो वे भी आपको नहीं छेड़ते हैं।

इसके पश्चात् जिलाधिकारी ने 1977 के विधानसभा निर्वाचन में मुझे उस मतदान

केंद्र का पीठासीन अधिकारी बना दिया, जो कांग्रेस के मंत्री के घर के सामने था तथा मंत्री महाशय अपनी दादागीरी के लिए प्रसिद्ध थे, पर मैंने मतदान में धाँधली न होने दी। मतदान केंद्र के बाहर जो हुआ, उस पर मेरा नियंत्रण नहीं था। मेरे साहस एवं निष्पक्षता को दृष्टिगोचर करके जिलाधिकारी ने मुझे दुबराजपुर खंड का तीन माह के लिए खंड विकास अधिकारी बना दिया, पर मैं साथ-साथ मजिस्ट्रेट भी था। वामदल सरकार नई-नई आई थी। वे बटाईदारों, जिन्हें पश्चिम बंगाल में बर्गादार कहते हैं, को न्यायसंगत अधिकार दिला रहे थे। उनको फसल का कम-से-कम 75% भाग दिलवाना चाहते थे, पर जमींदार या भूमि मालिक 50% से अधिक भाग देने को राजी नहीं होते थे, न ही बर्गादारों को उनसे भाग प्राप्त करने की रसीद देना चाहते थे। भूमि-स्वामियों को भय था कि लिखित रसीद देने पर बर्गादार उनकी जमीनों पर स्थायी रूप से काबिज हो जाएँगे और उनका सरकारी भूमि-आलेखों में नाम चढ़ जाएगा। मैं दोनों पक्षों को बुलाकर समझौता करवा देता तथा उन्हें 50 और 75 के बीच 60% भाग पर राजी करवा देता, ताकि खेत-खलिहान में खून-खराबा न हो। एक-दो स्थानों पर कुछ भूमि-स्वामियों ने जबरदस्ती अपने हाथों से फसल ले जाने का दुस्साहस किया, उन्हें सी.पी.एम. के समर्थकों ने अपने नेताओं के नेतृत्व में रोक दिया तथा उनसे मारपीट कर दी। ऐसे कई संघर्षों के दौरान स्थानीय थाने के बहादुर दरोगा के साथ मैंने पहुँचकर भूमि मालिकों की जान बचाई। मेरी ख्याति अब सचिवालय तक पहुँचने लगी। उसके अतिरिक्त मुझे खाली पड़ी दुबराजपुर नगर पालिका का अधिशासी अधिकारी नियुक्त कर दिया गया। मैंने नगरपालिका का मन लगाकर काम किया कि दुबराजपुर के नागरिकों ने मुझे लंबे समय के लिए वहाँ रखने के लिए प्रदर्शन किया तथा जिलाधिकारी को ज्ञापन दिया। दुबराजपुर में मेरे एक मारवाड़ी परिवार से पारिवारिक संबंध हो गए, जिसके एक सदस्य बीरभूम जिले में आयकर के अग्रणी अधिवक्ता थे। मेरा उनसे भावनात्मक संबंध हो गया, क्योंकि मैं दो वर्ष आयकर विभाग में रह चुका था। माँ को उनके घर जाकर कुछ अपने घर जैसा लगता। माँ की खुशी ही मेरे जीवन का ध्येय था।

प्रायः छह सप्ताह के लिए बाँकुड़ा जिले में जमीन का सर्वेक्षण करने और माप-जोख सीखने के लिए आदेश आया। वहाँ हमें जाड़े के दिनों में तंबुओं में रहना था। माँ को साँस की बीमारी थी तथा मेरा लड़का भी एक वर्ष का नहीं हुआ था, अतः हमारी व्यवस्था पास के एक बँगले में कर दी गई, जो अंग्रेजों का बँगला था तथा वह उत्तम अवस्था में था। उसके एक ओर प्राकृतिक झरना भी बह रहा था। हमने इस प्रशिक्षण में बहुत कुछ सीखा तथा एक गाँव की खसरा-खतौनी तथा फील्डबुक या नक्शा तैयार किया। मेरी पत्नी ने प्रशिक्षण के अंत में सांस्कृतिक कार्यक्रम के दौरान एक नृत्य पेश किया, जो सभी ने सराहा।

जिले का प्रशिक्षण पूरा करने पर हम दो सप्ताह के लिए कोलकाता सचिवालय के साथ संबद्ध हुए। सचिवालय में कार्य संस्कृति को देखकर मुझे निराशा हुई। साथ-साथ जो पुराने अधिकारी भी थे, वे विकासोन्मुख नहीं थे। वे अपनी पुरानी आई.ए.एस. की शान एवं काल्पनिक क्षमता-संपन्नता में जी रहे थे तथा उन्हें औद्योगिक विकास के लिए निजी क्षेत्रों को प्रोत्साहन देने की फिक्र नहीं थी, न ही इच्छाशक्ति। मुझे पश्चिम बंगाल के उद्योगों में पिछड़ने का गणित समझ में आ गया, पर मैं युवा आई.ए.एस. अधिकारी था। मुझे न तो इतने बड़े फलक पर अपना विचार रखने का अधिकार था और न ही समझ। मुझे स्पष्ट था कि यह अवसर मुझे शायद 15 वर्ष बाद मिले। मैं उपयुक्त समय की प्रतीक्षा करने लगा। फिर पश्चिम बंगाल का जिला प्रशासन अत्यंत दक्ष, सकारात्मक एवं शक्तिशाली था। मैं मसूरी में अंतिम प्रशिक्षण समाप्त करके जिला प्रशासन में अपनी तैनाती की बेसब्री से प्रतीक्षा करने लगा।

□

अकादमी में अंतिम प्रशिक्षण और जिले में तैनाती

मसूरी का द्वितीय पेशेवर प्रशिक्षण केवल तीन महीने का था। उसमें भी पढ़ाई-लिखाई से अधिक प्रशिक्षणार्थियों के अनुभवों का आदान-प्रदान था। प्रत्येक प्रशिक्षणार्थी अपने अनुभवों को उगलना चाहता था, चाहे कोई सुननेवाला हो या नहीं। एक ही वर्ष में आई.ए.एस. प्रशिक्षणार्थी राज्य प्रशासन का विशेषज्ञ हो गया था। अब वह प्रशिक्षणार्थी से अधिकारी हो गया था। प्राय: प्रत्येक के पास स्वयं द्वारा की गई प्रोजेक्ट रिपोर्ट थी, जिस पर उसे अकादमी में विचार-विनिमय करना था। बस मजेदार अंतिम प्रशिक्षण था। हमने संपूर्ण देश के प्रशासन के भिन्न-भिन्न आयामों का ज्ञान ग्रहण किया तथा विभिन्न राज्यों में प्रशासन की विशेषताओं की सूची तैयार की। दूसरे चरण में हमें यह स्पष्ट हो गया कि क्यों भारत अपनी सभी न्यूनताओं के बावजूद एक समर्थ देश है जिसे कोई हिला नहीं सकता। यदि कहीं सूखा है तो कहीं बाढ़ है। बाढ़ से सूखे में अन्नोत्पादन की कमी पूरी हो जाती है। शक्तिशाली विभिन्नताओं का देश है भारत।

गुजरात में प्रशासन की श्रेष्ठता का आधार वहाँ के निवासियों में परस्पर सहयोग भावना है। वे स्वयं ही सभी आपदाओं का सामना करते हैं और विकास को आगे ले जाने में सक्षम हैं। गुजरात के प्रशासन की रीढ़ हैं—वहाँ का सहकारी एवं पंचायत तंत्र। इसी प्रकार महाराष्ट्र के पंचायती तंत्र ने वर्षों से ग्रामों तक अपनी पैठ बना ली है तथा प्रशासन एवं पंचायतें मिलकर काम करते हैं। यहाँ तक कि जिला परिषद् का मुख्य कार्यकारी अधिकारी जिला अधिकारी से ज्येष्ठ होता है। फिर भी दोनों राज्यों में प्रशासनिक अधिकारियों का यथेष्ट सम्मान है और इन दोनों राज्यों की उन्नति में आई.ए.एस. अधिकारियों का काफी योगदान है।

छोटे राज्यों में केरल प्रशासनिक दृष्टि से अग्रणी है। केरल शिक्षा, पंचायती राज तथा भूमि-सुधार क्षेत्रों में देश का अग्रणी राज्य है। वहाँ 90% शिक्षित एवं 90% भूमिहीनों

को सरकारी जमीन का आवंटन हो चुका है। वहाँ का प्रशासन भी वैज्ञानिक दृष्टि, ईमानदारी तथा पारदर्शिता पर आधारित है। उ.प्र. के प्रशिक्षणार्थी अधिकारी बहुत खुश थे। यद्यपि उ.प्र. अधिकांश विकास सूचकों की कसौटी में पिछड़ा राज्य है, पर वहाँ आई.ए.एस. अधिकारियों का बड़ा सम्मान एवं रुतबा है। साथ-साथ अधिकारियों को काफी सुविधाएँ प्राप्त हैं। नौकर एवं गाड़ी तो सभी को उत्तर प्रदेश में तुरंत मिल जाती है, जबकि अन्य राज्यों में बिना जुगाड़ के नौकर मिलना कठिन है। राजस्थान से वापस अधिकारी 'हुकुम सरकार' सुनकर ही गद्‌गद थे, जैसे उनका आई.ए.एस. में आने का स्वप्न पूरा हो गया था। यही कमोबेशी हाल हरियाणा और पंजाब का था। हरियाणा के अप्रत्याशित विकास तथा जिले-जिले में खेलों के लिए स्टेडियम आदि सुविधाएँ देखकर हरियाणा संवर्ग के अधिकारी स्वयं को धन्य समझ रहे थे तथा कई अधिकारियों ने अपना विशेष प्रपत्र खेलों में सफलता पर किया था, जो सभी को रुचिकर लगा, क्योंकि भारत के लोग गरीबी की बातें सुनकर अब अपने राष्ट्रीय गौरव को खेल आदि क्षेत्रों की उपलब्धियों में तलाश रहे थे। बिहार के अधिकारी जहाँ बिहार में व्याप्त जातिवाद एवं भ्रष्टाचार से परेशान दृष्टिगोचर हो रहे थे, वहाँ पश्चिम बंगाल के गैर-बंगाली अधिकारी मिलने वाली सरकारी सुविधाओं की कमी का बखान कर रहे थे। मध्य प्रदेश में प्रायः सभी बाहर के अधिकारी थे एवं सभी खुश थे। वहाँ का प्रशासन आई.ए.एस. आधारित है तथा राजनीतिक व्यक्ति शनैः-शनैः परिपक्व हो रहे हैं। आसाम और उत्तर पूर्वी राज्यों के अधिकारी जहाँ काम की कमी की शिकायतें कर रहे थे, वहाँ आंध्र प्रदेश के अधिकारी काम के आधिक्य से परेशान थे। दक्षिण में कर्नाटक ही एक ऐसा राज्य प्रस्तुत हुआ जिसमें जहाँ एक ओर सूचना प्रौद्योगिकी के क्षेत्र में भारत को विश्व में सिरमौर बनाने की भट्ठी में नए इंजीनियरों को तपाया जा रहा था, वहाँ दूसरी ओर परंपरागत राजस्व प्रशासन का जनता में अति सम्मान था और वहाँ गुजरात, महाराष्ट्र की भाँति सुशासन था।

इस प्रकार परस्पर अनुभवों के आधार पर हम बहुत कुछ सीखते रहे तथा अकादमी में जो कक्षाओं में विचार-विनिमय हो रहा था, उसे मैं अपनी बुद्धि के अनुसार तौल रहा था कि मुझे कहाँ सुधार और उन्नति करने की आवश्यकता है। मैं कभी भी भारतीय प्रशासनिक सेवा में श्रेष्ठ अधिकारी नहीं बनना चाहता था, क्योंकि यह मेरी क्षमता से परे था। मेरे साथ ऐसे-ऐसे महारथी प्रशिक्षणार्थी अधिकारी थे, जो केवल प्रशासन में श्रेष्ठ बनना चाहते थे और मुझसे अधिक प्रतिभासंपन्न एवं साधनसंपन्न थे, क्योंकि उनके कोई-न-कोई संबंधी नौकरीपेशा थे अथवा राजनीति में थे और मैं प्रशासक के साथ-साथ लेखक भी बनना चाहता था। मैं अपनी इस अभिनव अभिरुचि को सिंचित-पल्लवित-पुष्पित करना चाहता था, ताकि प्रशासन का दायित्व भी मन, बुद्धि एवं लगन से सफलतापूर्वक निर्वाह कर सकूँ।

ग्रीष्मकाल था। मेरी पत्नी तथा परिवार के लोग मसूरी घूमने आना चाहते थे। अतः मैं अकादमी के बाहर एक कमरा किराए पर लेकर रहने लगा, पर किसी भी हालत में मैंने अकादमी की एक भी कक्षा को नहीं छोड़ा और न ही मैं कक्षा में विलंब से पहुँचा। मेरे मन-मस्तिष्क पर यह दबाव रहता था कि मैं परिवार के साथ बाहर रह रहा हूँ, अतः मुझे और सचेत तथा कर्तव्यपरायण रहना चाहिए, जबकि दूसरे अधिकारी स्वच्छंद रूप से घूमते-फिरते थे तथा मौज-मस्ती कर रहे थे।

दूसरे चरण में केंद्रीय सचिवालय में प्रशिक्षण हेतु एक दिन गृह मंत्रालय में संयुक्त सचिव श्री ब्रह्मदत्त शर्मा ने भाषण दिया एवं बताया कि बस्तर के आदिवासियों की क्या समस्याएँ हैं तथा उन्होंने जिलाधिकारी, बस्तर रहते हुए कैसे आदिवासियों के कल्याण के लिए नौकरी से ऊपर उठकर काम किया तथा उन्हें कैसे आदिवासियों का प्रेम और स्नेह प्राप्त हुआ। मैंने भी अपने बस्तर में दो महीने प्रवास के दौरान दृष्टिगोचर किया कि आदिवासी श्री बी.डी. शर्मा को आज भी याद करते हैं तथा उन्हें भगवानस्वरूप मानते हैं। मैंने मन-ही-मन निश्चय किया कि मैं भी बी.डी. शर्मा की भाँति आदिवासियों जनजातियों के मध्य काम करूँगा, क्योंकि अन्य वर्गों, जातियों की श्रद्धा समय के प्रवाह में विलीन हो सकती है, पर इन दलित वर्गों की नहीं। उनकी स्वामिभक्ति स्तंभ की भाँति दृढ़ एवं चिरस्थायी है।

दिल्ली में हम भारत के राष्ट्रपति से राष्ट्रपति भवन में मिलने गए। राष्ट्रपति भवन की विशालता और वास्तुकला देखकर मैं हतप्रभ हो गया। मुझे राष्ट्रपति श्री बी.डी. जत्ती के साथ सोफे पर बैठने का सुनहरा अवसर प्राप्त हुआ। मैंने पाया कि डॉक्टर जत्ती भी आई.ए.एस. के प्रति अपार श्रद्धा रखते हैं। पुरानी पीढ़ी के लोगों का आई.ए.एस. के प्रति श्रद्धा एवं सम्मान ने मुझे उत्तम काम करने के लिए सदा प्रेरणा दी है, उत्प्रेरित किया है। श्री जत्ती काफी सरल, सहज व्यक्ति थे। राष्ट्रपति भवन का चाय और नाश्ता खाकर हम अकादमी का खाना भूल गए, जिसे हम अभी तक प्रथम श्रेणी में रखते थे।

भारत के राष्ट्रपति से मिलने के पश्चात् हम तीन-चार दिन तक केंद्रीय सरकार के विभिन्न मंत्रालयों से संबद्ध रहे। मुझे आश्चर्य हुआ कि इतने विशाल भवनों में कई हजार कर्मचारी बैठकर भी जनता की शिकायतों का निस्तारण नहीं कर पाते तथा उनकी कल्याणकारी योजनाओं को उन तक नहीं पहुँचा पाते। शायद हमें सचिवालय की कार्यप्रणाली में आमूलचूल परिवर्तन करना होगा। हमें यह भी स्पष्ट किया गया कि आई.ए.एस. अधिकारी ही इस सचिवालय को चलाते हैं तथा विभिन्न महत्त्वपूर्ण आसनों पर बैठकर वे ही सरकार के निर्णय लेते हैं, जबकि सामान्य जनता समझती है—आई.ए.एस. अधिकारी का अर्थ कलेक्टर, कमिश्नर। आई.ए.एस. तो अपनी करीब 34 वर्ष की कुल सेवा में प्रायः तीन-चार वर्ष ही कलेक्टर रहता है। जनता की यह सोच

भी शायद ठीक नहीं ज्ञात हुई कि मंत्री ही देश को चला रहे हैं, जबकि मंत्रियों के पास अनुमोदन के लिए कुछ महत्त्वपूर्ण नीतिगत फैसलों आदि की ही फाइलें जाती हैं। यह तंत्र में विपर्यय है कि मंत्रीगण नीतिगत निर्णयों की फाइलों के अतिरिक्त अन्य फाइलों में अधिक रुचि लेते हैं, जैसे कर्मचारियों-अधिकारियों के स्थानांतरण, प्रोन्नति, लाइसेंसों तथा ठेकों का आवंटन तथा नई-नई योजनाओं तथा प्रकल्पों की स्थापना।

मैंने निश्चय किया कि जितना अधिक होगा, मैं जिले में रहकर ही जनता की सेवा करूँगा, क्योंकि वहाँ मेरे कार्य का परिणाम मुझे स्वयं दृष्टिगोचर होगा तथा मुझे आत्मसंतोष भी प्राप्त होगा। सचिवालय में मेरी दी गई टिप्पणी का क्या हश्र होगा या उसका क्या परिणाम निकलेगा, यह मैं नहीं जान सकूँगा। यह संभव है कि मेरे दिए गए सुझावों से ऊपरवाले अधिकारी सहमत न हों अथवा मेरे सुझावों का परिणाम वर्षों बाद आए। मैं अनिश्चितता की स्थिति में अकादमी वापस आ गया और जिला प्रशासन में काम करने के लिए आतुर हो गया।

□

अकादमी से विदाई और उपजिलाधिकारी के पद पर तैनाती

दो वर्ष से प्रशिक्षण करते-करते मैं अब परिपक्व हो चुका था तथा आई.ए.एस में अपनी प्रथम नियमित तैनाती की प्रतीक्षा कर रहा था। राजधानी दिल्ली में राष्ट्रपति से मुलाकात एवं सचिवालय में परिभ्रमण के पश्चात् ऐसा प्रतीत हो रहा था कि आई.ए.एस. की नौकरी बहुत कठिन है तथा यह जिम्मेदारियों तथा जोखिम से भरी है। पत्नी के साथ मसूरी में रहने के कारण मेरा अकादमी में प्रशिक्षण-मूल्यांकन उत्तम नहीं रहेगा, यह निश्चित था।

अकादमी में अंतिम रूप से हमारी कुछ कक्षाएँ लग रही थीं। उनमें हमारे प्रशिक्षण प्रभारी एवं अकादमी के निदेशक समझा रहे थे—"हमने जी-तोड़ ढंग से आप लोगों को प्रशासन के सूत्र समझाए हैं, पर ये काफी नहीं हैं। आप लोगों ने जिला-प्रशिक्षण के दौरान अनुभव किया है कि नौकरी में विशेषत: आई.ए.एस. की नौकरी में विशाल वैविध्य है। फिर प्रत्येक समस्या का स्थानीय हल बहुत शीघ्र एवं उत्तम निकल आता है। तुम्हारे ड्राइवर, व्यक्तिगत सहायक, विश्वसनीय सहायक तुम्हें समस्या उठने पर ऐसे सरल एवं शीघ्र हल देंगे, जो हम प्रशासन एवं प्रबंधन की बड़ी-बड़ी पोथियों से आप लोगों को नहीं बता सके। हम तो यही कहेंगे कि यदि मन साफ है, हृदय में पवित्रता है, काम करने की सदिच्छा तथा मन में जुनून है तो आप नौकरी में अवश्य सफल होंगे। आई.ए.एस. में तो यही उत्तम है कि अधीनस्थ कर्मचारी और अधिकारी आपके सामने विभिन्न विकल्प रखते हैं। आपको उनमें से एक उचित विकल्प चुनना है तथा अपना स्वयं का निर्णय लेना है। आपको संघ लोक सेवा आयोग ने चयनित किया है। हम सोचते हैं कि इतनी क्षमता आपमें है। हमारा आपको अंतिम संदेश है, अकादमी से बाहर जाओ और देश की सेवा करो।"

एक-एक करके राज्यों से आई.ए.एस. प्रशिक्षणार्थियों के एस.डी.एम. (परगनाधिकारी) अर्थात् उपजिलाधिकारी पद के लिए प्रथम नियुक्ति-पत्र आ रहे थे।

हमारा राज्य पश्चिम बंगाल पीछे था। अंततोगत्वा मेरा भी नियुक्ति-पत्र आ गया। देर आया, दुरुस्त आया। मेरी नियुक्ति महकमा अधिकारी (एस.डी.एम.) बारासात के पद पर हुई। मेरे बैच में यही सबसे अच्छा पद था, क्योंकि महकमा मुख्यालय कोलकाता से केवल 24 किलोमीटर दूर था तथा एस.डी.एम. का निवास एक महल था, जो भारत के प्रथम गवर्नर जनरल वारेन हेस्टिंग्स का निवास तथा कार्यालय था। उस पद पर मेरे साथ पाँचों बंगाली अधिकारी दृष्टि गड़ाए हुए थे, क्योंकि बंगालियों के लिए कोलकाता बंगाल है और बंगाल ही कोलकाता है, पर मुझे कोई फर्क नहीं पड़ता था। शायद जिला प्रशिक्षण के दौरान जो मैंने जान जोखिम में डालकर मजिस्ट्रेट का काम किया, उसी का यह पुरस्कार था। फिर उस समय आई.ए.एस. की आरंभिक नियुक्तियों में राजनीतिक आकागण दखल नहीं देते थे और उनसे भी कम वामपंथी मुख्यमंत्री ज्योतिबसु। वे नौकरशाही को बिना किसी हस्तक्षेप के काम करने के पक्षधर थे तथा उनमें यह क्षमता थी कि वे दल की एवं विधायकों की सिफारिशों को अनदेखा करते अथवा उन्हें हजम कर जाते।

मैंने अपनी माँ, पत्नी और लड़के अंकुर को साथ लिया और हम निर्धारित दिन सियालदाह स्टेशन पहुँचे, जहाँ से बारासात महकमे की जीप एवं लॉरी सीधे हमें बारासात महकमा शासक के निवास स्थान पर ले गई। हम सभी प्रथम नियुक्ति पर विशाल महल सदृश आवास को दृष्टिगोचर करके विस्मित हो गए। अभी तक मैं सरकारी अधिकारियों के उपयुक्त आवासों में ही रहा करता था। हम लोग मन में खुशी, उल्लास एवं उत्साह लिये बारासात बँगला में व्यवस्थित हुए। मैंने तुरंत ही महकमा शासक के पद का पदभार ग्रहण किया। सरकारी आवास के चपरासी तथा पहरेदार भी खुश थे, क्योंकि प्रथम बार कोई महकमा शासक आया, जिसके साथ उसकी पत्नी, बच्चा तथा माँ थी, अन्यथा अकेले ही अधिकारीगण पदभार ग्रहण करने आते थे तथा उनके साथ बँगले के सहायकों को सेवा करना मुश्किल तथा अरुचिकर लगता था। हमारा योग्य एवं वफादार ड्राइवर खगेन विशेष रूप से उत्साहित था।

नई वामपंथी सरकार तथा नई समस्याएँ

सन् 1977 में पश्चिम बंगाल में सी.पी.एम. के नेतृत्व में वाम दलों की मिली-जुली सरकार क्षमता में आई। क्षमता क्या मिली, उनके कार्यकर्ताओं तथा नीचे स्तर के राजनीतिक नेताओं का दशकों से दबा हुआ रक्त उबल पड़ा। वे चारों ओर उन शक्ति केंद्रों तथा अवशेषों को नष्ट करना चाहते थे, जिनसे समाज के अवहेलित किसान मजदूरों का शोषण होता था। मेरे महकमे में प्राय: तीन सौ लोगों ने स्थानीय विधायक मंडल के नेतृत्व में नमक की झील में स्थित मित्र जमींदार की भेड़ी अर्थात् मत्स्य-सरोवर पर

हथियारों से लैस होकर आक्रमण कर दिया। इस मत्स्य सरोवर के सुरक्षा गार्डों में एक मारा गया और प्रबंधक सहित सभी हथियार लेकर भाग गए। मत्स्य-तालाब में रखे सभी शिकारी एवं खतरनाक कुत्तों को हथियारों से लैस भीड़ ने बमों से उड़ा दिया। मेरे पास कोई शिकायत नहीं आई और न ही महकमा पुलिस अधिकारी (एस.डी.ओ.पी.) ने कोई सूचना दी। जिलाधिकारी ने अवश्य ही मुझे घटना के विषय में बताया, पर मुझे घटनास्थल पर जाने का या जाँच करने का निर्देश नहीं दिया, क्योंकि क्रांति कुछ घंटों में ही संपन्न होकर उसकी ज्वाला शांत हो गई थी। यह पूर्ण रूप से पुलिस का मामला था और पुलिस बाद में इसे रफा-दफा करती रही। कई वर्षों पश्चात् उच्च न्यायालय, कलकत्ता ने इस मामले में परवर्ती जिलाधीश से व्यक्तिगत रूप से जाँच-पड़ताल करके उच्च न्यायालय को रपट देने के लिए कहा। इसमें हमारे जिलाधीश काफी व्यस्त एवं परेशान रहे, क्योंकि केवल नेता का ही नाम सामने आ रहा था। उनके समर्थकों या आक्रमणकारियों को रात्रि के अँधेरे में तथा वीडियोग्राफी की सुविधा के अभाव में चिह्नित करना असंभव था। बाद में कलेक्टर की रपट में मित्र जमींदार परिवार की यह भेड़ी अवैध थी एवं उसमें से अधिकांश जमीन निर्धारित भूमि सीमा से अधिक थी तथा कानून के अनुसार सरकार की ही थी।

नमक की झील, जो आजकल कोलकाता का सर्वोत्तम उपनगर साल्ट लेक सिटी कहलाता है, की रपटा-रपटी समाप्त भी नहीं हुई थी कि पुलिस के महकमा शासक ने सूचना दी कि सी.पी.एम. की दो सौ हथियारबंद भीड़ ने पास ही के कांग्रेसी ग्राम प्रधान के घर में आग लगा दी, शायद उसके द्वारा पिछली सत्ता में किए गए अन्यायों के विरुद्ध। पुलिस के महकमा शासक भी पुराने अनुभवी पुलिस अधिकारी थे। वे मुझे सूचना देकर तुरंत घटनास्थल के लिए रवाना हो गए।

मैं जब प्रधान के घर पहुँचा तो उसका मकान धू-धू करके आग की लपटों में जल रहा था। सी.पी.एम. के हथियारों से लैस मारमुखी समर्थक खड़े होकर यह दृश्य देख रहे थे, ताकि कोई यह आग न बुझा सके। पुलिस मूकदर्शक खड़ी थी। मैंने तथा मेरे ड्राइवर खगेन ने तुरंत पानी की बाल्टियाँ लेकर आग बुझाना आरंभ किया। मैं प्रधान की ध्वस्त होती हुई छत पर चढ़ गया और आग बुझाने लगा। देखते-देखते दो-तीन पुलिसवाले भी हमारे साथ हो लिये। सी.पी.एम. के समर्थक यह सभी दृष्टिगोचर करके नाराज थे, पर कर ही क्या सकते थे? नया एस.डी.ओ. बंगाल के बाहर का। वह उनकी शक्ति और क्षमता को नहीं समझता और न ही भय कर रहा था। वस्तुतः इस प्रकार का पदक्षेप वही अधिकारी ले सकता है, विशेषतः हिंसक भीड़ के सामने, जो भयरहित हो। कुछ देर में आग बुझने लगी। प्रधान के घर पर केवल उसकी बूढ़ी माँ रह गई थी, जो चिल्ला-चिल्लाकर रो रही थी—"हम तो बरबाद हो गए। हमारा सी.पी.एम. वालों ने घर जला

दिया। हम कहीं के नहीं रहे।" उसके हृदय विदारक क्रंदन से करुणा का हृदय फटा जा रहा था। सी.पी.एम. के समर्थकों को उनके नेता ने समझाया—"हमारा लक्ष्य पूरा हो चुका है। अब हमें लौट जाना चाहिए।" मैंने भी उन्हें बेआईनी जमघट घोषित किया। वे घटनास्थल से वापस चले गए। मैंने और मेरे महकमे के पुलिस अधिकारी ने सलाह-मशवरा किया एवं निश्चय किया कि ऐसी परिस्थिति में वही उत्तम था, जो मैंने आकर यकायक कर दिया था। हमारे पास केवल पंद्रह-बीस पुलिस के सिपाही थे, जो हथियारों से लैस 200-300 सी.पी.एम. समर्थकों पर बल प्रयोग करके उनको नियंत्रित नहीं कर सकते थे। सी.पी.एम. के नए शासनकाल में उनकी तीन-चौथाई से अधिक विधानसभा में बहुमत के कारण पुलिस भयभीत थी तथा पुलिस दल के कुछ लोग अंदर-ही-अंदर सी.पी.एम. के समर्थक थे।

भीड़ के घटनास्थल से तितर-बितर हो जाने के बाद प्रधान के परिवार के कुछ सदस्य तथा समर्थक मुझसे मिले एवं मुझे उनकी आशा से अधिक सहायता के लिए धन्यवाद दिया तथा बचा-खुचा माल एवं संपत्ति समेटकर ले गए। हम भी वहाँ पर पुलिस-शिविर स्थापित करके लौट आए।

अब हमने तुरंत ही घटना की रपट तैयार की। महकमा पुलिस अधिकारी ने उसमें कुछ फेरबदल किया और हमने पुलिस वायरलेस पर रपट जिलाधीश को भेज दी। मैंने जिला प्रशिक्षण के दौरान यह सूत्र आत्मसात् कर लिया था कि घटना कैसी भी हो, परिणाम कुछ भी हो, राज्य स्तर पर प्रथम रिपोर्ट मेरी ही पहुँचनी चाहिए, ताकि शासक-दल अथवा विरोधी-पक्ष या मीडिया की पक्षपातपूर्ण रपट पहुँचने से पूर्व सत्तासीन व्यक्तियों या उच्च अधिकारियों के पास मेरी रिपोर्ट पहुँचे, ताकि तीसरे पक्ष की रपट उनका दृष्टिकोण दूषित न कर सके। फिर सत्य एवं न्यायसंगत काररवाई पर जो ऊपरवाले काररवाई करें, वह उनका धर्म है।

उस घटना की कोलकाता से प्रकाशित 'आनंद बाजार' पत्रिका सहित सभी बांग्ला समाचार-पत्रों ने घोर निंदा की एवं बढ़ा-चढ़ाकर घटना का विवरण प्रकाशित किया। मेरी साहसिक काररवाई सभी समाचार-पत्रों से प्रायः गायब थी। दूसरे दिन समाचार-पत्र पढ़कर हमारे मंडलायुक्त क्रोधित हो गए। उन्होंने फोन करके जिलाधीश को फटकारते हुए कहा—"तुम्हारा परगनाधिकारी कैसा कार्य कर रहा है? उसे हिंसक भीड़ पर बल प्रयोग करना चाहिए था। उसे मेरे पास भेजो।" जिलाधीश मँजे हुए अनुभवी अधिकारी थे। उन्होंने मुझे उनसे मिलने के लिए बुलाया और कहा—"हमारे मंडलायुक्त श्री मजूमदार एक सनकी अधिकारी हैं। वे कुछ भी अपनी सोच के विपरीत नहीं सुनना चाहते हैं। वे जो कहें, तुम जवाब मत देना। केवल सुनकर चले आना। बाद में मैं सँभाल लूँगा।" पर मेरे उनके कक्ष से निकल जाने के बाद उनके पास बैठे अधिकारी से उन्होंने कहा—"चढ़

गया बकरा सूली पर।" यह मेरे कान में भी पड़ गया।

मैं जैसे ही माननीय मंडलायुक्त के कार्यालय पहुँचा, उन्होंने मुझे अपने प्रतीक्षा-कक्ष में बैठने को कहा। मेरे उनके कक्ष में प्रवेश करते ही उन्होंने क्रोधित होकर कहा—"यह क्या हो रहा है? क्या यही प्रजातंत्र है? एक व्यक्ति का घर जलाया जा रहा है और हम खड़े-खड़े देखते रहे।" मैंने उन्हें बहुत समझाने की चेष्टा की, अपनी रिपोर्ट का भी हवाला दिया, पर वे कुछ भी सुनने को तैयार नहीं थे। अंत में मैंने कह दिया—"सर, ऐसी घटनाएँ तो सारे राज्य में हो रही हैं।"

इसी पर वे आगबबूला हो गए। उनसे हमारी प्रथम औपचारिक भेंट खराब मुठभेड़ में बदल गई। उन्होंने इसे पूरे वर्ष याद रखा एवं मेरे सैकड़ों उत्तम कार्य उनके दिमाग से उस कीड़े या गाँठ को न निकाल सके। मैंने जब जिलाधीश महोदय को अपनी उस भेंट का विवरण दिया तो वे आश्वस्त हो गए कि मेरा कॅरियर प्रारंभ में ही झटका खानेवाला है, पर जिलाधीश महोदय मेरे कार्य से अत्यंत प्रसन्न रहे। उन्होंने मुझे मंडलायुक्त की इच्छा के विरुद्ध अपवादस्वरूप अति उत्तम वार्षिक गोपनीय रिपोर्ट दी, ताकि मंडलायुक्त की खराब रपट प्रभावहीन हो जाए। इतना जोखिम कम ही उच्च अधिकारी उठाते हैं, क्योंकि उन्हें अपनी वार्षिक गोपनीय पंजिका बचानी पड़ती है, पर मेरे बॉस इंद्रजीत चौधरी एक मानवीय गुणों से संपन्न समर्थ अधिकारी थे। आयुक्त महोदय ने उनकी रपट पर लिख दिया कि अधिकारी का बांग्ला भाषा का ज्ञान अच्छा नहीं है, जो होना चाहिए। यह सत्य था तथा इसकी काट ऊपरवालों के पास भी नहीं थी। चूँकि वे अधिकांश अपने अधीनस्थ अधिकारियों को खराब रपट देते थे, उनकी मेरी वार्षिक गोपनीय पंजिका में उल्लेखित टिप्पणी को हटाने में अधिक प्रयास नहीं करना पड़ा, पर मुझे इस कार्य को संपन्न करने में तीन-चार वर्ष का समय लग गया तथा मुझे कोलकाता स्थित राज्य सचिवालय, राइटर्स बिल्डिंग के प्राय: दस चक्कर लगाने पड़े। मैं आहत हो गया। फिर भी मैंने निराशा को अपने पास फटकने नहीं दिया, न ही मेरे परिवार पर इसकी कोई आँच आने दी। मैंने इस विष को स्वयं पीया, क्योंकि परिवार के पालन-पोषण का मेरा दायित्व था और परिवार के कर्ता को विष पीकर भी परिवार को प्रसन्नता एवं सुख देने का दायित्व है। तभी तो उसका परिवार में मान-सम्मान एवं बड़प्पन होता है। मैंने अपनी वार्षिक गोपनीय पंजिका में यह टिप्पणी कटवाने के लिए सरकारी गाड़ी में काफी दौड़-धूप की। पश्चिम बंगाल लोक सेवा आयोग से बांग्ला भाषा में सफलता का प्रमाण-पत्र भी पेश किया। भाग्य से संयुक्त सचिव श्री मिड्ढा एक भले एवं योग्य अधिकारी थे। उनका पश्चिम बंगाल सरकार में सम्मान था। उन्होंने मुझसे पूरी घटना का विवरण सुनकर मेरी सहायता करने का आश्वासन दिया और वे अपने सद्प्रयास में सफल भी हुए। मैं उनका चिरऋणी रहा। बाद में उनकी एक अंतरराष्ट्रीय पद पर श्रीलंका में कार्य करते हुए असामयिक मृत्यु हो गई।

मैं आहत हुआ। पर सरकारी कार्य की गाड़ी कभी नहीं रुकती। मैंने दुगुने उत्साह से अपने दायित्व निर्वाह का प्रण लिया, क्योंकि इस संसार में मारनेवाले से अधिक बचानेवाले होते हैं। कोई-न-कोई सत्य और न्याय के लिए खड़ा होगा और न्याय के लिए संघर्ष करनेवाले की सहायता करेगा।

नक्सलपंथी राजधानी तबाह

पश्चिम बंगाल में शुरुआती दौर में दार्जिलिंग जिले का सिलीगुड़ी महकमा अवश्य नक्सलवादी आंदोलन का केंद्र रहा, पर वह शीघ्र ही बिहार से सटे वीरभूम जिले और कोलकाता के आसपास क्षेत्रों में फैल गया था। मैंने जब बारासात के परगनाधिकारी का पदभार ग्रहण किया, तब मुझे नक्सलवादियों के द्वारा की गई कुछ हिंसक वारदातों की भनक पड़ी। ये हिंसक घटनाएँ कोई खास नहीं थीं तथा पुलिस प्रशासन उन्हें अपने स्तर पर ठीक तरह से निपटा रहा था। 24 परगना जिला के पुलिस अधीक्षक देखने में बड़े सौम्य एवं शांत प्रकृति के व्यक्ति थे, पर उनसे नक्सलवादी भय करते थे। वे नक्सलवादियों का सफाया करने की रणनीति में व्यस्त रहते थे। एक दिन विशाल पुलिस दल के साथ जिले से पुलिस अधीक्षक ने नक्सलवादियों के मुख्यालय, हाबरा में आक्रमण कर दिया। वहाँ हथियार निर्माण की फैक्टरी नष्ट कर दी और बहुत से अवैध हथियार जब्त कर लिये तथा कुछ लोगों को गिरफ्तार कर लिया। मुख्य नक्सलवादी कमांडर भाग निकले।

एक-दो दिन बाद मैं वहीं एक विद्यालय के वार्षिक क्रीड़ा आयोजन में मुख्य अतिथि के रूप में गया यद्यपि मुझे मेरे सहायकों ने टाल देने की सलाह दी। पर मैं सब समय अपने दल का सामने से नेतृत्व करने में विश्वास करता था। जब मैं कार्यक्रम के पश्चात् वहाँ से वापस आ रहा था तो वहाँ की महिलाओं ने मेरी जीप पर पत्थरों की वर्षा कर दी। मैं जीप से उतर पड़ा। स्थानीय लड़कियाँ एवं महिलाएँ भाग निकलीं। पर क्षेत्र की कुछ वृद्ध महिलाओं ने पुलिस की काररवाई में निरपराध लोगों को परेशान एवं गिरफ्तार करने की शिकायत की। मेरे व्यक्तिगत सुरक्षाकर्मी ने तुरंत स्थानीय पुलिस एवं एस.डी.ओ.पी. को सूचना दे दी। एस.डी.ओ.पी. ने कहा कि पलायन करनेवाली लड़कियाँ एवं महिलाएँ भी नक्सलवादी हैं। पंद्रह मिनट में पुलिस घटनास्थल पर पहुँची, क्योंकि पुलिस मेरे कार्यक्रम पर दृष्टि गड़ाए हुए थी और उन्हें ऐसी गुप्त सूचना थी कि मुझ पर आक्रमण हो सकता था, पर पुलिस काररवाई के पश्चात् नागरिक अधिकारी के जाने पर शांतिप्रिय जनता में विश्वास पैदा होता है। बाद में पुलिस ने कुछ महिला नक्सलवादियों को ही गिरफ्तार करके बारासात महकमे में नक्सलवादियों के आखिरी गढ़ को ही नष्ट-भ्रष्ट कर दिया।

अप्रत्याशित बाढ़ में कारवाई

सन् 1978 के अक्तूबर में पश्चिम बंगाल में दुर्गा पूजा से पहले रिकॉर्ड वर्षा हुई एवं संपूर्ण प्रदेश को अप्रत्याशित बाढ़ का सामना करना पड़ा। मेरा महकमा भी पीछे नहीं रहा। मेरे कार्यालय के बगल में नदी बहने लगी। लोग अपने घरों में कैद हो गए। लोगों की हालत जानने के लिए मैं लोगों के घरों तक पहुँचना चाहता था। मैं अच्छा तैराक था, पर यह असंभव था। मैंने कमर तक पानी में घूम-घूमकर लोगों का हालचाल पूछा। इससे आम जनता में बड़ा आत्मविश्वास और धैर्य का संचार हुआ और हमारा कार्यालय एवं आवास जनता के रोष से बच गया। इस प्रकार का नाटक करना भी प्रशासन के लिए कभी-कभी आवश्यक होता है। दूसरे दिन मैं कोलकाता के पास अपने क्षेत्राधिकार राजारहाट, जो अब नया कोलकाता में मिल गया है, के लिए रवाना हुआ, जो पूर्णत: जिला और महकमा मुख्यालय से कट चुका था। मेरे ड्राइवर खगेन तथा मैंने बड़ा खतरा मोल लिया और हम जैसे-तैसे नहर की पट्टी की फिसलन से बचते हुए राजारहाट पहुँचे। हमें वहाँ पाकर सभी को अत्यंत आश्चर्य हुआ। हमारे स्थानीय अधिकारी एस.डी.ओ. को अपने पास खड़ा हुआ देखकर जी-जान से बाढ़ से लोगों को बचाने तथा उन्हें मदद पहुँचाने में लग गए। हमारे नागरिक सुरक्षा (सिविल डिफेंस) के कार्यकर्ता तो जी-जान से जुटे ही थे, मेरे आह्वान पर बारासात के व्यापारियों ने अपना सबसे महत्त्वपूर्ण वार्षिक उत्सव दुर्गा पूजा न मनाकर आंध्र प्रदेश तथा अन्य स्थानों से चावल मँगाने की व्यवस्था की तथा मेरे महकमे में खाद्यान्न की कमी नहीं हुई बल्कि मेरे उच्चाधिकारी जिलाधीश ने पास के बांगलादेश और सुंदरवन से सटे महकमा बशीरहाट को भी मुझसे चावल भेजने को कहा, जिसका मैंने बिना हिचकिचाहट के साथ पालन किया। कोलकाता से काफी राहत सामग्री आ रही थी, जिसमें मुख्यत: अस्थायी आवासों के निर्माण के लिए और घर या मकान की छत ढकने के लिए प्लास्टिक शीटें तथा गुड़ एवं चिवड़ा। राहत सामग्री को लेकर राजनीति आरंभ हो गई। स्थानीय विधायक अपने समर्थकों के साथ आकर उन्हें प्राथमिकता के आधार पर राहत सामग्री आवंटन की माँग करने लगे। पर मेरे पास संसाधन सीमित थे। मैं पसोपेश में पड़ गया। एक ओर जनता की आवश्यकता तो दूसरी ओर शासक दल के सदस्यों का दबाव। मैंने देखा कि कोई भी व्यक्ति मुझसे मिलने साढ़े दस बजे से पूर्व नहीं आता था। मैंने राहत सामग्री का वितरण प्रात: आठ बजे करने का निश्चय किया और मैं सफल भी हुआ। जब तक नेतागण मेरे निवास कार्यालय पर आते, हमारे सभी ट्रक रवाना हो चुके होते। मैं उनसे क्षमा-याचना करके अगले दिन का समय ले लेता। बाढ़ समस्या का सुंदर हल हो गया।

कार्यपालिका और न्यायपालिका में पृथक्करण नहीं

सुशासन का सिद्धांत है कि कार्यपालिका एवं न्यायपालिका को स्वतंत्र रूप से अपने-अपने क्षेत्र में कार्य करना चाहिए, तभी लोकतंत्र एवं संविधान का संरक्षण संभव है, पर मैंने भारत के प्रथम अंग्रेज गवर्नर जनरल वारेन हेस्टिंग के विषय में कई कहानियाँ सुनीं, जो मेरे निवास से ही संपूर्ण बंगाल और भारत पर शासन करता था। दो बड़ी रोचक घटनाओं का लोग जिक्र करते हैं। वारेन हेस्टिंग्स मेरे वर्तमान कार्यालय में ही बैठता था तथा मुख्य न्यायाधीश एलिजा इम्पे उसके साथ बगल वाले कक्ष से न्यायालय चलाता था। कार्यालय से बँगले तक सुरंग थी। झमेला, हिंसा या आक्रमण होने पर वारेन हेस्टिंग कार्यालय से बँगले तक सुरंग से आ जाता था। दोनों मिलकर रात्रि में बँगले के विशाल हॉल में शराब पीते थे तथा लड़कियों के नृत्य का आनंद लेते थे। एक दिन दोनों ने अधिक शराब पी ली तथा दो नृत्यांगनाओं चंपा एवं डॉली को और अच्छा नृत्य करने तथा शरीर प्रदर्शन के लिए कहा, जो उन्होंने मना कर दिया। उस पर क्रोधित होकर वारेन हेस्टिंग ने दोनों को अपनी पिस्तौल से वहीं ढेर कर दिया। आज भी बारासात का मुख्य चौराहा चंपा-डॉली चौराहा कहलाता है। कई सरकारें आईं और गईं और कई बार नगर पालिका ने चौराहे का नाम परिवर्तन किया, पर जनता की जबान पर आज भी मुख्य चौराहा चंपा-डॉली के नाम पर है। लोक प्रचलित है कि रात्रि में वारेन हेस्टिंग तथा एलिजा इम्पे के बीच जो सलाह-मशवरा हो जाता था, दूसरे दिन खुली अदालत में मुख्य न्यायाधीश एवं मुख्य दंडाधिकारी इम्पे उसी निर्णय की घोषणा कर देते थे। महाराजा नंदकिशोर तथा अवध की बेगम के विरुद्ध मुख्य न्यायाधीश के निर्णय आज भी कार्यपालिका और न्यायपालिका में पृथक्करण न होने के कारण न्यायपालिका एवं भारत के विधिक इतिहास के काले पन्ने गण्य किए जाते हैं। मेरी भी सटे हुए कक्ष में अवस्थित परगना दंडाधिकारी (न्याय) से बड़ी मित्रता थी। जब कोई उत्तेजित भीड़ पथराव करती थी तो प्रथम पत्थर परगना दंडाधिकारी (एस.डी.जे.एम.) के कक्ष पर गिरता था। तब मैं नीचे जाकर भीड़ को प्रथम चेतावनी देकर फिर बेआईनी घोषित करके तत्पश्चात् गैस छोड़कर तथा लाठीचार्ज करवाकर तितर-बितर करता था। स्वभावतः एस.डी.जे.एम. उन हिंसक भीड़ों के नेताओं और समर्थकों को कड़ा दंड देते थे, पर हमारे समय कार्यपालिका एवं न्यायपालिका में पृथक्करण था। हम व्यक्तिगत तौर पर अवश्य मित्र थे, पर अपने कार्यों और निर्णयों में पूर्णतः स्वतंत्र एवं पारदर्शी थे।

बारासात में विविध अनुभव

बारासात में मेरी नियुक्ति घटनाओं से भरी हुई थी। कई बार मुझे अपने कार्यालय को बचाने के लिए बल प्रयोग करना पड़ा। यहाँ तक कि बंगाल के सबसे प्रसिद्ध समाचार-

पत्र 'आनंद बाजार' पत्रिका ने लिखा—"इस परगना अधिकारी का कोर्ट रक्तरंजित है।" कई बार केंद्रीय सरकार की नीतियों के विरुद्ध विक्षोभ होते तो कई बार सत्तापक्ष की ओर से विद्रोहियों को कुचलने के लिए हिंसक वारदातों के विरुद्ध। मेरा द्वितीय अधिकारी पुलिस के साथ मजिस्ट्रेसी करने में आनंद अनुभव करता था। मैंने भी देखा कि अधिकारी बहुत खराब नहीं था। लोग उसे खराब कहते थे, क्योंकि उसने रेलगाड़ी के डिब्बे में एक साथ यात्रा करने पर परिचय हो जाने पर ही अपनी पत्नी से स्टेशन पर उतरकर विवाह कर लिया था तथा वह मुफ्त की सिगरेट और चाय पीना पसंद करता था।

फिर उच्च अधिकारी का यह भी कर्तव्य है कि वह अधीनस्थ अधिकारियों के उज्ज्वल पक्ष को प्रकाश में लाए। उनकी शक्तियों का पूर्ण उपयोग करे। पर एक बार मत्स्य भेड़ी में हिंसक झड़प होने पर वह फायरिंग करके पुलिस दलबल के साथ भाग आया। अत: मैं ही बड़ी हिंसक घटनाओं में स्वयं जाने लगा। वैसे मेरे कार्यालय में दो बुजुर्ग अधिकारी थे। वे हमेशा मेरा सही मार्गदर्शन करते थे तथा मेरे साथ समस्या आने पर खड़े रहते थे। ऐसे कुरसी के प्रति स्वामिभक्त अधिकारियों एवं कर्मचारियों के कारण भारत चल रहा है। ऐसी ही मुझे एक घटना याद आती है। मैंने सी.पी.एम. कर्मचारियों के संगठन के सचिव का तबादला कर दिया, क्योंकि वह सरकारी काम ढिलाई से करता था। सीट से गायब होने के कारण जब भी पूछो, वह कहता है कि वह पेशाब करने गया था। जब फाइल लेकर कार्मिक विभाग का लिपिक मेरे पास आता तो उसने सलाह दी कि यदि आप उसका तबादला न करें तो उत्तम होगा, पर मैंने मना कर दिया। उसका स्थानांतरण आदेश मेरे हस्ताक्षर के लिए ले आया और मेरे हस्ताक्षर करने पर उस क्लर्क का खराब सीट पर स्थानांतरण हो गया। तीन-चार दिन बाद कर्मचारी मुझे उस स्थानांतरण के विषय में विरोध प्रकट करने आए और उन्होंने इस विषय में ज्ञापन सौंपा। मैंने संबंधित सहायक, जो राज्य स्तरीय कर्मचारी संगठन का भी सहायक सचिव था, से पूछा—"आपने मुझे फाइल पर अनुमोदन करते समय स्पष्ट रूप से क्यों नहीं बताया?"

संबंधित सहायक ने उत्तर दिया—"उस समय मैं आपका सहायक था। तब मैंने दबी जबान से आपको इंगित कर दिया था, पर जब आपने कड़ा रुख प्रकट किया, तब एक सहायक के तौर पर मेरा कर्तव्य था कि मैं उच्च अधिकारी के आदेशों का पालन करूँ। अब मैं एक कर्मचारी संगठन के पदाधिकारी की हैसियत से आपके सामने विरोध प्रकट करने के लिए स्वतंत्र हूँ।" इस प्रकार का धर्म निर्वहन करते थे सी.पी.एम. संगठन के लोग। कई दशकों बाद उनके स्तर में गिरावट आ गई। खैर, मेरी ख्याति के अनुसार मैंने उस सहायक का स्थानांतरण रद्द नहीं किया। कर्मचारी संगठन मुझसे बदला लेने का अवसर तलाशने लगा।

कुछ महीनों बाद मेरा स्थानीय अतिरिक्त जिलाधिकारी से भी मनमुटाव हो गया,

जो पास में छोटे से आवास में रहते थे, जबकि मैं वारेन हेस्टिंग के महल में निवास करता था। वे एवं उनका परिवार इसी बात से हीन मनोग्रंथि से ग्रस्त थे। दोनों ने मिलकर जिलाधिकारी के पास शिकायत कर दी कि मेरे आवास का बिजली का बिल महकमा शासक के कार्यालय से दिया जाता था, जो अवैध था। विद्युत् मीटर एक ही चला आ रहा था। दूसरा मीटर लगवाने में समय लगता। जिलाधीश के निर्देश पर मैंने मेरे आवास (प्रथम तल) तथा कार्यालय का निर्धारण विद्युत् विभाग से पृथक्-पृथक् करवा लिया तथा अपनी अवधि का भुगतान कर दिया, पर अपने सभी पूर्ववर्ती अधिकारियों के विरुद्ध फाइल बंद कर दी।

इसी बीच एक अच्छा अनुभव हुआ। पश्चिम बंगाल में नई सरकार द्वारा निर्धनों में जमीन आवंटन तथा बटाईदारों का नाम भूमि-आलेखों में पंजीकरण के कार्यक्रम से प्रभावित होकर बँगलादेश के मंत्री की अगुआई में एक दल इन कार्यक्रमों का अध्ययन करने बारासात आया। इस कार्यक्रम के आयोजन की संपूर्ण व्यवस्था मेरे जिम्मे थी। उस समय एक करोड़ की जनसंख्यावाले चौबीस परगना जिले के जिलाधीश तो अतिथि के रूप में ही बारासात महकमे में आते थे। पूरा जिला पाँच महकमा शासक चलाते थे। राज्य के भूमि एवं भूमि-सुधार मंत्री श्री विनय कृष्ण चौधरी भी आए और उन्होंने एक ग्राम में आयोजित अध्ययन-शिविर को संबोधित किया। मैंने भी अपनी टूटी-फूटी बांग्ला भाषा में प्रस्तुति दी, जिसे सुनकर ज्योति बसु मंत्रिमंडल में दूसरे स्थान पर श्री चौधरी अति प्रभावित हुए। उन्होंने कहा—"यह लड़का उत्साही है। गरीबों के लिए काम करेगा।" इस आयोजन के पश्चात् मैं सरकार के भूमि-सुधार कार्यक्रम के कार्यान्वयन में बढ़-चढ़कर अंश ग्रहण करने लगा।

इसे सुनकर बारासात के वामपंथी सरकार के सहयोगी फॉरवर्ड ब्लॉक के विधायक सरल देव, जो स्वयं को बारासात का एकच्छत्र नेता समझते थे, मुझसे मन-ही-मन असंतुष्ट हो गए। एक बार किसी मुद्दे को लेकर अपने 20-30 समर्थकों के साथ मेरे बँगले पर आने लगे। मैंने उनसे कार्यालय में मिलने के लिए कहा, पर वे मेरे बँगले के गेट पर खड़े हो गए। मैंने उन्हें हट जाने के लिए कहा, पर वे न माने। मैं स्वयं जीप के स्टीयरिंग पर बैठा तथा जीप स्टार्ट की। वे सभी तितर-बितर हो गए, क्योंकि वे जानते थे कि मैंने नई-नई जीप चलानी सीखी थी तथा कुछ भी हो सकता था। इस घटना एवं कोर्ट में अन्य हिंसक प्रदर्शनों पर सख्त कारवाई के कारण लोग मुझे चंबल से आया एस.डी. एम. कहने लगे। मेरे भाई ने भी सलाह दी कि लोगों के पत्थर तुम पर नहीं, बल्कि सरकार पर पड़ते हैं। मेरे कार्यालय एवं आवास में प्रसन्नता और शांति व्याप्त हो गई। मैंने आसाम के प्रसिद्ध गायक पद्मविभूषण भूपेन हजारिका का कार्यक्रम आयोजित किया। उनकी सरलता एवं महानता का मैं कायल हो गया। इसी प्रकार भारतरत्न मिलने पर करुणामूर्ति

मदर टेरेसा का सम्मान समारोह बारासात में आयोजित हुआ। मंच पर अधिक लोग चढ़ जाने के कारण मंच टूट पड़ा। मैंने ही मदर टेरेसा को सहारा देकर बचाया। जिलाधिकारी ने प्रसन्न होकर मुझे सरकारी लॉञ्च में परिवार एवं संबंधियों सहित सुंदरवन एवं गंगा सागर की यात्रा करने की सुविधा दी। एक और अच्छा अनुभव हुआ। कोलकाता का नेताजी अंतरराष्ट्रीय विमान पत्तन मेरे क्षेत्राधिकार में आता था। अत: प्रधानमंत्री मोरारजी देसाई के आगमन पर मैं भी हवाई अड्डे पर उनके स्वागत के लिए उपस्थित था। मैं श्री मोरारजी देसाई के उत्तम स्वास्थ्य तथा सरलता से अति प्रभावित हुआ। एक बार श्रमिकों को भाषण देने मुख्यमंत्री ज्योतिबसु बिड़ला मिल आए। मेरी मित्रता बिड़ला मिल के अध्यक्ष चांडकजी से हो गई। माताजी का अब यहाँ मन लगने लगा। मुझे दूसरे पुत्र रत्न की प्राप्ति हुई। बारासात का खीर (खोए) का सिंघाड़ा या समोसा मुझे बहुत अच्छा लगता था तथा वहीं एक होम्योपैथिक डॉक्टर सेन ने मेरे गले (टान्सिलाइटिस) का इतना अच्छा इलाज किया कि मेरे गले का पुराना मर्ज ठीक हो गया। बंगाल केमिकल्स ने भी मेरे लिए ही एक विशेष एंटीबायोटिक बनाकर दिया, पर स्थायी समाधान होम्योपैथिक इलाज से हुआ। बंगाल में होम्योपैथिक चिकित्सा अति लोकप्रिय है तथा पश्चिम बंगाल के होम्योपैथिक डॉक्टर देश में भी अग्रणी होम्योपैथिक चिकित्सक हैं। मैंने पास के बैरकपुर परगना में जाकर राज्य स्तरीय योग एवं स्वास्थ्य सम्मेलन में शीर्षासन का प्रदर्शन किया, जो काफी सराहा गया। बांग्ला भाषा में भी परीक्षा उत्तीर्ण करने पर मैं अतिरिक्त जिलाधिकारी के पद पर प्रोन्नति की प्रतीक्षा करने लगा, जिससे मेरा वेतन काफी बढ़नेवाला था। परगना अधिकारी या उपजिलाधिकारी के पद पर मेरा वेतन 1200 रु. प्रतिमाह था, जिससे केवल खर्च ही मुश्किल से चलता था, पर मुझे खुशी एवं गर्व था कि मैं इतने विशाल परगना का प्रमुख था, जिसकी जनसंख्या 1979-80 में बारह लाख से अधिक थी तथा बाद में वह उत्तर 24 परगना जिले का मुख्यालय बना।

□

अतिरिक्त जिलाधिकारी के पद पर भूमि-सुधारों का क्रियान्वयन

पश्चिम बंगाल सरकार में प्रसिद्ध साधु एवं ईमानदार मंत्री श्री विनय कृष्ण चौधरी ने मुझे चुना और भूमि-सुधारों के लिए काम करने के लिए प्रदेश के पिछड़े एवं आदिवासी बाहुल्य जिला पुरुलिया में मुझे अतिरिक्त जिलाधिकारी, भूमि-सुधार के पद पर प्रोन्नति देकर भेजा गया।

आई.ए.एस. के सेवाकाल में यह सबसे बड़ी प्रोन्नति होती है, क्योंकि इसमें प्राय 25% वेतन वृद्धि होती है तथा आई.ए.एस. में ऊपर सीढ़ी चढ़ने का पथ खुल जाता है।

प्रायः बंगाली अधिकारी पुरुलिया जिले का स्थानांतरण पसंद नहीं करते। वे कोलकाता या उसके आसपास के जिलों में पदस्थ होना पसंद करते हैं, क्योंकि परंपरागत रूप से वे अपने बच्चों की पढ़ाई-लिखाई के लिए परिवार को कोलकाता में ही रखते हैं, ताकि उनके तबादलों के कारण बच्चों की पढ़ाई में व्यवधान न हो। ऐसा ज्ञात होता है कि पश्चिम बंगाल में बच्चों की माताएँ सभी काम छोड़कर बच्चों की पढ़ाई में संलग्न हैं। सारा बंगाल ही जैसे स्कूल हो गया हो। फिर भी पश्चिम बंगाल में शिक्षा का स्तर क्यों दिन-प्रतिदिन गिरता जा रहा है! पश्चिम बंगाल के अभ्यर्थियों का सर्व भारतीय सेवाओं जैसे आई.ए.एस. आदि में सफलता का प्रतिशत क्रमशः कम होता जा रहा है। मैंने निश्चय किया कि मैं ऐसा नहीं करूँगा। मैं बच्चों को अपने साथ रखूँगा, उनकी पढ़ाई-लिखाई की, पत्नी के द्वारा स्वयं देखभाल करूँगा, चाहे जिले में कितना ही छोटा स्कूल हो जैसा मैं गाँव के एक साधारण स्कूल से भी साधारण में पढ़ा था।

पुरुलिया में अतिरिक्त जिलाधिकारी का दो मंजिला मकान था तथा पीछे किचन गार्डन था। माँ के कहने पर हमने एक गाय भी रख ली, ताकि बच्चों को गाय का ताजा और शुद्ध दूध मिले और माँ प्रतिदिन गाय की सेवा और उसे प्रणाम कर सकें। ए.डी.एम. बनने पर मुझे जीप के स्थान पर एंबेसडर कार निर्धारित हो गई। पुरुलिया की जलवायु मेरे गृह जिला झाँसी जैसी शुष्क थी तथा वहाँ अधिक गरमी एवं अधिक ठंड पड़ती थी

और पश्चिम बंगाल के अन्य जिलों की तुलना में वर्षा भी बहुत कम होती थी। पुरुलिया में तीन-चार वर्षों में सूखा अवश्य पड़ जाता था।

पुरुलिया पंचकोट राज का मुख्यालय था। वहाँ के राजा देशप्रेमी थे। उन्होंने अंग्रेजों के विरुद्ध विद्रोह सुलगाकर पुरुलिया कोषागार को लूटा था। पुरुलिया का पंचकोट राज कोयले के राजस्व से चलता था।

पुरुलिया आते ही मुझे पुरुलिया क्लब के सचिव एवं टेनिस खिलाड़ी खेलने के लिए निमंत्रण देने आए। उनके अनुसार सभी अधिकारी यहीं आकर टेनिस सीखते और खेलते हैं। पुरुलिया क्लब पुराने बिहार के मानभूम मंडल में टेनिस में चैंपियन भी रहा। मैं ऐसे आमंत्रण की प्रतीक्षा कर रहा था। मैं प्रतिदिन कार्यालय से घर लौटते समय पुरुलिया क्लब में टेनिस खेलता एवं अपने को चुस्त-दुरुस्त रखता। मेरे दोनों लड़के भी स्थानीय होली चाइल्ड स्कूल में के.जी. में पढ़ने जाने लगे। लेप्रोसी मिशन के स्थानीय निदेशक पी.के. राय मेरे ही नाम के ख्रिस्तान थे। उनके अग्रज झाँसी में ही क्रिश्चियन अस्पताल के मुख्य चिकित्सक थे तथा उनकी ससुराल भी झाँसी में थी। उनके बड़े भाई ने ही मेरे लड़के की सफल डिलीवरी करवाई थी। उनके ससुर भी उत्तर प्रदेश में ख्याति प्राप्त ईमानदार पुलिस अधीक्षक रहे तथा उन्होंने कई प्रसिद्ध डाकुओं को या तो मारा या गिरफ्तार किया। उनके संस्मरण सुनने में बड़ा आनंद आता था। पी.के. राय के दो लड़के भी मेरे लड़कों की उम्र के ही थे तथा हमारे बच्चों में घनी मित्रता हो गई। उनकी बड़ी बहन उनसे केवल दो वर्ष बड़ी थी। हमें पी.के. राय के परिवार की घनिष्ठता में अत्यंत आनंद आता था। उन्हें भी कई वर्षों बाद कोई ऐसा समरस परिवार मिला। मैं अपने कार्यालय की भड़ास राय साहब के घर पर निकाल देता। इसके बाद न तो उन्हें मेरे कार्यालय के कामकाज से मतलब, न ही कोई स्वार्थ और न ही मेरे दिमाग में कोई भारीपन होता। उनके माध्यम से हमारी भेंट गौतम कुमार खेडिया से हुई, जो पुरुलिया ही नहीं, सटे हुए पश्चिम बिहार राज्य के बोकारो, जमशेदपुर, राँची, हजारीबाग जिलों के आयकर के अग्रणी अधिवक्ता थे। वे लायंस क्लब पुरुलिया के अध्यक्ष तथा स्थानीय मारवाड़ी समाज के सम्मानीय व्यक्ति थे। उनके परिवार से हमारे आज तक भी वैसे ही संबंध हैं। मेरे कार्यालय में भूमि के अभिज्ञ अधिकारी सिन्हा थे। हम दोनों ने मिलकर भूमिहीनों के लिए काम करने का निश्चय किया।

आदिवासियों के प्रति रुझान एवं भूमि-सुधार संबंधी कार्यक्रमों का क्रियान्वयन

पश्चिम बंगाल की नई वामपंथी सरकार भूमि-सुधार संबंधित उपायों के निचले स्तर पर क्रियान्वयन में अति उत्साही थी एवं सच्चे मन से भूमिहीनों एवं बटाईदारों को लाभ पहुँचाना चाहती थी। सरकार के दो प्रमुख उद्देश्य थे—प्रथम भूमिहीनों में सरकार

में जोत सीमा से अधिक निहित जमीन का वितरण करना, द्वितीय काश्तकारों, बटाईदारों अर्थात् बर्गादारों का नाम सरकारी भू-आलेखों में चढ़ाकर उन्हें जोत की सुरक्षा का हक दिलाकर उन्हें भू-स्वामियों द्वारा पश्चिम बंगाल भूमि-सुधार अधिनियम, 1955 के अनुसार उनको कृषि उत्पाद का अंश सुनिश्चित करना तथा उन्हें भू-स्वामियों द्वारा उनके भाग या अंश की रसीद दिलवाना, तृतीय आदिवासियों की भूमि की बिक्री या हस्तांतरण पर रोक लगाकर गैर-आदिवासियों द्वारा खरीदी गई जमीनों को वापस करवाना तथा सरकार की ओर से जमीन मालिकों को मुआवजा देना तथा आदिवासियों को भविष्य में जमीन हस्तांतरण या अतिक्रमण से सुरक्षा प्रदान करना।

मैं उस दिन से सरकार की नीतियों का व्यक्तिगत तथा सैद्धांतिक रूप से समर्थक हो गया, जब माननीय मंत्री चौधरीजी दामोदर नदी के बाँध पर आए और उन्होंने मुझे दिखाया कि किस प्रकार बाँध से निकला पानी बड़े-बड़े जोतदारों तथा भू-स्वामियों की निचली जमीनें तो सिंचित कर रहा है, पर नदी के किनारे रहनेवाले आदिवासी और अन्य किसान, जिनकी जमीनें उस बाँध के निर्माण में चली गईं, बूँद-बूँद पानी के लिए तरस रहे हैं।

मैं जानता था कि यदि यह कार्य केवल खंड स्तर के राजस्व अधिकारियों पर छोड़ा जाएगा तो वे जमीन तो कागज-कलम में वितरित दिखा देंगे, पर भूमिहीन एवं गरीब काश्तकारों को जमीन के पट्टे नहीं देंगे। वस्तुतः प्राक्तन भू-स्वामी ही उन जमीनों की खेती करवाते रहेंगे। अतः मैंने विशेष पट्टा वितरण कार्यक्रमों के द्वारा यह कार्य पुरुलिया जिले में करने का निर्णय लिया। प्रारंभ में कुछ भूलें हुईं। इसका लाभ राजनीतिक नेताओं ने उठाना चाहा। एक बार पुरुलिया के शक्तिशाली और अहंकारी जिला परिषद् के अध्यक्ष (सभाधिपति) ने मुझे राहत सामग्री वितरण संबंधी फाइल पर वार्त्ता हेतु बुलाया। मैंने मना कर दिया और कहा—"मैं अभी व्यस्त हूँ। कृपया अपनी टिप्पणी लिखकर भेज दीजिए। मैं आवश्यक काररवाई करूँगा।" वे यह जवाब सुनने के अभ्यस्त नहीं थे और मैंने भी आई.ए.एस. की नौकरी नेताओं की व्यक्तिगत गुलामी करने के लिए नहीं पकड़ी थी। अध्यक्ष सपन बनर्जी ने सभी स्तरों पर मेरी शिकायतें कीं, पर एक सभा में माननीय मंत्री श्री विनय चौधरी ने उन्हें फटकारते हुए कहा—"मैं स्वतंत्रता से पूर्व 14 वर्ष जेल में था। मैं विभागीय मंत्री के तौर पर कह रहा हूँ कि अग्रवाल जो कर रहा है, वह ठीक ही कर रहा है।" शायद मेरे कार्य की ठीक-ठीक सूचना मंत्री को उनके दल द्वारा दी गई थी। बस इस घटना के पश्चात् में भूमि-सुधार कार्यक्रमों में पूर्णतः समर्पित हो गया।

मैं आदिवासियों को अपने कक्ष में बैठाता एवं उनके मुकदमों का निस्तारण करता। मैंने केवल 85 आदिवासियों की हस्तांतरित जमीनें वापस की थीं कि आदिवासी मेरे भक्त हो गए। शिबू सोरेन का झारखंड मुक्ति मोर्चा कुछ जमीनों को जोर-जबरदस्ती करके

कब्जा करता था, पर वे जमीनें वैधिक रूप से हस्तांतरण न होने के कारण फिर से भू-स्वामियों के पास वापस चली जातीं।

मैंने पट्टा वितरण आयोजनों द्वारा प्रायः तीन लाख भूमिहीन आदिवासियों को सरकारी जमीन के पट्टे अपने हाथ से सौंपे। बटाईदारों के नाम सरकारी भू-आलेखों में चढ़ाने का काम बर्गा-कार्यक्रम के माध्यम से जिला स्तर के बंदोबस्त अधिकारी, जो अब जिला भूमि एवं भूमि-सुधार अधिकारी कहलाते हैं, करते थे। मैं उनकी पूर्ण सहायता करता, ताकि बर्गा-कार्यक्रम में कोई बाधा न हो। मैं जिले में इतना लोकप्रिय हो गया कि मेरी शिकायतें राज्य सचिवालय में गईं। कोलकाता से विभाग के प्रमुख सचिव ख्याति प्राप्त देवव्रत बंदोपाध्याय आई.ए.एस. आए, पर उन्होंने भी मेरे कार्य में कोई त्रुटि नहीं पाई।

इन कार्यक्रमों के दौरान मैंने पाया कि आदिवासियों या तपशील जाति के गरीबों की जमीनें इसलिए चली जाती हैं, क्योंकि वे समय पर न्यायालय के सामने अपनी जमीनों के आलेख (रिकॉड्‌र्स-ऑफ-राइट्स) नहीं पेश कर पाते। मैंने सभी आदिवासी भूमि-मालिकों को जमीन का पहचान-पत्र देने का निर्णय लिया, जिसमें उनकी सभी जमीनों का स्वामित्व और जमीनों पर अन्य अधिकार जैसे पट्टा अधिकार, बर्गा-अधिकार भी अंकित होगा। मैंने कार्यालय के खर्चे में कटौती करके कुछ पहचान-पत्र छपवाए तथा स्वयं हस्ताक्षर करके लाल पहचान-पत्र वितरित किए। पर बड़े स्तर पर काम करने के लिए राज्य सरकार की अनुमति एवं धनराशि आवश्यक थी। मैंने भूमि एवं भूमि-सुधार विभाग को लिखा। विभाग में वर्षों से कार्यरत सिद्धहस्त अधिकारियों के अहं को चोट लगी। उन्होंने विभिन्न नियम, बजट का ठोस आधार न होने के कारण मेरी नई परियोजना का एड़ी-चोटी से विरोध किया, पर मंत्री महोदय ने कहा—"लड़का नया है। उसे यह प्रयोग करने दो। आप लोग 'आपत्ति नहीं' लिखकर भेज दें। बाद में जैसे-जैसे धनराशि उपलब्ध करा सकें, भेजते रहें।"

मंत्री विभाग में निहित स्वार्थ को तोड़ना जानते थे। उनकी ईमानदारी तथा सदाशयता के विषय में किसी को शक नहीं था। मुख्यमंत्री कभी भी उनके निर्णय को नहीं पलटते थे, क्योंकि वही ज्योति बसु को कम्युनिस्ट पार्टी (मार्कसिस्ट) में लाए थे। समयांतर में सभी भू-स्वामियों को उनकी जमीन के पहचान-पत्र प्रदान करना पश्चिम बंगाल एवं केंद्रीय सरकार की नीति बन गई।

मैंने अपनी नौकरी जीवन का यह मिशन बना लिया तथा मुर्शिदाबाद जिले में अतिरिक्त जिला अधिकारी के पद पर एक वर्ष रहते हुए यह कार्य जारी रखा और कूचबिहार जिले में दो वर्ष कलेक्टर रहते हुए भी यह कार्य किया। इस प्रकार प्रायः पाँच लाख भूमिहीनों तथा जमीन निर्धन काश्तकारों को सरकार में निहित जमीनें वितरित कीं।

साथ-साथ इन पट्टादारों को बैंक से सस्ती दरों पर ऋण तथा सरकार से खेती करने के लिए 25% अनुदान की व्यवस्था की। यह योजना इतनी लोकप्रिय हुई कि सरकार स्वयं जमीन खरीदकर भूमिहीनों तथा गरीब किसानों में वितरित करने लगी, क्योंकि किसान जमीन के लिए भी अपने निवास-स्थान को नहीं छोड़ता। इस पवित्र कार्य का अवसर ईश्वर कृपा से मुझे निदेशक, भूमि एवं भूमि-सुधार (प्राय: दो वर्ष) तथा प्रधान सचिव, भूमि एवं भूमि-सुधार विभाग (प्राय: तीन वर्ष) के पदों पर मिला। मुझे श्रेय कितना मिला, यह मैं नहीं जानता, पर पश्चिम बंगाल की महान् लेखिका महाश्वेता देवी ने जब मेरे साहित्य की दिल्ली से प्रकाशित हिंदी दैनिक 'हिंदुस्तान' की दो कॉलमों में चर्चा की तो पुरुलिया में मेरे इस कार्य की भी सराहना हुई, ताकि लेखक केवल लेखक ही न हो, वह सक्रिय कर्ता भी हो। बाद में मैंने पुरुलिया में छाऊ नृत्य के प्रवर्तक आदिवासी गंभीर सिंह मूड़ा को पद्मश्री दिलवाकर आदिवासियों का हृदय जीत लिया और पुरुलिया जिला झारखंड राज्य में न जा सका। आज भी मुझे इस कार्य से अत्यंत आत्मसंतोष है तथा मेरे जीवन की यह सबसे बड़ी धरोहर अर्थात् थाती है। पुरुलिया में प्रधानमंत्री श्रीमती इंदिरा गांधी का आगमन हुआ। मैंने उनके लिए सभी व्यवस्था की थी। श्रीमती इंदिरा गांधी ने श्री प्रणव मुखर्जी के लिए मुझसे ही कार की व्यवस्था करने के लिए कहा। मैं श्रीमती गांधी के दृढ़ एवं ओजस्वी व्यक्तित्व से अति प्रभावित हुआ जैसे उनमें देवी का तेज हो।

पुरुलिया जिले में सूखा और सूखा राहत

पुरुलिया जिले में सन् 1981 में नाममात्र को वर्षा हुई। पुरुलिया के किसानों का आधा जीवन केवल आकाश की ओर निहारते व्यतीत होता है। कब खुला आकाश बादलों से आच्छादित हो तथा पुरुलिया की धरती की प्यास बुझाए, पर न ही बिजली कौंधी और न ही बादलों के घुमड़ने की आवाज सुनाई दी। मेघ आए और आसपास के क्षेत्रों में बरसकर चले गए। पर पुरुलिया तो छूट गया। पता नहीं पुरुलिया को किसका श्राप लग गया है? पुरुलिया एक ऐसी भौगोलिक घाटी है, जो बादलों के पथ से हटकर है। पुरुलिया की अनावृष्टि का अध्ययन करने तथा सहायता करने के लिए देश-विदेशों से विशेषज्ञों के दल-के-दल आने लगे। कुछ प्रतिष्ठानों ने हेलीकॉप्टर से वर्षा करने का सुझाव दिया तो कुछ लोगों ने फव्वारा सिंचाई करने का। जब पुरुलिया के ऊपर मेघों में पानी ही न हो तो पानी कौन बनाएगा? आध्यात्मिक गुरुओं की सलाह पर स्थानों-स्थानों पर यज्ञ, हवन का आयोजन हुआ। सौभाग्य से यज्ञ की समाप्ति पर बौछार हुई, बूँदाबाँदी हुई। उससे पुरुलिया के निवासियों को कुछ आशा बँधी। फिर वही सूनी धरती। प्रथम वर्षा तो पुरुलिया की तपती हुई धरती के संपर्क में आते ही वाष्पादित हो गई। जिले के जिलाधिकारी ने भी खेत में हल चलाया। अंधविश्वासी आदिवासियों की स्त्रियों ने नंगे

होकर खेतों में हल चलाया, पर वर्षा नहीं हुई। शायद बादल पुरुलिया आने की शीघ्रता में जल भरना भूल गए थे। मार्क्सवादी दल के अनुसार, इंद्र वामपंथी शासन के साथ षड्यंत्र कर रहा था। उसने पुरुलिया के ऊपरवाले आसमान का क्षेत्र बंद कर दिया था। जल की कीमत आसमान छू रही थी। पानी और चाय पीना समान हो गया था। सूखे की चोट सारे गरीबों पर अधिक हो रही थी। पुरुलिया के किसान चातक पक्षी की भाँति आसमान की ओर देख रहे थे, पर बेशर्म आसमान फटता ही नहीं था। प्रधानमंत्री के निर्देश पर पुरुलिया के लिए रेलगाड़ियों में जल भरकर भेजा गया। पास के तालाबों, नलकूपों तथा कुओं में पानी सूख गया था। मवेशी भूख तथा प्यास से तड़प रहे थे। वन्य जानवर एवं पक्षी पास के क्षेत्रों में चले गए थे और युवा लोग भी। वे अपने पीछे मवेशी तथा वृद्धों को छोड़ गए। थोड़ी चूक हुई कि भूख से मृत्यु का समाचार आ जाता। अधिकारी गाँव में जाकर योजनाओं के कार्यान्वयन करने से घबरा रहे थे, क्योंकि सूखा राहत कार्यों में काम करनेवाले मजदूर भी कभी-कभी हिंसक हो जाते थे। मैं ही अपनी लोकप्रियता के कारण सूखा राहत कार्यों की देखभाल करने के लिए जाता था, पर चिलचिलाती धूप में कार की टंकी का पानी भी शीघ्र सूख जाता था अथवा अत्यधिक गरम होने पर गाड़ी को बंद करना पड़ता था। मेरी कार के ऊपर खसखस की पट्टी भी बेअसर साबित हुई। गाड़ियों की वातानुकूलित मशीनें प्रभावहीन हो गईं। केवल ईश्वर का बनाया हुआ शरीर तंत्र ही था, जो इस सूखे से संघर्ष करने में सक्षम था। यह परिस्थिति बाढ़ से भी भयंकर थी, जो आकर कहर बरसाकर शीघ्र निकल जाती है। सूखा तो महीनों की समस्या है। एक दिन पेड़ों पर रहनेवाले चार बीरहर आदिवासी परिवार के चार कंकाल मिले। एक सदस्य को तेंदुए ने खा लिया, क्योंकि वह दुर्बलता के कारण पेड़ पर न चढ़ सका तथा रात्रि में पेड़ के नीचे सो गया था। शायद पशुओं और कुत्तों ने उसके बचे-खुचे मांस को खा लिया था। मरनेवालों में 30-40 वे लोग थे, जिन्होंने भूख से तड़पकर ऐसे पेड़ों की जड़ें खोदकर खाई थीं, जो पानी के अभाव में विषैली हो गई थीं। ऊपर से सूर्य देव धरती पर बाणों की वर्षा कर रहे थे। चारों तरफ झुलसा हुआ दृश्य—पीली-भूरी मिट्टी। हरे रंग का नामोनिशान न था।

सूखे से निबटने के लिए धन का अभाव नहीं था, पर राहत सामग्री को प्रभावित लोगों तक पहुँचाना दुस्साध्य कार्य था। हमने मवेशियों के लिए तथा मनुष्यों के ठहरने के लिए पृथक् शिविर लगवाए। सामूहिक रसोई की व्यवस्था हुई। पर शिविरों में भी आदिवासीगण तथा मवेशी बीमार होने लगे, क्योंकि वे इस बँधे-बँधाए जीवन के अभ्यस्त नहीं थे। पुरुलिया के इस अभूतपूर्व सूखे से करीब तीन सौ लोगों की मौत हुई। हजारों पशु मारे गए। बिजली के तारों में उलझे तथा पेड़ों के नीचे हजारों पक्षी मृत पाए गए। मनुष्यों में मरनेवालों में अधिकांश वृद्ध नारी, पुरुष थे, पर उस त्रासदी या विपदा से मेरा नाम सबसे ऊपर उभरकर आया, क्योंकि मैं निरंतर दो महीने प्रत्येक दिन बारह घंटा सूखा

राहत स्थलों पर रहता था। मुझे स्थानीय नगरपालिका तथा अध्यक्ष जिला परिषद् ने एक जनसभा में पुरुलिया गौरव की उपाधि से सम्मानित किया। राज्य सरकार की ओर से सम्मान-पत्र आया। मेरी वार्षिक गोपनीय पत्रिका इस वर्ष उत्कृष्ट रही। जून के प्रथम सप्ताह में छूटे हुए तथा नए बादल पुरुलिया के ऊपर घिर आए तथा खूब बरसात की। गाँव में संगीत गूँजने लगा। ढोल-नगाड़े बजने लगे। आदिवासियों के 'छौ' नृत्य के घुँघरू बज उठे और वे कूद-कूदकर नृत्य करने लगे।

अशक्त शरीरों में गरम रक्त दौड़ने लगा। बाहर से आई राहत सामग्री पूर्ण तौर से गाँववालों में पहुँच गई थी। राज्य सरकार की ओर से जिला प्रशासन ने खरीफ फसल के लिए बीज की व्यवस्था की तथा इस बार जिले में शिविर लगाकर मुफ्त बीज वितरण हुआ। फिर से पुरुलिया में जीवन पटरी पर आ गया। कोई कितनी कोशिश करे, जीवन इतना बेशर्म है, जो सामान्य पटरी पर ही चलता है।

अवैध कोयला खनन पर नियंत्रण

पुरुलिया-आसनसोल सीमा पर दामोदर नदी, जो अपने उदर में आग छिपाए है, के किनारे दस फीट खोदने पर ही अच्छी किस्म का कोयला निकलता था। पुरुलिया जिले में नेतूरिया थाने के अंतर्गत तो प्रत्येक आँगन में लोग कोयला निकालकर खाना पकाते थे तथा आवश्यकता पड़ने पर साइकिल पर कोयला लादकर पास के बाजारों में बेच देते थे। नेतूरिया थाने की चारदीवारी में कोयला निकलता था। नेतूरिया थाने के थाना प्रभारी तथा सिपाहियों को कोयले की दलाली के अतिरिक्त कुछ सूझता ही नहीं था। धनबाद और बिहार से कई कोयले के काले सौदागरों या माफियाओं की नेतूरिया थाने के इस अकूत कोयले के भंडारों पर गिद्ध दृष्टि पड़ गई। उनके पास लंबे समय से कोयले का अवैध धंधा करने के कारण कोयला की बिक्री की समस्या नहीं थी। उन्होंने एक बाइपास निकाला। उन्होंने पुरुलिया के मुंसिफ मजिस्ट्रेट के यहाँ एक वाद दायर किया, जिसमें यह आवेदन किया कि वादी और प्रतिवादी के मध्य विवाद है कि वादी का ईस्टर्न कोलफील्ड लिमिटेड की नीलामी में लिया गया कोयला पड़ा हुआ है तथा वादी को उस कोयले को उठाने एवं बिक्री करने की अनुमति प्रदान की जाए। प्रतिवादी बहस के दौरान सहमत हो गया कि खदान के प्रवेश द्वार पर पड़ा कोयला वादी की ही संपत्ति है। बस उसी दस टन कोयले की ढुलाई महीनों से चल रही थी, जैसे वह न समाप्त होने वाले कोयले का भंडार हो। यदि चेकपोस्ट पर ही ट्रकों का हिसाब लिया जाता या खनन के परमिटों को जोड़ा जाता तो दस टन कोयला एक ही दिन में जाँच चौकी से निकला प्रमाणित हो जाता, पर सरकारी विभागों में सामंजस्य नहीं होता तथा इसी कमजोरी का फायदा माफिया और पुलिस मिलकर उठाते हैं। नेतूरिया थाने का थानाध्यक्ष स्वयं एक कोयले का माफिया हो गया था और वह

राजनीतिक नेताओं से लेकर पुलिस के सभी उच्चाधिकारियों को अपनी जेब में रखता था।

लोग मेरे पास नेतुरिया थाने के अंतर्गत पारबेलिया कोयला खान क्षेत्र में कोयले के अवैध खनन की शिकायतें लेकर प्राय: आते थे कि इसके अवैध धंधे को बंद किया जाए। कई महिला मजदूर भी कोयला निकालते समय खदान के ढह जाने से नीचे दबकर मर गईं। खनन विभाग मेरे पास था। अत: मैंने अपने अधीनस्थ वरिष्ठ अधिकारी के साथ सलाह-मशवरा किया और उन्होंने अवैध कोयला खनन के विरुद्ध धर्मयुद्ध करने की रणनीति तैयार की, जिसका नायक मुझको ही बनना पड़ा। कार्यालय वाले तो कागज के बाघ थे। कोयला माफिया को इस रणनीति की भनक पड़ गई। वे कलकत्ता उच्च न्यायालय चले गए कि जिला पुलिस और प्रशासन उन्हें परेशान कर रहा है, जबकि वे मुंसिफ के आदेशानुसार कोयले की ढुलाई कर रहे हैं। कलकत्ता उच्च न्यायालय के वरिष्ठ अधिवक्ताओं को माफियाओं की ओर से देखकर न्यायमूर्ति ने मुंसिफ के आदेश पर मुहर लगा दी। राज्य का आबकारी विभाग भी मेरे पास था। आबकारी जिला अधीक्षक सिद्दीकी मेरा स्वामिभक्त तथा पूर्णत: विश्वासपात्र अधिकारी था। मैं आबकारी विभाग के 8-10 सिपाहियों को लेकर उस खान तक पहुँचा। अपने क्लिक कैमरे से छायाचित्र लिये, जिनसे स्पष्ट हो गया कि वास्तव में विवादित स्थल पर आज भी खनन कार्य चल रहा है, जो सरकारी नीति और उच्च न्यायालय के आदेशनामे के विरुद्ध था, पर उच्च न्यायालय के आदेश की हम अवहेलना नहीं कर सकते थे। इसलिए जिलाधिकारी आदि के साथ हमने निर्णय लिया कि उच्च न्यायालय के स्थगन आदेश को खाली कराया जाए। यह भी जिम्मेदारी मुझे सौंपी गई।

मैं स्वयं मुख्य न्यायाधीश सब्यसाची मुखर्जी, जो बाद में भारत के मुख्य न्यायाधीश बने, की पीठ के समक्ष उपस्थित हुआ और उन्हें अपने क्लिक कैमरे से खींची तसवीरें दिखाईं। मेरे ऊपर विश्वास करते हुए उन्होंने उच्च न्यायालय का स्थगन आदेश तुरंत निरस्त कर दिया। मेरी जीत हुई। कहते हैं कि उस दिन नेतुरिया पुलिस थाने में किसी ने खाना तक नहीं खाया। कोयले का माफिया भी निराश हो गया। व्यक्तिगत लोगों द्वारा कोयले की खुदाई बंद हो गई। अब जो भी कोयला अवैध खान से निकाला जाएगा, वह अवैध होगा। उस ढुलाई में रास्ते में इतनी रिश्वत देनी पड़ेगी कि वह कोल इंडिया के कोयले से भी महँगा पड़ेगा। नेतूरिया से वाराणसी, दिल्ली, हरियाणा और कश्मीर तक रिश्वत लगेगी। बस मेरे रहते हुए अवैध कोयले का धंधा बंद हो गया। यह एक ऐतिहासिक एवं साहसी सफलता थी। इस कदम के लिए मुझे कई धमकियाँ भी मिलीं। मैं निडर होकर घूमता रहा तथा अपना मुख्य काम गरीबों में जमीन वितरित करने का अबाध रूप से करता रहा।

पुरुलिया में कानून-व्यवस्था की घटनाएँ

पुरुलिया में जब भी कोई प्रदर्शन, रेल रोको, सड़क अवरोध, पंचायत प्रधान या अधिकारी का घेराव अथवा हिंदू-मुसलमान दंगा होता, मुझे जाना पड़ता। एक बार वामपंथी विचारधारा से प्रेरित दल एस.यू.सी.आई. (SUCI) अपने समर्थकों विशेषत: महिलाओं को लेकर जिलाधीश का घेराव करने आया। जिलाधीश उस समय अपने कार्यालय में नहीं थे। मेरा कार्यालय उनसे लगा हुआ था। मैं प्रदर्शनकारियों का ज्ञापन लेने पहुँचा तथा उन्हें समझाया-बुझाया, पर पूर्व नियत समय होने के बावजूद जिलाधीश के अनुपस्थित होने के कारण भीड़ उत्तेजित हो गई। यह दल के नेताओं ने अपना अपमान समझा। नेताओं के उकसाने पर भीड़ जिलाधीश कार्यालय के सामने पत्थर फेंकने लगी। पत्थर मेरे कार्यालय सहित पूरे कलेक्ट्रेट में भर गए। मैंने भीड़ को बेआईनी घोषित किया तथा उन्हें चले जाने के लिए आदेश दिया, पर वे न माने। मैंने फिर अश्रु गैस छोड़ने का निर्देश दिया, पर भीड़ और उत्तेजित हो गई। एक महिला ने मुझे निशाना बनाकर एक ईंट फेंकी। मेरा सुरक्षा गार्ड थोड़ा हट गया और वह ईंट मेरे पैर में लगी। फिर मेरे आदेश का इंतजार किए बिना पुलिस ने लाठीचार्ज कर दिया। कई प्रदर्शनकारी घायल हुए और उन्हें तुरंत जिला सरकारी अस्पताल ले जाया गया। मैंने आयोडेक्स इत्यादि लगा लिया तथा राज्य सचिवालय को विस्तृत रपट जिलाधीश के माध्यम से भेज दी।

सभी ने मेरी कारवाई की सराहना की। कार्यालय से लौटते समय मैं प्रतिदिन की भाँति टेनिस खेलने लगा। नेट के पास एक गेंद उठाने के चक्कर में मेरी एड़ी में उसी जगह फ्रैक्चर आ गया। आज भी यह चोट बरसात में परेशान करती है, इस घटना का स्मरण दिलाती है।

एक दूसरी बड़ी घटना घटी। पुरुलिया की जनता रेल की बड़ी लाइन (ब्रॉड गेज) की लंबे समय से माँग कर रही थी, पर रेल प्रशासन उस पर अत्यधिक लागत का आकलन करके चुप्पी मारकर बैठा था। जनता के धैर्य का बाँध टूट गया। हजारों लोग सड़कों पर उतर आए तथा रेलवे स्टेशन जलाने तथा रेलवे की संपत्ति की तोड़फोड़ करने पर उतारू हो गए। उस समय मुख्य सचिव पुरुलिया में ही थे। उन्होंने मुझे घटनास्थल पर जाने के लिए कहा। मैं जैसे ही घटनास्थल के पास पहुँचा, हिंसक भीड़ पर जिलाधीश तथा पुलिस अधीक्षक द्वारा आदेशित लाठीचार्ज के कारण भीड़ पीछे लौट रही थी। मैं भीड़ के बीच में फँस गया। भीड़ में कुछ लोग मुझ पर आक्रमण करने के लिए भीड़ को उकसा रहे थे। मैंने पास में खड़ी कैदियों की गाड़ी देखी और मैं उसमें बैठ गया तथा पुलिस कारवाई में पकड़े गए दंगाइयों के साथ बैठकर पुलिस लाइन आ गया। वे कैसे अपने साथियोंवाली गाड़ी पर आक्रमण करते। सभी को बड़ा आश्चर्य हुआ, पर शायद ईश्वर ही मुझ पर अत्यंत दयालु था कि मेरी जान

बच गई, अन्यथा पश्चिम बंगाल में हिंसक भीड़ को नियंत्रित करना दुस्साध्य कार्य है।

इसी प्रकार होली में जिले के एक छोटे कस्बे में हिंदू-मुसलमान दंगे की खबर आई, क्योंकि हिंदुओं ने किसी वृद्ध मुसलमान मौलवी की दाढ़ी रंगों से पोत दी थी। मैं और अतिरिक्त पुलिस अधीक्षक सेन गुप्ता, जो एक ईमानदार पुलिस अधिकारी थे, होली खेलने के बाद घटनास्थल पर गए। तंग बस्ती में मकानों से हमारे ऊपर पत्थरों की झड़ी लग गई। हमने अश्रु गैस छोड़ने का आदेश दिया, पर गैस लौटकर विपरीत दिशा में हवा होने के कारण हमारे पास आ रही थी। पुलिस दल पीछे से भाग गया। मैं और सेन गुप्ता अपने अंगरक्षकों द्वारा फायरिंग करते हुए वापस आ गए। हम बच गए। बस्ती के लोग भी डर गए। मकानों से पत्थर शांत हो गए। बाकी काम रात्रि में विशाल पुलिस दल ने सभी घरों की तलाशी लेकर पूरा किया तथा दंगाइयों को गिरफ्तार करके परिस्थिति पर नियंत्रण किया।

इसी प्रकार एक बार मैं रात्रि में एक बजे राज्यपाल के साथ पुरुलिया में रात्रि भोजन करके दूसरे दिन मुख्यमंत्री के साथ जिलाधीशों की बैठक के लिये कोलकाता जा रहा था। रास्ते में डकैतों ने रास्ते पर अवरोध खड़ा कर रखा था। मेरे साथ जिलाधीश की पत्नी एवं उनका कुत्ता भी था। डकैतों ने हमारी कार पर बम मारे, पर मैंने अंगरक्षक को फायरिंग करने का तीव्र आवाज में आदेश दिया। डकैत डर गए कि शायद काफी पुलिस दल है, जबकि मैं अकेला था। डकैत भाग गए और हम भी पीछे की ओर लौटकर थाने पहुँचे और वहाँ प्राथमिकी दर्ज कराई। जब तक डकैत पलायन कर चुके थे। इस घटना को अगले दिन मैंने मुख्यमंत्री की बैठक में उठाया। जिला के पुलिस अधीक्षक ने मामले में अनेक लीपापोती करने का प्रयास किया, पर वे असफल रहे और उनका कुछ दिनों में बाँकुड़ा जिले से दंडस्वरूप स्थानांतरण हो गया।

पुरुलिया में तैनात रहते हुए हमने रियासती दरों पर चक्रीय ट्रेन टिकट करवाकर दो-तीन बार में पूरे देश में परिवार सहित भ्रमण किया। अधिकांश स्थानों पर सरकारी अतिथि गृहों में जगह मिल जाती थी। माँजी को भी चारों तीर्थों की यात्राएँ करवा दीं।

अब पुरुलिया में मुझे साढ़े तीन वर्ष हो चुके थे। लोग मुझे दादा और भाईसाहब कहने लगे थे। परिचित स्थान में साहिबी करना कठिन होता है। मैंने पुरुलिया से अपना स्थानांतरण करवाना उचित समझा, ताकि और कुछ नया सीखा जाए। मेरा स्थानांतरण मुख्य कार्यकारी अधिकारी, हल्दिया विकास प्राधिकरण में हो गया, जो एक महत्त्वपूर्ण नियुक्ति थी।

□

हल्दिया विकास प्राधिकरण के अध्यक्ष से अनबन

हल्दिया विकास प्राधिकरण में नए तरह का काम था। हल्दिया बंदरगाह को कोलकाता बंदरगाह की जगह विकसित किया जा रहा था, क्योंकि बड़े जहाज कोलकाता बंदरगाह में पानी की गहराई कम होने के कारण कोलकाता बंदरगाह तक नहीं पहुँच पाते थे। साथ-साथ हल्दिया में हल्दिया पेट्रोकेमिकल कारखाना, तेल शोधक कारखाना, रसायनिक उर्वरक कारखाना, साबुन निर्माण इकाई आदि बड़े-बड़े उद्योग आ रहे थे, ताकि कोलकाता के बाद हल्दिया पश्चिम बंगाल में सबसे बड़ा औद्योगिक केंद्र बने। हल्दिया विकास प्राधिकरण से हमें संपूर्ण औद्योगिक क्षेत्र के लिए जमीन अधिग्रहण करके देनी थी। जमीन मेरा पीछा नहीं छोड़ रही थी। इसके लिए हमारे कार्यालय में ही कलेक्टर, मेदनीपुर की ओर से एक इकाई थी। मुझे खुशी हुई कि मेरी जमीन संबंधी विशेषज्ञता यहाँ भी काम आएगी। हल्दिया का फ्लैट भी करीब 4000 वर्ग फीट था और उसमें समुद्र की हवाएँ इतनी तेज गति से आती थीं कि सभी खिड़कियाँ-दरवाजे हिलने लगते थे। हमारे लिए समुद्र के किनारे आवास का यह प्रथम अनुभव था। नदियों के किनारे तो बंगाल में बड़े अधिकारियों के बँगले स्थित हैं, विशेषत: अंग्रेजों के पुराने बँगले।

हमारा कार्य था कि उद्योगों के लिए सभी सुविधाएँ जैसे क्लब, आवासीय कॉलोनियाँ, सड़कें आदि इंफ्रास्ट्रक्चर तैयार करना। हल्दिया में क्लब था, बैडमिंटन था तथा जहाजों पर भोजन का आयोजन होता था। मैं खुश था, पर हल्दिया विकास प्राधिकरण के कार्यालय का परिवेश ठीक नहीं था। हल्दिया में जो हमारा द्वितीय अधिकारी था, वह दो पत्नियाँ रखता था तथा हल्दिया विकास प्राधिकरण में स्वयं को मुख्य कार्यकारी अधिकारी समझता था। वह आस्तीन का साँप था। इसके लिए वह हमारे उच्च अधिकारियों एवं अध्यक्ष को सँभाले रखता था तथा नीचेवालों के साथ मिलकर अपना भ्रष्टाचार का तंत्र चलाता रहता था। दुर्भाग्य से हल्दिया विकास

प्राधिकरण का अध्यक्ष सेवानिवृत्त महानिदेशक, राज्य पुलिस को बना दिया, जो हमारे विभाग तथा वित्त मंत्री श्री मित्र के भतीजे थे। वे सेवानिवृत्ति के बाद भी पुलिस अधिकारी की मानसिकता से नहीं उबर सके। वे अपने अनुसार सभी काम करवाना चाहते थे, पर किसी पर हस्ताक्षर नहीं करना चाहते थे। उन्हें हुगली के इस ओर हमारा द्वितीय अधिकारी लेने जाता था, ताकि वे अपनी गाड़ी उसी पार छोड़ सकें एवं उनके हल्दिया प्रवास के दौरान उनका परिवार निर्बाध रूप से कार का उपयोग कर सके, पर वे इसको न्यायसंगत ठहराते थे कि इस रास्ते से आने में समय कम लगता था। उनके विशेष इशारे पर मैं एक दिन उनको लेने गया। उन्होंने उतरते ही अपना कार्यालय का ब्रीफकेस मुझे पकड़ाना चाहा। मैंने चपरासी को पकड़ने के लिए कहा। रास्ते भर वे हमारे द्वारा बनाई हुई आवासीय कॉलोनियों की आलोचना करते रहे। उनका सुझाव था—"आप लोगों को सुनिश्चित करना चाहिए कि हमारे बनाए गए घरों में चोर न घुस सके।"

फिर उन्होंने मुझे कोलकाता में उनकी कार के ढेर सारे बिल तथा घर पर खरीदे समाचार-पत्र-पत्रिकाओं के बिना हस्ताक्षर किए बिल पकड़ा दिए। मैंने कहा—"सर, इन्हें मुझे अग्रसारित कर दीजिए।" "तुम खद्दर को दे देना, वह व्यवस्था कर देगा।" उन्होंने कहा। मैं समझ गया कि अध्यक्ष महोदय के साथ मेरी पटरी नहीं बैठेगी। मैंने आई.ए.एस. परीक्षा गुलामी करने के लिए पास नहीं की थी।

मेरे अधीनस्थ खद्दर ने अध्यक्ष के बिल मेरे अनुमोदन के लिए रखे। मैंने न चाहते हुए भी उन्हें अनुमोदित कर दिया, पर टिप्पणी की कि उन बिलों के भुगतान होने के पश्चात् उन्हें अध्यक्ष के संज्ञान में लाया जाए। फिर न तो खद्दर का साहस हुआ उनके पास फाइल दिखाने का, पर वह मेरी टिप्पणी दिखाकर चुगली करने लगा तथा अध्यक्ष का प्रिय पात्र बन गया। विभागीय मंत्री श्री मित्र एक अंतरराष्ट्रीय ख्याति के वामपंथी विचारधारा के अर्थशास्त्री थे, पर वे तानाशाही मानसिकता के व्यक्ति थे। अध्यक्ष महोदय उनसे मिलते रहते तथा उनके आदेशों को मौखिक रूप से मुझसे कार्यान्वित करने के लिए कहते, जिनमें कुछ उनके चहेते ठेकेदार, आपूर्तिकर्ता तथा कुछ व्यक्तियों को विकास प्राधिकरण के आवासों के आवंटन के लिए संस्तुतियाँ थीं। मैं एक असहज स्थिति का अनुभव कर रहा था। विकट समस्या तब खड़ी हुई, जब अध्यक्ष मित्र ने हल्दिया भवन में अपने खाने-पीने का बिल देने से मना कर दिया। खद्दर तथा खजांची मिलकर उनकी जरूरतों को पूरा करते थे। फलत: खजांची, जो मकानों का किराया आता था, वह धीरे-धीरे हड़प करने लगा। जैसे ही मैं उस पर सख्ती करता, वह अध्यक्ष के पास चला जाता। बाद में खजांची गबन में पकड़ा गया, नौकरी से बरखास्त हुआ और जेल गया।

इसी बीच भूमि और भूमि-सुधार विभाग के राज्यमंत्री हल्दिया आए और बोले—"अग्रवाल, तुम हमारे अपने आदमी हो। चलो जिले में गरीब किसानों के लिए काज

करो। इस सूट-बूट तथा भोज संस्कृति के लिए तुम नहीं हो।"

मैंने उनसे अपने स्थानांतरण के लिए 'हाँ' कर दी, क्योंकि मुझे अपनी वार्षिक चरित्र-पंजिका खतरे में दिखाई दे रही थी। हुआ भी यही। पर मेरे दक्षिण भारतीय विभागीय प्रधान सचिव बड़े ईमानदार एवं स्पष्टवादी व्यक्ति थे। वे सत्य के कटु समर्थक थे। वे मेरे पीछे मंत्री से लड़ने के लिए तैयार हो गए, पर मैंने उनसे अनुरोध किया—"सर, आई.ए.एस. के प्रारंभिक वर्षों में यदि बिना किसी विवाद के निकला जाए तो उत्तम होगा।"

वे भी मुझसे सहमत हो गए और मेरा स्थानांतरण जिले में होना निश्चित हो गया। बच्चों का स्कूल बदलने पर उन पर जो भार आएगा, वह हमें सहन नहीं होगा। पर अन्य कोई विकल्प नहीं था। मुझे यह जानकर आश्चर्य हुआ कि मेरा दूर से स्वतंत्र रूप से मूल्यांकन करनेवाला हल्दिया का माफिया एवं सत्ता दल का एकमात्र नेता मेरे पक्ष में सदा खड़ा था एवं वह अध्यक्ष से भी दो-दो हाथ करने को तैयार था, पर मैंने इस दलदल से कायरों की भाँति निकलना उचित समझा। आई.ए.एस. लॉबी मेरे पक्ष में दृढ़ता से खड़ी थी। मेरी वार्षिक चरित्र-पंजिका खराब होने से बच गई। अध्यक्ष की सभी टिप्पणियाँ प्रधान सचिव ने अपने स्तर पर खारिज कर दीं। उन्हें मंत्री तक जाने ही नहीं दिया।

□

अतिरिक्त जिलाधिकारी का दूसरा कार्यकाल

मेरी मुर्शिदाबाद जिले में अतिरिक्त जिलाधिकारी (भूमि-सुधार) के पद पर नियुक्ति हो गई। मैंने राहत की साँस ली। यद्यपि बहरामपुर जिला मुख्यालय में पुलिस लाइन से सटा हुआ ए.डी.एम. का बँगला कोई खास नहीं था, पर मुर्शिदाबाद के जिलाधिकारी पी.के. भट्टाचार्य आई.ए.एस. लाल बहादुर शास्त्री राष्ट्रीय प्रशासनिक अकादमी में वरिष्ठ उपनिदेशक थे तथा वे सिद्धांतप्रिय व्यक्ति थे। वे निष्पक्ष रूप से काम करते थे तथा स्थानीय नेताओं यहाँ तक कि मंत्रियों के गलत आदेशों पर ध्यान नहीं देते थे। वह स्वयं होम्योपैथिक डॉक्टर थे तथा जनता को नि:शुल्क दवा देते थे। उनकी पत्नी राज्य की स्वास्थ्य सेवा में डॉक्टर थीं। मेरे छोटे लड़के सागर का ज्वर जाता नहीं था। शायद एक बार रात्रि में कोलकाता से हल्दिया जाते समय रास्ते में एक उलटे पैरों चलती बूढ़ी औरत को देखकर वह डर गया था, जैसे वह प्रेतनी हो। श्रीमती भट्टाचार्य उसे देखने नियमित आती थीं। अंत में कुछ झाड़-फूँक करके वह स्वस्थ हुआ।

अत: हमारे प्रारंभिक दिन बहरामपुर में अच्छे नहीं रहे। लड़के के ठीक होने पर मेरे पुरुलिया की भाँति भूमि-सुधार कार्यक्रम ने जोर पकड़ लिया। जिलाधिकारी की ओर से मुझे पूरी स्वायत्तता थी। मैं सुबह निकल जाता तथा जमीन वितरण करके शाम को घर लौटता था। उस समय प्राय: पचास लाख की मुसलमान बाहुल्य जनसंख्या वाले जिले में काम की अनेक संभावना थी। मैं जब जमीन वितरण शिविर में जाता तो देखता कि बुरके से अनेक मुसलमान महिलाएँ मुझे आशीर्वाद देतीं और कहतीं—"मेरी 20 वर्षों से चली आ रही समस्या हल हो गई।" यही मेरी उपलब्धि थी।

मीरजाफर की कहानी

मुर्शिदाबाद के महल में भारत का इतिहास अंकित था। अभी भी मुर्शिदाबाद महल में ऐसे दुर्लभ और सुंदर चित्र टँगे हैं, जो चलते हुए दर्शक की ओर देखते रहते हैं। इसी महल में षड्यंत्रों के कारण मुर्शिदाबाद नवाबी सल्तनत का योग्य एवं पुराना सेनापति

मीरजाफर नवाब के विरुद्ध हो गया और नवाब की पलासी के युद्ध में पराजय के पश्चात् भारत में अंग्रेज शासन की नींव पड़ी। लोग मीरजाफर को नमक हराम कहते हैं। जयचंद को भी कहते हैं। पर मैं उन कारणों की खोज करना चाहता था, जिस कारण मीरजाफर भारत के इतिहास का एक घृणित पात्र बना, ताकि भारत में और मीरजाफर न उत्पन्न हों।

मैं सिराजुद्दौला तथा मीरजाफर के वंशजों के साथ बैठता तथा उनके पक्षों को ध्यानपूर्वक एवं धैर्यपूर्वक सुनता। उन्हें केवल बीस-तीस रुपए पेंशन मिलती थी और वे मुफलिसी का जीवन व्यतीत कर रहे थे। मैं नवाबी शासन, प्लासी युद्ध एवं मीरजाफर के विषय में अंग्रेजी, हिंदी तथा बांग्ला भाषा में उपलब्ध सामग्री का अध्ययन करता, ताकि उनके वंशजों से उन तथ्यों पर आगे बातचीत की जा सके।

सिराजुद्दौला के वंशजों का किले पर वैधिक अधिकार था, जबकि मीरजाफर के वंशज मीरजाफर के व्यक्तिगत निवास तक ही सीमित थे, जिसे स्थानीय लोग 'नमकहराम ड्योढ़ी' कहते थे। मीरजाफर के वंशज मीरजाफर की गद्दारी के तीन बड़े कारण बताते थे—प्रथम, सिराजुद्दौला ने मीरजाफर को सेनापति के पद से हटा दिया तथा उसकी दाढ़ी काटने के आदेश पर मीरजाफर की दाढ़ी पर कैंची फेर दी गई।

दूसरे, कोषाध्यक्ष जगत् सेठ की बहू को उसके विवाह के दूसरे दिन सिराजुद्दौला ने अपने महल में बुलाया और प्रधानमंत्री रायदुर्लभ के स्थान पर मोहनलाल को प्रधानमंत्री नियुक्त किया। ये नवाबी शासन की तीनों प्रमुख हस्तियाँ युवा एवं मनचले नवाब सिराजुद्दौला के विरोध हो गईं और उन्होंने षड्यंत्र करके मीरजाफर को आगे किया तथा सिराजुद्दौला से प्रतिकार लेने की प्रतिज्ञा की। फिर भी पलासी के युद्ध में मीरजाफर सिराजुद्दौला के विरुद्ध नहीं लड़ा। वह निष्क्रिय रहा। यह तो सिराजुद्दौला की कायरता थी कि उसका हाथी कीचड़ में फँस जाने के कारण वह पलासी की रणभूमि से भागकर मुर्शीदाबाद आ गया, जबकि उस समय क्लाइव के पास केवल दो सौ पचास सैनिक बचे थे, जबकि नवाबी सेना में हजारों सैनिक थे। यदि क्लाइव की बची-खुची सेना पर दर्शकगण ही पत्थर फेंकते तो अंग्रेजों का अंत हो जाता।

इस शोध एवं साक्षात्कार के आधार पर मैं उस निर्णय पर पहुँचा कि हमारा समाज एवं देश अनावश्यक रूप से भी मीरजाफर को दोषी मानता था। दोषी हैं उस युग की सामंतवादी परंपराएँ और तानाशाही सोच। हम मीरजाफर के प्रकरण से सबक लें तथा उन सभी दुर्गुणों से शासन तंत्र या प्रबंधन को दूर रखें, ताकि भागीरथी गंगा को हमारे ऊपर फिर से आँसू न बहाना पड़े। गंगा के किनारे खड़ा नवाबी महल आज भी उन भूलों का साक्षी है, जिसके कारण भारत अंग्रेजों का गुलाम बना। हम उन भूलों को दोबारा नहीं दोहराना चाहते हैं।

मुर्शिदाबाद से पदोन्नति

मुर्शिदाबाद जिले के जिलाधिकारी सिद्धांतप्रिय अधिकारी थे। उन्होंने एक अतिक्रमण करनेवाली मसजिद को ढहा दिया। राज्य सरकार ने उनका स्थानांतरण राज्य सचिवालय में कर दिया। उनके स्थान पर पास के जिले से सरकार के प्रिय पात्र जिलाधिकारी आए। उनके साथ भी मेरे मधुर संबंध हो गए। नए जिलाधिकारी तथा उनकी पत्नी को बैडमिंटन खेलने का शौक था। मैं अच्छा बैडमिंटन खेलता था। अतः प्रतिदिन कार्यालय के पश्चात् डी.एम. का फोन आ जाता—"अग्रवाल, क्या कर रहे हो? तुरंत खेलने आओ।" बॉस के आदेश का उल्लंघन करना मेरे लिए कठिन था। मेरी पत्नी को यह नहीं सुहाता, क्योंकि डी.एम. से अच्छा बैडमिंटन उनकी पत्नी खेलती थीं तथा मुझे आमंत्रण डी.एम. के द्वारा उनकी पत्नी का आता था। कभी-कभी मैं अंग्रेजों के क्लब में बिलियर्ड्स खेलने जाता, पर रास्ते में कुछ बदचलन औरतें परेशान करतीं। अब मुझे वहाँ जाना बंद करना पड़ा। सबसे खराब बरहमपुर में यह था कि बीच-बीच में शायद दो गुटों में परस्पर संघर्ष होता। धमाके सुनने को मिलते। सेवानिवृत्ति के पश्चात् एक गुट का सरदार लोकसभा में विपक्षी दल का नेता देखकर मुझे बड़ा आश्चर्य हुआ। क्या भारत की राजनीति शनैः-शनैः माफियाओं की गिरफ्त में चली जाएगी? मुझे एक दिन सुखद आश्चर्य हुआ, जब भूमि एवं भूमि-सुधार विभाग के माननीय राज्यमंत्री ने मेरे दरवाजे पर दस्तक दी। पूरा भूमि-सुधार विभाग मुझे प्यार करता था। भूमि और भूमि-सुधार के मंत्री ने ही मेरा एक वर्ष बाद मुझे जिलाधिकारी कूचबिहार के पद पर प्रोन्नति कराकर कूचबिहार स्थानांतरण करवा दिया।

कूचबिहार जाने से पूर्व एक दुर्घटना घटी। प्रधानमंत्री इंदिरा गांधी के पुत्र राजीव गांधी मुर्शिदाबाद जिले में कार्यक्रम कर रहे थे। वह आग्रह करके सर्किट हाउस के उस विशाल कक्ष में ठहरे, जिसमें भूत-प्रेत रहते थे। मैं उनके साथ था, क्योंकि प्रोटोकॉल में जिलाधिकारी नहीं रह सकता था। दूसरे दिन दुःख भरा समाचार मिला कि इंदिरा गांधी की हत्या कर दी गई तथा उन्हें तुरंत दिल्ली तलब किया गया। हमने उनके दिल्ली जाने की आनन-फानन में व्यवस्था की। राष्ट्रपति जैल सिंह ने उन्हें अपने विवेक पर तुरंत प्रधानमंत्री नियुक्त कर दिया।

इंदिरा गांधी की उनके सिख अंगरक्षकों द्वारा हत्या करने के पश्चात् सारे देश में हिंसक प्रतिक्रिया हुई। दिल्ली में सबसे अधिक। जिला मुर्शिदाबाद के जंगीपुर महकमा का परगनाधिकारी एक सिख आई.ए.एस. अधिकारी था। मैं दो-तीन दिन जाकर उनके साथ ही जंगीपुर में रहा। कुछ दिनों पश्चात् जिलाधिकारी का कार्यभार ग्रहण करने के लिए सरकार का आदेश-पत्र आ गया।

□

जिलाधिकारी पद पर स्वर्णिम अवसर

भारत में आई.ए.एस. अधिकारी को डी.एम. के समानार्थी समझते हैं, पर सभी आई.ए.एस. अधिकारी डी.एम. नहीं बनते। कुछ अपवाद भी होते हैं। मैं सदैव जनमानस की सोच में विश्वास रखता हूँ तथा गांधीजी के अनुसार जनता की आवाज को ईश्वर की आवाज मानता हूँ। अत: मैं खुश था कि मैं जिलाधिकारी के पद को ग्रहण करने जा रहा था, पर जैसे ही मैं कूचबिहार पहुँचा, मुझे बताया गया कि तत्कालीन दक्षिण भारतीय जिलाधिकारी तुरंत ही जिलाधिकारी का पदभार मुझे नहीं सौंपेंगे। उनके साथ दक्षिण भारतीय आई.ए.एस. अधिकारी लामबंद हो गए। मैं अकेला था—एकला चलो रे। वे कूचबिहार के जिलाधिकारी पद पर रहने का भरसक प्रयास कर रहे हैं। मुझसे कहा गया कि मैं कुछ दिनों के लिए पास में दार्जिलिंग जाकर वहाँ विश्राम करूँ।

मैंने इसे प्रतिष्ठा का विषय नहीं बनाया और मैं सपरिवार दार्जिलिंग पर्वतीय स्थल के लिए रवाना हुआ। सरकारी खर्चे पर दार्जिलिंग में रहना बार-बार नहीं होगा।

एक सप्ताह में ही उस अधिकारी को तुरंत कोलकाता सचिवालय में खराब पद पर तलब किया गया और मैंने जिलाधिकारी कूचबिहार का प्रभार ग्रहण कर लिया। बाद में इसी बिंदु को लेकर राज्य सरकार उस अधिकारी से इतनी नाराज रही कि उसे बाद में कोई अच्छा पद नहीं दिया और वह अधिकारी मनोवैज्ञानिक, पारिवारिक एवं प्रशासनिक रूप से बहिष्कृत हो गया। मैं उसके लिए इतने कठोर दंड की आशा नहीं करता था। मैं तो इसी कारण दार्जिलिंग की सरकारी सैर कर आया, जो हम जैसे कर्मशील अधिकारियों की कुंडली में नहीं लिखी है। पश्चिम बंगाल में ऐसे आचरण को कोई पसंद नहीं करता। ईश्वर जो करता है, वह अच्छा ही करता है।

करीब चालीस लाख जनसंख्या तथा पाँच सबडिवीजन वाले कूचबिहार जिले की सीमा आसाम के धुबड़ी जिले से लगती थी तथा प्राय: 550 किलोमीटर सीमा बांगलादेश के साथ है, जिसमें से 300 किलोमीटर पर तार लगे हैं। अत: यहाँ अंतरराष्ट्रीय सीमा संबंधी मुख्य समस्या थी तथा जिले में सीमा सुरक्षा दल (बी.एस.एफ.) का जाल बिछा

हुआ था। जिले में जिलाधिकारी को कूचबिहार के राजा का उत्तराधिकारी माना जाता था तथा महाराजा कूचबिहार के स्थान पर जिलाधिकारी ही कूचबिहार के मुख्य मंदिर मदनमोहन बाड़ी के मुख्य कर्ताधर्ता हैं।

इसके साथ-साथ कूचबिहार जिले में कई मंदिरों तथा बनारस एवं वृंदावन में कूचबिहार बाड़ी का प्रबंध जिलाधिकारी के पास है, जो जिलाधिकारी प्राय: 250 पुजारी, सहायकों एवं सुरक्षाकर्मियों के माध्यम से चलाते हैं। कूचबिहार जिला शासक के पास एक पालतू हाथी भी था, जो माथाभांगा परगना में बँधा रहता था, ताकि उस बाढ़ प्रवण क्षेत्र में हाथी पर सामग्री चढ़ाकर प्रभावित लोगों तक जिला प्रशासन पहुँच सके। वह हाथी डी.एम. की कोठी को अच्छी तरह पहचानता था एवं डी.एम. बँगले में आने पर मेरे दोनों बच्चों को बड़े प्रेम से अपनी सूँड़ के सहारे उठाकर अपने ऊपर बैठाता था। जिलाधिकारी का बँगला भी राजा के महामंत्री की दो मंजिला कोठी थी, जो लगभग पाँच एकड़ में फैली हुई थी।

डी.एम. बँगले में सभी सुविधाएँ थीं। पुराना फर्नीचर, पलंग, सुसज्जित चार स्नानघर तथा छह विशाल कमरे। सामने आधा बीघा में लॉन तथा सभी प्रकार के फूल-पत्तियों के पेड़ एवं सुंदर लताएँ। प्राय: 200 अनन्नास के पेड़, 7-8 सुपारी, 4-5 लीची तथा आम और काली मिर्च तथा तेजपत्ता के पेड़। पर डी.एम. बँगले की तलहटी में कई बड़े-बड़े सर्पों का निवास था। वह भी बँगले के पालतू जानवर हो गए थे तथा डी.एम. के प्रति उनकी स्वामिभक्ति थी। हाँ, कभी-कभी वे बँगले के नीचे बाथरूम में चले आते थे, पर आहट होने पर चले जाते थे। दो-तीन खेतों में धान, गेहूँ आदि की खेती होती थी, जिसके लिए मैंने एक बटाईदार लगा दिया था, ताकि उसी को लेकर मेरी ईमानदारी पर आक्षेप हो। उद्यान में रखरखाव के लिए चार नियमित माली थे।

डी.एम. बँगला कार्यालय ही डी.एम. का मुख्य कार्यालय था, जिसमें डी.एम. का गोपनीय सहायक, उसके तीन-चार सहायक लिपिक, चार चपरासी, दो ड्राइवर, एक कार, एक जीप तथा दो अंगरक्षक रहते थे। बँगला कार्यालय में ही जिले का सतर्कता विभाग था, जिसमें डी.एस.पी. तथा एक इंस्पेक्टर बैठता था। ड्राइवर और अंगरक्षक अपने परिवारों के साथ डी.एम. बँगले में स्थित कमरों में रहते थे। जिला पुलिस की ओर से बँगले में चौबीस घंटे सुरक्षा गार्ड तैनात रहता था। अत: मेरे निवास पर सदैव हलचल रहती थी, जो मेरे बच्चों और माँ को बहुत अच्छी लगती थी। बच्चों को तो बँगले का पूरा स्टाफ प्यार करता था तथा उनकी देखभाल करता था। माँ भी जिलाधिकारी आवास की पुरानी बूढ़ी निजी घरेलू नौकरानी के साथ गपशप करती रहती थी तथा माँ उसे अपना तंबाकू, पान, सुपारी खिलाती रहती थीं। इस पर मेरी पत्नी चिढ़ती थी, पर वह मजबूर थी। हम नहीं समझ पाते कि माँ कैसे उससे बात करती थीं, क्योंकि वे एक-दूसरे की भाषा

नहीं समझती थीं, पर हृदय की भाषा को पढ़ने के लिए किसी भाषा की आवश्यकता नहीं होती है।

जिलाधिकारी जिले में करीब पचास समितियों का अध्यक्ष होता है। इसके अतिरिक्त वह परंपरागत रूप से राजस्व विकास एवं कानून-व्यवस्था का भार जिले में उसके ऊपर होता है। जिलाधिकारी सारांश रूप में राज्य सरकार की आँख, कान और मुख है। वह सरकार की ओर से जिले में सभी घटनाओं का साक्षी है। सभी की शिकायतें और आवेदन सुनने के कारण सरकार का कान है और सरकार के आदेश जनता तक पहुँचाने के कारण वह राज्य सरकार का मुख है। फिर प्रत्येक जिले में कुछ महत्त्वपूर्ण गैर-राजनीतिक व्यक्ति होते हैं, जो जिलाधिकारी के साथ सहयोग करते हैं। मैं ऐसे व्यक्तियों को अपने साथ करना चाहता था, ताकि मैं राजनीतिक लोगों के चक्र से बाहर आकर जनता के खुले आकाश में विचरण कर सकूँ। उनकी समस्याएँ स्वयं सुनकर उनकी समस्याओं का समाधान कर सकूँ। मैं सत्ता दल का ही जिलाधिकारी न बनूँ, बल्कि जिले की समस्त जनता का जिलाधिकारी स्वयं को सिद्ध कर सकूँ।

स्थानीय मंत्री से विवाद

शुरू में मेरे सामने एक फाइल पेश की गई, जिसमें जनता से कुछ व्यक्तियों को रवींद्र भवन सांस्कृतिक केंद्र की समिति में नामांकित करना था। मैंने अपने संबंधित बड़े बाबू की सलाह पर खेलकूदों के महत्त्वपूर्ण स्थानीय व्यक्ति एवं एक अन्य रंगमंच के ख्याति प्राप्त व्यक्ति को नामांकित कर दिया। यह समाचार जिले के भार प्राप्त मंत्री तक पहुँचा। वे मन-ही-मन क्षुब्ध हुए, क्योंकि मेरे पूर्व इस प्रकार के अधिकांश महत्त्वपूर्ण निर्णयों में जिलाधिकारी उनकी सलाह अनौपचारिक रूप से ले लिया करते थे। यह नौकरी के प्रथम दिन से ही मेरी विचारधारा के विपरीत था, पर मंत्री महोदय वामदल सरकार के एक सहयोगी दल फारवर्ड ब्लॉक के प्रमुख नेता थे। वे कूचबिहार जिले की एक सीट पर निरंतर चुनाव जीतते चले आ रहे थे, इसलिए उनका अहं सातवें आसमान पर था।

मंत्री के साथ मेरी प्रथम भेंट विकास संबंधी निगरानी समिति की बैठक में हुई, जिसमें जिले के सभी खंड विकास अधिकारी, खंड राजस्व अधिकारी, परगनाधिकारी एवं जिला स्तर के बीस अधिकारी उपस्थित थे। किसी छोटी सी बात पर मंत्री के तेवर ऊँचे हो गए। उन्होंने कहा—"डी.एम. साहब, आप लोग बँगले में रहते हैं। आप जनता का दुःख-दर्द क्या जानें?"

मैंने उत्तर दिया—"श्रीमान्, यह ठीक है कि आपको स्थानीय क्षेत्र की समस्याओं का अधिक ज्ञान है, पर अभी तक देश में जो विकास नौकरशाही के माध्यम से हुआ है,

वह भी बहुत खराब नहीं हुआ।" उस पर मंत्री भड़क उठे। मैंने कहा—"यदि आप हमारी बात नहीं सुनना चाहते हैं तो मैं इस मीटिंग में नहीं बैठ सकता।"

यह कहकर मैंने मंत्री की सभा का बहिष्कार कर दिया तथा मेरे साथ सभी अधिकारी भी उठकर चले गए। मंत्री ने तुरंत मुख्य सचिव को मेरी शिकायत की, पर मुख्य सचिव का फोन आने से पहले मैं एक पंचायत प्रधान को घेराव से मुक्त करने के लिए पुलिस अधीक्षक के साथ चला गया। मैं मुख्य सचिव से तर्क-वितर्क से बच गया। मुख्यमंत्री ज्योति बसु ने भी मंत्री को सलाह दी—"अग्रवाल नया डी.एम. है। हम कैसे उसका तुरंत स्थानांतरण कर सकते हैं। फिर सभी आई.ए.एस. अधिकारी एक जैसे होते हैं, जैसे बोतल में कोई भी द्रव बोतल का स्वरूप ग्रहण कर लेता है। मैं कूचबिहार के लिए कहाँ से भिन्न आई.ए.एस. अधिकारी लाऊँ?"

मेरी जीत हुई और मंत्री की हार। मुझे हार-जीत से कोई मतलब नहीं था। उसके बाद मैं निश्चिंत हो गया कि मैं अपनी पूर्ण क्षमता तथा ऊर्जा से जिले में विकास कार्यक्रम को लागू कर सकूँगा। इस विवाद के कारण मेरी जिले में ख्याति फैल गई। मुझे सुखद आश्चर्य तब हुआ, जब स्वयं मंत्री महोदय एक रविवार के दिन मेरे आवासीय कार्यालय में पधारे। वैसे मैं आवासीय कार्यालय में मिलना पसंद नहीं करता था। मेरे दो मंजिला कार्यालय के सामने सुंदर सागरदिघी तालाब था, जो लोगों के आकर्षण का केंद्र था। मैं उसे निरंतर निहारकर बहुत कठोर निर्णय लेता रहता था तथा अपने मन की शांति भी कायम रखता था।

भ्रष्टाचार एवं अक्षमता पर प्रहार

सारे प्रशासन तंत्र में भ्रष्टाचार इतना रच-बस गया है कि उससे लड़ना अपनी ऊर्जा को नष्ट करना है। मैं काम की रफ्तार में विश्वास करता था, जिससे भ्रष्टाचार स्वयं पीछे छूट जाएगा। पर कहीं-कहीं जन शिकायतों पर कारवाई आवश्यक हो जाती है। ऐसा ही एक हादसा मेरे जिलाधिकारी कार्यकाल में हुआ। तिनू बाबू विकास कार्यालय के बड़े बाबू थे। वे बहुत योग्यता से त्वरित कार्य करते थे। फलतः वह मेरे विश्वासपात्र कर्मचारी थे। एक शिकायत आई कि रवींद्र भवन के संचालन की आमदनी का एक अंश तिनू बाबू ने डकार लिया है। मैं जब भी कार से उतरकर कार्यालय की सीढ़ी चढ़ता, तब तिनू बाबू को बुलाकर कहता है कि रवींद्र भवन का हिसाब-किताब मुझे दिखा दो। पर इस आदेश का तिनू बाबू पर कोई असर नहीं दिखता। वे अपनी समृद्ध भद्रलोक जीवन-शैली में मस्त रहते। सफेद धोती एवं सफेद कुरता तथा मुँह में सब समय पान दबा रहता। वे प्रतिदिन रिक्शा से घर जाते एवं बाहर घूमने जाते। उनकी जीवन-शैली सहकर्मियों को चुभने लगी। कर्मचारी संघ ने भी उनकी जाँच-पड़ताल के लिए मुझे ज्ञापन सौंपा। मैंने तुरंत ही विकास

विभाग के भार प्राप्त अधिकारी के द्वारा रवींद्र भवन संबंधित सभी कागजात मँगवा लिये। कागज-पत्रों का परीक्षण करने पर पाया गया कि पैसे के लेन-देन में काफी हेराफेरी है तथा मुझे तिनू बाबू के विरुद्ध पुलिस में प्राथमिकी दायर करनी ही होगी, क्योंकि तिनू बाबू किसी भी हालत में गबन की हुई धनराशि जमा करने की हालत में नहीं थे। रिश्वत का पैसा दिखावे पर अधिक खर्च हो जाता है। तिनू बाबू को यह भनक लगी। वे रवींद्र भवन के मंच पर जाकर गले में फंदा लगाकर लटक गए। संपूर्ण कूचबिहार में हड़कंप मच गया। उनकी मृत देह पोस्टमार्टम के लिए जिला अस्पताल में रखी थी। मैं भी गया। कर्मचारी संगठन मेरे समर्थन में सामने आया। मैंने उनके लड़के को सांत्वना दी और बाद में उसे सांत्वना कोटे से अपने कार्यालय में लिपिक के पद पर नियुक्त कर दिया।

ऐसी एक और दुर्घटना घटी। राज्य की सिविल सेवा (डब्ल्यू.बी.सी.एस.) के एक पहाड़ी अधिकारी आदिवासियों के कल्याण विभाग के विभागाध्यक्ष थे। वह मेरे आदेशों का पालन नहीं कर रहे थे तथा मेरे भेजे गए प्रकरणों पर यथेष्ट कारवाई नहीं करते थे। यह उनके अधिकारी संघ का भी निर्णय था। मैंने उनके विभाग का निरीक्षण किया तथा उन्हें अक्षम अधिकारी पाया। मैंने उन्हें एक कारण बताओ नोटिस भेजा। वे जब मेरा नोटिस पढ़ रहे थे, तभी उन्हें हृदयाघात हो गया और वे स्वर्ग सिधार गए। पर राज्य सिविल सेवा में उनकी मृत्यु के लिए मुझे दोष नहीं दिया गया, क्योंकि यह पाया गया कि अत्यधिक शराब सेवन के कारण उनके गुर्दे काम नहीं कर रहे थे तथा उनके अन्य अंग भी शर्करा बीमारी के कारण शिथिल हो रहे थे।

पर मुझे आत्मसंताप हुआ तथा मैंने मन-ही-मन यह निश्चय किया कि मैं तंत्र के खिलाफ लड़ाई में इतनी सीमा तक नहीं जाऊँगा कि अधिकारी या कर्मचारी को अपनी जान से हाथ धोना पड़े। मानव संवेदना का भी प्रशासन में एक स्थान हैं।

बँगलादेश की सीमा पर खिलवाड़

कूचबिहार जिला शायद देश का ऐसा जिला है, जिसकी अंतरराष्ट्रीय सीमा सर्वाधिक लंबी है। फलस्वरूप जिलाधिकारी को अंतरराष्ट्रीय सीमा पर होनेवाली गतिविधियों पर पैनी नजर रखनी पड़ती है, पर सभी कोशिशों के बावजूद बांगलादेश भारत सीमा पर चोरी-छिपे माल एवं मवेशियों का आना-जाना लगा रहता था। घोर अँधेरी रात में टॉर्च की रोशनी में यह खिलवाड़ चलता था तथा चोरी-चकारी करनेवाले एक-दूसरे के इशारे टॉर्च की रोशनी से समझ जाते थे तथा वस्तुओं का आदान-प्रदान करते थे। भारत से नमक, उर्वरक, दवाओं आदि की वस्तुएँ बांगलादेश जाती थीं, जबकि वहाँ से विदेशी कपड़े, शृंगार का साजो-सामान भारत में आता था। गायों को तो एकपक्षीय भारत की ओर से धकेल दिया जाता था, जिनमें अधिकांश बूढ़ी एवं दूध न देनेवाली गाएँ हुआ

करती थीं। यह सब कारोबार सीमा सुरक्षा बल की छत्रच्छाया में होता था। दीया तले अँधेरा। जब मैं पूछता तो मुझे उत्तर मिलता कि इन लोगों को दीनहाटा, कूचबिहार आदि जेलों में रखने की जगह नहीं है। पशुओं को रखने के लिए बाड़े नहीं हैं। फिर सीमा सुरक्षा बल ही स्थानीय पुलिस की शिकायतकर्ता और जिला पुलिस सीमा सुरक्षा बल की। मुख्य आरोप यह रहता कि अपराधी या तस्कर कूचबिहार जिले में ही रहते हैं तथा सीमा सुरक्षा बल उन्हें उनके घरों से गिरफ्तार नहीं कर सकती। बीच-बीच में सीमा सुरक्षा बल का अधिकार क्षेत्र विस्तृत भी किया जाता, फिर भी तस्करी का धंधा चलता रहता। मुझे कभी-कभी आश्चर्य होता, जब केंद्रीय गृहमंत्री दहाड़कर घोषणा करते कि उनका सीमा सुरक्षा बल उत्तम कार्य कर रहा है।

इस धंधे में कूचबिहार जिले के युवक से लेकर बूढ़े विशेषतः महिलाएँ लगी रहती हैं तथा कूचबिहार के बाजारों में विदेशी माल एवं उससे उपजी चमक-दमक दृष्टिगोचर होती। पर पुलिस यह सब नहीं देख पाती। पुलिस को यदि मोटा चश्मा भी पहना दिया जाए तो भी वह यह नहीं देखेगी। मन-मस्तिष्क की इच्छाशक्ति के बिना आँखें काम नहीं करतीं। कुछ भी हो, कूचबिहार का अंतरराष्ट्रीय सीमा प्रांत प्रकृति और फसल की दृष्टि से समृद्ध तथा मनोहर है। मैं सीमा सुरक्षा बल के क्लब में टेनिस खेलने जाता, क्योंकि वहाँ से कंचनजंघा पर्वत श्रृंखला स्पष्ट दृष्टिगोचर होती थी। धन्य है वह दृश्य, जिसका मुझे महीनों आनंद लेने का नौकरी में सुअवसर प्राप्त हुआ। मैं सीमा सुरक्षा बल से इसलिए भी संबंध रखता, क्योंकि कूचबिहार में भीषण हिंसा, आगजनी होने पर सीमा सुरक्षा बल ही मेरा एकमात्र संबल था। राज्य सचिवालय को बोलने पर अतिरिक्त पुलिस बल आने में काफी समय लगता था। पूर्व में एक बार हिंसक भीड़ ने जिलाधिकारी के कार्यालय परिसर में आग लगा दी थी। फिर मुझे एक स्थानीय पुलिस पर भरोसा नहीं था, क्योंकि एक बार पुरुलिया तथा एक बार कूचबिहार में भीड़ अत्यधिक हिंसक होने पर पुलिस पीछे से भाग खड़ी हुई थी। केवल मैं एवं अतिरिक्त पुलिस अधीक्षक एवं कूचबिहार में जिला पुलिस अधीक्षक ही भीड़ का सामना कर रहे थे।

मैं कम-से-कम सप्ताह में दो दिन जिले के दौरे पर रहता, क्योंकि कानून-व्यवस्था का वास्तविक हल विकास कार्यों का जमीनी स्तर पर क्रियान्वयन है। जनता का जिला प्रशासन में विश्वास जिलाधिकारी के जिला-भ्रमण से ही कायम होता है। मुझे बार-बार मेखलीगंज परगना के तीन बीघा स्थल पर जाना पड़ता था, क्योंकि केंद्रीय सरकार के अनुसार तीन बीघा या बाराबारी इन्क्लेव स्थित बँगलादेशियों को बांगलादेश जाने का रास्ता साफ करना पड़ता था, ताकि वे अपनी रोजमर्रा तथा इलाज संबंधी आवश्यकताओं को पूरा कर सकें। फिर स्थानीय लोग तीन बीघा को बांगलादेश को सौंपे जाने के विरोध में जन-आंदोलन कर रहे थे और वे हड़ताल, सड़क अवरोध या सरकारी कार्यालयों

के काम करने में अवरोध खड़ा करते थे। मेखलीगंज परगना जाने में ही दो से ढाई घंटे का समय लगता था तथा मेरा पूरा दिन उसी में लग जाता था, पर जाना ही पड़ता था, क्योंकि सीमा सुरक्षा बल जिलाधीश के अतिरिक्त किसी और को नहीं पहचानता था। आंदोलनकारियों का यह दावा था कि बँगलादेशियों के भारत में आने से कूचबिहार में अपराध बढ़ेंगे तथा वे भारत की स्वास्थ्य आदि सेवाओं का बेरोकटोक उपभोग कर रहे हैं। बाद में आंदोलन के नेता तृणमूल कांग्रेस में शामिल हो गए और मंत्री भी बन गए तथा प्राइमरी स्कूल में अपनी पुत्री को अनधिकृत रूप से शिक्षक नियुक्त करवाने में फँस गए। कुछ वर्षों बाद केंद्र सरकार के आदेश पर मेरे उत्तराधिकारी जिलाधिकारी ने सन् 1992 में 15 वर्ग किलोमीटर क्षेत्र के तीन बीघा गलियारे से बँगलादेशियों के लिए बांगलादेश जाने की बेरोकटोक व्यवस्था कर दी। यह कदम बांगलादेश और भारत के अच्छे संबंध बनाने में सहायक सिद्ध हुआ। अंत में नरेंद्र मोदी सरकार ने सन् 2015 में 100वें संविधान संशोधन के द्वारा आसाम, पश्चिम बंगाल, मेघालय और त्रिपुरा स्थित बांगलादेश के भारत में अंत: क्षेत्र अर्थात् छींट महल स्थानांतरित कर दिया एवं बांगलादेश ने 710 एकड़ के 51 बांगलादेश स्थित क्षेत्र (छींट महल) भारत को स्थानांतरित कर दिए। जो जनसंख्या बँगलादेश जाना चाहती थी, उन्हें सीमा सुरक्षा बल के संरक्षण में जाने दिया गया तथा भारत आने दिया। भाग्य से न कोई हिंसा हुई, न ही कानून-व्यवस्था की समस्या। इतना शांतिपूर्वक अंतरराष्ट्रीय सीमा पर जमीन तथा जनसंख्या का स्थानांतरण कम ही इतिहास में उल्लेखित है। एक बड़ी जनसंख्या को नागरिकता अधिकार मिला, जिसके पास किसी भी राज्य या देश की नागरिकता नहीं थी तथा उन्हें किसी भी देश से कोई भी नागरिक अधिकार या सुविधा प्राप्त नहीं थी। यह एक बहुत बड़ा मानव अधिकार का उल्लंघन था। भारत और पाकिस्तान विभाजन की त्रासदी के बाद भारत और बांगलादेश के जमीन सीमा समझौते ने दो देशों के परस्पर संबंधों में प्राय: 70 वर्ष बाद नए इतिहास की रचना की। मुझे खुशी है कि मैं इस प्रक्रिया का नींव निर्माता था।

बाघ का नगर में प्रवेश

एक दिन मैं नाश्ता करके उठा ही था कि वायरलेस पर खबर आई कि कूचबिहार नगर के एक मोहल्ले के मकानों के बीच एक बाघ (टाइगर) घुस आया है। वह जंगल में रास्ता भूलकर आबादीवाले क्षेत्र में आ गया था। इसके पूर्व कि वहाँ पर तमाशबीनों की विशाल भीड़ जमा हो, हमें वहाँ पर जाकर बाघ को पकड़ना होगा अथवा उसे मारना होगा।

पुलिस घटनास्थल पर पहुँच चुकी थी। मैंने जिला वनाधिकारी को घटनास्थल पर तुरंत पहुँचने के लिए निर्देश दिया। सर्वप्रथम पहुँचने पर मैंने देखा कि टाइगर एक मकान

की खिड़की के पास खड़ा है तथा दूसरी ओर दीवार से घिरा है। उसके भागने का एक ही रास्ता था, जिससे वह इस छोटी सी गली में घुस आया था। वह पुलिस ने अवरोध डालकर बंद कर दिया था कि वह भागकर लोगों पर आक्रमण न कर सके। मैं दूसरे मकान की छत पर तीन-चार बंदूकधारी पुलिसवालों के साथ चढ़ा। मेरे लिए यह खतरा था कि कहीं टाइगर नीचे से छलाँग लगाकर मेरे ऊपर आक्रमण न कर दे। पर जनता का विश्वास जीतने के लिए इतना खतरा मोल लेना उस परिस्थिति में आवश्यक था। मैं अब तक जिला और कूचबिहार नगर में लोकप्रिय हो चुका था। जनता आश्वस्त थी कि जिला अधिकारी घटना स्थल पर उपस्थित है तथा वह उचित काररवाई करेगा। मैंने जिला वनाधिकारी से दोबारा पूछा कि क्या वन विभाग पिंजरा लाकर टाइगर को पकड़ सकता है या यहीं घेरे रख सकता है? जिला वनाधिकारी का उत्तर सकारात्मक नहीं था। जिला वनाधिकारी ने अपने उच्चाधिकारियों के आदेशों के लिए संदेश भेजा। इस आधा घंटा में घटनास्थल पर प्रायः 1000 लोग एकत्र हो गए थे। परिस्थिति विषम थी। यदि टाइगर निकल कर भागा तो निश्चय ही वह 10-15 लोगों पर आक्रमण करके कुछ को मार देगा। पर अभी भी जिला वनाधिकारी कह रहे थे—"टाइगर अथवा जंगली जानवर मारना कानून द्वारा निषेध है। अभी तक मुख्यालय से मारने की अनुमति नहीं प्राप्त हुई है।" मैंने अपने सेवा काल में अनुभव किया था कि जनता पर गोली चलाने से और कठिन है जंगली जानवर पर गोली चलाना, विशेषतः टाइगर जैसी संरक्षित प्रजाति के जानवर के ऊपर।

पर मुझे जिला अधिकारी के पद पर रहते हुए अपनी जनता के जीवन की भी समान रूप से सुरक्षा करनी थी। अतः मैंने बाघ पर गोली चलाने के लिए दो युवा पुलिस सिपाहियों को ठीक किया तथा उनसे छिपकर निशाना लगाने के लिए कहा ताकि हमारे निशाने से पूर्व बाघ हम पर आक्रमण न कर दे। मेरा पुरुलिया जिले का एक ऐसा ही खराब अनुभव था।

मैंने जिला पुलिस अधीक्षक से भी सलाह-मशविरा किया, जो अब घटनास्थल पर पहुँच गए थे। जिला वनाधिकारी अभी भी अनिर्णय की स्थिति में थे, पर यदि कोई व्यक्ति निर्णय नहीं लेता तो उसके स्थान पर दूसरा निर्णय ले ही लेता है। बाघ बहुत देर से चारों और अपनी आँखें घुमाकर परेशान था। वह खूँखार हो चुका था। उसकी चमकती आँखों में खून उतर आया था। टाइगर की आँखों में मौत उतर आई थी। अतः मैंने तुरंत ही दो पुलिसवालों को गोली चलाने का आदेश दिया। मैंने मनुष्य और बाघ के बीच मनुष्य को बचाने का निश्चय किया। धायँ-धायँ गोलियाँ चलीं और बाघ जहाँ खड़ा था, वहीं ढेर हो गया। वह छलाँग नहीं लगा पाया, उछल तक नहीं पाया। इस प्रकार चार घंटे का बाघ ऑपरेशन समाप्त हुआ। मैंने 10-15 मिनट और भीड़ को रोके रखने का आदेश

दिया एवं भीड़ के देखने के पश्चात् उस मृत बाघ के शरीर को जीप पर लादकर डी.एम. बँगले लाया। लोगों ने बाघ के नाखून निकालने को कहा, पर मैंने मना कर दिया। फिर जिला वनाधिकारी को आवश्यक औपचारिकताएँ करने का आदेश दिया। मैंने तुरंत ही मुख्य सचिव को अपनी रिपोर्ट भेजी, जो उन्होंने मुख्यमंत्री से स्वीकृत कराकर मेरे पास सरकार का अनुमोदन भेज दिया। तब जाकर मैंने देरी से दोपहर का भोजन किया और चैन की साँस ली।

अनुभवों का वैविध्य

जिला अधिकारी के पद के अनुभवों का वर्णन अंतहीन है, पर मैं उन्हीं घटनाओं एवं प्रसंगों का उल्लेख कर रहा हूँ, जो लोग ग्रहण करें तथा प्रशासनिक तकनीकी दृष्टि से पाठक पर बोझिल न हों।

ऐसा नहीं कि जिलाधिकारी का मुकुट काँटों का ताज है। नजारत के चित्त बाबू जिलाधिकारी के आवास पर होनेवाले प्रायः सभी भोजों की व्यवस्था करते थे, पर शराब आदि की व्यवस्था स्वयं करनी पड़ती थी, यद्यपि मैंने कभी शराब नहीं पी, न ही मांस-मछली खाई। पर मैं अपने माननीय अतिथियों को विशेषतः वरिष्ठ नौकरशाहों को शराब, बीयर, व्हिस्की तथा मांसाहारी भोजन परोसने में परहेज नहीं करता था। इन दोनों चीजों के बिना कोई जिलाधिकारी आवास पर भोज करने ही नहीं आता। यह मेरे लिए उनकी पूर्व शर्त होती। मैं सोडा या कोल्डड्रिंक अपने गिलास में भरकर ही शराब पी लेता, जो हमारे अतिथिगण नहीं भाँप पाते। भोज में खामखाँ इस मुद्दे को लाकर भोज का परिवेश नष्ट नहीं करता। फिर अकादमी में प्रशिक्षण के समय यह सीख लिया था। दूसरा आनंद का समय सप्ताहांत होता, जब यदि जिले में चारों तरफ शांति-शृंखला व्याप्त हो, कानून-व्यवस्था के भंग होने की संभावना न हो तो मैं पास के जंगल में निकल जाता तथा वन विभाग के अतिथिगृह में विश्राम करता, जंगली जानवरों को देखता तथा विशाल पेड़ों के झुंडों का आनंद लेता। कूचबिहार जिले के तराई क्षेत्र में बहुत ऊँचे-ऊँचे वृक्ष हैं, जो सदा हरे-भरे रहते हैं तथा जंगलों में बाघ, तेंदुआ, हिरण, भैंसा, मोर आदि आसानी से दृष्टिगोचर हो जाते हैं। पास के जंगल में गैंडा जानवरों की बहुतायत थी, जो मैं स्वयं तथा अपने मित्रों या संबंधियों को दिखाने ले जाता। सर्प, अजगर तो बंगाल में बिखरे पड़े हैं। बंगाल मछली और सर्पों का देश है तथा पश्चिमी बंगाल का राज्य चिह्न मछली या सर्प ही होना चाहिए, जो उत्तर प्रदेश सरकार का है, जहाँ तालाबों का अभाव है।

कूचबिहार में मेरा सामाजिक जीवन उतना अच्छा नहीं था, जितना पुरुलिया में। कभी-कभी रविवार को सीमांत प्रांत से भवानी अग्रवाल मुझसे मिलने चले आते। वे बंगालियों एवं मारवाड़ियों में समान रूप से लोकप्रिय थे तथा दिनहाटा नगर पालिका

के उपाध्यक्ष भी थे। वे रेड क्रॉस एवं सेंट जॉन्स एंबुलेंस संस्थाओं के भी उपाध्यक्ष थे। उनसे मुझे जिले की सभी सूचनाएँ मिलती रहती थीं। एक तरह से वे मेरे गुप्तचर थे। मेरी माँ भी उनसे हिंदी में बात करके सुख पाती थीं। जिलाधिकारी को पुलिस के अतिरिक्त अपना एक सूचना-तंत्र तैयार करना आवश्यक है, ताकि उसे कानून-व्यवस्था संबंधी एवं विकास संबंधी मामलों की स्वतंत्र रूप से सूचनाएँ प्राप्त होती रहें तथा वह जनता के प्रशासन के विषय में विचारों से अवगत होता रहे। जो जिलाधिकारी या अधिकारी अपने सहायकों, अधीनस्थों तथा चापलूसों के बल पर कार्य करता है, वह जनता तक उचित रूप से सरकारी योजनाओं का लाभ नहीं पहुँचा सकता। जिलाधिकारी को केवल सरकार या नौकरशाही का ही प्रतिनिधि नहीं दिखना चाहिए, उसे जनता का हितैषी भी दृष्टिगोचर होना चाहिए।

मेरी सरलता तथा सहजता के कारण मुझसे कार्यालय में मिलनेवाले लोग इतनी सूचनाएँ मुझे देते कि प्रत्येक दिन पुलिस अधीक्षक सर्वप्रथम मुझे सलाम करके पूछ जाते, क्योंकि उनका गुप्तचर तंत्र कभी-कभी केवल कार्यालय में बैठकर दिन का सूचना-पट्ट भेजता था, जो प्रत्येक दिन हत्याओं तथा सी.पी.एम., फॉरवर्ड ब्लॉक तथा कांग्रेस के आपसी झगड़ों या मारामारी से भरा रहता। हम राजनीतिक दलों के परस्पर झगड़ों में तब पड़ते, जब कोई हिंसा की घटना या वारदात हो जाती जैसे कोई हत्या, अग्निकांड या बड़े पैमाने पर विरोधी पक्ष की संपत्ति को क्षति। इसी कारण मेरे पुलिस प्रशासन से अच्छे संबंध रहते। पश्चिम बंगाल सरकार जिलाधिकारी की रपट को सबसे अधिक महत्त्व देती थी। जिला में आने पर मुख्यमंत्री जिलाधिकारी से ही मिलते थे। पुलिस अधीक्षक केवल सलाम करने के लिए जिलाधीश के साथ होते।

जिलाधिकारी जिला पुलिस के इंस्पेक्टर तक की वार्षिक गोपनीय पंजिका लिखता। अतः मेरा जिला पुलिस पर वास्तविक नियंत्रण था, अन्य राज्यों की भाँति शोभा या पदासीन होने के कारण नहीं। पर मैं अपने साथी पुलिस अधीक्षक की स्वायत्तता का कभी उल्लंघन नहीं करता। पुलिस लाइन से होली पर सभी पुलिसवाले जिलाधिकारी आवास पर आते एवं रंग, भाँग और गुलाल से सराबोर हो जाते। मेरे बच्चे इन सभी कार्यक्रमों में खूब आनंद लेते। माँ भी अपने आप को धन्य समझतीं, क्योंकि गाँव में रहते हुए पिताजी हमेशा दरोगा या थानाध्यक्ष का सामना करने से डरते रहते थे।

माँजी को खुश एवं व्यस्त रखने के लिए हम कभी-कभी हिंदी फिल्में देखने जाते, जहाँ हमारी खूब खातिर होती। कार्यालय से लौटते समय मैं प्रतिदिन कूचबिहार क्लब जाता, जिसका जिलाधिकारी पदेन अध्यक्ष होता है। मैं जो भी खेल उपलब्ध होता, खेलता। जाड़े में टेनिस एवं बरसात में टेबल टेनिस तथा अपने आवास पर बैडमिंटन। एक बार टेनिस कोर्ट पर एक सुंदर युवती आ गई। मुझे बताया गया कि वह बांगलादेश

से आकर यहाँ आ गई है तथा मेरे साथ टेनिस खेलने वाले कॉलेज के प्रोफेसर ने उसे अपने साथ रख लिया है। यौन संबंधी घटनाओं को पश्चिमी बंगाल में लोग तूल नहीं देते जैसा कि विदेशों में है।

मैं दो वर्ष कूचबिहार में जिलाधिकारी रह चुका था। शांति-व्यवस्था कायम होने पर मैं हमेशा ग्रामों की ओर भूमिहीनों एवं निर्धन किसानों में जमीन बाँटने चला जाता। मेरे नागालैंड के अतिरिक्त जिलाधिकारी अपने इस कार्य को सहर्ष मुझे सौंप देते तथा अधीनस्थ कर्मचारी एवं अधिकारी इस कार्य को सफलतापूर्वक संपादित करने के लिए मनोयोगपूर्वक मेरा सहयोग करते, क्योंकि उन्हें स्पष्ट हो गया था कि मैं केवल गरीबों एवं भूमिहीनों के लिए काम करने पर खुश होता हूँ। उनके लिए ही मुख्य रूप से संलिप्त रहता हूँ। खेलने के अतिरिक्त कार्यालय में मेरी यही एक हॉबी थी। घूम-फिरकर मैं इसी कर्म पर आ जाता, क्योंकि प्राय: सरकारी विकास मूलक योजनाओं, अनुदान या ऋण सुविधाओं के लिए जमीन का स्वामित्व आवश्यक है।

कूचबिहार महल में मैंने एक स्टेडियम निर्माण का प्रस्ताव भेजा तथा महल के विकास को एक सुंदर स्वरूप दिया। कूचबिहारी फंड की सहायता से कोलकाता में कूचबिहार भवन का निर्माण करवाया जैसा कि राजधानी दिल्ली में विभिन्न राज्यों के भवन हैं। यह कूचबिहार जिले के उन लोगों के ठहरने के लिए आवश्यक था, जिन्हें इलाज या नौकरी की परीक्षाएँ देने कोलकाता आना पड़ता है।

कूचबिहार से कोलकाता आना कठिन था। रेल की अच्छी सुविधा नहीं थी, इसलिए राजा के समय से निर्मित हवाई पत्तन पर पंद्रह आसनवाले विमान की सुविधा आरंभ हुई। एक दिन मैं बरामदे में ब्रश कर रहा था कि अचानक आई मूसलाधार वर्षा के मध्य जहाज कूचबिहार हवाई पट्टी पर एक हवाई जहाज मँडराता दिखा। वर्षा के कारण बाहर की दृश्यता शून्य हो गई थी। वैसे भी कुल वर्षा के मामले में कूचबिहार चेरापूँजी के बाद देश में दूसरे स्थान पर है। कूचबिहार हवाई पट्टी पर कई चक्कर लगाने के कारण विमान का ईंधन समाप्त हो गया था, इसलिए विमान चालक ने विमान को हवाई पट्टी पर उतारने का निश्चय किया। पायलट रनवे को ठीक-ठीक न देख सका और विमान को उसने सीमित रनवे के आखिरी छोर पर यकायक ब्रेक लगाकर रोक दिया अन्यथा विमान एयरपोर्ट की चारदीवारी लाँघकर सड़क पर कई लोगों को मार देता। विमान कीचड़ में फँस गया। यात्री तथा चालक घबरा गए। थोड़ी बहुत चोटें आईं। मैं कुरते-पजामे में अपनी जीप से सर्वप्रथम विमान के पास पहुँचा तथा यात्रियों को अस्पताल पहुँचाया। घबराए हुए चालक दल के सदस्यों को अपने बँगले पर शांत होने के लिए बैठाया। इसके पश्चात् तो समाचार सुर्खियों का दौर चला तथा कूचबिहार एयरपोर्ट अस्थायी रूप से बंद कर दिया गया। मैं अपने भविष्य की तैयारी में लग गया। जब जिलाधिकारी का ताज

उतरने पर स्कूटर पर चलना होगा। मैंने प्राथमिकता के आधार पर चार-पाँच हजार रुपए में वेस्पा बजाज स्कूटर खरीदा तथा खाली एयरपोर्ट पर स्कूटर चलाना सीखा। एक काला सफेद टेलीविजन भी क्रिकेट मैच देखने के लिए खरीदा, क्योंकि डी.एम. रहते हुए हमारे मित्र डॉक्टर के घर जाकर टी.वी. देखना खराब लगता था। मैंने एल-एल.एम. की परीक्षा की तैयारी की और प्रथम वर्ष की परीक्षा में कोलकाता में जाकर बैठा, क्योंकि मैं भली-भाँति समझता था कि आई.ए.एस. जैसी अभिजात वर्ग की नौकरी में बिना सिफारिश और जोर के आगे बढ़ना मुश्किल होगा और मेरा कोई भी संबंधी या मित्र आई.ए.एस. की नौकरी में नहीं था। अतः मैं अतिरिक्त शैक्षिक या पेशेवर योग्यता के आधार पर ही आगे बढ़ सकूँगा। माँ भी करीब 75 वर्ष की हो गई थीं। उन्होंने अपने जीवन के अंतिम दिन व्यतीत करने के लिए संगम, इलाहाबाद (प्रयागराज) को चुना और अप्रत्यक्ष रूप से मुझे उनके मन की इच्छा या संदेश पता चला। माँ का इशारा ही मेरे लिए ब्रह्मादेश होता था। मैं उत्तर प्रदेश के इलाहाबाद में गंगा निर्मलीकरण योजना के अंतर्गत पद पाने की फिराक में लग गया, जिसके लिए भारत सरकार द्वारा सहमति माँगी जा रही थी।

प्रधानमंत्री का जिले में आगमन

भारत का प्रधानमंत्री देश का सर्वाधिक प्रभावी नौकरशाह है। राष्ट्रपति को तो समय के प्रवाह ने प्रधानमंत्री के बाद कर दिया है, यद्यपि वह देश का संवैधानिक प्रमुख है। अतः प्रधानमंत्री के आगमन की सूचना पर पूरा प्रशासन-तंत्र चुस्त-दुरुस्त हो जाता है तथा अपनी सर्वोत्तम योग्यता एवं कार्यक्षमता के प्रदर्शन में जुट जाता है। प्रधानमंत्री के कार्यक्रम या सांप्रदायिक दंगे में कोई चूक हुई कि जिलाधिकारी और पुलिस अधीक्षक पर कारवाई की गाज गिरती है। प्रधानमंत्री के कार्यक्रम के विषय में भारत सरकार के द्वारा प्रकाशित एक गोपनीय नियम पुस्तिका है, जो प्रत्येक डी.एम. को पढ़नी आवश्यक है तथा उसके प्रत्येक बिंदु पर तदनुसार काररवाई अपेक्षित है, जिसमें सुरक्षा की प्राथमिकता होती है। मेरे जिलाधिकारी अवधि में प्रधानमंत्री दो बार कूचबिहार पधारे। मैंने बिंदुवार व्यवस्था की तथा राज्य सरकार से अतिरिक्त वित्त एवं पुलिस संसाधन की माँग पेश की। ज्योति बसु एक लोकप्रिय एवं शक्तिशाली मुख्यमंत्री थे। वे प्रधानमंत्री के भ्रमण पर राज्य सरकार द्वारा इतना धन एवं संसाधन व्यय करने के पक्ष में नहीं थे, जबकि प्रधानमंत्री का प्रथम भ्रमण देश को समझने के लिए था, पर उसमें थोड़ा राजनीतिक रंग भी घुला हुआ था। मुख्यमंत्री को वरिष्ठ नौकरशाहों ने सलाह दी कि राजकाज ऐसे ही चलता रहता है। धनराशि आती रहती है और जाती रहती है तथा काफी धनराशि पश्चिम बंगाल को केंद्र सरकार से भी प्राप्त होती है। वे मान गए और मुझे मेरी माँग के अनुसार धन एवं पुलिस बल प्राप्त हो गया। पूरा जिला जैसे पुलिस छावनी में बदल गया। प्रधानमंत्री के आगमन

और प्रस्थान रास्ते पर तो चप्पे-चप्पे पर पुलिस तैनात थी तथा उप पुलिस महानिरीक्षक तथा पुलिस महानिरीक्षक जिला में पुलिस व्यवस्था की निगरानी के लिए कूचबिहार सर्किट हाउस में रह रहे थे।

प्रधानमंत्री को पास के जिले जलपाईगुड़ी से आने में देरी हो गई। मैं प्रधानमंत्री राजीव गांधी को अपने जिले की सीमा पर लेने गया। श्री राजीव गांधी बड़े सज्जन व्यक्ति थे। मेरे स्वागत पर वे खुश हुए। उन्होंने कहा—"डी.एम. साहब आ गए हैं। अब हम आगे बढ़ते हैं।" पर मैं उनके साथ बैठी उनकी पत्नी श्रीमती सोनिया गांधी के मुख पर मुसकान नहीं देख पाया। उनके साथ बैठे पश्चिम बंगाल से मंत्री प्रियरंजन दास मुंशी ने अवश्य कुछ बँगला भाषा में बात की। प्रधानमंत्री के लिए सर्किट हाउस में आवश्यक रूप से बिसलेरी पानी की बंद बोतलों की व्यवस्था की गई, जो हमारे लिए सन् 1985 में एक अजीबोगरीब बात थी, जो अब सामान्य हो चुकी है। प्रधानमंत्री ने अपने कांग्रेस समर्थकों के साथ एक सभा की और वे वापस हवाई जहाज पकड़ने के लिए हाशिमारा वायुसेना के विमान केंद्र की ओर स्वयं कार चलाते हुए रवाना हुए। माननीय राजीव गांधी इतनी तेज गति से कार चला रहे थे कि उनके पीछे गाड़ियों को उनका साथ देना मुश्किल हो रहा था। कूचबिहार से हाशिमारा का रास्ता लंबे एवं घने पेड़ों से आच्छादित रास्ता है। हमने हाशिमारा वायुसेना केंद्र पर उन्हें विदाई दी। वे कूचबिहार भ्रमण से खुश थे तथा उन्होंने दोबारा कूचबिहार आने का वादा किया। हमने प्रधानमंत्री का कार्यक्रम सफल होने पर परस्पर बधाइयाँ दीं एवं भोज दिया।

प्रधानमंत्री राजीव गांधी का दोबारा कूचबिहार आने का कार्यक्रम प्राप्त हुआ, जो हेलीकॉप्टर से था तथा उनके द्वारा एक विशाल जनसभा को संबोधित करने का भी कार्यक्रम था। मैंने प्रधानमंत्री का हेलीपैड पर स्वागत किया, जो जनसभा स्थल के पास ही था। चूँकि प्रधानमंत्री का यह कार्यक्रम राज्य में उस समय विधानसभा निर्वाचन को दृष्टि में रखकर किया गया था, वामपंथी दल प्रधानमंत्री के आगमन का विरोध कर रहे थे।

फिर भी उनको सुनने के लिए कांग्रेस ने बारह-पंद्रह हजार लोगों को एकत्र कर लिया था। जैसे ही प्रधानमंत्री हेलीकॉप्टर से उतरे, मैंने सर्वप्रथम उन्हें नमस्कार किया। उन्होंने भी कुशल-क्षेम पूछी एवं आगे बढ़ गए। उनके साथ चल रहे राष्ट्रीय सुरक्षा सलाहकार ने कहा—"मैं सभी जिलों में अग्रवाल-ही-अग्रवाल देख रहा हूँ।" प्रधानमंत्री की सभा में विघ्न डालने के लिए कुछ वामपंथी समर्थक झंडे एवं पट्टिकाएँ लेकर आगे बढ़े, पर मेरे हाथ दिखाने पर वहीं रुक गए। प्रधानमंत्री की सुरक्षा में चल रहे अधिकारियों को उन्होंने बताया—"यह डी.एम. बहुत खतरनाक है। वह हँसते-हँसते गोली चलवा देता है। उसका हाथ दिखाना ही काफी है।" यह खबर प्रधानमंत्री के साथ चल रहे उनके प्रधान सचिव श्री टी.एन. शेषन तक पहुँची। श्री टी.एन. शेषन मुझसे अति प्रभावित हुए

और उन्होंने कहा—"मैं तुम्हारे लिए क्या कर सकता हूँ?" उनसे मैंने कहा—"सर, गंगा कार्य योजना के अंतर्गत उत्तर प्रदेश इलाहाबाद में आपके विभाग में ही क्षेत्रीय निदेशक का पद खाली है। मुझे यह लाठी-डंडा सँभालते हुए जिला प्रशासन में दस वर्ष हो गए हैं। यदि आप मुझे उस पद पर ले लें तो मैं कृतज्ञ रहूँगा।" उन्होंने आश्वासन दिया कि वह उस पर ध्यान देंगे। प्रधानमंत्री के भाषण समाप्त करने पर उन्होंने शायद श्री राजीव गांधी को यह बता दिया कि वह मुझे उत्तर प्रदेश में क्षेत्रीय निदेशक पद पर लेना चाहते हैं।

प्रधानमंत्री श्री टी.एन. शेषन पर अगाध विश्वास करते थे। उन्होंने तुरंत 'हाँ' कर दी। बाकी औपचारिकताएँ रह गई थीं। जिन्हें पूरा होने में चार-पाँच महीने का समय लग गया, पर मैं आश्वस्त था कि मैं माँ की इच्छानुसार इलाहाबाद जा सकूँगा। प्रधानमंत्री का कार्यक्रम अति सफल रहा। मुझे मंत्रिमंडल सचिवालय भारत सरकार कार्यालय से अच्छी सुरक्षा व्यवस्था करने के लिए दिनांक 15 जनवरी, 1987 को प्रशंसा-पत्र प्राप्त हुआ, जो मेरी आज भी थाती या धरोहर है, जिसमें लिखा था—"प्रधानमंत्री के रास्ते तथा जनसभा के लिए बनाई गई रोक तथा पुलिस व्यवस्था प्रभावी थी। यह डी.एम. श्री पी.के. अग्रवाल की प्रबंध योजना में विशेष दिलचस्पी के कारण हुआ। मैं कृतज्ञ रहूँगा यदि हमारी प्रशंसा कृपा करके डी.एम. पी.के. अग्रवाल तक पहुँचाई जाए।"

इससे स्पष्ट हो गया कि उस वर्ष की चरित्र-पंजिका ठीक रहेगी, क्योंकि यह पत्र मंडल-आयुक्त, जलपाईगुड़ी, उत्तर बंगाल तथा पश्चिम बंगाल सरकार को भेजा गया था।

पाँच महीने बाद मेरा केंद्रीय प्रतिनियुक्ति पर गंगा कार्ययोजना के अंतर्गत निदेशक, गंगा कार्ययोजना, (उत्तर प्रदेश) के पद पर स्थानांतरण हो गया और मैं सपरिवार अपना कानून-व्यवस्था का ताज उतारकर परिवार के साथ शांतिपूर्वक रहने के लिए अपने विद्यार्थी-जीवन के पुराने स्थान इलाहाबाद आ गया।

□

गंगा निर्मलीकरण परियोजना : एक नया अनुभव

इलाहाबाद (प्रयागराज) में नियुक्ति से माँ की ही आकांक्षा पूरी नहीं हुई, बल्कि माँ गंगा ने उनके पुत्र को अपने आँगन की सफाई के लिए भी बुला लिया। गंगा भारत की सबसे बड़ी नदी ही नहीं, वह भारतीयों के जीवनयापन और आशा का भी प्रतीक है। अपनी लगभग 2500 किलोमीटर यात्रा में गंगा गंगोत्री से निकलकर, हिमालय की जड़ी-बूटियाँ अपने में आत्मसात् करके हजारों वर्षों से भारत की करीब 40% जनसंख्या की जीवन रेखा है। भारत की लगभग 37% सिंचाई गंगा के थाल में होती है।

पर मुझे इलाहाबाद आने पर तथा गंगा कार्ययोजना के अस्थायी कार्यालय में पदार्पण करने पर आश्चर्यजनक रूप से विदित हुआ कि गंगा की सफाई वस्तुतः गंगा के किनारे बसे हुए शहरों की सफाई है, जिनका मल-जल गंगा नदी में गिरता है या गंगा की प्रमुख सहायक नदियों जैसे यमुना आदि में गिरता है। इलाहाबाद में तो गंगा की सफाई का कार्यक्रम बहुत वस्तुतः यमुना की सफाई का ही कार्यक्रम था, जो संगम पर गंगा से अधिक प्रदूषण का योगदान करती है।

अपने गृह राज्य उत्तर प्रदेश में काम करने का प्रथम अनुभव था। उत्तर प्रदेश में भारतीय प्रशासनिक सेवा के अधिकारियों का अन्य राज्यों की अपेक्षा अधिक सम्मान है। इलाहाबाद में उतरते ही मुझे सीधा आवंटित अधिकारी बँगले में ले जाया गया, जिसमें तीन बड़े रूम, दो बरामदे तथा आँगन था। गैराज भी संलग्न था। साथ में सामने छोटा सा लॉन था। पेड़ों का झुरमुट था। मेरा पद था—क्षेत्रीय निदेशक, गंगा परियोजना निदेशालय (उत्तर प्रदेश), पर्यावरण एवं वन मंत्रालय, भारत सरकार।

मेरा कार्यक्षेत्र गंगा नदी पर ऋषिकेश-हरिद्वार से लेकर वाराणसी तक था, जिसमें सम्मिलित थे गंगा के किनारे छह शहर अर्थात् ऋषिकेश-हरिद्वार, फतेहगढ़-फर्रुखाबाद, कानपुर, इलाहाबाद, मिर्जापुर तथा वाराणसी शहर। मुझे गंगा परियोजना निदेशालय,

पर्यावरण एवं वन मंत्रालय भारत सरकार द्वारा एक कार दी गई। मुझे नया कार्यालय स्थापित करना था।

नए कार्यालय की स्थापना में समस्याएँ

नया कार्यालय, प्रयागराज विकास प्राधिकरण की आजाद मार्केट की इमारत के प्रथम तल में स्थापित करना था। नए कार्यालय का विभाजन तथा साज-सज्जा का कार्यभार विकास प्राधिकरण को ही सौंपा गया। प्रयागराज नगर महापालिका से बड़ा बाबू तथा स्टेनो टाइपिस्ट प्रतिनियुक्ति पर आ गए। चपरासी तथा ड्राइवर भी नगर महापालिका से आ गए। वहाँ पर कर्मचारियों की भरमार थी। यहाँ तक कि नगर महापालिका के पास सभी को वेतन देने में परेशानी होती थी। अब मुझे कार्यालय में अपने साथ एक इंजीनियर नियुक्त करना था, जिसका भार निदेशालय ने मुझे सौंपा। मैंने निविदा आमंत्रित की। पाँच योग्य अभ्यर्थियों की सूची तैयार की। साक्षात्कार लेने से पूर्व ही हमारी मंत्री श्रीमती मेनका गांधी के निजी सचिव का फोन आ गया कि अमुक व्यक्ति को इस पद पर लिया जाए। मेरे लिए यह एक अजीब अनुभव था, जिसका मैं अभ्यस्त नहीं था। फिर भी मैं सिफारिशों पर सीधा मना नहीं करता, बल्कि नम्रतापूर्वक कह देता, मैं देख लूँगा। हो सकता है कि सिफारिशी व्यक्ति योग्य हो और हमारे पैमाने या परीक्षा पर खरा उतरता हो। मैंने साक्षात्कार के बाद पाया कि सिफारिशी इंजीनियर ने सूची में सबसे कम अंक प्राप्त किए। मैं धर्मसंकट में फँस गया। मैं कैसे ऐसे अयोग्य व्यक्ति को भरती करूँ, जिसके साथ मुझे 5 वर्ष काम करना था। मैंने भविष्य की परेशानी को दृष्टिगत रखते हुए वर्तमान से संघर्ष करने का निश्चय किया, पर वह व्यक्ति उच्च न्यायालय के न्यायाधीश तथा पश्चिम बंगाल संवर्ग के एक आई.पी.एस. अधिकारी का भी संबंधी था। मुझ पर दबाव पड़ा, पर मैं टस-से-मस न हुआ। मैंने अपने अधीनस्थ एक योग्य एवं आज्ञाकारी युवा इंजीनियर को लिया और वह पूरे 5 वर्ष तथा अपने पूर्ण सेवाकाल तक मेरा कृतज्ञ बना रहा।

मेरे इस निर्णय से नाराज होकर श्रीमती मेनका गांधी ने मेरी विदेश यात्राएँ अनुमोदित नहीं कीं। यह था गांधी परिवार का अहं, क्योंकि वह भारत सरकार पर अपने परिवार का एकाधिकार मानती थीं, पर ईश्वर ने मेरा साथ दिया। मेरी वार्षिक चरित्र-पंजिका खराब करने से पूर्व ही गठबंधन सरकार अल्पमत के कारण गिर गई और मुझे अन्याय से संघर्ष करने के लिए एक और बल मिला। वैसे एक आई.ए.एस. अधिकारी शेर से नहीं डरता है, पर वह अपनी सी.ए.आर. से डरता है। मुझे कार्यालय में एक हिंदी टाइपिस्ट की आवश्यकता थी। कुछ लोगों की सिफारिश पर मैंने एक लड़की को दो दिन कार्यालय में बुलाया, पर वह कुछ काम ही नहीं जानती थी। मैंने जैसे ही उसे मना किया, वह और उसके अभिभावक मेरे पीछे पड़ गए। मैंने जैसे-जैसे उससे छुटकारा पाया। तब से मैंने

निश्चय कर लिया कि किसी को कार्यालय में नौकरी की योग्यता परखने तक के लिए भी नहीं बुलाऊँगा। जो भी करूँगा, भरती के नियमानुसार करूँगा। सरकारी कार्यालय में एक दिन का प्रवेश पाते ही लोग स्वयं को सरकारी कर्मी समझने लगते हैं।

प्रयाग कुंभ की तैयारियाँ

मैं पाँच वर्ष उत्तर प्रदेश में गंगा निर्मलीकरण योजना का कार्यान्वयन करने के लिए आया था। गंगा कार्ययोजना का उद्‌देश्य था पाँच वर्ष में गंगा का 70% प्रदूषण कम करना। इस उद्‌देश्य की पूर्ति के लिए उत्तर प्रदेश के पाँच गंगा के किनारे नगरों का मल-जल नालों तथा सीवर लाइनों द्वारा पंपिंग स्टेशनों तक भेजना तथा पंपिंग स्टेशनों से मल-जल शुद्धीकरण से संयंत्र तक भेजना, जिससे वह गंगा में न गिरे।

मैं प्रतिमास वाराणसी, मिर्जापुर, कानपुर योजनाओं की प्रगति की निगरानी एवं समीक्षा करने के लिए दौरे पर जाता था। दो माह में हरिद्वार, ऋषिकेश तथा फर्रुखाबाद भी जाता था। दौरे करना मुझे पसंद था, क्योंकि जिला प्रशासन में दस वर्ष काम करते हुए यह मेरी आदत बन गई थी तथा मेरा स्वास्थ्य भी इससे ठीक रहता था, पर मैंने पाया कि उच्च अधिकारी केवल प्रयाग कुंभ में गंगा निर्मलीकरण हेतु योजनाओं के कार्यान्वयन को प्राथमिकता दे रहे थे। हमारा लक्ष्य था कि संगम पर कुंभ मेले की प्रायः एक माह की अवधि में गंगा जल स्नान योग्य हो, अर्थात् उस समय पर गंगा-यमुना के मिलन थाल में जल के मानक हों।

बी.ओ.डी.-3 या इससे कम, डी.ओ.-5 या इससे अधिक तथा कुल कॉलीफॉर्म 100 मिलीलीटर जल में 2500 से अधिक न हो।

बी.ओ.डी. (बायो ऑक्सी डिमांड) मुख्य मानक की निगरानी हेतु प्रति सप्ताह परीक्षण कर रहे थे तथा कार्यरत सभी सरकारी विभागों एवं सरकारी उपक्रमों को बार-बार निर्देश दे रहे थे कि वे अपने प्रयासों में ढिलाई न बरतें। धनराशि का अभाव नहीं है तथा उनके कार्यों के क्रियान्वयन में अड़चनों तथा बाधाओं को दूर किया जाएगा। मैं फ्लोचार्ट तथा सी.पी.एम. नेटवर्क के माध्यम से प्रत्येक योजना की व्यक्तिगत रूप से निगरानी करता। आयुक्त, मंडल के स्तर पर एक उच्चस्तरीय कार्यबल भी था, पर सभी काम मेरे जिम्मे था। मैं ही मंडलायुक्त प्रयागराज को समय-समय पर अपनी निगरानी रपटें भेजता रहता था तथा मंडलायुक्त उन पर गंभीरतापूर्वक काररवाई करते थे। उन्हें मुझ पर विश्वास था। हमारे व्यक्तिगत संबंध भी अच्छे थे। हमारा मुख्य प्रयास था उत्तर प्रदेश जल निगम की सभी योजनाओं का समय के अंदर पूर्णता।

मुझे कुंभ के दौरान जन-जागृति अभियान का भी कार्यभार सौंपा गया तथा आवश्यक धनराशि भी उपलब्ध कराई गई। बस, मैं कुंभ के दौरान इश्तहार, प्रदर्शन-

पट्ट, पुस्तिकाएँ इत्यादि बनाने में लग गया। केंद्र सरकार की ओर से सूचना एवं प्रसारण मंत्रालय, भारत सरकार के डी.ए.वी.पी. का दल भी मेरे साथ था तथा थे गंगा परियोजना निदेशालय, जन-जागृति कार्यक्रम के निदेशक श्री बनर्जी। कुंभ संसार का सबसे विशाल जन समावेश है। गंगा द्वारा छोड़ी गई जमीन पर तंबुओं का पूरा नगर बस जाता है। नेहरू जैसे धर्मनिरपेक्ष व्यक्ति को कुंभ में बिन बुलाए उमड़ते हुए जन सैलाब को देखकर जनता की श्रद्धा एवं विश्वास की प्रशंसा करनी पड़ी एवं उसे भारतीय संस्कृति का एक अविभाज्य अंग मानना पड़ा। उस समय में आध्यात्मिक विचार-विनिमय होता है, जिससे पुण्य की गठरी बाँधकर व्यक्ति वापस जाकर अपने-अपने परिवार, समाज, प्रांत एवं देश की प्रगति में योगदान देते हैं। कुंभ आयोजन में प्रयागराज के सभी वर्ग, समान उत्साह, प्रेम एवं भाईचारे से भाग लेते हैं। मेरा भी मेले में एक तंबू लगा, जिसमें पचास-साठ व्यक्ति ठहरे एवं उन्होंने स्नान लाभ प्राप्त किया।

गंगा के आशीर्वाद से कुंभ के दौरान संगम पर जल वैज्ञानिक मानदंडों के आधार पर स्नान योग्य हो गया। जहाँ कुंभ के आयोजन में संलग्न मेरे दल ने चैन की साँस ली, वहीं संगम पर मौनी अमावस्या वर्ष 1989 के मुख्य स्नान के दिन करीब पौने दो करोड़ तीर्थयात्रियों ने निश्चिंत होकर डुबकी लगाई। मैं स्वयं संगम पर दूधिया जल दृष्टिगोचर करके चकित रह गया। वास्तव में कुंभ की तिथि पर गंगाजल अमृत हो गया था। इतने लोगों के स्नान के पश्चात् भी गंगाजल के बी.ओ.डी. तथा डी.ओ. मानक ठीक रहे। केवल कुल कॉलीफॉर्म 2500 से एक लाख तक पहुँच गया था, पर वह भी हानिकारक श्रेणी में नहीं था। कुंभ के स्नान के पश्चात् सर्वेक्षण में किसी को स्नान के कारण बीमार होता नहीं पाया गया। यह परिणाम विज्ञान से आगे हमें सोचने को मजबूर करते हैं। कुंभ के उत्तम परिणामों के फलस्वरूप उच्चाधिकारियों ने मुझे प्रशंसा-पत्र भेजा। मेरी दो वर्ष की वार्षिक चरित्र-पंजिका ठीक रही। आई.ए.एस. अधिकारी को और क्या चाहिए। कुंभ के दौरान हमने गंगा निर्मलीकरण की रणनीति को अंतिम स्वरूप दिया और बाकी तीन वर्षों में प्रयागराज के अतिरिक्त और शहरों में मैं गंगा कार्ययोजना के क्रियान्वयन में दुगुने उत्साह से समर्पित हो गया, क्योंकि गंगा निर्मलीकरण के कार्य में पुण्य अर्जन के साथ-साथ भारत सरकार में भी मेरा क्रमिक विकास हो रहा था। कुंभ के दौरान गंगा कार्य परियोजना की सफलता को दृष्टिगोचर करके लंदन की टेम्स वाटर इंटरनेशनल संस्था ने हमें उनका कार्य देखने, समझने एवं विचार विनिमय के लिए आमंत्रित किया, जो मेरे लिए एक असाधारण अनुभव था। हमें टेम्स वाटर के मुख्यालय पहुँचने में थोड़ी देर हो गई। हमें यह देखकर आश्चर्य हुआ कि टेम्स वाटर का प्रबंध संचालक कार्यालय के पेड़-पौधों में मल-जल से स्वयं से सिंचाई कर रहा था। फिर हमारे साथ ही हमारी गाड़ी का चालक खाने बैठ गया। उन्होंने हमें लंदन के सीवर लाइन में उतारा, जो हमारे कमरों

की तरह साफ थीं। पर जब लौटकर मैंने तथा उत्तर प्रदेश जल निगम के इंजीनियर ने एक छोटा सा प्रयोग, केवल 5000 रुपए की लागत से करना चाहा, वह अनुमोदित नहीं हुआ।

मैं अब मिशनरी उत्साह से गंगा कार्ययोजना की योजनाओं के समयबद्ध क्रियान्वयन में लग गया। मैंने अपने कार्यालय में रखी योजनाओं के प्रारूप डी.पी.आर. पढ़े एवं मैं इंजीनियर की भाँति कार्य करने लगा। विज्ञान का विद्यार्थी तो था ही, इसलिए मुझे योजनाओं के स्वरूप को समझने में परेशानी नहीं हुई। मैं विभिन्न कार्य स्थलों पर प्रतिमाह जाकर कार्य में लगे मिस्त्री, मजदूरों तथा पर्यवेक्षकों का ऐसा मार्गदर्शन करता कि वे उसे तुरंत कार्यान्वित करते। वे कहते, "अग्रवाल इंजीनियर साहब जैसा कह गए थे, हम वैसा ही कर रहे थे।" प्रयागराज के बाद हरिद्वार, ऋषिकेश में आशानुकूल सफलता प्राप्त हुई। फिर फर्रुखाबाद में दो तालाब बनवा कर शहर के मल-जल का शुद्धीकरण करके शहर को प्रदूषण मुक्त किया गया। मिर्जापुर में नीदरलैंड की नई तकनीकी यू.ए.एस.वी. का शुद्धीकरण संयंत्र लगाने में सफल प्रयोग हुआ। कानपुर और वाराणसी में भी इस सफलता के पास तक पहुँच गए। वाराणसी में तो दीनापुर मल-जल शुद्धीकरण संयंत्र में विद्युत् उत्पादन होने लगा।

वाराणसी में प्रतिमास दौरे पर जाता था, क्योंकि कुंभ के आयोजन के पश्चात् प्रयागराज में परियोजना का कार्य पूर्ण हो चुका था। अब संयंत्रों, पंपिंग स्टेशनों तथा सीवर लाइनों की देखरेख मरम्मत तथा उचित संचालन का काम था। साथ-साथ योजना के विस्तार का भी एवं नैनी में मल-जल शुद्धीकरण संयंत्र स्थापित करने का, जो कि उच्च-न्यायालय में ठेकेदार के जाने से रुक गया था। भारत में प्रत्येक मामला अदालतों में चला जाता है और न्यायालय भी कैसे किसी भी मामले का संज्ञान ले लेते हैं, यह न विचार करके कि उनके संज्ञान लेने या रोक लगाने से परियोजना का क्या हश्र होगा ? मैंने स्वयं इलाहाबाद उच्च न्यायालय में मुकदमे की सफलतापूर्वक पैरवी की तथा मैं किसी भी दबाव में नहीं आया। कहते थे कि नैनी मल-जल शुद्धीकरण संयंत्र का ठेकेदार कम करके प्रथम ठेका ले लेता है, फिर प्रथम चरण से विवाद शुरू कर देता है और अदालत से बिना काम किए पैसा ले जाता है। हमारे मंत्री को भी यह स्पष्ट हो गया कि प्रयागराज में क्षेत्रीय निदेशक से कोई भी नियम या विधि विरुद्ध काम नहीं कराया जा सकता।

वाराणसी में गंगा प्रदूषण मुक्ति की ओर

वाराणसी भारत की धार्मिक-सांस्कृतिक राजधानी है। यह शहर गंगा के आसपास बढ़ा-बसा है तथा अंतरराष्ट्रीय पर्यटन का केंद्र है। अब हमारा अगला लक्ष्य वाराणसी था, जहाँ गंगा निर्मलीकरण योजना का विशाल आकार था। यहाँ दीनापुर में सबसे अधिक क्षमता की मल-जल शुद्धीकरण संयंत्र की स्थापना प्रस्तावित थी, जिसमें भूमि अधिग्रहण

संबंधी कई मुकदमे दायर हुए, क्योंकि भूमि-स्वामी अधिक मुआवजे की माँग कर रहे थे। इन सभी मुकदमों की मैं ही जिला स्तर पर पैरवी करता था। मेरी जमीन संबंधी विशेषज्ञता का यहाँ पूरा उपयोग हुआ और मुकदमों के कारण योजना का कार्य नहीं रुका। वाराणसी में तीन घटकों का विशेष उल्लेख करना चाहूँगा, जो यद्यपि कुल प्रदूषण बोझ कम करने में तकनीकी रूप से महत्त्वपूर्ण नहीं थे, पर उन्होंने जनसंचार माध्यमों में खूब प्राथमिकता बटोरी। इसका श्रेय हमारे परियोजना निदेशक शिवरामकृष्णन को था, जो काम के साथ प्रचार करने में भी पारंगत थे।

मल-जल की वृक्षारोपण द्वारा सफाई

केंद्रीय सॉयल सैलिनिटी रिसर्च संस्थान, करनाल, हरियाणा ने सन् 1981 में शहरी मल-जल को साफ करने की एक सरल एवं सस्ती तकनीक खोज निकाली। गंगा कार्ययोजना के अंतर्गत इस तकनीक का प्रयोग दीनापुर वाराणसी में किया गया। लगभग दो हेक्टेयर (5 एकड़) जमीन पर यूकेलिप्टस के पेड़ों की पंक्तियाँ लगाने पर देखा गया कि 20 लाख लीटर मल-जल का प्रतिदिन उपयोग हो सकता है एवं एक वर्ष में पेड़ काफी बड़े हो जाते हैं। इस प्रकार पेड़ों की बिक्री करके और पेड़ लगाए जा सकते हैं। इस प्रक्रिया में अधिक धन भी नहीं व्यय होता है एवं आसानी से यह किसी भी शहर में प्रयुक्त हो सकती है।

कछुओं द्वारा गंगा की सफाई

चंबल नदी के पानी की गुणवत्ता शायद देश में सर्वश्रेष्ठ है। इसका एक कारण चंबल में उपस्थित कछुए थे। वाराणसी में गंगा में मरे हुए जानवरों की लाशें एवं मनुष्यों के शव एक बहुत बड़ी समस्या है। अतः चंबल से अंडे लाकर सारनाथ, वाराणसी में गंगा कार्ययोजना के अंतर्गत वन विभाग ने कछुओं का प्रजनन किया। करीब बीस हजार से अधिक कछुए गंगा में छोड़े जा चुके हैं। ये कछुए कई बार लाशों अथवा शवों को खाते देखे गए। इन्हें मरे हुए मनुष्य या जानवर पसंद हैं। मनुष्य की तो आहट पाकर ही भाग जाते हैं।

विद्युत् शवदाह गृहों की स्थापना

शवों को जलाने में दिन-प्रतिदिन बढ़ता हुआ खर्च एवं शवों को फेंकने से नदियों में प्रदूषण को देखते हुए विद्युत् शवदाह ग्रहों की स्थापना एक आवश्यक कदम हो गया है। शास्त्रों के अनुसार केवल साधुओं के शव नदियों में बहाए जा सकते हैं, क्योंकि वे माया-बंधन से मुक्त होते हैं। अतः अन्य शवों को जलाने के अतिरिक्त इससे अच्छा मरे

हुए को शांति देने का कोई तरीका नहीं है। वर्षा का मौसम, पंडों द्वारा एवं घाटों पर लूट-खसोट आदि को देखकर अब हिंदुओं ने विद्युत् शवदाह गृहों को मानसिक रूप से ग्रहण कर लिया है। निर्धनों एवं लावारिस शवों के विषय में दरें कम रखी हैं, जबकि लकड़ी से जलाने में काफी अधिक खर्च आता है। साथ-साथ प्रतिदिन लकड़ी की विशाल मात्रा में खपत भारत के पर्यावरण को काफी क्षति पहुँचाती है।

विद्यालयों में गंगाजल की गुणवत्ता परीक्षण एवं उद्योगों के प्रदूषण को रोकने की काररवाई

मैं नौकरी में सब समय कुछ ऐसा करता था, जो नौकरी की सामान्य मान्यता से अधिक हो और जिसमें मेरे व्यक्तिगत प्रयास अधिक जुड़े हों। मैंने विद्यालयों में जाकर छात्र-छात्रओं को पर्यावरण के प्रति जागरूक करने का बीड़ा उठाया। मैं प्रयागराज एवं वाराणसी के कई विद्यालयों में गया। छात्रों के बीच मैंने भाषण दिए एवं उन्हें गंगा घाटों पर जाकर गंगाजल की गुणवत्ता परीक्षण करने के लिए प्रेरित किया। शायद मैं अपवादस्वरूप वरिष्ठ आई.ए.एस. अधिकारी था, जो विद्यालयों में जाकर छात्रों के बीच बातचीत करता। पर कोई काम छोटा नहीं होता है। छोटे काम को सुचारु रूप से करने पर उसका महत्त्व बढ़ जाता है। मैंने छात्रों के लिए परीक्षण किट तैयार करवाए। ये किट केंद्रीय पर्यावरण शिक्षा केंद्र, अहमदाबाद के अनुसार बनवाए गए। इनके माध्यम से गंगा तट पर जाकर छात्र-छात्रएँ 10 मानकों का परीक्षण करते थे—तापमान, गंध, रंग, निलंबित पदार्थ, गँदलापन, अमोनिया, पी.एच., ऑक्सीजन की घुली हुई मात्रा (डी.ओ.), कठोरता, हाइड्रोजन सल्फाइड की मात्रा।

इन मानकों का परीक्षण उपकरण समूह की सामग्री से किया जाता, जिसमें रहता—नेस्सर रिएजेंट, क्षारीय पो, आयोडाइड, सोडियम हाइड्रोक्साइड, सोडियम थायोसल्फेट, स्टार्च, सल्फार्मिक एसिड, मैग्नीज सल्फेट, बफर विलियन, ई.डी.टी.ए., सरिक्रीम ब्लैक टी (डाई), लेड एसीटेट, सैकी डिस्क आदि।

इस योजना को और सफल बनाने के लिए निबंध, वाद-विवाद तथा चित्रकला प्रतियोगिताओं का आयोजन किया गया। मैं स्वयं प्रतियोगिता में प्राप्त निबंधों की जाँच करता और पुरस्कार वितरण की व्यवस्था करता। इस कारण भारत की भावी पीढ़ी को पर्यावरण तथा प्रदूषण से सीधा जोड़ा। अमरीका, इंग्लैंड, जर्मनी आदि देशों में कक्षा तीन से पर्यावरणीय पाठ्यक्रम के रूप में लागू है। मैं दूरदर्शन तथा आकाशवाणी केंद्रों से जुड़कर गंगा कार्ययोजना में जनता की भागीदारी बढ़ाने का निरंतर प्रयास करता। प्रयाग कुंभ के दौरान समाचार-पत्रों में मेरे लेख एवं दूरदर्शन तथा आकाशवाणी पर प्रसारित वार्त्ताएँ अति लोकप्रिय हुईं।

सन् 1986 में पर्यावरण (संरक्षण) अधिनियम, 1986 भारत में नया-नया प्रारंभ हुआ था। न किसी को कोई वैधिक प्रक्रिया पता थी और न ही उसके लिए आवश्यक तंत्र था। मुझे पर्यावरण एवं वन मंत्रालय ने उद्योगों द्वारा प्रदूषण की जाँच एवं काररवाई के लिए अधिकृत कर दिया। मैंने कानपुर में कई चमड़े के कारखानों तथा सरकारी क्षेत्र में कारखानों का भ्रमण किया।

कारखानों के भ्रमण में मैंने उद्योगों द्वारा पर्यावरण संरक्षण अधिनियम, 1986 का उल्लंघन देखा तथा उनके विरुद्ध संबंधित न्यायालय में मुकदमे दायर किए। मैंने स्वयं आरोप-पत्र बनाए। सरकारी वकीलों को मेरे द्वारा तैयार किए मुकदमों का प्रारूप देखकर प्रसन्नता होती थी तथा उन्हें आश्चर्य भी होता था कि एक आई.ए.एस. अधिकारी उनका भी कार्य कर सकता है, पर अंत में मुझे अति निराशा हुई, जब मैंने पाया कि मुख्य दंडाधिकारी, कानपुर, गाजीपुर इन मुकदमों को न समझने के कारण तारीख-पर-तारीख बढ़ाते चले जा रहे थे। न्यायपालिका का यह विलंब करने का तरीका मुझे उचित नहीं ज्ञात हुआ। खैर, मैं जनता तक यह पहुँचाने में सफल हुआ कि कैसे उद्योगों द्वारा किए जा रहे प्रदूषण को रोका जा सकता है तथा प्रदूषण करनेवालों पर किस प्रकार दंड की व्यवस्था है। यहाँ तक कि कानपुर के शक्तिशाली केंद्र सरकार के उपक्रमों के प्रबंधक एवं चमड़े के कारखानों के मालिक भी सतर्क हो गए।

मुझे गंगा कार्ययोजना बिहार राज्य का भी प्रभारी बना दिया गया और मैं करीब एक वर्ष से अधिक बिहार राज्य का भी कार्य देखता रहा। वहाँ विश्वास बोर्ड के अध्यक्ष सुब्रमण्यम यद्यपि शारीरिक रूप से अक्षम थे, पर कामकाज में एक सक्षम एवं ख्याति प्राप्त अधिकारी थे। उनके साथ काम करने में अति आनंद आया और मैं उन पर पूरा भरोसा करता था। वह भी मेरा सम्मान करते थे। बिहार में भ्रष्टाचार का खराब नाम सुना था—उत्तर प्रदेश से भी बदतर। पर मुझे ईमानदारी से काम कराने में कोई अधिक परेशानी नहीं हुई। न ही किसी ठेकेदार ने मुझ पर हमला करने की कोशिश की। एक-दो इंजीनियरों तथा ठेकेदारों ने अवश्य असंतोष भरी निगाहों से मुझ पर दृष्टिपात किया, जिसके लिए मैं तैयार था, पर मैं नियमित पटना से भागलपुर तक गंगा की सफाई का काम देखता रहा। प्रयागराज में अवश्य माफिया अहमद ने दो-तीन बूढ़ी औरतों को मेरे पास पैसे देने की परची देकर भेजा, पर मैंने साफ मना कर दिया—"मैं स्वयं पैसा नहीं लेता। अत: पैसा देने का सवाल ही नहीं उठता है।"

प्रयागराज में मेरी साहित्यिक गतिविधि

प्रयागराज में अब मैं अपनी सरकारी कामकाज में स्थापित हो चुका था। मैंने अपने परिवार की ओर ध्यान दिया। मेरे दोनों लड़कों का प्रयागराज के प्रतिष्ठित मिशनरी स्कूल

सेंट जोसफ स्कूल में दाखिला हो गया। मैं अपने दोनों लड़कों अंकुर और सागर को यात्रिक होटल के स्विमिंग पुल में प्रतिदिन तैरना सिखाता। अंकुर ने तो शीघ्र तैरना सीख लिया, पर सागर डरता रहा। तब मैंने एक दिन उसे तरणताल में फेंक दिया। वह तैरकर निकल आया, जैसा मेरे भाई ने कस्बे के तालाब में मुझे तैरना सिखाने के लिए किया था। लड़कों को म्यो हॉल में बैडमिंटन खिलाने भी ले जाता। बड़ी बहन की आर्थिक परिस्थिति खराब थी। उनकी दो लड़कियों के विवाह का आयोजन अपने बँगले से किया। इन उत्सवों में सभी संबंधियों से मिलना-जुलना हो गया, पर मैंने पाया कि इलाहाबाद एक अकादमिक शहर है, जहाँ इलाहाबाद विश्वविद्यालय तथा इलाहाबाद उच्च न्यायालय के कारण ज्ञान का ही व्यापार होता है। अत: मैंने अपने प्रयागराज प्रवास को अर्थपूर्ण बनाने के लिए इंदिरा गांधी खुला विश्वविद्यालय, नई दिल्ली, (इग्नू) से एम.बी.ए. का आवेदन-पत्र भर दिया तथा इलाहाबाद विश्वविद्यालय से विधि में शोध करने का निश्चय किया। साथ-साथ प्रयागराज में और उपन्यास लिखने तथा उन्हें प्रकाशित करने की योजना बनाई।

इससे पूर्व मेरा प्रथम उपन्यास 'बेतवा की कसम', 'सरिता' पत्रिका द्वारा आयोजित सर्वभारतीय उपन्यास प्रतियोगिता में द्वितीय हुआ था एवं दिल्ली प्रेस उसे प्रकाशित कर चुका था। प्रयागराज आते ही मेरे तीन उपन्यास हिंदी प्रकाशन के भीष्म पितामह स्वर्गीय श्री कृष्णचंद्र बेरी के लब्ध-प्रतिष्ठित प्रकाशन, हिंदी प्रचारक संस्थान, वाराणसी से प्रकाशित हुए। उनमें से 'मीर जाफर' का लोकार्पण सन् 1987 में नागरी प्रचारिणी सभा, वाराणसी के सभागार में हुआ। यह मेरे लिए बड़े गर्व की बात थी। दो अन्य उपन्यास प्रकाशित हुए—'काले हीरों का पंचकोट राज' और 'प्रेम से परिवार तक'। 'काले हीरों का पंचकोट राज' उपन्यास कोयला क्षेत्र की कहानी थी, जो पुरुलिया के पंचकोट राज के अंतर्गत आता था। 'प्रेम से परिवार तक' उपन्यास मेरे भारतीय राजस्व सेवा के अनुभवों पर आधारित था। मेरा प्रयागराज में सरस्वती प्रकाशन के स्वामी व्यास नारायण भट्ट से परिचय हो गया और मैं उनके लिए लिखने लगा। सरस्वती प्रकाशन से मेरे तीन उपन्यास 'चित्र', 'आवेश के कदम' और 'माफिया' प्रथम दो वर्षों में ही आ गए। 'माफिया' उपन्यास का विमोचन इलाहाबाद उच्च न्यायालय के हिंदी प्रेमी न्यायाधीश श्री प्रेमशंकर गुप्ता द्वारा प्रयागराज के प्रसिद्ध साहित्यकारों के मध्य हिंदुस्तानी एकेडमी में किया गया। स्थानीय समाचार-पत्र-पत्रिकाओं में भी मेरे उपन्यासों की समीक्षाएँ प्रकाशित हुईं और मेरा यह विश्वास परिपक्व हो गया कि मुझे लेखन कार्य में निपुणता उपलब्ध करनी है, ताकि लोग मरने के बाद भी मुझे याद करें। मेरे उपन्यासों की चर्चा प्रयागराज की महादेवी वर्मा द्वारा स्थापित ऐतिहासिक संस्था साहित्यकार संसद् में हुई तथा मुझे प्रयागराज के प्रबुद्ध वर्ग ने उपन्यासकार के रूप में मान्यता दी। उसके बाद मेरे दो और उपन्यास

'साहिबगंज की बहू' सरस्वती प्रकाशन और खेलों पर आधारित उपन्यास 'स्वदेश' संगम प्रकाशन, प्रयागराज से आए। मैंने पंजाब में आतंकवाद के ऊपर उपन्यास 'सतलज से टेम्स तक' लिखा जिसे सरस्वती प्रकाशन के स्वामी भट्टजी ने आतंकवाद विरोधी अंश निकालकर प्रकाशित किया। भट्टजी स्वयं अच्छे लेखक थे, इसलिए मैंने उनके द्वारा काट-छाँट पर विशेष आपत्ति नहीं की। फिर प्रशासन में तो समझौता करना ही पड़ता है। प्रकाशित न होने से तो उत्तम है, कुछ प्रकाशित हो। कम-से-कम लोगों तक लेखक पहुँचे एवं जनता-जनार्दन उस पर अपना निर्णय दे। अंतिम समीक्षक पाठक ही हैं।

दूसरी ओर आई.ए.एस. नौकरी में गलाकाट प्रतियोगिता है। उत्तम पदों पर प्रत्येक अधिकारी पहुँचना चाहता है। मेरी न तो अच्छी पृष्ठभूमि थी और न ही राजनीति या प्रशासनिक दबाव। यदि मेरे पास उच्च एवं विशेष डिग्री होती तो चाहते हुए भी कोई मुझे भारत सरकार में संयुक्त सचिव के पद पर चुनने से नहीं रोक पाएगा। अतः मैंने गंभीरतापूर्वक इंदिरा गांधी विश्वविद्यालय की सप्ताह में एक-दो घंटे की कक्षाओं में रविवार को जाना शुरू किया, पर एक बार स्कूटर से जाते समय चौराहे पर अचानक गाँव से एक साइकिल सवार टकरा गया और मेरे हाथ की हड्डी टूट गई। मैं प्लास्टर करवाकर ही घर पहुँचा, क्योंकि मेरा स्वयं पर से अधिक घरवालों का उत्तरदायित्व था। मैंने विधि में डी.फिल. करने के लिए उत्तर प्रदेश के भूमि-संबंधी सभी अधिनियम चुने तथा सर्वेक्षण के माध्यम से अधिनियमों के उद्देश्यपूर्ति को विषय बनाया। मैंने उत्तर प्रदेश को पाँच क्षेत्रों में विभक्त किया तथा प्रत्येक क्षेत्र में कम-से-कम पाँच से दस गाँवों का सर्वेक्षण किया। अब मैं जहाँ भी जाता, अपने शोध क। कार्य भी आंशिक रूप से करता। इस प्रकार प्रयागराज में मैं पूर्णतः व्यस्त रहने लगा था, पर मुझे संतोष था कि मुझे पर्यावरण एवं वन मंत्रालय के सचिव एवं प्रधानमंत्री राजीव गांधी के प्रमुख सचिव तथा प्राक्तन मुख्य चुनाव आयुक्त टी.एन. शेषन का समर्थन प्राप्त था। वे मेरी माँग से मुझे अधिक धनराशि उपलब्ध कराते तथा जोर देते कि नौकरशाहों को पुस्तकालयों में बैठकर अध्ययन करना चाहिए, ताकि वे नए-नए सुझावों को पेश कर सकें। यह मेरे मन की बात थी।

प्रयागराज में मेरा पाँच वर्ष का समय अच्छा रहा, पर एक दुर्घटना घटी। माँ को हम बड़े हनुमानजी के दर्शन कराने त्रिवेणी ले गए। उन्होंने बरसाती गंगाजल को अपनी आँखों में लगा लिया और उनकी एक आँख खराब हो गई। खैर, वे बहुत दुःखी नहीं हो सकीं, क्योंकि उनकी लाठी उनका पुत्र ही नहीं था, उनके दो पौत्र भी थे।

प्रयागराज से बोरिया-बिस्तर बाँधने से पूर्व मैं अपना शोधकार्य पूरा करना चाहता था। मेरे मार्गदर्शक प्रो. यू.पी.डी. केशरी ने भी शीघ्रता से मेरे शोध-प्रबंध में आवश्यक संशोधन करके अपना प्रमाण-पत्र दे दिया। मैंने ८०० पृष्ठों में शोध-प्रबंध तैयार किया।

अब उसकी टाइपिंग तथा बाइंडिंग की समस्या खड़ी हो गई। भारत में कुछ अधिक पैसा देने से सब काम हो जाता है। पैसा मेरे पास था। मेरा शोध-प्रबंध, विश्वविद्यालय कार्यालय में जमा हो गया। मैं चाहता था कि मेरा प्रयागराज छूटने से पहले मेरा साक्षात्कार आदि औपचारिकताएँ हो जाएँ, क्योंकि मैं प्रयागराज से कोई मानसिक बोझ लेकर वापस नहीं जाना चाहता था। विश्वविद्यालय आजकल राजनीति के गढ़ हो गए हैं। लगभग दस वर्ष बाद विधि संकाय में डी.फिल. (डॉक्टर ऑफ फिलॉसफी) के लिए साक्षात्कार होने जा रहा था। प्रो. केशरी के विरोधी प्रोफेसरों, प्रवक्ताओं ने एड़ी-चोटी का जोर लगा दिया कि मेरा साक्षात्कार न हो। मैं इलाहाबाद विश्वविद्यालय के पुरातन छात्र संगठन का पाँच वर्ष से सचिव था तथा इलाहाबाद विश्वविद्यालय को उसका प्राचीन गौरव एवं अस्मिता लौटाने के लिए मैंने अथक प्रयास किए। मैं विश्वविद्यालय के कुलपति से मिला। उन्होंने तुरंत ही काररवाई करके मेरा साक्षात्कार निश्चित करवा दिया। मेरे दो परीक्षक दिल्ली विश्वविद्यालय के विधि संकाय के अध्यक्ष प्रोफेसर संघल एवं जोधपुर विश्वविद्यालय के विधि संकाय के डीन प्रो. एस.आर. भंसाली आए। मेरा विधि संकाय के विशाल कक्ष में खुला साक्षात्कार हुआ, जिसमें विधि विभाग के कई प्रोफेसर तथा प्रवक्तागण भी उपस्थित थे। मेरे परीक्षकगण मेरा शोध-प्रबंध पढ़कर आए थे और वे पहले ही इसे उपयुक्त प्रमाणित कर चुके थे, पर उपस्थित कुछ प्रोफेसरों तथा प्रवक्तागणों ने मुझसे प्रश्न किए। मैंने उन सभी का ऐसा उत्तर दिया कि प्रोफेसरगण चुप रह गए। प्रो. केशरी के विरोधी परास्त हुए। मैं अपने विषय का विशेषज्ञ था तथा मुझे उसका व्यावहारिक अनुभव था। अतः मैं साक्षात्कार की गंगा को सहज ही तैरकर पार गया। दोनों परीक्षकों ने मुझे डी.फिल. डिग्री प्रदान करने के लिए अपनी संस्तुति दे दी और अनौपचारिक रूप से कहा—"डॉ. अग्रवाल का शोध-प्रबंध दो डी.फिल. उपाधि के योग्य है—एक विधि में और दूसरी अर्थशास्त्र में।"

अब मैं सभी प्रकार से संतुष्ट होकर प्रयागराज से वापस जाकर पश्चिम बंगाल सरकार में तैनाती की प्रतीक्षा करने लगा। पश्चिम बंगाल सरकार में इलाहाबाद के मेरे पूर्व प्राध्यापक नरेश चतुर्वेदी, आई.ए.एस. भूमि एवं भूमि-सुधार मंत्री के प्रिय पात्र थे। उन्होंने मंत्री महोदय को जब मुझे भूमि-सुधारों पर डी.फिल. उपाधि मिलने के विषय में बताया तो उन्होंने मुझे पश्चिम बंगाल सरकार में निदेशक भूमि एवं भूमि-सुधार के महत्त्वपूर्ण पद पर लेने का निर्णय लिया। मैं इस सूचना से अति आनंदित एवं गर्वित हुआ।

□

कोलकाता में आगमन

निदेशक सर्वेक्षण भवन, लाल बिल्डिंग, अलीपुर कोलकाता में विख्यात कार्यालय है, जहाँ से ब्रिटिश शासन अविभाजित बंगाल का संपूर्ण भूमि संबंधी आलेख एवं राजस्व नियंत्रित करता था, जो भारत में ब्रिटिश शासन का मुख्य राजस्व स्रोत था। उसी भवन में मैंने निदेशक, भूमि आलेख एवं सर्वेक्षण तथा संयुक्त भूमि एवं भूमि-सुधार आयुक्त का पदभार ग्रहण किया। निदेशक के अधीनस्थ पश्चिम बंगाल का संपूर्ण भूमि राजस्व तंत्र था। करीब तीस हजार कर्मचारियों की बड़ी फौज। निदेशक, भूमि आलेख एवं सर्वेक्षण ही पदेन कोलकाता के चुनाव का जिला निर्वाचन अधिकारी होता है। अतः मुख्यमंत्री, कोलकाता पुलिस आयुक्त के बाद पुलिस निदेशक को भी सलाम करते हैं। चूँकि यह पुरानी परंपरा का कार्यालय है, अतः गाड़ी चालक से लेकर चपरासी एवं व्यक्तिगत सहायक की स्वामिभक्ति निदेशक के प्रति होती है। मेरा व्यक्तिगत सहायक एक योग्य एवं भूमि मामलों में पारंगत चक्रवर्ती था, जो पश्चिम बंगाल राज्य सिविल सेवा का वरिष्ठ नौकरशाह था। अतः प्रथम दिन से ही जैसे मेरा काँटों का ताज हलका हो गया और मैंने उसे कार्यालय में उतारकर रख दिया।

निदेशालय की संरचना ऐसी थी कि निदेशक भी हस्तक्षेप न करें तो कार्य सुचारु रूप से चलता रहेगा। एक वरिष्ठ उपनिदेशक स्वायत्ततापूर्वक सर्वेक्षण एवं नए भूमि आलेखों को तैयार करने तथा उनमें संशोधन करने का कार्य देखते थे। मेरा सौभाग्य था कि राज्य सिविल सेवा के वरिष्ठ उपनिदेशक, सर्वेक्षण यद्यपि सेवानिवृत्त होनेवाले थे, पर उनका संपूर्ण कार्यालय एवं जिलों में सम्मान था। मैंने उनसे सर्वेक्षण एवं नए भूमि आलेखों को तैयार करने तथा नक्शों में संशोधन करने का काम सीखा। मेरा कानूनी दाँव-पेचों में अभिज्ञता का कुछ ही दिनों में प्रचार हो गया और मैंने भूमि आलेखों एवं नक्शे को तैयार करने के अतिरिक्त भूमि-सुधारों पर जोर दिया, जो मेरे मंत्री महोदय का भी प्रिय विषय था। गरीबों का कल्याण तथा आर्थिक उन्नति एकमात्र भूमि-सुधारों में ही निहित है। हम भूमिहीनों या छोटे किसानों को कितना ही सरकारी अनुदान दें, वे खा-पीकर खत्म

कर देंगे। पर भूमि देने से वे उसे हमेशा अपने एवं अपने परिवार के पास रखेंगे। वैसे कानूनी तौर पर भी वे सरकार से प्राप्त पट्टा भूमि किसी दूसरे को स्थानांतरित नहीं कर सकते हैं, न बेच सकते हैं, न रेहन रख सकते हैं। दूसरे, यदि बटाईदारों या बर्गादारों का सरकारी भूमि आलेखों में नाम चढ़ जाए तो भूमि मालिक उन्हें अपनी इच्छानुसार उन्हें भूमि से बेदखल नहीं कर सकते हैं। ये दोनों कार्य भी सुचारु रूप से तभी हो सकते हैं, जब भूमि आलेखों का विवरण ठीक-ठीक हो। अत: भूमि-सुधार के क्रियान्वयन में इस कार्यालय की या मेरी भूमिका अहम थी। भूमि-सुधारों का तीन वर्ष गहराई से अध्ययन करने तथा डी.फिल. प्राप्त करने के पश्चात् मेरे पास यह सुअवसर आया कि मैं समीक्षा कर सकूँ कि मेरा शोध व्यावहारिक रूप से भी ठीक है तथा शोध के और कौन-कौन से परिणामों को पश्चिम बंगाल में लागू किया जा सकता है। चुनी हुई सरकार की कोई भी घोषित नीति हो, पर नौकरशाह हमेशा उसमें से अपना विचार क्रियान्वित करने का पथ खोज लेते हैं। फिर भूमि-सुधारों का क्रियान्वयन तो एक पवित्र कार्य है, जिसमें कभी कोई विरोध का कारण ही खड़ा नहीं हो सकता। वामपंथी सरकार तो इस कार्यक्रम के क्रियान्वयन को सर्वोच्च प्राथमिकता दे रही थी। मैं वामपंथी न होते हुए भी इस कार्यक्रम का प्राणप्रण से समर्थक तथा कार्यकर्ता था।

अधिकारियों के संगठनों में द्वंद्व

निदेशालय में अधिकारियों के संगठनों के दो दल थे, जो परस्पर झगड़ते रहते थे। वामपंथी अधिकारियों का संगठन अन्य के मुकाबले कुछ कमजोर था तथा वह हमेशा आगे आना चाहता था। मैं बिना किसी भेदभाव के काम करता था, ताकि सरकार एवं कार्यालय के मुख्य लक्ष्य की प्राप्ति हो सके।

सी.पी.एम. समर्थित राजस्व अधिकारियों के संगठन का नाम था—आलो अर्थात् प्रकाश तथा दूसरे संगठन को लोग प्यार से अंधकार नाम से पुकारते थे। दोनों में प्रतिदिन रस्साकशी चलती रहती थी। दोनों संगठनों के समर्थक महत्त्वपूर्ण पदों पर थे। अत: निदेशक की भौंहें हिलीं कि वह समाचार संगठन के सचिव तक पहुँच जाता था और वे निदेशक का आदेश होने के पूर्व निदेशक को आगाह कर देते थे। प्लासी के युद्ध में तो मीरजाफर एक ही तरफ था, पर हमारे कार्यालय में मीर जाफर दोनों पक्ष में थे। कार्यालय में कुछ भी गोपनीय नहीं था। मैं भी पारदर्शी कार्यविधि पसंद करता था तथा एक बार सरकारी आदेश निकल जाने के बाद उसमें उलटफेर पसंद नहीं करता था, चाहे कुछ भी दबाव पड़े। हमारे मंत्री महोदय निदेशालय के कार्य में हस्तक्षेप नहीं करते थे तथा आलो को सलाह देते थे कि संगठन स्वयं आगे बढ़े।

आलो संगठन का सचिव विभागीय कार्य में सक्षम नहीं था। उसका एकमात्र

उद्देश्य था कि कैसे उसके संगठन के अधिक-से-अधिक सदस्य हों। उसने सभी के लिए सदस्यता खोल रखी थी। स्वभावत: भ्रष्ट और अक्षम अधिकारी आलो संगठन में आ गए, फिर भी बहुमत अंधकार संगठन का ही था। दूसरे अंधकार संगठन का अध्यक्ष एक योग्य राजस्व अधिकारी था तथा वह निदेशालय के हितों के परिप्रेक्ष्य में भी वार्त्ता करता था। उसके समर्थक हमारे राजस्व तंत्र के महत्त्वपूर्ण पदों पर भी थे। अत: जब भी निदेशालय या विभाग के हित में कोई स्थानांतरण या पदोन्नति का आदेश निर्गत होता, उसमें अंधकार के सदस्य प्राथमिकता अर्जित कर लेते। यह मार्क्सवादी राजस्व अधिकारी संगठन आलो को नहीं सुहाता। उसका सचिव मंत्री से समर्थन न पाकर अलीमुद्दीन स्ट्रीट स्थित सी.पी.एम. दल के मुख्यालय में जाकर शिकायतें करता। प्रथम दिन से ही मेरे विरुद्ध शिकायतों की फाइल शुरू हो गई। एक दिन मेरा बड़ा लड़का अंकुर उत्सुकतावश मेरे कार्यालय में नए-नए कंप्यूटर पर काम करने आया। यकायक आलो संगठन के 30-40 समर्थक मेरे सामने घेराव करके बैठ गए। मेरा लड़का डर गया था। मैंने उसे निकाला तथा मेरे पी.ए. ने कोलकाता पुलिस को सूचना दी। कुछ क्षणों में कोलकाता पुलिस के दस-पंद्रह हट्टे-कट्टे सिपाही सादा वर्दी में आ गए और उन्होंने कहा कि यदि आप बाहर आना चाहते हैं तो हम आपको ले जाएँगे। मैं घेराव कर्ताओं के बीच से टहलते हुए निकल आया। सभी आश्चर्यचकित हो गए। मेरी विजय हुई। मुझे आश्चर्य लगता कि कहीं मैं भूमि-सुधारों का काम न करके केवल प्रशासनिक कार्य ही कर रहा हूँ। सभी षड्यंत्रों, शिकायतों से बेखबर अपने परिवार के साथ मस्त रहता। लड़कों को प्राय: बैडमिंटन खेलने या तैरने के लिए सेना के ऑर्डिनेंस क्लब ले जाता। दोनों भाई लूना पर केंद्रीय विद्यालय फोर्ट विलियम की कक्षा-9 तथा 10 में पढ़ने जाते। जब भी विद्यालय से खेलकर आते तो मुझे उनके स्वास्थ्य को देखकर प्रसन्नता होती। अवकाश के दिन हम निदेशक के आवास के सामने अलीपुर केंद्रीय जेल के 5 एकड़वाले विशाल मैदान में क्रिकेट खेलते और लड़कों की लूना की मरम्मत करवाते और माँ को प्रति मंगलवार मंदिर ले जाते। कार्यालय में सभी को यह पता था। कार्यालय के अधिकारी एवं कर्मचारी मेरी माँ भक्ति की प्रशंसा करते।

विश्वकर्मा पूजा प्रतिवर्ष 17 सितंबर को सर्वे बिल्डिंग में बड़ी धूमधाम से मनाई जाती है। कार्यालय के भूमितल पर भूमि आलेखों का नक्शा बनाने एवं छपाने का कारखाना था तथा बड़ी कठिनाई से गाँवों, परगना, जिला एवं राज्य के नक्शे तैयार किए जाते। नक्शा तैयार करने में हम बहुत पीछे थे जबकि भूमि आलेखों के नवीनीकरण का कार्य तेजी से चल रहा था। मैंने कार्यालय में कंप्यूटरीकरण का एक प्रकोष्ठ बनाया, जिसका पथ-प्रदर्शन भारत सरकार के संगठन एवं नेशनल इन्फॉरमेशन सेंटर (NIC) से प्रमानिकजी कर रहे थे। प्रमानिक से मेरी आत्मीयता प्रगाढ़ हो गई, जो आज तक है, पर

कंप्यूटर पर सॉफ्टवेयर या सूत्र तैयार करना वर्षों का काम था। अतः मुझे अपनी सेवा-अवधि में परंपरागत पद्धति से ही मानचित्र तैयार करवाने थे। मैं मानचित्र तैयार करनेवाले कर्मचारियों तथा पर्यवेक्षकों को बहुत चाहता था तथा वे भी मुझे चाहते थे। वे विश्वकर्मा के उपासक थे। मैं उनसे कहता—"विश्वकर्मा विश्व निर्माता हैं। वे कठिन-से-कठिन समस्याओं का समाधान करके सुंदर रचना बना सकते हैं तथा समयानुकूल संरचना मनुष्य को दे सकते हैं। उनका साधन-साध्य तकनीकी है। हमें तकनीकी पर विश्वास करना चाहिए तथा उन्नति के लिए निरंतर कार्य करते रहना चाहिए।"

प्रत्येक विश्वकर्मा पूजा में मैं परिवार सहित सभी कर्मचारियों तथा अधिकारियों के साथ खिचड़ी खाता एवं परिवार सहित विश्वकर्मा भगवान् का प्रसाद ग्रहण करता। विश्वकर्मा के आशीर्वाद से हमने बांग्ला भाषा में भूमि आलेखों को लिखने का सॉफ्टवेयर तैयार कर लिया तथा इस दिशा में पश्चिम बंगाल देश का प्रथम राज्य हो गया। मानचित्र तैयार करने का सॉफ्टवेयर काफी प्रगति पर था। इसी बीच हमने 80% ग्रामों के मानचित्र तैयार कर लिये। यह एक ऐतिहासिक उपलब्धि थी।

भूमि आवंटन प्रक्रिया में तेजी

निर्धनों में भूमि आवंटन प्रक्रिया कोई सरल प्रक्रिया नहीं है। इसके लिए सर्वप्रथम सरकार में निहित सीमा से अधिक कृषि जमीन का विवरण तैयार करना पड़ता है, उसे नक्शे पर दिखाना होता है तथा सरकारी अभिलेखों में उन जोतों को दरशाना होता है। इसके पश्चात् लाभार्थियों की सूची पंचायत बनाती है एवं खंड स्तर पर भूमि एवं भूमि-सुधार समिति उस अतिरिक्त जमीन का पात्र लाभार्थियों में वितरण का प्रस्ताव करती है, जो संबंधित परगनाधिकारी से अनुमोदित होकर लाभार्थियों में वितरित की जाती है। लाभार्थियों में भूमि आवंटन हेतु प्रथम प्राथमिकता भूमिहीन आदिवासियों को, फिर भूमिहीन तपशील जाति के लाभार्थियों को, उसके बाद अन्य भूमिहीनों या एक एकड़ से कम भूमिधारकों को। मैंने पूरे पश्चिम बंगाल में भूमि आवंटन, भूमि आवंटन शिविरों के माध्यम से करने का आदेश निकाला तथा खंड स्तर पर इसकी निगरानी आरंभ की, यद्यपि यह कार्य अत्यंत कठिन था, क्योंकि पश्चिम बंगाल में 250 से अधिक ब्लॉक थे। खंड स्तर का राजस्व अधिकारी सीधे मेरे नियंत्रण में था, अतः यह कार्य त्वरित गति से खंड स्तर पर ही संभव था।

मैंने करीब अस्सी खंड स्तरों पर पट्टा वितरण शिविर आयोजित किए, जिसमें से कई शिविरों में मंत्री महोदय भी पधारे। वे मेरी इस पहल से अति प्रभावित हुए, क्योंकि वे अपने हाथों से अपने सामने सैकड़ों-हजारों निर्धन भूमिहीनों या छोटे किसानों को भूमि लेते हुए देख रहे थे। राजस्व विभाग का निचले स्तर का जो तंत्र है, वह गाँववालों

की निर्धनता देखते-देखते तंग हो गया था। अत: वह गरीबों की चिंता करने के स्थान पर अपना घर भरना अधिक महत्त्वपूर्ण मानता है। फिर मैंने बैंकों के साथ मिलकर इन पट्टाधिकारियों तथा बर्गादारों को खेती करने तथा फसल के लिए सरकारी अनुदान के साथ ऋण की व्यवस्था की। जिन आदिवासी गाँवों के पास सरकारी जमीन उपलब्ध नहीं थी, वहाँ विशेष योजना के तहत उन्हें सरकारी धन से जमीन खरीदकर उनके बीच जमीन बाँटने का प्रस्ताव रखा, क्योंकि आदिवासीगण सामान्यत: अपना स्थायी वास-स्थान नहीं छोड़ना चाहते हैं।

अब मैं अपने लोकप्रिय पदक्षेपों के कारण अपने पद पर जम गया था। मेरे विरोधी भी मेरे प्रशंसक हो गए। पर एक सज्जन, जो सेवानिवृत्ति के पास थे, हमारे स्थान पर पदस्थ होना चाहते थे। राज्य के वित्तमंत्री, जो एक प्रसिद्ध अर्थशास्त्री भी थे, इनके सहपाठी थे।

अत: वित्तमंत्री उन्हें मेरी जगह लाने के लिए हमारे विभाग के साधु मंत्री श्री विनयकृष्ण चौधरी से प्राय: मिलते-जुलते रहते थे। मैं भी प्राय: दो वर्ष इस पद पर रह चुका था। वित्तमंत्री के कारण मुझे एवं मेरे बैच के लोगों को विशेष सचिव के पद पर पदोन्नत्ति का आदेश निर्गत हो गया। अब तो मुझे निदेशक पद से विदा लेनी ही थी।

कोलकाता में चुनावों में धाँधली

देश के अन्य भागों में यह प्रचारित हो गया था कि पश्चिम बंगाल में वामदल मतदान के समय हेराफेरी करके, बूथों पर कब्जा करके चुनाव जीतते हैं तथा इस कारण लंबे समय से शासन में हैं, पर मुझे जमीनी सच्चाई ज्ञात थी। वामपंथी दल गरीबों एवं किसानों में भूमि-सुधार लागू करने, पंचायतों के द्वारा उन्हें विकास में भागीदार बनाने तथा प्रशासन में ईमानदारी का क्रियान्वयन करने के कारण चुनाव जीतते थे। तो भी मैंने कोलकाता के जिला निर्वाचन अधिकारी की हैसियत से कोलकाता में निर्वाचन में हेराफेरी के विरुद्ध बीड़ा उठाया। भाग्य से भारत के निर्वाचन आयोग ने भी कोलकाता में ऐसे पर्यवेक्षकगण तैनात किए, जो बहुत ईमानदार, निष्पक्ष एवं भयहीन थे। मुझे पर्यवेक्षक श्री जोशी से सूचना प्राप्त हुई। मैंने उन-उन निर्वाचन केंद्रों का भ्रमण किया, जहाँ ऐसी शिकायतें आ रही थीं। मैं जैसे ही मतदाताओं की पंक्ति में खड़े लोगों के पहचान-पत्र माँगता, ऐसे जालसाज मतदाता पंक्ति से निकलकर अदृश्य हो जाते। यह समाचार कोलकाता में विद्युत् की भाँति फैल गया और काफी संख्या में जालसाज मतदाता पलायन कर गए। फिर भी मैंने पश्चिम बंगाल के नक्सल विरोधी एवं आतंकवाद काल में पंजाब के शक्तिशाली राज्यपाल प्राक्तन मुख्यमंत्री सिद्धार्थ शंकर के घर के पास मतदान केंद्र पर कुछ ऐसे मतदाताओं को पकड़ा, जो दूसरे के नामों पर मतदान करने का प्रयास कर

रहे थे। वे प्रायः कांग्रेस दल के समर्थक थे। यह खबर बाहर फैल गई एवं मतदान केंद्र के पास सैकड़ों लोगों की भीड़ एकत्र हो गई, ताकि उन जालसाज लोगों को पुलिस थाने न ले जाया जा सके। भीड़ ने मुझ पर पथराव शुरू कर दिया, पर कोलकाता की बहादुर पुलिस न मानी। जब पुलिस अधिकारी या मजिस्ट्रेट पर हमला हो जाता है तो पुलिसवाले अपना राजनीतिक रंग भूलकर एक हो जाते हैं तथा अपने अधिकारी की सुरक्षा करते हैं। मैं उस पुलिस सब इंस्पेक्टर को देख रहा था, जिसने बहादुरी के साथ पत्थर फेंकती हुई भीड़ को तितर-बितर करके मुझे सुरक्षित बाहर निकाला तथा उन जालसाज व्यक्तियों को भी पुलिस की काली गाड़ी में बैठाकर लाल बाजार, पुलिस मुख्यालय के बंदीगृह में भेज दिया।

मेरी इस कारवाई की पर्यवेक्षकों सहित भारत के निर्वाचन आयोग ने भूरि-भूरि प्रशंसा की और निर्वाचन आयोग ने बाद में मुझे पर्यवेक्षक बनाकर पंजाब और मणिपुर में आतंकवाद के समय भेजा। मैंने भी खतरे का सामना करते हुए निर्वाचन आयोग के मुझमें विश्वास को कायम रखा।

मुझे पदोन्नति पर कार्यभार नहीं दिया गया

मैं अपनी पदोन्नत्ति का आदेश लेकर राइटर्स बिल्डिंग, राज्य सचिवालय गया, पर पशुपालन एवं दुग्ध विकास विभाग की महिला प्रधान सचिव ने मुझे कार्यभार देने से मना कर दिया। वैसे भी वे पश्चिम बंगाल सरकार में अपने अड़ियल और तानाशाह रवैए के लिए प्रसिद्ध थीं। वे मंत्री तथा मुख्यमंत्री की भी बात नहीं सुनती थीं तथा अपना महिला होने का विशेषाधिकार एवं जन सहानुभूति भुनाती रहती थीं। मुझे आश्चर्य हुआ, पर अन्य आई.ए.एस. अधिकारी को कोई आश्चर्य नहीं हुआ, क्योंकि वे अपनी सेवा के दौरान कई बार ऐसा कर चुकी थीं तथा हमेशा अपने पसंदीदा अधिकारी अपने अधीनस्थ रखती थीं। मैं किसी की नहीं सुनता, यह पश्चिम बंगाल की नौकरशाही में प्रचलित था, पर मैं अपने उच्चाधिकारी के प्रति विनम्र तथा आज्ञाकारी था, यह नहीं फैला। व्यक्ति के खराब गुण आदि गुणों से तेज, तीव्र गति से फैलते हैं, क्योंकि अच्छे गुणों के प्रशंसक कम हैं। खराब गुणवाले से व्यक्ति दूर रहते हैं, क्योंकि उनकी व्यक्तिगत सत्ता को खतरा रहता है।

मैं कार्मिक एवं प्रशासनिक सुधार विभाग के प्रधान सचिव से मिला। उन्होंने मुझे कुछ दिन प्रतीक्षा करने के लिए कहा। मैं प्रतीक्षा सूची में चला गया। यही कुछ सुनहरे दिन थे, जब मैं कोलकाता में बस और ट्राम में यात्रा करता तथा कोलकाता के लोक-जीवन तथा शहर का स्पंदन अनुभव करने का प्रयास करता।

प्रशासनिक प्रशिक्षण संस्थान का पुनरुद्धार

जब अन्य वरिष्ठ अधिकारियों को पता चला कि मैं खाली हूँ, उन्होंने मुझे माँगा और मैं एक सप्ताह में प्रशासनिक प्रशिक्षण संस्थान, साल्ट लेक में अतिरिक्त निदेशक नियुक्त हो गया। यहाँ के निदेशक मेरे पूर्व जिलाधिकारी श्री प्रदीप भट्टाचार्य थे, जो स्वयं एक स्थापित लेखक थे। मैं खुश हुआ कि मुझे लिखने-पढ़ने का सुअवसर प्राप्त होगा, जैसा प्रयागराज में उपलब्ध हुआ था।

राज्य का प्रशासनिक प्रशिक्षण संस्थान (ए.टी.आई.) राज्य के सिविल सेवा, आई.ए.एस. तथा अन्य अधिकारियों को कैसे प्रशासन के गुर या सूत्र समझाता, जब वह स्वयं एक बीमार संस्था थी। भट्टाचार्य और मैंने ए.टी.आई. को पुनर्जीवित करने का निश्चय किया। हमने राज्य सरकार से अन्य विभागीय अधिकारियों के लिए भी पाठ्यक्रम सामग्री तैयार की तथा उनसे अधिकारियों को प्रशिक्षण हेतु भेजने के लिए कहा। सभी विभागों से सकारात्मक उत्तर आया, क्योंकि उस समय प्रशिक्षण कार्यक्रम ही प्रशासन को चुस्त-दुरुस्त करने का एकमात्र राजपथ माना जा रहा था, जो देश के प्रबंध संस्थानों तथा भारतीय तकनीकी संस्थानों ने सरकार के मस्तिष्क में प्रवेश करा दिया था।

ए.टी.आई. के कर्मचारी अकर्मण्य थे तथा वे दलबाजी एवं संगठनबाजी करते रहते थे—हमेशा कोई-न-कोई माँग और काम न करने का बहाना। सबका नेतृत्व ए.टी. आई. के बड़े बाबू कर रहे थे, जो स्वयं चालाक एवं भ्रष्ट थे, पर उनकी उपेक्षा करना असंभव था। हमने ए.टी.आई. के आंतरिक प्रशासन पर ध्यान न देकर प्रशिक्षण कार्यक्रम आरंभ किए। मैं हमेशा अपने लक्ष्य पर केंद्रित रहता, यद्यपि अधीनस्थ अधिकारी लक्ष्य से भटकाने का प्रयत्न करते, ताकि उनका काम यथावत् चलता रहे।

मैं स्वयं प्रथम कक्षाएँ खोलता, ब्लैकबोर्ड साफ करता, कक्षाएँ लेता तथा अभिप्रेरण पर भाषण देता, प्रशिक्षणार्थियों से चर्चा करता तथा उनकी व्यावहारिक समस्याओं या आशंकाओं को दूर करता। उस समय पश्चिम बंगाल की कर्म-संस्कृति कुछ ऐसी थी कि लोग काम करने में विश्वास नहीं करते थे तथा वामपंथी कर्मचारी या संगठन अधिकारी प्रत्येक कार्यालय में हावी थे। उनके विरुद्ध अनुशासनात्मक काररवाई करना असंभव था। प्रत्येक प्रशिक्षण कार्यक्रम में मेरा भाषण सभी पसंद करते। मैं ओ.एच.पी. के माध्यम से ही अपना प्रस्तुतीकरण देता तथा पी.पी.टी. (पावर पॉइंट प्रेजेंटेशन) भी देता और प्रत्येक बिंदु को बार-बार दोहराता, ताकि ऊँघनेवाले वरिष्ठ अधिकारी भी मेरे कुछ बिंदु हृदयंगम कर लें। मैं उनके विभागीय अधिकारियों को भी भाषण देने के लिए आमंत्रित करता, उन्हें अच्छा मानदेय देता तथा प्रत्येक प्रशिक्षण कार्यक्रम में वित्तीय एवं लेखा संबंधी विषयों पर भी दो-तीन सत्र रखता। मुकदमा एवं न्यायालय संबंधी मामलों को सुलझाने के लिए मैं ही दो-तीन घंटे प्रशिक्षणार्थियों को प्रशिक्षण देता, उन्हें व्यावहारिक रूप से समझाता,

उन्हें संविधान एवं उनसे संबंधित अधिनियमों तथा उच्चतम न्यायालय या उच्च न्यायालय के अधुनातन निर्णयों से अवगत कराता, ताकि उनके दिमाग में स्थापित न्यायालयों की अवहेलना का कीड़ा निकल जाए और वे भी न्यायालय की अवमानना के दोष से दूर रहें। मैं अब पश्चिम बंगाल सरकार में प्रशिक्षक के रूप में लोकप्रिय हो गया था तथा ए.टी.आई. के पास काफी कार्यक्रम करने के अनुरोध आने लगे। साथ-साथ ए.टी.आई. को प्रशिक्षण कार्यक्रम करने से आमदनी भी होने लगी। हमने ए.टी.आई. के छात्रावास की भी पूर्ण मरम्मत करके नया स्वरूप देने की ठानी तथा सार्वजनिक निर्माण विभाग से आकलन तैयार करवाया, जो करोड़ों रुपए में था।

भारत सरकार की ओर से भी प्रशिक्षण के लिए कई प्रस्ताव आए। मैं स्वयं अंडमान-निकोबार प्रशासन में खाद्यान्न विभाग के कर्मचारियों एवं अधिकारियों को दो सप्ताह का प्रशिक्षण देने गया। वहाँ भ्रमण करके अति आनंद की अनुभूति हुई। चारों ओर प्रकृति और प्रकृति तथा जल। मैं संस्थान में पुस्तकें पढ़ता तथा प्रशिक्षण-सामग्री तैयार करता। इसी बीच मैंने मोटिवेशन पर अंग्रेजी में अपने उ.प्र. में कार्यकाल के अनुभवों तथा एम.बी.ए. की पढ़ाई के आधार पर एक पुस्तक तैयार की तथा वह दिल्ली के एम.डी. पब्लिकेशन से प्रकाशित हुई। अब अंग्रेजी में पुस्तकें लिखने का शौक मुझे हो गया। इसके पश्चात् मेरी एक और नौकरशाही की कहानियों पर आधारित पुस्तक प्रकाशित हुई। साथ-साथ विधि में मेरे शोध-प्रबंध पर आधारित पुस्तक 'लैंड रिफार्म्स इन इंडिया' प्रकाशित हुई। पुस्तक-प्रकाशन का क्रम जारी रहा, जो आज भी चल रहा है।

मेरी प्रसिद्धि कोलकाता विश्वविद्यालय तक पहुँच गई एवं वहाँ प्रबंध संस्थान में चल रहे पश्चिम बंगाल सरकार की ओर से आई.ए.एस. कोचिंग (अनुशिक्षण) में मैं नियमित रूप से पढ़ाने लगा। उससे मुझे आमदनी भी हुई। अतः जो नियुक्ति आई.ए.एस. समाज में अच्छी नहीं मानी जाती थी, उसी को मैंने उत्तम बना दिया। परिश्रम एवं लगन से जीवन में सभी कुछ प्राप्त किया जा सकता है। व्यक्ति को जीवन में निराश नहीं होना चाहिए। झाँसी क्षेत्र के राष्ट्रकवि मैथिलीशरण गुप्त ने भी कहा है—"यदि मनुष्य हो तो न निराश करो मन को।"

आजकल के समय में मनुष्य को कुछ कदम आगे बढ़कर यह करना आवश्यक है कि यदि निराशा भी आ फटके तो निराशा को दूसरों के सामने व्यक्त न करें, क्योंकि वे आपका केवल मखौल उड़ाएँगे। समाज में सकारात्मक सुझाव देने वाले लोग कम हैं। फिर जब आप निराशा की चर्चा करेंगे तो निराशा का वातावरण और घनीभूत होगा—केवल निराशा और निराशा ही। इसलिए मैं हमेशा प्रसन्न रहता था और रहता हूँ, पर ए.टी.आई. से निकलकर मैं प्रशासनिक सेवा की मुख्य धारा में आना चाहता था। पश्चिम बंगाल में विशेष सचिव का पद अन्य राज्यों में सचिव के बराबर होता है। मुझे विकास

एवं योजना विभाग के मंत्री श्री चौधरी ने विशेष सचिव के पद पर बुला लिया। वे भूमि एवं भूमि-सुधार मंत्री थे तथा मुझसे बहुत स्नेह करते थे। उन्होंने मेरे काम एवं काम करने की शैली, परिश्रम तथा ईमानदारी को बहुत पास से देखा था। मैं इस पद पर चिंतारहित होकर काम करता था।

विशेष सचिव के पद पर कार्य

कोलकाता महानगर के बीचोबीच स्थित विकास एवं योजना विभाग राजभवन के भूतल के कुछ कमरों में अवस्थित था। इसी भवन से एक समय अंग्रेज भारत पर राज करते थे। राजभवन में काम करना एक बड़ा अनुभव था। चारों तरफ फूल-ही-फूल तथा बड़े-बड़े वृक्ष एवं विस्तृत घास का मैदान। मुझे फूलों से प्रेम था। अत: राजभवन का माली प्रतिदिन मेरे कमरे में गुलदस्ता सजा देता था। विकास एवं योजना विभाग का मुख्य कार्य था राज्य के लिए वार्षिक एवं पंचवर्षीय योजनाएँ बनाना तथा योजना आयोग एवं केंद्रीय सरकार से उन्हें अनुमोदित कराकर राज्य के लिए अधिक-से-अधिक धनराशि की व्यवस्था करना। वामपंथी सरकार राजस्व संग्रह पर विशेष जोर नहीं देती थी तथा केंद्र सरकार से झगड़ा करके धनराशि आवंटित कराने में विश्वास करती थी। राज्य सरकार के अधिकारी भी मुख्यमंत्री को उसी प्रकार बहकावे में रखते थे।

मैंने पाया कि विभाग में बड़ा बाबू सभी योजनाओं की फाइलें अपने पास रखता था तथा अपने अनुसार ही योजनाएँ तैयार करके प्रस्तुत किया करता था। उस पर वित्त मंत्री का वरदहस्त था, जो एक सक्षम अर्थशास्त्री थे। मैंने जब कुछ अपनी ओर से सुझाव देने चाहे तो वह भड़क उठा कि आप ही योजनाएँ तैयार कर लीजिए, मेरा विभाग में क्या काम है।

मेरे प्रधान सचिव से उत्तम संबंध थे। अत: विरोधाभास शीघ्र सुलझ गया तथा मेरे सुझाव राज्य की योजनाओं में सम्मिलित होने लगे, पर इस विभाग में मेरी रुचि का एक अन्य काम था। राज्य में झारग्राम आदिवासी विकास परिषद् का मैं पदेन अध्यक्ष था। मैंने इस कार्य पर विशेष ध्यान केंद्रित किया। मैं नियमित रूप से झारग्राम जाता तथा आदिवासियों के कल्याण की योजनाओं की जमीन पर तथा कागजों पर निगरानी करता। पूरा कार्यालय मेरा भक्त था। आई.आई.टी. खड़गपुर से भी सुझाव माँगे, पर मैंने बोर्ड के सी.पी.एम. के स्थानीय सदस्यों से विरोध का अनुभव किया। वे अपने विचार के सामने किसी की भी नहीं सुनना चाहते थे। यह उनका अहं एवं कूपमंडूक मानसिकता बाद में उन्हें ले डूबी। मैं अपना काम सुचारु रूप से क्रियान्वित करता रहा।

मैंने बाद में पाया कि विकास योजनाओं का क्रियान्वयन आदिवासियों को समाज की मुख्यधारा में लाने में उत्प्रेरक रहा तथा नक्सलवादियों के विरोध के बावजूद बहुत से

आदिवासी, घोर नक्सलवादी क्षेत्रों से निकलकर हमारे विकास शिविरों में आए। आई.आई. टी. खड़गपुर के एक ग्रामीण विकास प्रकोष्ठ की सहायता से हमने आदिवासियों के बाँस पर आधारित कुटीर शिल्प की प्रक्रिया को नई-नई मशीनों तथा नई तकनीकों से उन्नत किया एवं उनके उत्पादों को जिला, शहर तथा कोलकाता की प्रदर्शिनियों में बिक्री की व्यवस्था की। इसी विभाग में एक अन्य महत्त्वपूर्ण काम था—सांसद निधि का आवंटन तथा उनके द्वारा प्रस्तावित योजनाओं की प्रत्येक जिले में निगरानी। नई-नई सांसद निधि (एम.पी. लैड) योजना लागू हुई थी। कांग्रेस के राज्यसभा सदस्य, जो देश के लब्ध प्रतिष्ठित अधिवक्ता भी थे, ने अपनी निधि से कुछ धनराशि एक क्लब को कुछ योजनाएँ कार्यान्वित करने के लिए आवंटित कर दी। इस पर जिलाधिकारी हावड़ा को आपत्ति थी। मैंने जिला अधिकारी के साथ सहमत होते हुए उनकी निधि से वह धनराशि आवंटित करने से मना कर दिया। उन्होंने बवाल खड़ा कर दिया। वे प्रेस चले गए। पर मैं टस-से-मस न हुआ। आखिर में सांसद निधि के कुछ नियम बने और हमारी जीत हुई।

विकास एवं योजना विभाग के अतिरिक्त मुख्य सचिव सेवानिवृत्ति के समीप अति मानवीय व्यक्ति थे। उन्होंने सभी काम मुझ पर छोड़ दिए थे, पर वह पूरे दिन कार्यालय में बैठते थे। हमारे एक बंगाली पड़ोसी आई.ए.एस. अधिकारी ने उनसे ईर्ष्यावश मेरी शिकायतें की, पर उन्होंने उनकी बातें अनसुनी कर दीं। बंगाली लोग न्यायप्रिय होते हैं। इसके बाद मेरे बॉस एक बिहारी अधिकारी आए। वे भी अत्यंत मधुर स्वभाववाले अधिकारी थे, पर मिलने पर वे अपनी शर्करा बीमारी के विषय में बोलने से नहीं चूकते थे तथा प्रतिदिन बाजार से बैंगन की गुणवत्ता और बाजार भाव भी हमें बताते थे, क्योंकि वे स्वयं बाजार करते थे, जो बंगाल में एक आम चलन है। बैंगन शर्करा बीमारी के लिए एक सर्वसुलभ सब्जी है। वह भी हमेशा मेरे समर्थन में खड़े रहे। उनकी सलाह पर ही मैंने भारत सरकार के संयुक्त सचिव पद के लिए आवेदन-पत्र भर दिया। माँ के आशीर्वाद से भारत सरकार के संयुक्त सचिव पद के पैनल में मेरा नाम आ गया। एक आई.ए.एस. अधिकारी के लिए जिला अधिकारी का पद, राज्य सरकार में प्रधान सचिव तथा संयुक्त सचिव का पद केंद्रीय सरकार में अत्यंत महत्त्वपूर्ण होते हैं। इन पदों के बिना आई.ए.एस. अधिकारी अपने समकक्षियों के मध्य हीनता का अनुभव करता है।

ज्येष्ठ पुत्र का आई.आई.टी. में चयन तथा माँ की मृत्यु

मेरे ज्येष्ट पुत्र जे.ई.ई. की परीक्षा में बैठा तथा हमें विश्वास था कि वह सफलता प्राप्त करेगा। उसे एक योग्य और समर्पित बंगाली शिक्षक घर पर पढ़ाने आते थे। हमें सूचना मिली कि आई.आई.टी. खड़गपुर के नोटिस बोर्ड पर परीक्षा परिणाम लगा दिया गया। मैंने अपने स्थानीय परगना अधिकारी को परीक्षा परिणाम देखने को कहा। उन्होंने

हमें सूचित किया कि अंकुर का न तो नाम और न ही रोल नंबर नोटिस बोर्ड पर है। मैं और मेरी पत्नी चिंता के अंधकार में डूब गए। अंकुर समझ गया कि क्यों मम्मी-पापा चिंता में डूबे हैं तथा आपस में खुसुर-पुसुर कर रहे हैं। माँजी भी हमेशा प्रसन्न रहनेवाले हमारे हताशा भरे चेहरों को देखकर चिंतित हो गईं। मैं चिंता को स्वयं तक सीमित रखना परिवार के कर्ता की हैसियत से अपना दायित्व समझता था तथा परिवार पर उसकी छाया भी नहीं पड़ने देता था। अंकुर को अभी भी आत्मविश्वास था कि वह जे.ई.ई. में सफल होगा। हम कैसे उसके अटूट विश्वास को तोड़ते? कहीं लड़का अवसाद के गर्त में न चला जाए। हम अपने एक पड़ोसी पुलिस अधिकारी डी.आई.जी. के आवास पर गए, जो ज्योतिष शास्त्र में पारंगत थे। उन्होंने हमारे घर में प्रवेश करते ही भविष्यवाणी की कि आपका लड़का आई.आई.टी. में सफल होगा और कल तक इसकी सूचना आप तक पहुँच जाएगी। हम ज्योतिषी पुलिस अधिकारी के आत्मविश्वास के कायल हो गए। वह हमारी सूचना के विषय में सुनने को तैयार ही नहीं थे। उन्होंने कहा, "यदि मेरा ज्योतिष शास्त्र एक विज्ञान है तो जो मैं कहता हूँ, वही सत्य है।" मैं ज्योतिष शास्त्र एवं ज्योतिषियों में बहुत विश्वास करता था और आज तक करता हूँ। बी.एस-सी. में जब मेरा परीक्षा परिणाम खराब हुआ, तब निराशा-काल में भी प्रयागराज के एक प्रसिद्ध ज्योतिषी स्वर्गीय प्रद्युमन नारायण सिंह ने मेरे 15 वर्ष के भविष्य के विषय में जो लिखकर दिया था, वह अक्षरशः सत्य सिद्ध हुआ। मैं दस वर्ष पश्चात् उसी जिले में तैनात हुआ, जहाँ ए.डी.एम. का पद ए.डी.सी. अर्थात् अतिरिक्त उपायुक्त कहलाता है और यह भविष्यवाणी ऐसे छात्र के भविष्य में, जो बी.एस-सी. में प्रथम श्रेणी भी प्राप्त न कर सका तथा सभी प्रकार से संसाधनहीन था।

दूसरे दिन मेरे ज्येष्ठ पुत्र का परीक्षा परिणाम समाचार-पत्रों में प्रकाशित हुआ। वह जे.ई.ई. में सफल घोषित हुआ तथा उसका स्थान भी ठीक-ठाक था। उसे आई.आई.टी. खड़गपुर में निर्माण यांत्रिकी (मैन्युफैक्चरिंग इंजीनियरिंग) में प्रवेश मिल गया। मेरा लड़का पूर्वी क्षेत्र, केंद्रीय स्कूल में तैराकी चैंपियन था। अतः वह जाते ही आई.आई.टी. खड़गपुर में तैराकी का कप्तान हो गया।

परिवार में यह खुशी का वातावरण चल रहा था। वह अपने छोटे भाई का पथ प्रदर्शन करने के लिए नियमित रूप से खड़गपुर से आता था। कुछ महीनों बाद ही दुर्गा पूजा के समय माँ की तबीयत बिगड़ी। माँ बातों-बातों में अकसर कहा करती थीं, "लड़कों के घर से जाने के बाद मैं इस संसार में नहीं रहूँगी।" शायद अब माँ इस संसार तथा देह से मोह त्याग रही थीं। उन्होंने मुझसे कहा, "बेटा, हो सके तो तुम अब ज्यादा बाहर न जाओ।" हमने इस बात को बहुत गंभीरतापूर्वक नहीं लिया, क्योंकि हम तो उनकी तबीयत का सब समय ध्यान रख रहे थे और उन्हें कुछ-न-कुछ होता रहता था,

पर इस बार वे इस बात से भी चिंतित थीं कि कुछ महीनों बाद मेरा छोटा लड़का भी उन्हें छोड़कर पढ़ने चला जाएगा। उनकी पूर्णकालिक संगति बच्चों के साथ ही थी। बच्चों ने दादी को उनका नाम लिखना सिखाने की खूब कोशिश की, पर वे सफल नहीं हुए। बच्चे पढ़ते रहते और माँ उनके कमरे में बैठी बिना बात किए अपनी सुपारी कतरती रहतीं। मेरे साथ तो केवल खाने के समय बात होती थी या रात में 10-15 मिनट सोने के पहले, जब मैं उनके पैर दबाता था। तब हम बुंदेली भाषा में बहन और भाई की बातें करते, जो माँ समझ पाती थीं।

इस बार उनकी दुर्गा पूजा के समय तबीयत बिगड़ी तो कोई डॉक्टर नहीं मिला। सभी दुर्गा पूजा मनाने चले गए थे। ईश्वर न करे कि पश्चिम बंगाल में कोई दुर्गा पूजा के समय बीमार पड़े। मैं परेशान हो गया। जैसे-तैसे कोलकाता अस्पताल से एक मारवाड़ी हृदय रोग विशेषज्ञ हमारे सरकारी आवास पर माँ को देखने आए, क्योंकि माँ अस्पताल जाने में अशक्त थीं। उन्होंने भी दो-तीन दिन के लिए अस्पताल में भरती होने के लिए समझाया, पर माँ तैयार नहीं हुईं। माँ कहतीं—"तुम क्यों परेशान होते हो। अब मेरा और जीवन नहीं है। मुझे घर पर ही रहने दो या बरुआसागर ले चलो ताकि मुझे वहाँ जला सको, जहाँ पिताजी को जलाया गया था।"

मैं जिस समाज में रहता था, उसमें अच्छे-से-अच्छा इलाज होना चाहिए, अतः मैं नहीं माना। मैंने एवं पत्नी ने माँ को बहुत समझाया। अपने एक मिलनेवाले को भी बुलाया। तब माँ किसी प्रकार दो दिन अस्पताल जाने को राजी हो गईं। माँ को एंबुलेंस द्वारा कोलकाता अस्पताल (सी.एम.आर.आई.) में भरती करा दिया गया। डॉक्टरों ने उन्हें आई.सी.यू. में पहुँचा दिया, क्योंकि यह वी.आई.पी. मरीज था। अस्पताल के प्रबंधक हरि अग्रवाल मेरे प्रगाढ़ मित्र बन गए। मैं अस्पताल के अंदर उनके आवास में बैठकर माँ का हालचाल लेता रहता। माँ को साड़ी के स्थान पर जब अस्पताल की पोशाक पहनाई गई तो उन्हें बिल्कुल पसंद नहीं आई—"मेरा इस कमरे में दम घुटा जा रहा है। मुझे यहाँ से ले चलो।"

माँ को वातानुकूलित कमरे में रहना पसंद नहीं था। उसमें उनकी श्वास उखड़ जाती थी। उन्हें कृत्रिम ऑक्सीजन दी जाने लगी, जो उन्हें पसंद नहीं आया। मुझे माँ से दूर रहने पर चिंता सताती थी और उनके पास रहने पर भी चिंता सताती थी। मैं जब अस्पताल के प्रबंधक के सामने अपना दुःख प्रकट करता तो वे कहते—"इस दुःखालय से प्रायः 20% रोगी ही वापस घर जा पाते हैं। फिर आपकी माँ की उम्र तो पूरी हो चुकी है। इस अस्पताल में तो कोहराम छाया रहता है। कोई रो रहा है तो कोई आँखों में आँसू भरकर भरी आँखों के साथ घूम रहा है। कोई चिंता में है तो कोई प्रतीक्षा में है कि कब शुभ समाचार मिले कि उसके रोगी की हालत ठीक है। सभी भगवान् भरोसे छोड़ देना चाहिए।"

मैं कहता—"मित्र, मैं भी जानता हूँ कि माँ का जीवन अब लंबा नहीं खिंचेगा। पर माँ तो माँ ही है। उसके समान इस धरती पर कोई नहीं है। मेरी माँ बिना पढ़ी-लिखी होते हुए भी मेरी नौकरी में सबसे बड़ी मार्गदर्शक थीं। वह हमारे मित्रों के बीच बैठी रहतीं तथा अपने जीवन भर के अनुभव के आधार पर हमें सचेत करतीं कि कौन व्यक्ति कैसा है। इसी प्रकार दफ्तर के काम में कोई धर्मसंकट आता तो मैं उनके परिवेश के अनुसार समस्या समझाता तो उनकी सलाह मेरे लिए सटीक बैठती थी। आजकल थोड़ी परेशानियाँ आईं कि पत्नियाँ आतंकित हो जाती हैं।"

माँ की सलाहनुसार मैंने अपनी बहन को माताजी की तबीयत के विषय में बताया तो वह भी माँ को देखने आईं। मैंने माँ से बहन को अपने जेवर देने को कहा, पर उन्होंने कहा—"यह तो उषा के लिए हैं। उसने मेरी बहुत सेवा की है।" लड़की के सामने बहू का पद ऊँचा। मैंने रात्रि में अपने भतीजे को उनके पास रख दिया। एक रात्रि में उद्घोषणा हुई कि मेरा भतीजा तुरंत माँ के बिस्तर पर पहुँचे। जब माँ की अंतिम साँसें चल रही थीं। उसने घबराहट में हमें सूचित किया, तब तक माताजी के प्राण पखेरू उड़ चुके थे। मैं माँ को खो चुका था।

हम तुरंत अस्पताल पहुँचे। मेरे मित्र ने बिड़ला अस्पताल से मुझे अधिक-से-अधिक रियायत करवा दी। माँ का शव हम घर ले आए। उनकी इच्छा अनुसार हमने उनका अंतिम संस्कार गंगा के किनारे काली घाट पर किया, पर हमें उन्हें विद्युत् शवदाह गृह में जलाना पड़ा। दूसरे दिन ही माँ के स्थान पर उनकी अस्थियों को लेकर हम अपने पैतृक गाँव बरुआसागर पहुँचे। हमें देखकर सभी क्रंदन कर उठे। माँ पूरे गाँव में प्रिय थीं। मैंने शुद्धता के पश्चात् संगम पर उनकी अस्थियों का विसर्जन किया। तेरह दिन घर पर रहकर मैंने धूमधाम से माँ की त्रयोदशी का आयोजन किया। प्रतिदिन गरुड़ पुराण सुना। गाँव का परिवेश आज भी शांतिप्रदाता है। मुझे फिर से सामान्य जीवन की संजीवनी प्राप्त हो गई।

छोटा लड़का सागर अपने इंजीनियरी प्रवेश की परीक्षाएँ देता रहा तथा उत्तर प्रदेश बरेली के रुहेलखंड विश्वविद्यालय, उत्तर प्रदेश सरकार के इंजीनियरिंग कॉलेज की कंप्यूटर इंजीनियरिंग शाखा में उसे प्रवेश मिल गया। मैंने भी संयुक्त सचिव पद पर भारत सरकार दिल्ली में प्रतिनियुक्ति पर जाने की कोशिशें तेज कर दीं।

□

दिल्ली में संयुक्त सचिव

मेरा संयुक्त सचिव के लिए सूची में नाम आ गया। अब मेरे लिए दिल्ली दूर नहीं थी। जब से पांडवों और मुगलों की राजधानी दिल्ली बनी, सभी भारतीयों का सपना दिल्ली में बसने का हो गया था। दिल्ली की कड़कती सर्दी और तपती ग्रीष्म कोई भी भूल नहीं सकता। जाड़ों में तो दिल्ली एक व्यस्त पार्वत्य स्थल हो जाता है। अब तो दिल्ली एक औद्योगिक एवं व्यापारिक केंद्र भी हो गया है। जनसंख्या के हिसाब से दिल्ली भारत का सबसे बड़ा महानगर है। राजनीतिज्ञों, कवियों, लेखकों तथा शायरों का तो यह प्रिय नगर रहा है, जो भारत के उत्थान और पतन का प्रथम साक्षी रहा। मेरी अकादमिक एवं प्रशासनिक की योग्यता के आधार पर मेरा नाम चयन समिति ने शिक्षा मंत्रालय में स्वीकृति हेतु प्रस्तावित किया। अंत में प्रधानमंत्री का अनुमोदन होना था। इस स्तर पर फाइल की गतिविधि का संबंधित नौकरशाह पता लगाता रहता है। मुझे पूर्ण आशा थी कि कुछ दिनों में नियुक्ति-पत्र आ जाएगा, क्योंकि प्रथम चयन समिति तथा संबंधित मंत्रालय से अग्रसारित प्रस्तावों पर प्रधानमंत्री साधारणत: हस्ताक्षर कर देते हैं। प्रधानमंत्री का अनुमोदन एक औपचारिकता ही मानी जाती है। इसी बीच पश्चिम बंगाल संवर्ग के एक अधिकारी की सुंदर एवं प्रभावशाली पत्नी दिल्ली में संयुक्त सचिव थीं। उन्होंने एवं उनके पति ने तत्कालीन सर्वाधिक लोकप्रिय एवं प्रभावशाली पश्चिम बंगाल के मुख्यमंत्री ज्योति बसु को पकड़ा। ज्योति बसु जाति, धर्म, स्थान विशेष आदि का भेदभाव नहीं मानते थे तथा इन पचड़ों में नहीं पड़ते थे, पर उन्होंने उन भद्रलोक के लिए तत्कालीन प्रधानमंत्री नरसिम्हाराव को फोन कर दिया। नरसिम्हा राव एक कमजोर प्रधानमंत्री थे। उन्होंने तुरंत ही मेरे स्थान पर उनकी फाइल मँगाई और वह रॉकेट की गति से प्रधानमंत्री से अनुमोदित होकर नीचे उतर गई।

उनकी प्रतिनियुक्ति संयुक्त सचिव पद पर हो गई। मेरी प्रतिनियुक्ति अधर में लटक गई। प्रधानमंत्री से कौन लड़ता ? प्रधानमंत्री के समक्ष मैं एक छोटा सा नौकरशाह था, पर मैंने ईश्वर से प्रार्थना की कि ईश्वर मुझे नरसिम्हा राव से प्रतिकार लेने का एक अवसर

अवश्य दें, जो क्षमता-संपन्न व्यक्ति पक्षपातपूर्ण एवं अन्यायपूर्ण निर्णय लेते हैं, वे भूल जाते हैं कि उनके इस निर्णय से किस व्यक्ति की क्षति होगी, किसकी आत्मा कचोटेगी तथा उनके ऐसे नियम विरुद्ध निर्णय के क्या दूरगामी परिणाम होंगे। भविष्य में स्वार्थी लोग उनके ऐसे अपवादस्वरूप अन्यायपूर्ण निर्णयों का दृष्टांत देकर वैसे अनेक निर्णय लेंगे और वह भी ताल ठोक कर। न्यायालय का अंतिम निर्णय आने में कम-से-कम दस वर्ष का समय लगेगा, तब तक वे चाँदी काटकर सेवानिवृत्त हो जाएँगे।

मैं इस निर्णय के विरुद्ध कार्मिक विभाग के अतिरिक्त सचिव एवं स्थापना अधिकारी से मिला। वे एक सच्चे मुसलमान तथा निर्भीक अधिकारी थे। उन्हें इस निर्णय की भनक थी। उन्हें मुझ पर दया आ गई तथा उन्होंने प्रधानमंत्री के इस निर्णय के विरुद्ध जेहाद करने का निश्चय किया। उन्होंने प्रधानमंत्री के इस निर्णय के विरुद्ध टिप्पणी करते हुए फाइल ऊपर भेजी, पर तब तक सब हो चुका था। उन्होंने मुझे आश्वासन दिया कि वह मुझे अवश्य ही भारत सरकार में संयुक्त सचिव बनाकर लाएँगे। वे मेरी सहायता करने का अवसर तलाश रहे थे।

मैंने भी सोचा कि आजकल के जमाने में बिना तदवीर के कुछ नहीं होता। कम-से-कम अपनी योग्यता को तो संबंधित अधिकारियों के संज्ञान में लाऊँ, क्योंकि पूरी फाइल कोई नहीं पढ़ता। मैंने पश्चिम बंगाल संवर्ग के ही हमारे वरिष्ठ तथा गृह मंत्रालय में अतिरिक्त सचिव श्री बसु को पकड़ा। उन्होंने मुझे सहायता का भरोसा दिलाया। श्री बसु स्थापना अधिकारी के पास के कमरे में बैठते थे। उन्होंने स्थापना अधिकारी को मेरे नाम की सिफारिश की। भाग्य से विधि एवं न्याय मंत्रालय के न्याय विभाग में संयुक्त सचिव का एक पद रिक्त हुआ था। उसका प्रशासनिक नियंत्रण गृह मंत्रालय के पास था, क्योंकि गृह सचिव ही न्याय सचिव थे, अतः स्थापना अधिकारी ने मेरा प्रस्ताव गृह मंत्रालय भेज दिया। बसुजी ने यह प्रस्ताव गृह मंत्रालय से अनुमोदित कराके प्रधानमंत्री के पास भेज दिया, क्योंकि मेरे समक्ष देश में अन्य किसी आई.ए.एस. अधिकारी के पास विधि अर्थात् लॉ की डिग्रियाँ नहीं थीं। मैं एल-एल.बी. (प्रथम श्रेणी में प्रथम), एल-एल.एम. (कलकत्ता विश्वविद्यालय) तथा डि.फिल. (इलाहाबाद विश्वविद्यालय) था तथा मैं प्रारंभ में लॉ कॉलेज में पढ़ाता भी था एवं पश्चिम बंगाल बार काउंसिल का सन् 1980 में पंजीकृत अधिवक्ता था। इस बार मेरी फाइल प्रधानमंत्री के पास रॉकेट की भाँति गई एवं सफलतापूर्वक गृह मंत्रालय में उतर गई तथा संयुक्त सचिव पद के लिए मेरा आदेश निकल गया। यह आदेश प्राप्त करके मुझे ऐसा लगा, जैसे मेरे नाम की लॉटरी खुल गई हो। यह पद मेरी पारिवारिक आवश्यकता भी थी, क्योंकि मेरा छोटा लड़का दिल्ली के पास बरेली से ही इंजीनियरिंग की पढ़ाई कर रहा था। मैं कोलकाता से दिल्ली जाने की तैयारी में जुट गया।

संयुक्त सचिव, भारत सरकार का बड़ा साहब है, जैसे अधिशासी अभियंता इंजीनियरी विभागों में होता है, क्योंकि सचिवालय का स्टाफ उसके साथ ही संलग्न रहता है। सचिव का कोई दफ्तर नहीं होता। वह संयुक्त सचिवों के माध्यम से ही काम करता है। अत: सभी कर्मचारी एवं अधिकारी सीधे संयुक्त सचिव के प्रति जिम्मेदार हैं। केंद्रीय सरकार में विकेंद्रीकृत प्रशासन प्रणाली है तथा राज्य सरकारों के प्रशासन की भाँति उत्तराधिकारी या मंत्री एक-दूसरे के काम में हस्तक्षेप नहीं करते हैं। न्याय विभाग में दो ही संयुक्त सचिव थे। एक संयुक्त सचिव उच्च- न्यायालय एवं उच्चतम न्यायालय के न्यायाधीशों की नियुक्ति का काम देखते थे। मुझे संपूर्ण विभागीय व्यवस्था, अधीनस्थ न्यायालय, न्यायालयों की स्थापना एवं विकास, न्याय सुधार, उच्च न्यायालय तथा उच्चतम न्यायालय के न्यायाधीशों के वेतन, पेंशन आदि संबंधित काम था। मेरे प्रभाग का वार्षिक बजट लगभग 200 करोड़ था, जो न्यायालय के निर्माण तथा कंप्यूटरीकरण के लिए बाद में बढ़ा दिया गया था। केंद्र शासित न्यायालयों का प्रशासन सीधे मेरे पास था, जैसे दिल्ली राजधानी केंद्र शासित प्रदेश एवं चंडीगढ़ केंद्र शासित क्षेत्र के न्यायालयों का।

मुझे प्रसन्नता हुई कि मैंने जो विधि-शिक्षा में सीखा था, वह मुझे कार्यान्वयन करने का सुयोग था। मैंने सर्वप्रथम न्यायालयों में लंबित मुकदमों को कम करने का विचार बनाया, परंतु मुझे मेरे बुद्धिमान एवं अनुभवी अपर सचिव ने बताया कि सीधे उच्च न्यायालय को निर्देश देने से बात बिगड़ जाएगी। अत: मैंने प्रथम उनसे लंबित मुकदमों की स्थिति माँगी, जो हमारे पास आ रही थी तथा उसका अध्ययन किया। इसके पूर्व इन त्रैमासिक सूचनाओं पर भय के कारण न्याय विभाग कोई काररवाई नहीं करता था तथा केवल डाकखाने की भाँति काम करता था, ताकि उच्च न्यायालय के नाराज होने पर कहीं लेने के देने न पड़ जाएँ। दफ्तरशाही तंत्र में सब सुरक्षित तथा सरल रास्ते पर चलते हैं, ताकि कोई विवाद नियंत्रण के बाहर न चला जाए। विशेषत: न्यायपालिका से कोई राजनीतिक नेता पंगा नहीं लेना चाहता। यहाँ तक कि प्रधानमंत्री भी। यही कारण है कि उच्च न्यायालयों का अहं आजकल सातवें आसमान पर है, पर मैंने प्रारंभ में एक लिपिक की भाँति सभी उच्च न्यायालय एवं उच्च न्यायालयों से मासिक रिपोर्ट एवं विवरणी मँगाई तथा न भेजनेवाले उच्च न्यायालयों को नम्रता से ओत-प्रोत पत्र भेजे। कोई उच्च न्यायालय इसका विरोध नहीं कर पाया। दूसरे वर्ष मैंने सभी उच्च न्यायालयों के पास पारदर्शी रूप में सभी मुकदमों के निष्पादन एवं बकाया मामलों का विवरण भेजा, ताकि उच्च न्यायालयों में परस्पर प्रतियोगी भावना जाग्रत् हो एवं वे एक-दूसरे के आलोचक या प्रशंसक बने। उच्चतम न्यायालय हमारे सभी प्रयासों का पूर्ण समर्थक था। सर्वोच्च न्यायालय का निष्पादन उत्तम था, अत: सर्वोच्च न्यायालय सब समय न्याय विभाग से सहयोग करता था। सर्वोच्च न्यायालय न्याय विभाग को अपना ही अंग समझता था। तीसरे वर्ष मैंने

संबंधित उच्च न्यायालयों से मुकदमों का निष्पादन बढ़ाने के लिए पत्र लिखा, जो उन्होंने स्वीकार कर लिया। शनैः-शनैः उच्च न्यायालय विधि एवं न्याय मंत्रालय, भारत सरकार के प्रशासनिक नियंत्रण में आ रहे थे। इस प्रकार कुल लंबित मामलों की संख्या कम होती जा रही थी तथा उसके पीछे हमारी निरंतर निगरानी का महती योगदान था।

देश-विदेश का अनुभव

पश्चिम बंगाल में जिलावारी काम करते-करते एकरसता आ गई थी। कभी मिदनापुर, हुगली, बर्धमान, चौबीस परगना तो कभी जलपाईगुड़ी, कूचबिहार और दार्जिलिंग। दिल्ली में आने पर मुझे आनंद मिला कि मैं अपनी विवरणी की सूची में कभी तमिलनाडु, केरल, कर्नाटक को रख रहा था तो कभी महाराष्ट्र, गुजरात, राजस्थान, पंजाब, जम्मू को भी। भारत की विभिन्नता मेरे समक्ष थी और उसका संयुक्त सचिव के पद पर वास्तविक अनुभव।

मेरा एक महत्त्वपूर्ण कार्य था—देश के सभी राज्यों में अदालतों के निर्माण एवं पुनर्निर्माण के लिए राज्यों को धनराशि उपलब्ध कराना एवं उसके व्यय की निगरानी और समीक्षा करना। मैं इस संदर्भ में देश के विभिन्न राज्यों में जाकर योजनाओं के क्रियान्वयन को कार्यस्थल पर देखता। उच्च न्यायालय में अतिरिक्त न्यायालय कक्षों के निर्माण आदि के लिए धनराशि का आवंटन किया। उच्चतम न्यायालय जो भी चाहता था, उसके लिए धनराशि उपलब्ध करा दी जाती थी। वैसे उच्चतम न्यायालय का प्रशासन अति सौम्य तथा विवेकशील था तथा सरकार की समस्या को समझता था। उच्चतम न्यायालय की ओर से एक रजिस्ट्रार मेरे संपर्क में रहते थे। मुझे तो आश्चर्य हुआ, जब उच्चतम न्यायालय में एक आयोजन में भारत के मुख्य न्यायाधीश ने मुझे चाय के लिए सर्वप्रथम आमंत्रित किया। मेरे मना करने पर उन्होंने कहा—"डॉक्टर अग्रवाल, आप ही हमारे लिए सरकार हैं।" मैं उच्चतम न्यायालय का कृतज्ञ हो गया।

इसके अतिरिक्त राज्यों के जो भी अधिनियम राष्ट्रपति के अनुमोदन के लिए आते थे, उन पर केंद्रीय सरकार का मंतव्य स्थिर करना, जो उस अधिनियम से संबंधित मंत्रालयों के परामर्श से किया जाता था। राष्ट्रपति द्वारा दया के प्रस्ताव भी मेरे प्रभाग में थे। इसके अतिरिक्त अनेक महत्त्वपूर्ण विषय थे। उनमें एक था कि उच्चतम न्यायालय के आदेश के अनुपालन में आयोग बैठाकर जिला न्यायालयों के न्यायाधीशों के वेतन, सुविधाओं के विषय में निर्णय लेना। न्याय विभाग के विदेशी मामले भी मेरे पास थे।

मेरा कार्यालय इंडिया गेट पर जैसलमेर हाउस में था। दिल्ली जैसे व्यस्त शहर में महलों जैसा खुला भवन—सामने विस्तृत लोन तथा पेड़-पौधे उसका प्रशासनिक दायित्व मेरे पास ही था। मैं दिन-प्रतिदिन के कामों के लिए सचिव, गृह मंत्रालय को

रिपोर्ट करता था, क्योंकि सचिव, गृह मंत्रालय न्याय विभाग के भी पदेन सचिव थे। अत: राष्ट्रपति भवन से भी विभिन्न समारोहों के निमंत्रण-पत्र आते रहते हैं। राष्ट्रपति भवन के व्यंजन अति उत्तम होते थे। बरुआसागर गाँव के लड़के को यह अवसर! कोई सोच भी नहीं सकता था। एक ऐसे ही आयोजन में, जिसमें राष्ट्रीय सड़कों के निर्माण का शुभारंभ था, माननीय प्रधानमंत्री अटल बिहारी वाजपेयी सहजता से टहल रहे थे। मैंने उनसे कहा—"आप भी लिखते हैं, मैं भी लिखता हूँ।" वे अपने जाने-पहचाने अंदाज में मुसकराए। मेरे कार्यालय का प्रशासन गृह मंत्रालय के अधीनस्थ था, पर विधि एवं न्याय मंत्री हमारे मंत्री थे। इस प्रकार मुझे दो मंत्रालय में संयुक्त सचिव के पद पर कार्य करने का अवसर प्राप्त हुआ।

संयुक्त सचिव का भारत सरकार में अति सम्मान है। संयुक्त सचिव को भारत सरकार के सभी सरकारी समारोहों में आमंत्रित किया जाता है। पदभार ग्रहण करते ही मेरा ऑस्ट्रेलिया विस्कोन्सिन विश्वविद्यालय में कार्मिक विषय (एच.आर.) में प्रशिक्षण हेतु भारत सरकार द्वारा नामांकन किया गया। विदेश जाने के लिए मेरे लिए यह प्रथम अच्छा अवसर था, जिसमें शिक्षा, भ्रमण के साथ अच्छा भत्ता भी ऑस्ट्रेलिया सरकार की ओर से डॉलरों में मिलता था। मैं अन्य कुछ अधिकारियों के साथ ऑस्ट्रेलिया पहुँचा। जहाँ मुझे एक मोटेल में स्वतंत्र फ्लैट मिल गया, पर मुझे खाना स्वयं बनाना था, जिसमें खाना बनाने की स्वचालित व्यवस्था थी। प्रशिक्षण की उत्तम व्यवस्था थी तथा हमें काफी व्यस्त रखा जाता था। कुछ दिनों में मेरी पत्नी भी ऑस्ट्रेलिया आ गई और हम दोनों ने विदेशी प्रवास का आनंद लिया।

लगभग दो करोड़ की आबादीवाले ऑस्ट्रेलिया का क्षेत्रफल भारत के दोगुने क्षेत्रफल से भी अधिक है। यूकेलिप्टस के पेड़ों से आच्छादित और कंगारुओं का देश ऑस्ट्रेलिया प्रकृति की गोद में बैठा है। ऑस्ट्रेलिया की खाद्यान्नों की उपज, खनिजों, पर्यटन तथा विदेशों के विद्यार्थियों से इतनी आमदनी है कि ऑस्ट्रेलियावासियों को कुछ करने की आवश्यकता नहीं है। ऑस्ट्रेलिया सरकार ने ऑस्ट्रेलिया में बसने वाले प्रत्येक नागरिक को प्राय: एक सौ ऑस्ट्रेलियाई डॉलर (करीब तीस हजार रुपए) प्रतिमाह सामाजिक सुरक्षा के रूप में सुनिश्चित की है। अत: ऑस्ट्रेलिया में अपराह्न में सभी खेलते हुए या घूमते हुए दृष्टिगोचर होते हैं। यहाँ शिक्षा का बाजार बड़े जोरों पर है तथा एशियाई देशों सहित अनेक देशों के छात्र यहाँ शिक्षा ग्रहण करके ऑस्ट्रेलियाई आर्थिक-तंत्र को समृद्ध बना रहे हैं। उन्होंने सारे संसार से योग्य व्यक्तियों को लाकर अपने विश्वविद्यालयों में नौकरियाँ दी हैं तथा पुस्तकालयों एवं प्रयोगशालाओं को अत्याधुनिक ढंग से सुसज्जित किया है। प्रतिवर्ष ऑस्ट्रेलिया में करीब तीस लाख पर्यटक आते हैं। मुझे भी ऑस्ट्रेलिया में बसने का प्रस्ताव मिला, पर मैंने मना कर दिया। मेरे लिए मेरी मातृभूमि ही सबकुछ है,

वह चाहे जैसी भी हो। मेरी दुर्बल, अभावग्रस्त मातृभूमि भी अन्य समृद्ध भूमि से बढ़कर है। हम ऑस्ट्रेलिया में सिडनी, मेलबोर्न, ब्रिसबेन, गोल्ड कोस्ट घूमकर बैंकॉक होते हुए दिल्ली वापस आ गए। आस्ट्रेलिया वास्तव में धरती पर स्वर्ग था।

वापस आते ही विभाग एवं मंत्रालय के काम में लग गए। गृह मंत्रालय में प्रत्येक सोमवार को प्रात: 9 बजे सभी संयुक्त सचिवों, अतिरिक्त सचिवों के साथ गृह सचिव सभा करते थे तथा बीते सप्ताह के कामों की समीक्षा करते थे तथा आने वाले सप्ताह के लिए महत्त्वपूर्ण मामलों के लिए कार्ययोजना निर्धारित करते थे। दो वर्ष में संयुक्त सचिव के कार्य में दक्ष हो गया था। गृह मंत्रालय में देर तक काम होता था, इसलिए मैंने कार्यालय के पीछे बैडमिंटन कोर्ट बना लिया, ताकि गृह सचिव के बुलाने पर तुरंत उपस्थित हो सकूँ। मुझे मंत्री परिषद् के लिए नोट बनाना, उन्हें बार-बार संशोधित करना समय एवं ऊर्जा का अपव्यय प्रतीत होता था, पर यह भी एक प्रशिक्षण था कि किस प्रकार कार्यालय में फाइल पर त्रुटिहीन विचार व्यक्त किया जा सके तथा निर्णय के पश्चात् पूर्णरूपेण स्पष्ट एवं भाषा की दृष्टि से शुद्ध प्रपत्र तैयार किए जाएँ। इस प्रकार में टिप्पण एवं प्रारूप लेखन में निपुण हो गया। यही मेरा काम था।

इसी बीच हमारे ज्येष्ठ पुत्र अंकुर अमरीका (यू.एस.ए.) में टेक्सास राज्य के ह्यूस्टन, बेटाउन में जिंदल सॉ पाइप के कारखाने में अमरीकी प्रबंध निदेशक का कार्यकारी सचिव बनकर अमरीका चला गया। हम अपने विवाह की सिल्वर जुबली मनाने अंकुर के पास गए। वहाँ टेक्सास से थोड़ी दूर कृपालु महाराज का वृंदावन आश्रम था। उसमें यमुना भी बहती थी। वह संपूर्ण वृंदावन की नकल थी। हमने वहाँ शिव के सामने एक-दूसरे को जयमाला पहनाकर अपनी 25वीं विवाह वर्षगाँठ मनाई। हमारा एकमात्र अतिथि या आयोजक था हमारा जेष्ठ पुत्र अंकुर, जो हमारे विवाह गठबंधन का श्रेष्ठ उत्पाद था। मैं वर्षगाँठ के उपलक्ष्य में भारत में बड़े-बड़े आयोजन को पसंद नहीं करता हूँ। यह केवल अनावश्यक खर्च एवं दिखावा है।

अमरीका में ही हम न्यूयॉर्क सहित कई स्थानों पर गए। हम अपनी साली के घर भारतीयों के गढ़ न्यूयॉर्क के उपनगर न्यूजर्सी में ठहरे। न्यूयॉर्क में वर्ल्ड ट्रेड टावर में बैठकर हम दोपहर का भोजन करते थे, जो बाद में आतंकियों ने दो हवाई जहाज को टकराकर ध्वस्त कर दिए तथा अमरीका जैसे शक्तिशाली राष्ट्र का अहं ध्वस्त कर दिया। अमरीका ने कई वर्षों बाद इस आतंकी आक्रमण के सरगना लादेन को मार डाला। हम लड़के के फ्लैट में रहे। अंकुर अपने कारखाने में बहुत लोकप्रिय था तथा अमरीकी मजदूर उसके कहने पर चलते थे। वह प्रतिदिन पूरे कारखाने में करीब पाँच किलोमीटर पैदल चलता था। बड़े दिन तो अंकुर उनके उत्सव में अवश्य जाता था। वे अंकुर से बहुत प्यार करते थे। उसका अमरीकी अधीनस्थ कर्मचारी उसकी कार मरम्मत करने हमारे

आवास पर चला आता था, जो अमरीका में असामान्य था। अमेरिका में अंकुर केवल पिज्जा खाकर ही रहता था। हमारे जाने से उसे घर का खाना खाने का सौभाग्य मिल गया। उसके कई पड़ोसी भी भारतीय थे—उसके कारखाने के ही सह-अधिकारी। पर माँ के हाथ के खाने में कुछ और ही स्वाद होता है। मुझे आश्चर्य हुआ कि स्टील कारखाने के पास तथा ह्यूस्टन में हाथ से चलनेवाले पंप से पेट्रोल निकल रहा था, जैसे भारत में कृषक रहट से पानी निकालकर अपने खेतों में सिंचाई करते हैं। मैं खाली समय में फ्लैट के पीछे मैदान में गोल्फ खेलता। यही एक खेल मुझसे बचा था और खाली समय में मैं पास के पुस्तकालय चला जाता। रास्ते में अमरीकी मुझे अपनी कार में लिफ्ट दे देते। अमरीका में पुस्तकालय नि:शुल्क होता है तथा अध्यक्ष प्रत्येक के अध्ययन और शोध करने में उत्साहपूर्वक सहायता करते हैं। मैं अमरीका की अभूतपूर्व प्रगति का रहस्य खोज रहा था। मैंने अमरीका की प्रगति का रहस्य पाया—वहाँ योग्यता तथा प्रतिभा का सम्मान। अमरीका में विश्व के स्वस्थ एवं योग्य व्यक्तियों को बसाया गया तथा उन्हें वहाँ बिना भेदभाव के स्वतंत्रता सुनिश्चित की गई। उन्होंने भी जी-तोड़ परिश्रम करके अमरीका को संसार की समृद्धि के शिखर पर आरूढ़ किया। संयुक्त राज्य अमरीका में स्वतंत्रता का अर्थ उच्छृंखलता नहीं है। वहाँ कानून का शासन है। साथ में है अमरीका में तीव्र गति, पूरे परिश्रम, लगन तथा ईमानदारी से अपना निर्धारित कार्य करना। संयुक्त राज्य अमरीका के निवासी अपने जीवन-स्तर को प्राथमिकता देते हैं। कोई भी सरकार हो, वे उसकी सफलता का निर्णय अपनी अर्थव्यवस्था की उन्नति के आधार पर करते हैं, न कि रंगभेद या जाति-पाँति के आधार पर। यही कारण है कि संयुक्त राज्य अमरीका में 35 लाख से अधिक भारतवंशी अमरीका के नागरिक हैं तथा ऊँचे-ऊँचे पदों पर हैं, जिन्हें सुनकर भारत में भारतीयों को गर्व होता है। कहना अतिशयोक्ति न होगी कि आज युवा भारतीय इंजीनियर और तकनीशियन कंप्यूटर चलाकर संयुक्त राज्य अमरीका का संचालन कर रहे हैं। अत: संयुक्त राज्य अमरीका में कुछ अजनबीपन अनुभव नहीं होता। ह्यूस्टन में तो अग्रवाल समाज, दक्षिण भारतीय समाज की समितियाँ तथा मंदिर हैं और वे भारत जैसे अवसर और त्योहार मनाते हैं।

संयुक्त सचिव के कामकाज में उतार-चढ़ाव

भारतीय जनता दल की सरकार शासन में आ गई। मैं आपराधिक विधि का निर्माण एवं कार्यान्वयन गृह मंत्रालय में देखता था। एक आयोग के द्वारा भारतीय दंड संहिता तथा आपराधिक प्रक्रिया संहिता में आमूल-चूल परिवर्तन के कई सुझाव दिए गए। मुझे इस विषय में कई दिन प्रात: नौ बजे माननीय उपप्रधानमंत्री एवं गृहमंत्री श्री लालकृष्ण आडवाणी को विस्तार से समझाने का पवित्र उत्तरदायित्व सौंपा गया। मैंने श्री आडवाणी

को बहुत ही सौम्य एवं अनुभवी व्यक्ति पाया। हमारे विधि एवं न्यायमंत्री अरुण जेटली भी विधि क्षेत्र के मर्मज्ञ व्यक्ति तथा उच्चतम न्यायालय के वरिष्ठ अधिवक्ता थे। कुछ दिनों की मुलाकात के बाद वे मुझे चाहने लगे, क्योंकि मेरे पास विधि की इतनी उपाधियाँ थीं, जो विरले लोगों के पास ही होती हैं। एक दिन मैंने मंत्रीजी को अच्छे मिजाज में पाकर कहा—"हमें रूस के साथ न्यायिक एवं विधि संबंधों की स्थापना करनी चाहिए। रूस हमारा सदियों से मित्र देश है। रूस की मित्रता सदैव हमारे आपातकाल में खरी उतरी है।"

जेटलीजी ने कहा—"अग्रवाल साहब, आप हमारे दल का रूस के प्रति रवैया जानते ही हैं। मैं एक बार उच्च स्तर पर बात कर लूँ।"

कुछ दिनों में ही मंत्री महाशय ने मुझे रूस से विधि एवं न्याय के क्षेत्र में कूटनीतिक संबंध स्थापित करने की अनुमति दे दी। मैंने विदेश मंत्रालय में रूस के मामलों के संयुक्त सचिव जयशंकर से विमर्श किया। उन्होंने तुरंत ही रूस में अपने स्तर के अधिकारी से बातचीत की। श्री जयशंकर बाद में भारत के विदेश मंत्री हुए। उनकी सक्रियता एवं त्वरित कार्यवाही के कारण दोनों पक्ष विधि और न्याय क्षेत्र में एक समझौता ज्ञापन करने के लिए तैयार हो गए, ताकि दोनों देशों के अधिकारी एवं न्यायाधीश एक-दूसरे के विधि क्षेत्र की विशेषताओं को परख सकें और अपने-अपने देश में उन्हें कार्यान्वित कर सकें। मुझे इस दल का नेतृत्व सौंपा गया। मेरे साथ विधि मंत्रालय तथा विदेश मंत्रालय के भी अधिकारी मास्को गए, जिन्होंने मेरे साथ इस मसौदे को तैयार करने में सक्रिय भूमिका निभाई थी।

हमारा हवाई जहाज मास्को हवाई अड्डे पर जमे बर्फ के बीच उतरा। उस समय मास्को का तापमान -16 डिग्री से -18 डिग्री सें. था। मैं भयभीत था, पर मास्को पहुँचने पर हवाई अड्डे से लेकर कार तथा होटल में सामान्य तापमान था। बाहर बर्फ को साफ करने के लिए कटर एवं बुलडोजर मशीनें चलाई जा रही थीं, सड़कों पर बड़े पैमाने पर नमक छिड़का जा रहा था। गैस निरंतर जलाने के कारण कमरों का तापमान 20 से 25 डिग्री सेंटीग्रेड था। होटल के कमरों एवं कार्यालयों में कोट उतारकर ही बैठना पड़ता था। बर्फीली हवाओं एवं हिमपात के मध्य भी मास्को में जीवन सामान्य ढंग से चलता है। अवकाश पर रहना तो रूसियों ने सीखा ही नहीं है। सड़कों पर बर्फ जमने से पूर्व सफाई कर्मचारी वहाँ पहुँच जाते हैं। हाँ, निजी कार मालिकों को सुबह अपनी मोटरगाड़ियों को बाहर निकालने में मशक्कत करनी पड़ती है। इस तापमान पर भी नलों में बराबर गरम पानी आता रहता है, पर कभी-कभी रूस के एशियाई क्षेत्र में जब तापमान शून्य से तीस-पैंतीस डिग्री नीचे चला जाता है तो घरों को गरम रखनेवाले संयंत्र भी फूट जाते हैं। रूस का आधार है रूस में पेट्रोलियम गैस का विश्व में विशालतम भंडार। ऊर्जा क्षेत्र में रूस की इस अंतर्निहित आर्थिक शक्ति से अनेक देश ईर्ष्या करते हैं एवं उसके ईंधन

गैसीय संसाधनों की उपेक्षा नहीं कर सकते। मेरा रूस में भव्य स्वागत हुआ। परंपरागत रूसी नागरिक भारतीयों से खूब प्यार करते हैं। मेरे सम्मान में रूसी सरकार की ओर से भोज दिया गया। भोज के पहले वोडका, लाल शराब रूसी सुंदरियों द्वारा परोसी गई। मैं उनके शरीर पर कम वस्त्रों और उनकी सुंदरता की चकाचौंध से भौचक्का रह गया। मैं तो शराब नहीं पीता था, पर मास्को में भारत के राजदूतावास के प्रतिनिधि ने मुझे थोड़ा शराब ग्रहण करने की सलाह दी, अन्यथा रूस के लोग अपना अपमान समझेंगे। मैंने दो-तीन घूँट वोडका के लिये तथा लाल शराब पी। लाल शराब अंगूर की बनी होती है तथा वह नशे से अधिक भोजन के पूर्व ग्रहण करने से खाना पचाने में सहायक होती है। पौष्टिक तो है ही। औपचारिक भोज के पश्चात् हमें रूस के विभिन्न न्यायालयों में ले जाया गया। रूस के विधि मंत्रालय में भी हमारा विचार-विमर्श हुआ। हमें आश्चर्य हुआ कि कोई अपराध घटने पर रूस में पुलिस तथा परीक्षण करनेवाली संस्थाएँ या अभिकरण तुरंत घटनास्थल पर पहुँच जाते हैं और डेढ़-दो महीने में अपराधी के विरुद्ध न्यायालय का आदेश आ जाता है। इस न्यायिक प्रणाली को हमने अच्छी तरह समझा एवं आवश्यक सामग्री एकत्र की।

मास्को में भारतीय दूतावास ने हमारे भ्रमण की व्यवस्था की। हम मास्को में रेड स्क्वायर देखने गए। लाल चौक पर स्थित प्रसिद्ध गिरजाघर अपनी अनुपम छटा बिखेरता है। क्रेमलिन प्रासाद आज भी रूस के प्रशासन का केंद्रबिंदु है, जो संपूर्ण मास्को शहर में फैला हुआ है। आज भी थिएटरों में उन्हीं पुरानी कहानियों पर बैले नृत्य दिखाए जाते हैं, जिनमें विद्रोह की हलकी ज्वाला धधकती रहती है। सोवियत संघ की सर्वशक्तिशाली कम्युनिस्ट पार्टी के मुख्यालय को मास्को में सबसे बड़े बैले थिएटर में बदल दिया गया है। व्लादिमीर लेनिन आज भी अपनी उसी शांत मुद्रा में रेड स्क्वायर में लेटे हुए हैं और जनता को मौन उद्‌बोधन दे रहे हैं—"सरकार जो भी हो, पर अन्याय के सामने नहीं झुकना। प्रत्येक सरकार को सभी की न्यूनतम आवश्यकताओं की पूर्ति करनी होगी।"

रूसी जनता का अहर्निश यह स्मरण शासन-सत्ता को निरंतर जनता के प्रति जवाबदेह रहने को बाध्य करता है। भारतीय दूतावास के प्रथम सचिव मुझे सोवियत रूस के बर्फों पर ले गए, जहाँ हीरे, मोती तथा जवाहरात बर्फ पर छोटे से बाजार में महिलाएँ बिक्री करती थीं। हम सस्ते के चक्कर में धोखा खा गए। भारत आकर देखा कि वे नग शुद्ध नहीं थे। खैर, जो विदेश यात्रा में मिला, वह वहीं खर्च हो गया। हम रूस से सुंदर यादें एवं विभाग के लिए एक नया उपहार लेकर आए, अर्थात् हमारे देश में न्याय कैसे सस्ता, सुलभ तथा त्वरित हो।

एक और विदेशी यात्रा का अवसर आया, जब मुझे सिंगापुर के सुप्रीम कोर्ट में दो सप्ताह के प्रशिक्षण के लिए भेजा गया। वहाँ मैंने न्याय क्षेत्र में मध्यस्थता, न्याय-सुधार

का नया विहान समझा कि कैसे वह भारत के न्याय क्षेत्र में प्रयुक्त हो सकता है। सिंगापुर में हमें समझानेवाले या वाली पूरे मनोयोग से अपनी प्रस्तुति देते पर हम उतने मनोयोग से उनको श्रवण नहीं करते, न ही समझने का प्रयास करते, क्योंकि भारत की समस्याएँ बहुत जटिल हैं और वे सिंगापुर जैसे छोटे एवं अनुशासनबद्ध राष्ट्र के उदाहरण से हल नहीं हो सकतीं, पर प्रथम बार यह देखकर प्रसन्नता हुई कि वीडियो सम्मेलन के माध्यम से अधिवक्तागण सुदूर से न्यायालय में अपना पक्ष रखते हैं, जो भारत में प्रायः पंद्रह वर्ष बाद आया। मैं सिंगापुर से जो दस्तावेज लाया, उनका मैंने कम-से-कम दस वर्ष तक विभिन्न पदों पर सदुपयोग किया, पर मुझे सिंगापुर के बंद वातानुकूलित होटल में रहते परेशानी हो गई, मेरा रक्तचाप बढ़ गया। फिर मैं बस से मलेशिया घूमने गया, तब खुली हवा में साँस ली और मेरा स्वास्थ्य सामान्य हुआ। सिंगापुर सहित विदेशों में भारतीय व्यंजन सभी जगह उपलब्ध हो जाते हैं। यद्यपि भारतीय व्यंजन अधिक दाम पर मिलते हैं। यह भारतीयों की प्रगति का सूचक है। मुझे संयुक्त सचिव के पद पर देश के साथ-साथ विदेशों के प्रशासन का भी अनुभव प्राप्त हुआ। सभी राज्यों का दौरा करना पड़ता था। उत्तर-पूर्वी राज्यों में मैं हेलीकॉप्टर से गया। इसी बीच मेरे पास गृह मंत्रालय से एक फाइल मेरे मंतव्य के लिए आई, जिसमें चंद्रास्वामी के साथ प्राक्तन प्रधानमंत्री नरसिम्हा राव के विरुद्ध अभियोग थे। मैंने नरसिम्हा राव से प्रतिकार लेते हुए अपनी टिप्पणी लगा दी।

मेरे पास शेटी आयोग की फाइल थी। जिला न्यायालयों के न्यायाधीशों तथा मुंसिफ मजिस्ट्रेटों के लिए बैठे शेटी आयोग ने उनके लिए आई.ए.एस. से भी अधिक वेतनमानों की सिफारिश कर दी। जब आयोग की रपट प्रधानमंत्री अटल बिहारी वाजपेयी को भेंट करने के लिए चेयरमैन आए तो प्रधानमंत्री ने मेरे लिए प्रतीक्षा करने को कहा। अटलजी ने इस विषय पर मंत्रिमंडल में विमर्श के दौरान मुझे अपने पास बैठाया। पर हम आयोग की सिफारिशों से सहमत न हो सके, क्योंकि ये केंद्र एवं राज्य सरकारों के वेतनमानों में हलचल उत्पन्न कर सकती थीं, जिसका वित्तीय भार वहन करने की क्षमता किसी सरकार में नहीं थी, पर उच्चतम न्यायालय केंद्र सरकार की यह युक्ति नहीं मान रहा था। मैं एटॉर्नी जनरल के साथ उच्चतम न्यायालय में उपस्थित हुआ। उस समय के श्रेष्ठतम अधिवक्ता हरीश साल्वे, अतिरिक्त महान्यायवादी हमारी ओर से सरकार का पक्ष रख रहे थे। श्री साल्वे मेरे प्रशंसक थे। इस मुकदमे में उच्चतम न्यायालय पदेन सचिव न्याय विभाग तथा गृह सचिव को न्यायालय में उपस्थित होने का आदेश जारी करने जा रहा था, पर हमने येन-केन-प्रकारेण उसे रुकवाया। मेरे बॉस गृह सचिव छोटी-छोटी बातों से दबाव में आ जाते थे तथा अपने आत्मबल के अभाव को हम पर प्रकट करते थे।

उन्हें यह अच्छा नहीं लगता था, क्योंकि मैं न्यायिक सुधारों का बार-बार प्रस्ताव लेकर आता था, जबकि मंत्री ने कुछ कहा नहीं। हम क्यों यह सब भार लें? उन्होंने अपने

अधीनस्थ बहुत कम गृह मंत्रालय के अधिकारियों को उत्कृष्ट कोटि की वार्षिक चरित्र-पंजिका में प्रविष्टि दी। अब मुझसे उनकी नाराजगी बढ़ रही थी। इसी बीच एक और प्रकरण आ गया। ब्रिटिश सरकार के दबाव में केंद्र सरकार पुरुलिया में हथियार डालने के आरोपी पीटर ब्लीच को कोलकाता केंद्रीय जेल से रिहा करना चाहती थी। मुझे रात्रि में घर से बुलाया गया, पर मैंने पीटर ब्लीच को जेल से रिहा करने में आपत्ति लिखी, क्योंकि मैं जानता था कि पश्चिम बंगाल सहित देश में इसकी खराब प्रतिक्रिया होगी। मेरी सिफारिश न करने से गृह सचिव को राजनीतिक आकाओं के अनुसार सिफारिश करनी पड़ी, जिसके लिए वे तैयार नहीं थे। फलतः वे मुझसे असंतुष्ट हो गए। वे भारतीय जनता दल के प्रमुख नेता मुरली मनोहर जोशी के भतीजे थे तथा उन्हें गृह सचिव बनवाने में जोशीजी का भी हाथ था।

एक अन्य प्रकरण में विधि एवं न्याय मंत्री जेटली के अनुसार सिफारिश न करने के कारण वे भी मुझसे असंतुष्ट हो गए। वे दिल्ली वकीलों की बार के अध्यक्ष रहे एवं चाहते थे कि एडवोकेट अधिनियम में यह संशोधन हो कि सभी न्यायालयों एवं प्राधिकरण में एडवोकेट अनिवार्य रूप से उपस्थित हों। गरीब किसान, पट्टादार तथा बटाईदार कैसे अधिवक्ता को अपने साथ ले जा सकते हैं? मैंने इस प्रस्ताव पर अपना विरोध मत देते हुए मंत्रीजी को फाइल न दिखाकर ऊपर भेज दी तथा एडवोकेट अधिनियम में संशोधन आज तक नहीं हो पाया। मैं नहीं चाहता था कि जेटलीजी से मेरा विरोध हो, क्योंकि हम एक-दूसरे के प्रशंसक थे, पर यह सिद्धांतों की लड़ाई थी। शायद भारत के किसी कोने में पड़े किसान की भविष्य में मुझे शुभकामना प्राप्त हो। इस लड़ाई में मैं हार गया और गृह सचिव ने मेरी वार्षिक गोपनीय चरित्र-पंजिका को केवल उत्तम श्रेणी में रखा, जिस पर मंत्री जेटली ने अपनी सहमति प्रकट की। वह तो इसके लिए प्रतीक्षा कर रहे थे।

मैं कार्मिक एवं प्रशासनिक सुधार विभाग के स्थापना अधिकारी के पास गया और उन्हें दिखाया कि मेरे प्रथम उच्च अधिकारी अतिरिक्त सचिव ने तथ्यों के आधार पर मुझे उत्कृष्ट की श्रेणी में रखा था। उन्होंने यह भी हमारी चरित्र-पंजिका में लिखा कि अग्रवाल का पुस्तक लिखना तथा हिंदी साहित्य प्रेम किसी भी प्रकार से उनकी कर्म-प्रवणता को कम नहीं करता। अग्रवाल के प्रभाग का खर्च उनके बजट से भी अधिक है, जिसकी प्रशंसा वित्त मंत्रालय ने बार-बार की है। मेरा यह अभ्यावेदन स्वीकृत हो गया, पर यह भविष्य के मामलों में प्रयोज्य होगा। मेरे मामले में नहीं, क्योंकि मेरे उच्चाधिकारी को वार्षिक चरित्र-पंजिका लिखते समय इस बात की जानकारी नहीं थी कि विपरीत प्रविष्टि देने या उसे निम्न श्रेणी में कर देने के लिए कारण भी देना जरूरी है।

खैर, इस वार्षिक चरित्र-पंजिका का मेरी आखिरी प्रोन्नति पर खराब प्रभाव नहीं पड़ा, क्योंकि मेरे साथ के जो अन्य अधिकारीगण विचार-सूची में थे, उनका मुझसे भी

खराब व्यक्तिगत रिकॉर्ड था। जब कभी नौकरी में मुझे आघात लगता तो मैं साहित्य में आश्रय लेता, उसमें निमग्न हो जाता, जो मुझे नौकरी की आपाधापी से बचाता। निराशा के घटाटोप में मुझे साहित्य में जीवन जीने की किरण दृष्टिगोचर होती। फिर मेरा रविंद्र नगर कॉलोनी में अति सुंदर बँगला था, जिसके उद्यान की सभी तारीफ करते थे तथा उसमें लंबे-लंबे वृक्ष थे। मेरा आवास साहित्य लेखन के लिए उपयुक्त स्थान था। संयुक्त सचिव के पद पर ही मेरा एक कहानी-संग्रह 'यूकेलिप्टस' प्रकाशित हुआ, जिसकी बड़ी चर्चा हुई। दूसरी पुस्तक 'पृथ्वी की पीड़ा' उपन्यास भी प्रकाशित हुई। अन्य प्रकाशित पुस्तकें थीं—'गाँव की सफाई', 'भारत के विकास की समस्याएँ और समाधान', 'निबंध-संग्रह', 'निबंध निधि' तथा अंग्रेजी में 'ब्यूरोक्रेसी टू ब्यूरोक्रेजी', 'इंडियाज मूव टूवर्ड्स सस्टेनेबल डेवलपमेंट' एवं 'राजीव गांधी संस्थान, नई दिल्ली से 'इश्यूज इन लैंड रिफॉर्म' और 'कंक्रीट एप्रोच टू जुडिशल रिफॉर्म'। इन सभी पुस्तकों के प्रकाशन के पश्चात् मैं हिंदी साहित्य में एक स्थापित उपन्यासकार हो गया था। मुझे कई पुरस्कार मिलने लगे। इसी बीच बिहार के एक प्रमुख साहित्यकार के लड़के की हत्या हो गई। मैंने बिहार में गृह सचिव को बोलकर उन्हें पकड़वाया तथा साहित्यकार को मुआवजा दिलवाया, पर वह मेरा एहसान भूल गए।

मेरे घर पर हिंदी के वरिष्ठ साहित्यकारों का जमघट होता, जिनमें प्रमुख नामवर सिंह थे, जो मुझे किसानों और भूमि-सुधारों पर शोध करने के कारण चाहने लगे थे। मैं जब भी उनसे मिलने जाता, वे पूछते—"अग्रवाल साहब, कौन सी नई पुस्तक लाए हैं?" वे गपशप पसंद नहीं करते थे। फिर मैं जब भी उनके पास जाता, नई प्रकाशित पुस्तक लेकर जाता। उनका एक ही संदेश होता—"हिंदी की झोली भरते रहें।" अन्य साहित्यकारों में प्रमुख थे—श्री कमलेश्वर, वर्तमान साहित्य के तत्कालीन संपादक यात्री, श्री हिमांशु जोशी और अनेक ख्याति प्राप्त साहित्यकार। मैं उनसे तत्कालीन साहित्यिक विचारधाराओं तथा प्रवृत्तियों के विषय में जानकारी लेता, ताकि मेरा साहित्य भी शाश्वत हो सके। इस प्रकार नौकरी में असफल होने पर साहित्य क्षेत्र में नई ऊर्जा, ओजस्विता तथा सफलता दृष्टिगोचर हो जाती। इस प्रकार मैं निराशा को अपने पास नहीं फटकने देता। विभिन्न पत्र-पत्रिकाओं में मेरी पुस्तकों की समीक्षाओं को उचित स्थान प्राप्त हुआ। मैं स्वयं को धन्य समझता कि नौकरी के साथ-साथ मैं साहित्य-साधना भी कर सकता हूँ तथा मेरे साहित्य-कर्म की प्रशंसा हो रही है।

मेरी पाँच वर्ष की प्रतिनियुक्ति की अवधि पूरी हो गई थी। मेरे उच्च न्यायालय के सभी रजिस्ट्रारों से उत्तम सौहार्दपूर्ण संबंध हो गए थे, क्योंकि मैं उच्च न्यायालय के न्यायाधीशों की पेंशन इत्यादि प्रशासनिक मामलों को त्वरित निपटाता था। राज्य के न्याय सचिवों से भी उत्तम संबंध हो गए थे, क्योंकि मैं उनके साथ विभिन्न विकास योजनाओं

तथा लंबित मुकदमों की नियमित समीक्षा करता था। केंद्र शासित प्रदेशों की न्यायपालिका का प्रशासन तो सीधे मेरे पास था। मुझे न्यायपालिका के प्रशासन के साथ काम करते हुए अत्यंत संतुष्टि हुई। सभी का व्यवहार परस्पर सम्मानपूर्ण, पारदर्शी एवं शिष्टाचार युक्त था। जब मैं किसी उच्च न्यायालय दौरे पर जाता तो कुछ मुख्य न्यायाधीशों के साथ भी मिलता तथा उनके सामने प्रशासनिक आवश्यकताओं को रेखांकित करता। उनकी समस्याएँ राज्य सरकार के स्तर पर भी प्रस्तुत करता। इस पद पर रहते हुए मैंने संपूर्ण भारत का भ्रमण कर लिया, वह भी राज्य सरकारों के आतिथ्य में।

पाँच वर्ष के बाद भी मेरे उत्तराधिकारी का चयन नहीं हुआ। अतः गृह सचिव ने मेरी सहमति से दो बार तीन-तीन माह का मुझे इसी पद पर सेवा विस्तार दिया। मैंने पश्चिम बंगाल सरकार के गृह कार्मिक विभाग से संपर्क स्थापित किया। इसी बीच मुझे प्रधान सचिव पद पर प्रोन्नति मिल गई और हम खुशी-खुशी वापस अपने राज्य पश्चिम बंगाल वापस जाने की तैयारी में जुट गए। यद्यपि हमने नियमानुसार अपना आलीशान सरकारी बँगले अगले छह महीने अपने पास ही रखा।

□

पश्चिम बंगाल सरकार में प्रधान सचिव

सूर्योदय के पश्चात् सूर्यास्त निश्चित है, पर सूर्योदय एवं सूर्यास्त के संध्याकाल में व्यक्ति को अपना सर्वोत्तम करने का अंतिम शुभ अवसर प्राप्त होता है, ताकि वह अपने पूर्ण विवेक, शक्ति एवं संचित गुणों के आधार पर अपना यह लोक और परलोक सुधार सके। मैं भी मन में करोड़ों आशाओं एवं उत्साह से परिपूर्ण होकर पश्चिम बंगाल पहुँचा तथा मैंने पश्चिम बंगाल की धरती को नमन किया, ताकि मैं पश्चिम बंगाल एवं राज्य की जनता के कल्याण के लिए कुछ कर सकूँ। देश-विदेश में विभिन्न प्रशिक्षण के माध्यम से यह मेरे मन-मस्तिष्क में स्थापित हो चुका था कि एक आई.ए.एस. की नौकरी का मुख्य लक्ष्य जनता का कल्याण है।

जेल का सुधार गृह में परिवर्तन

मैंने आते ही प्रमुख सचिव जेल विभाग का कार्यभार सँभाला। जेल विभाग, पुलिस विभाग की भाँति ही वर्दी का विभाग है। कई राज्यों में जेल विभाग और पुलिस विभाग को एक कर दिया गया है तथा विभाग का मुखिया वरिष्ठ पुलिस अधिकारी रहता है, पर पश्चिम बंगाल के लोग पुलिस पर इतना भरोसा नहीं करते, इसलिए जेल विभाग में महानिरीक्षक आई.पी.एस. अधिकारी होता है और उसके पास अपने निदेशालय के माध्यम से सचिवालय को छोड़कर जेल के कर्मियों के अनुशासन तथा निरीक्षण का कार्यभार रहता है। वह प्रमुख सचिव के अधीनस्थ अधिकारी है। आई.ए.एस. समाज में जेल विभाग महत्त्वपूर्ण विभाग नहीं माना जाता था, पर मैंने प्रथम दिन से परिश्रम करके इसे महत्त्वपूर्ण विभाग बनाने का निश्चय किया। सर्वप्रथम मैंने पाया कि राज्य सरकार के पास जेल विभाग को चुस्त-दुरुस्त करने के लिए आवश्यक धनराशि का प्रावधान नहीं है। मैंने पाया कि केंद्र सरकार की एक केंद्र प्रायोजित योजना है, जिसके अंतर्गत केंद्र सरकार प्रायः तीन-चौथाई धन जेल की इमारतों तथा जेल के सिपाहियों और अन्य अधिकारियों के आवास के निर्माण तथा पुनर्निर्माण हेतु धन उपलब्ध कराती है। मैंने इस

योजना पर विभाग में कार्य करने की ठानी यद्यपि पश्चिम बंगाल सरकार के मंत्रीगण केंद्र सरकार की योजनाओं को राजनीतिक कारणों से ग्रहण करने में रुचि नहीं दिखाते थे। मुझे इसका कारण विशुद्ध नौकरशाही में उपेक्षा का भाव एवं आलस्य लगा, क्योंकि केंद्र सरकार धनराशि के उपयोगिता प्रमाण-पत्र माँगती है। मैंने विभाग का इसके लिए पुनर्गठन किया। भाग्य से विभाग की एक उपसचिव श्रीमती झा ने मेरी इस रणनीति में रुचि दिखाई और हम आगे बढ़ते चले गए, ताकि जेल के कर्मचारियों को काम की दक्षता में कमी के लिए कोई बहाना न मिल सके।

मैं जब दिल्ली से कोलकाता आया तो मुझे प्रतीत हुआ कि मेरी काम करने की क्षमता एवं ऊर्जा में कमी हो गई थी। मैं श्री श्री रविशंकर के संगठन आर्ट ऑफ लिविंग के द्वारा आयोजित योग एवं प्राणायाम के एक प्रशिक्षण शिविर में तीन दिन के लिए गया। दुर्भाग्य से तीसरे दिन ही एक अत्यंत खराब समाचार आया कि कोलकाता की प्रेसिडेंसी जेल से तीन कैदी फरार हो गए। यह एक सनसनीपूर्ण घटना थी। चारों ओर से जेल विभाग की आलोचना होने लगी। टेलीविजन के विभिन्न चैनलों ने इसके सभी आयामों को प्रसारित किया तथा स्थानीय बांग्ला तथा अंग्रेजी समाचार-पत्रों ने जेल विभाग एवं सरकार की कड़ी आलोचना की। दूसरे दिन मुख्य सचिव ने मुझे तथा महानिरीक्षक, जेल को बुलाकर धमकाया। मैं खुश था कि प्रथम बार पश्चिम बंगाल सरकार लचीले राज्य से कठोर राज्य की ओर बढ़ रही थी, अन्यथा वामपंथी सरकार अपने अपार जन बहुमत में अंधी थी। वह इन प्रशासनिक चूकों या प्रशासनिक लापरवाही पर विशेष ध्यान नहीं देती थी, क्योंकि साम्यवादी विचारधारा के अनुसार जब तक खूनी क्रांति द्वारा नया तंत्र स्थापित नहीं होता, प्रशासन तंत्र की यही नियति बनी रहेगी, पर मुझे यह स्वीकार नहीं था। एक बार जनसंचार माध्यम के कई रिपोर्टरों ने कैमरों के साथ मेरे कक्ष में जबरन घुसने का प्रयास किया, जो मुझे सहन नहीं हुआ। अत: मैंने जेल से कैदियों के पलायन की घटनाओं में जेल अधीक्षक से लेकर रेंज उपमहानिरीक्षक को संलिप्त करते हुए उनकी जिम्मेदारी एवं जवाबदेही निर्धारित करते हुए सरकारी आदेश निकाल दिया। पूरे विभाग में सन्नाटा छा गया। उन्हें कोई बाहरी समर्थन प्राप्त नहीं हुआ। यह मेरा जेल विभाग के भ्रष्ट तंत्र पर सबसे बड़ा कुठाराघात था, क्योंकि ऐसी घटनाओं के लिए जेलर तथा अधीक्षक को जिम्मेदार ठहराकर उच्च अधिकारी चैन की नींद लेते हैं तथा अपना जेल निरीक्षण आदि के उत्तरदायित्व का ठीक-ठीक निर्वाह नहीं करते हैं। बाद में जेल अधीक्षक को उसकी लापरवाही से बरी भी कर देते हैं। शनैः-शनैः जेल विभाग पटरी पर दौड़ने लगा।

मैं जेल विभाग के परिवर्तित नाम 'सुधार सेवा प्रशासन विभाग' साकार करने के प्रयास में जुट गया। केवल नाम परिवर्तन से कुछ नहीं हुआ। उन्हें जेल जैसे प्राचीन विभाग में वार्डरों अर्थात् सिपाहियों को कैदियों के सुधार की दिशा में प्रवृत्त कराना पहाड़

पर चढ़ने के समान था, क्योंकि वे भ्रष्टाचार में लिप्त थे। मैंने उनके लिए बेहतर काम करने का परिवेश उत्पन्न किया, उनके आवास आदि की व्यवस्था की तथा सभी 61 सुधार गृहों (जेलों) में रसोईघर से लेकर जेल अस्पताल, पुस्तकालय को समान रूप से बनवाया। मैं विश्वस्त हो गया कि यदि अधिकारी का उद्देश्य एवं कार्यविधि सदाशयता से परिपूर्ण है तो सरकार में धनाभाव नहीं होता, क्योंकि अन्य कई विभागों में अक्षमता छाई रहती है और वे अपना निर्धारित बजट खर्च नहीं कर पाते। मैंने सभी सुधार गृहों का निरीक्षण किया तथा अपनी निरीक्षण रिपोर्टें सुधार गृहों सहित संबंधित रेंज डी.आई.जी. (जेल), महानिरीक्षक जेल, जिलाधिकारी, गृह सचिव, मंत्री तथा अन्य संबंधित अधिकारियों को भेजी, ताकि ये दबाई न जा सकें। कभी-कभी विभागीय मंत्री श्री चौधरी भी हमें लेकर रात्रि में जेलों के औचक निरीक्षण पर गए और कई वार्डरों को जेल के गेट पर सोता हुआ पाया, जिस पर हमने कड़ी कारवाई की।

इससे पूर्व केवल महानिरीक्षक, जेल अब सुधार सेवा प्रशासन विभाग, केवल अनुशासनात्मक कारवाई स्थानांतरण तथा पदोन्नति से संबंधित मामलों का निरीक्षण करते थे तथा मौखिक या फोन पर ही कारवाई करने के निर्देश देते थे, जिससे लंबी अवधि में जवाबदेही कार्यरूप में परिणत नहीं हो पाती। पदस्थ उच्च अधिकारी के स्थानांतरण के बाद सभी उसके आदेशों को या तो भूल जाते हैं या उनकी अवहेलना करते हैं। कारागार को सुधार गृह में परिवर्तित करने के लिए आवश्यक है कि कारागार के अंदर कैदियों को व्यस्त रखने के लिए समुचित साधन या व्यवस्था उपलब्ध हो। उन्हें विभिन्न हस्तशिल्प उद्योग, बागवानी या अन्य प्रशिक्षण अथवा सेवा के कार्यों में व्यस्त रखा जाए। ऐसा करने से उनकी उत्पादन या सृजनात्मक शक्ति का उपयोग भी समाज हित या देश हित में किया जा सकेगा। इतनी कड़ाई के पश्चात् अपराध निरंतर बढ़ रहे हैं। जेलों से छूटने के बाद अनेक कैदी फिर से अपराध की दुनिया में लौट जाते हैं। इससे उत्तम हमारी न्याय, पुलिस तथा जेल व्यवस्था की असफलता का और क्या प्रमाण हो सकता है? जेल सुधार व्यवस्था का लक्ष्य या पैमाना है कि कैदी जिस अवस्था में जेल में प्रवेश करता है, उससे बेहतर अवस्था में उसे जेल से बाहर आना चाहिए। जेल समाज का हेय नहीं, अपितु समाज का अभिन्न अंग है। इस उद्देश्य की प्राप्ति के लिए जेलों में विभिन्न मनोरंजन के साधन, सांस्कृतिक कार्यक्रम, कैदियों के लिए व्यावसायिक प्रशिक्षण, विभिन्न मानसिक एवं शारीरिक प्रशिक्षण, उनकी ऊर्जा का सही दिशा में स्थानांतरण तथा उनके जेल में उत्तम व्यवहार या कार्य के लिए पुरस्कार एवं सजा में कटौती की व्यवस्था है। इन व्यावसायिक प्रशिक्षण से यह लाभ होता है कि कैदी जेल से छूटने के बाद स्वयं को पुनर्स्थापित कर सकता है, इसलिए पश्चिम बंगाल में कारागारों को केवल अस्पतालों तथा मनोवैज्ञानिक परामर्श केंद्रों में नहीं परिवर्तित किया जा रहा था,

अपितु कैदियों को विभिन्न प्रकार के योग, प्राणायाम, साधना, प्रशिक्षण तथा संगीत द्वारा उनकी मूल मानसिकता को बदले जाने के प्रयत्न किए जा रहे थे, ताकि अंदर की छिपी प्रतिकार की अग्नि बुझ सके और वह ऊर्जा अन्यत्र उपयोगी हो सके। कुछ व्यावहारिक प्रयोगों के आधार पर यह विश्वासपूर्वक कहा जा सकता है कि कैदियों की मानसिकता को बदलने के प्रयोगों का अन्य प्रयोगों जैसे प्रोबेशन अधिनियम के कार्यान्वयन की अपेक्षा बेहतर प्रभाव पड़ा। यदि जेलों में बंद विचाराधीन कैदियों के मामलों की समीक्षा की जाए तो एक-तिहाई कैदी जेल से तुरंत छूट जाएँगे। वे इसलिए बंद हैं कि उनकी सजा पूरी होने पर भी कोई उन्हें जमानत देकर ले जानेवाला नहीं है या न्यायालय का समानांतर आदेश नहीं है। कुछ छोटे-मोटे अपराधों के कैदी तो ऐसे हैं कि उनकी जमानत पर छोड़ा जा सकता है, पर उनके लिए कोई जमानतदार अभी नहीं आ रहा है अथवा न्यायालय में उनका मुकदमा भी पैरवी के अभाव में सुनवाई पर नहीं आ रहा है। भारत के न्यायालय स्वयमेव नहीं चलते हैं, उन्हें चलाने के लिए अधिवक्ताओं की आवश्यकता होती है। इसका अर्थ यह नहीं है कि जेलों के भीतर इतनी सुविधाएँ उपलब्ध हो जाएँ कि अपराध करना एक लाभ का सौदा हो जाए तथा जेल उनके आश्रय स्थल हो जाएँ। पश्चिम बंगाल के क्रमश: सुधारात्मक स्वरूप की चारों ओर प्रशंसा हुई तथा मुझे इस विषय पर विभिन्न स्थानों पर बोलने के लिए आमंत्रित किया गया।

जेल में फाँसी

हमारे अलीपुर केंद्रीय सुधार गृह में एक चर्चित कैदी धनंजय चटर्जी बंद था। वह कोलकाता की एक बहुमंजिला इमारत में सुरक्षाकर्मी की नौकरी करता था। उसने उसी इमारत में रहनेवाली पंद्रह वर्षीय किशोरी हेतल पारेख के साथ बलात्कार करके उसकी उसके ही फ्लैट में हत्या कर दी। इस बलात्कार की सनसनीपूर्ण घटना से कोलकाता दहल गया। हेतल का गुजराती परिवार यह दु:ख न झेल पाया और वे कोलकाता में अपना व्यापार बंद करके मुंबई आ गए। उसे इस विरले अपराधों में भी विरले अपराध के लिए भारतीय दंड संहिता की धारा 376 और 302 के अंतर्गत आजीवन कारावास तथा मृत्युदंड की सजा सुनाई गई।

उच्च न्यायालय तथा उच्चतम न्यायालय ने उसकी फाँसी की सजा की पुष्टि कर दी। उच्च तथा उच्चतम न्यायालय में मुकदमा लड़ते-लड़ते उसकी पत्नी के सभी आभूषण बिक गए। अब कुछ अंतरराष्ट्रीय स्वयंसेवी संगठन मानवाधिकार की दुहाई देकर विदेशी आकाओं के समर्थन से उसकी फाँसी की सजा का विरोध करने लगे।

उसके परिवारवालों की ओर से महामहिम राज्यपाल को दंडादेश के लघुकरण हेतु क्षमा-याचना प्रपत्र दिया गया। राज्यपाल ने उसकी क्षमा-याचना अस्वीकार कर दी।

इसके पश्चात् स्वयं सेवी संगठन उसकी क्षमा-याचना प्रार्थना राष्ट्रपति के पास ले गए। राष्ट्रपति ने गृह मंत्रालय भारत सरकार की संस्तुति पर क्षमा-याचना नामंजूर कर दी। इस प्रक्रिया में करीब 10 वर्ष का समय लगने के कारण इस बिंदु पर उच्चतम न्यायालय में एक और याचिका दायर हुई जिसे संविधान पीठ के पास निर्णय हेतु भेज दिया गया। यह सभी सूचना अलीपुर केंद्रीय सुधार गृह एवं जेल निदेशालय के पास अद्यतन रहती थी। एक बार जेल में आने पर कैदी का निवास स्थान जेल ही हो जाता है। हम न्यायालय में इस उठापटक से परेशान थे तथा जनसंचार माध्यम से कुछ भी बोलने में असमर्थ थे कि कहीं न्यायालय की अवमानना न हो जाए।

उच्चतम न्यायालय की संविधान पीठ ने तीन वर्ष पश्चात् निर्णय दिया कि भारत जैसे देश में फाँसी का दंड समाप्त नहीं हुआ है तथा सरकार के पास यह क्षमता है कि वह किसी भी आजीवन दंड भोगनेवाले बंदी की सजा कम करें या नहीं, पर राज्यपाल या राष्ट्रपति को सभी तथ्यों का स्वविवेक से विश्लेषण करते हुए तर्कसंगत निर्णय लेना चाहिए। केवल संबंधित सरकार की सिफारिश पर ही निर्णय नहीं लेना चाहिए। लोकप्रिय सरकारों को कैदियों के प्रति सुधारात्मक रवैया अपनाते हुए बीस वर्ष के बाद जहाँ तक हो सके, कैदियों को रिहा कर देना चाहिए। अपवादों को केवल ठोस तथा तर्कसंगत कारणों तथा समाज-हित के आधार पर 20 वर्ष से अधिक समय तक कैदियों को कारागार में रखना चाहिए। कैदी में अपेक्षित सुधार तथा समाज की सुरक्षा दो मुख्य बिंदु हैं, जिनके आधार पर कार्यपालिका का निर्णय होना चाहिए। उच्चतम न्यायालय की संविधान पीठ के निर्णय के आधार पर धनंजय चटर्जी ने दोबारा राज्यपाल के पास क्षमा-याचना प्रस्तुत की तथा उच्च न्यायालय में भी एक याचिका दायर की। इस प्रकार एक वर्ष और बीत गया। राज्यपाल ने दोबारा क्षमा-याचना को अस्वीकार कर दिया। उच्च न्यायालय ने भी उसकी याचिका खारिज कर दी। कोलकाता तथा पश्चिम बंगाल की जनता में इस घृणित अपराध के लिए काफी आक्रोश था। नेता तथा कार्यपालिका जन भावना से अछूती नहीं रह सकती।

फाँसी की तारीख हमने ठीक की, पर एक प्रार्थना-पत्र राज्य के मुख्यमंत्री को दिया गया। मुख्यमंत्री की धर्मपत्नी, धनंजय चटर्जी को फाँसी की माँग लेकर एक संस्था का नेतृत्व कर रही थीं। मुख्यमंत्री ने भी उसका आवेदन अस्वीकार कर दिया। यद्यपि धनंजय चटर्जी का जेल में चाल-चलन बहुत अच्छा था, पर जेल-प्रशासन हमेशा तनाव में रहता था। कहीं इस प्रकार का कैदी अवसाद से घिरकर आत्महत्या न कर ले, इसलिए आजीवन सजायाफ्ता कैदियों तथा फाँसी की सजा प्राप्त कैदियों के कक्ष में कोई ऐसी चीज नहीं रखी जाती जिससे वे आत्महत्या कर सकें तथा उनके खान-पान का उचित ध्यान रखा जाता है, क्योंकि एक स्वस्थ व्यक्ति को ही फाँसी की सजा दी जाती है।

मैंने जल्लाद नाटा मल्लिक को अपने कार्यालय में बुलाया। उसने आकर अपने उच्चतम बॉस को चरण स्पर्श करके प्रणाम किया तथा प्रार्थना की कि उसकी वेतन वृद्धि कर दी जाए। वैसे आठ-दस वर्ष में एक-दो लोगों को वह औसतन फाँसी देता था, पर यह काम संविदा नौकरी पर नहीं कराया जा सकता। ऐसे सरकार के अनेक पोषित सेवक होते हैं, जैसे कूचबिहार जिले में हाथी तथा 24 परगना जिले में सुंदरवन में जाने के लिए मोटरचालित नौकाएँ (लॉन्च) तथा उनका लंबा-चौड़ा चालक तथा आवभगत दल, जिनकी आपातकाल में आवश्यकता होती है। नाटा मल्लिक छह फीट लंबा, काला तथा एक सौ किलो से अधिक वजनवाला व्यक्ति था तथा उसकी आँखों में हर समय लाल रेखाएँ चमकती थीं, जैसे वह ही यमराज का दूत हो। मैंने उसे अपने कार्यालय से तुरंत जाने को कहा। उसने कृतज्ञताभाव से विदा ली। जेल निदेशालय ने उसके लिए प्लास्टिक की इतनी मजबूत रस्सी खरीदी, जिससे फाँसी का अपराधी लटकते समय रस्सी न टूट जाए। फाँसी स्थल को भी साफ किया गया, रंग-रोगन किया गया तथा नाटा मल्लिक ने जब हाँ भरी, तभी हमने फाँसी के लिए फाइल को आगे बढ़ाया। डॉक्टर तो प्राय: प्रतिदिन धनंजय चटर्जी का परीक्षण कर ही रहा था।

धनंजय चटर्जी की अंतिम इच्छा पूरी की गई। अपने अंतिम पत्र में उसने अपनी पत्नी को लिखा—"मुझसे यदि अज्ञानवश कोई भूल हो गई हो तो आप लोग मुझे क्षमा करना। मैं निर्दोष हूँ। आप लोगों को मुझे बचाने के लिए यदि कष्ट झेलना पड़ा, उसके लिए मेरा माता-पिता को शेष प्रणाम।

तुम्हारा हतभाग्य स्वामी
धनंजय चटर्जी

धनंजय चटर्जी की पत्नी ने अपने पत्र में लिखा—"प्राणेश्वर! चरण स्पर्श, मैं आपको निर्दोष मानती हूँ और जीवनपर्यंत मानती रहूँगी। हमारे हजार प्रयत्न करने पर भी यह परिणति हमारे भाग्य के कारण हुई। मेरा अंतिम प्यार।"

धनंजय चटर्जी के घर पर भी भारी पुलिस का बंदोबस्त किया गया, ताकि वे आत्महत्या न कर लें। धनंजय चटर्जी के पास भी कारारक्षकों की विशाल वाहिनी तैनात थी, ताकि वह आत्महत्या न कर ले। जेल के नियमों को ताक पर रखकर उसकी इच्छानुसार विभिन्न प्रकार की खाने तथा उपयोग की वस्तुएँ उपलब्ध कराई गईं, ताकि वह जेल के लोहे के सीखचों में ही अपना माथा मारकर कहीं आत्महत्या न कर ले। फिर तो मानवाधिकारवालों को सरकार की आलोचना का सुअवसर प्राप्त हो जाता।

आखिरी समय तक वह काली पूजा में ही व्यस्त रहा तथा नियत समय पर करीब चार बजे खुशी-खुशी फाँसीघर की ओर बढ़कर फाँसी के तख्तों पर खड़ा हुआ। जाते समय वह जेल अधिकारियों की प्रशंसा कर गया तथा स्वयं को निर्दोष कहता रहा।

जल्लाद नाटा मल्लिक ने मजिस्ट्रेट द्वारा वारंट पढ़ने के पश्चात् तथा जेल अधीक्षक द्वारा सफेद रुमाल दिखाते ही धनंजय चटर्जी को फाँसी के फंदे पर लटका दिया। दूसरी ओर मानवाधिकार संगठन एकजुट होकर जेल के इर्द-गिर्द इतनी सुबह भी विरोध कर रहे थे तथा पुलिस को उन्हें रोकने में धींगामुश्ती करनी पड़ रही थी।

इसके पश्चात् उसकी शव परीक्षा की गई तथा डॉक्टर ने उसे मृत घोषित कर दिया।

टेलीविजन चैनलों तथा स्थानीय समाचार-पत्रों ने अति कर दी। धनंजय चटर्जी के खाने-सोने से लेकर प्रत्येक वार्तालाप को झूठ-सच मिश्रित करके दो मास तक अतिशयोक्तिपूर्ण ढंग से प्रकाशित किया। जनसंचार माध्यमों के अनावश्यक उत्साह-प्रदर्शन का दुष्परिणाम यह हुआ कि धनंजय की फाँसी के पश्चात् पश्चिम बंगाल सहित अन्य प्रदेशों में तीन-चार बच्चों ने फाँसी-फाँसी का खेल करते हुए अपने गले में फाँसी लगा ली। यह तो हमारी कड़ी व्यवस्था थी कि मोबाइल युग में भी फाँसी का कोई फोटो नहीं ले पाया। सारे देश में धनंजय चटर्जी को फाँसी का उत्तम प्रभाव पड़ा। कई लंबित मामलों में न्यायाधीशों ने फाँसी की सजा सुनाई, जबकि मानव अधिकार से संबंधित स्वयंसेवी संस्थाओं ने मृत्युदंड के विरोध में अपना आंदोलन और तीव्र कर दिया। तत्पश्चात् उच्चतम न्यायालय की संविधान पीठ के निर्णय के पश्चात् फाँसी का दंड भारतीय न्यायतंत्र का एक अविभाज्य अंश बन गया। देशव्यापी बहस के बाद अत्यंत गहन मंथन के पश्चात् यह तय हुआ कि आधुनिक प्रगतिशील समाज में मृत्युदंड का तरीका बदला जाए। विषैली तथा खतरनाक सुई देकर मृत्युदंड की सर्वोत्तम विधि निश्चित हुई, जो कार्यरूप में अभी भी परिणत नहीं हो सकी है।

फाँसी देने में मेरी सक्रियता तथा नेतृत्व को सभी ने सराहा। मेरे मंत्री के पास महिला एवं बाल विकास तथा समाज कल्याण विभाग भी थे। उन्होंने मुख्यमंत्री से मुझे ही दोनों विभाग का भार देने की सिफारिश की। अब मुझे पुलिस विभाग के अतिरिक्त दो जन-कल्याण विभाग भी मिलनेवाले थे। यद्यपि मुझे ये तीनों कार्यभार भारी हो रहे थे, मेरा लिखना-पढ़ना दूर होता जा रहा था, फिर भी आई.ए.एस. समाज में अपना कद ऊँचा करने के लिए मैंने यह अतिरिक्त उत्तरदायित्व स्वीकार कर लिया।

महिला एवं बाल विकास साथ-साथ चलते हैं

मेरी महिला एवं बाल विकास के प्रधान सचिव की नियुक्ति पर आई.ए.एस. महिला वर्ग असंतुष्ट हो गया, क्योंकि इसकी प्रधान परंपरागत रूप से महिला आई.ए.एस. अधिकारी ही होती थी, पर मैंने अनुभव किया कि मुसलमान कल्याण विभाग का मुसलमान मंत्री तथा आदिवासी कल्याण विभाग का प्रधान आदिवासी उतना उत्तम कार्य नहीं करता, जितना एक गैर-मुसलमान या गैर-आदिवासी करता है।

वह उनकी समस्याओं तथा समाधान को एक नए दृष्टिकोण से देखता है, जो आजकल के बदलते सूचना प्रौद्योगिकी युग में अपरिहार्य है। महिला आई.ए.एस. अधिकारियों ने केंद्र सरकार से राज्य सरकार के लिए केंद्र सरकार की महिला सचिव द्वारा एक पत्र लिखवाया कि महिला एवं बाल विकास विभाग का अध्यक्ष एक महिला आई.ए.एस. अधिकारी को ही होना चाहिए यदि महिला अधिकारी प्रधान सचिव बनने की सूची में है। अब यह केंद्र और राज्य सरकार की नाक की लड़ाई हो गई थी। स्वभावतया पश्चिम बंगाल सरकार ने केंद्र सरकार को लिख दिया कि कुछ विशेष कारणों से राज्य सरकार का डॉ. अग्रवाल के विषय में निर्णय ठीक है एवं उनको बदलना उचित नहीं होगा।

मैंने पूर्ण विश्वास के साथ जेल विभाग के साथ-साथ महिला एवं बाल विकास विभाग तथा समाज कल्याण विभाग का कामकाज प्रारंभ किया। मैंने पाया कि सरकार जो परंपरागत कार्य करती चली जा रही है, वह बहुत खराब नहीं होता। महिला एवं बाल विकास में महिला प्रधान सचिव की नियुक्ति की परंपरा इसलिए थी, क्योंकि विभाग में अधिकांश महिलाएँ थीं तथा उनका ही आना-जाना विभाग में लगा रहता था। विभाग में आँगनवाड़ी कर्मियों की विराट सेना थी, जो गाँव-गाँव में तैनांत थी। यद्यपि वे सभी संविदा पर थीं तथा उन्हें काफी कम वेतन मिलता था, पर उनकी निरीक्षक नियमित सरकारी सेवा में थीं। बेचारियों को सभी खतरों के साथ गाँव-गाँव में अकेले भ्रमण करना पड़ता था। मैंने सभी ग्राम पंचायतों के प्रधानों एवं थानाध्यक्षों को उनकी सुरक्षा का ध्यान रखने के लिए पत्र लिखा। विभाग में सुंदरता और बुद्धिमत्ता का समावेश था। कई महिला अधिकारी पुरुष अधिकारियों से अधिक श्रेष्ठ थीं। आँगनवाड़ी कर्मियों के भ्रष्टाचार की शिकायतें आने लगीं। एक-दो आँगनवाड़ी केंद्रों या पाठशालाओं में लड़के खिचड़ी खाने से बीमार पड़ गए। पर हम आँगनवाड़ी कर्मियों का वेतन बढ़ाने में असमर्थ थे, फिर भी विभाग को उनके विरुद्ध सख्त काररवाई करनी पड़ी। मैंने अंतरराष्ट्रीय संगठन यूनीसेफ के सभी कार्यक्रमों को प्राथमिकता दी। उनमें एक था आँगनवाड़ी केंद्रों पर आटे या दलिये को कुछ प्रोटीन आदि मिलाकर पोषित बनाना—वह भी निःशुल्क कनाडा सरकार की सहायता से। मेरा एक संयुक्त सचिव बहुत ही समर्पित अधिकारी था। उसने कोलकाता शहरी क्षेत्र में भी आँगनबाड़ी केंद्रों की योजना (आई.सी.डी.एस.) लागू करने के लिए विस्तृत प्रस्ताव तैयार किया। हम कैसे कोलकाता और उसके आसपास के निर्धन या कुपोषण से प्रभावित बच्चों में विभेद कर सकते हैं, जबकि करीब दो करोड़ की जनसंख्यावाले कोलकाता की गरीबी विश्व-विख्यात थी। 'आनंद का शहर' पुस्तक में फ्रांसीसी लेखक लैपीयरे ने इसे और उजागर किया, ताकि विदेशी पाठक स्वयं को उत्तम स्थिति में पाकर खुश हो लें। हमारी यह नूतन पहल सफल हुई। केंद्र सरकार ने

प्रयोग के तौर पर देश में प्रथम कोलकाता शहरी क्षेत्र के जिलों से सटे क्षेत्रों के कुछ आँगनवाड़ी केंद्र अनुमोदित किए। दूसरी ओर वामपंथी दल के नवीन प्रयासों से पूरे राज्य में महिलाओं के हजारों-लाखों स्वयंसेवी समूह संगठित हो रहे थे, जो पंचायतों के एकाधिकार को चुनौती दे रहे थे। पंचायतों में भ्रष्टाचार रोकने का यही एकमात्र पथ था।

कोलकाता में महात्मा गांधी मार्ग पर वेश्यालय पूरे विश्व में प्रसिद्ध था। शायद इतना बड़ा वेश्यालयों का समूह एशिया में अन्य किसी स्थान पर नहीं था। एक स्वयंसेवी संस्था की महिला अध्यक्ष ने उन्हें संगठित किया। उनके साथ एक दिन मैं वेश्याओं की खराब हालत देखने गया। गंदी एवं तंग बस्तियों के बावजूद वेश्याएँ अपने पेशे से खुश थीं। कुछ बूढ़ी वेश्याओं को अवश्य मैंने चिड़चिड़ा पाया। सबसे अधिक समस्या वेश्याओं के दलालों की थी, जो हर समय शराब पीकर घूमते रहते थे। मेरे साथ चल रहे पुलिसकर्मी ने एक को पीटकर मुझसे दूर कर दिया। वेश्याओं के विशेष अनुरोध पर मैंने एक दिन उन्हें मुझसे मिलने के लिए सचिवालय के अपने कक्ष में बैठक के लिए बुलाया। सचिवालय में हड़बड़ी मच गई। वे बड़ा मेकअप करके मेरे कक्ष में आईं तथा उन्होंने अपनी छोटी-छोटी समस्याएँ रखीं। अंत में वे मेरे प्रति कृतज्ञता ज्ञापन करके चली गईं। वैसे उन्हें किसी पर भरोसा नहीं रह गया था। वे अपनी स्थिति में ही रमी हुई थीं। वे मेरी इस ऐतिहासिक सरकारी सहानुभूति प्रदर्शन से बड़ी खुश थीं, पर मैं भी उनके लिए कोई विशेष सहायता न कर सका, क्योंकि पुलिस, प्रशासन आदि सभी उन्हें हेय दृष्टि से देखते थे।

इसके अतिरिक्त विभाग का यह विशेष दायित्व था कि पश्चिम बंगाल में वेश्याओं की संख्या में वृद्धि न हो तथा वेश्यावृत्ति के लिए लड़कियों की खरीद-फरोख्त न हो। विधवा और वृद्ध महिलाओं को पेंशन मिले। इसके साथ किशोरियों के कल्याण, स्वास्थ्य के लिए कई योजनाएँ कार्यान्वित हो रही थीं, जिनमें निर्धन कन्याओं के सामूहिक विवाहों का आयोजन भी था।

अध्यक्ष, महिला आयोग से तर्का-तर्की

महिला आयोग की अध्यक्ष पश्चिम बंगाल की प्रसिद्ध प्रोफेसर महिला थीं, जिन्होंने महिलाओं के हित के लिए बहुत कुछ किया था। उनके पति नोबेल पुरस्कार विजेता अमर्त्य सेन के सहयोगी अर्थशास्त्री थे, पर उच्च अकादमिक व्यक्ति आई.ए.एस. अधिकारियों को विद्वान् नहीं समझते। महिला आयोग की अध्यक्ष मुख्यमंत्री की मुँह लगी थीं। वे महिलाओं के मामलों में सरकार को बचाने का प्रयत्न करती थीं। हमारे विरोध के बावजूद न्यायालय ने निजी इमारत में किराए पर महिला आयोग के दफ्तर को हटाने का निर्देश दिया। हमने उनके लिए एक विकल्प कार्यालय ढूँढ़ निकाला। वे उससे संतुष्ट नहीं थीं।

मेरे उपसचिव ने सचिव, महिला आयोग को इमारत खाली करने के लिए आदेश दिया, जो फाइल में मैंने ही अनुमोदित किया था। उन्होंने मुझे अपने कक्ष में एक दिन बुलाया। मैं अपने संबंधित उपसचिव के साथ गया। वहाँ मैंने देखा कि महिला आयोग की सभी ग्यारह सदस्याएँ वहाँ विराजमान थीं। अध्यक्ष ने मुझसे पूछा—"हमें आपके उपसचिव ने क्यों पत्र लिखा? आयोग के अध्यक्ष को पत्र सीधा आपको लिखना चाहिए।"

मैंने उत्तर दिया, "यह सरकार का नियम है कि विभाग का उपसचिव ही विभाग के नाम पर पत्रों पर हस्ताक्षर करता है तथा सभी को भेजता है।"

"यह तो आयोग का अपमान है।"

"मैडम, मेरा उद्देश्य आपका अपमान करना नहीं था। कार्यालय की कार्यविधि के अनुसार फाइल पर अनुमोदन के पश्चात् निचले स्तर से पत्र निर्गत होते रहते हैं। मेरे नियुक्ति-पत्र पर भी राष्ट्रपति के उपसचिव के नीचे अवर सचिव ने हस्ताक्षर किए थे।"

मेरे इस उत्तर से दो-तीन सदस्य भड़क उठीं। मैंने स्पष्ट किया, "यदि आपने मुझे यहाँ मेरा अपमान करने के लिए बुलाया है तो मैं यहाँ नहीं रुक सकता।" और मैं महिला आयोग की बैठक का बहिष्कार करके चला आया।

मैंने यह घटना अपने भार प्राप्त मंत्री को बताई तो उन्होंने कहा—"अग्रवाल साहब, अब आपका इस विभाग से स्थानांतरण निश्चित है। मैं इसका मुख्यमंत्री के पास विरोध करूँगा, पर मैं जब कोलकाता से बाहर रहूँगा, तब तुम्हारी विदाई के आदेश निकल जाएँगे।"

सभी ने मेरा समर्थन किया और छह माह तक मैं विभाग के प्रमुख सचिव पर कार्य करता रहा। महिला आयोग का कार्यालय स्थानांतरित करके हमने साँस ली।

महिला आयोग की अध्यक्ष के इस प्रकार के व्यवहार से विभाग में सभी उनसे अहसयोग करने लगे। उन्हें भी उनकी तीन वर्ष की अवधि समाप्त होने पर सेवा-विस्तार नहीं प्राप्त हुआ। मैं तब भी विभाग का प्रमुख सचिव बना रहा।

समाज कल्याण विभाग में स्वयंसेवी संगठनों की सक्रिय भागीदारी

समाज कल्याण विभाग में कार्यभार सँभालते ही स्वयंसेवी संगठन मेरे ऊपर तितलियों की भाँति मँडराने लगे। अधिकारी की ख्याति उसके नए विभाग में पहुँचने के पहले पहुँच जाती है। उन्हें आशा बँधी कि उनकी लंबित समस्याओं का समाधान शीघ्र होगा। जहाँ डॉ. अग्रवाल, वहाँ समाधान। कई स्वयंसेवी संगठन समाज कल्याण विभाग के निदेशालय के अधिकारियों की विलंबित और भ्रष्ट कार्यशैली से कराह रहे थे। प्रायः पश्चिम बंगाल में समाज कल्याण विभाग के पंजीकृत दो सौ पचास सक्रिय स्वयं सेवी संगठन थे। मेरी मान्यता थी कि वर्तमान समय में समाज कल्याण के कार्यक्रमों में

सरकारी और गैर-सरकारी संगठनों को साझीदार होकर कार्य करना चाहिए, तभी समाज की विकराल समस्याओं का कुछ हल निकलेगा। स्वयंसेवी संस्थाओं की छोटे-छोटे मुद्दों पर अच्छी पकड़ होती है। वे अपने सीमित क्षेत्राधिकार में जनता के पास खड़े होकर काम करते हैं। सूक्ष्म ही सुंदर होता है। सरकारी अधिकारियों एवं कर्मचारियों की नौकरी की शत-प्रतिशत सुरक्षा तथा मोटा वेतन होने के कारण मानव-संवेदना जीवंत नहीं रहती। उनका परिवार ही शनैः-शनैः सब कुछ होता जाता है। स्वयंसेवी संस्थाएँ जमीनी स्तर पर कुछ ऐसे प्रकल्प लेकर सामने आती हैं, जिससे सरकार की आँखें खुल जाती हैं। मैंने स्वयंसेवी संगठनों के आवेदनों पर सीधा आदेश करना शुरू किया, क्योंकि समाज-कल्याण निदेशालय से रिपोर्ट आने में इतना समय लग जाता कि प्रधान सचिव का स्थानांतरण ही हो जाता। अपने आदेश की एक प्रतिलिपि संबंधित स्वयंसेवी संगठन को भी दे देता। अब स्वयंसेवी संस्थाओं ने निदेशालय, समाज कल्याण विभाग पर दबाव बनाना शुरू किया और अपनी समस्याओं का हल निकाल लिया। कुछ ऐसे संगठन थे, जिनके विरुद्ध भ्रष्टाचार के मामले थे। उन्हें हमने रोक दिया, पर उत्तम स्वयंसेवी संस्थाएँ सरकारी सहायता एवं अनुदान से दौड़ने लगीं। मैं इस तथ्य से संतुष्ट हो गया, जब विभिन्न स्वयंसेवी संस्थाओं द्वारा विकलांगों या भिन्न रूप से सक्षम व्यक्तियों के लिए विभिन्न कार्यक्रमों के आयोजनों में मुझे निमंत्रण-पत्र आने लगे। मेरे मंत्री तो स्वयंसेवी संगठनों के आयोजनों में सहमति देते-देते थक गए। मैं उन सभी प्रस्तावों को शीघ्र अग्रसारित कर देता, जो भारत सरकार के समाज-कल्याण विभाग से संचालित होने थे।

उसके पश्चात् हमने शिशु सहायता टेलीफोन लाइन (चाइल्ड हेल्प लाइन) प्रारंभ की, ताकि बाहर भेजी जा रही लड़कियों को वापस लाया जा सके। इस क्षेत्र में एक स्वयंसेवी संस्था सरकार से भी अच्छा काम कर रही थी। मैंने उस पर अपना वरद्हस्त रखा। राज्य में शिशु सुरक्षा समिति (चाइल्ड प्रोटेक्शन सोसाइटी) का भी पंजीकरण कराया, जिसका उन्होंने पदेन अध्यक्ष विभाग के प्रधान सचिव को किया। विकलांगों के लिए कार्यालयों, स्टेशनों, सार्वजनिक स्थानों आदि में आने-जाने के लिए पृथक् व्यवस्था हो, इसके लिए संबंधित विभागों, सरकारी एवं अर्ध-सरकारी संगठनों को अनुरोध पत्र लिखा। साथ-साथ वरिष्ठ नागरिकों के हितों की सुरक्षा के लिए पश्चिम बंगाल में माता-पिता की देखभाल एवं कल्याण अधिनियम के क्रियान्वयन को व्यावहारिक रूप दिया। विकलांगों के लिए खरीदे गए उपकरण प्रत्येक जिले के भंडार गृहों में पड़े थे, उनका वितरण कराया तथा नए प्रकार के उपकरणों की व्यवस्था की। बालिकाओं की पढ़ाई एवं विवाह में सहायता की योजनाओं के कार्यान्वयन को धक्का दिया। उद्योगों में कार्यरत बालकों की अवस्था को अच्छा करने का प्रयास किया। ऐसी कई योजनाएँ जैसे पेशागत प्रशिक्षण, कार्यरत महिलाओं के लिए क्रच-बच्चा देखभाल केंद्र, परिवार सलाह केंद्र की उन्नति की।

लिलुआ महिला आश्रम, हावड़ा की समस्या और समाधान

समाज कल्याण विभाग के अंतर्गत कई महिला आश्रम थे, जिनमें बलात्कार आदि अपराधों से पीड़ित किशोरियाँ और महिलाएँ रहती थीं। इसके अतिरिक्त विधवाओं के लिए भी एक-दो आश्रम थे। सबसे उत्तम एक समाज कल्याण विभाग का आश्रम था, जिसमें विशेषत: कोलकाता की सड़कों में घूम रहे भिखारी या सड़कों के किनारे पड़े असहाय लोगों को भरती करके उनका जीवनमान उत्तम किया जाता था। मैंने देखा कि इस होम के कर्मचारी और अधिकारी अत्यंत लगन से कोलकाता महानगर में घूमते भिखारियों, मानसिक रूप से अक्षम या असहाय व्यक्तियों को पकड़कर उनके बाल कटवाकर उन्हें अच्छे कपड़े पहनाकर होम में भरती कर लेते थे। उनमें से कई सामान्य जीवन जी रहे थे। यही कारण था कि कोलकाता में अन्य महानगरों की तुलना में कम भिखारी दृष्टिगोचर होते हैं, पर जनसंचार माध्यम इस आश्रय स्थल की प्रशंसा में नहीं लिखते थे, जबकि विभाग के लिलुआ होम, हावड़ा की सब समय स्थानीय समाचार-पत्रों में शीर्षक बनकर आलोचना निकलती थी कि लिलुआ होम से दो लड़कियाँ फरार हो गईं या उन्हें कोई उठा ले गया या कुछ समाज-विरोधी तत्त्वों ने लिलुआ होम के अंदर घुसकर गड़बड़ी की या कुछ मनचले लोगों ने होम की चारदीवारी पार करके कुछ लड़कियों या महिलाओं को परेशान किया इत्यादि। विभागीय मंत्री की निश्चयात्मक मंशा जानकर मैंने यह निश्चय कि लिलुआ होम की समस्या का स्थायी रूप से समाधान करूँगा। मैं लिलुआ होम गया। वहाँ जो विपन्न एवं मानसिक रूप से रुग्ण लड़कियों एवं महिलाओं की अवस्था देखी, मेरा हृदय विगलित हो गया। मैंने पाया कि लिलुआ होम की समस्या धनाभाव के कारण है। मैंने होम के लिए प्रथम दो करोड़ रुपए की व्यवस्था की। होम से सीवर निकासी एवं पेयजल की उत्तम व्यवस्था की। सभी वार्डों की मरम्मत करवाई तथा लिलुआ होम के लिए जिला स्तर के समाज कल्याण अधिकारी की व्यक्तिगत जवाबदेही स्थिर की। लिलुआ होम के इर्द-गिर्द जो समाज-विरोधी तत्त्व कार्यरत थे, उन्हें पुलिस को पकड़ने के लिए आदेश दिया। लिलुआ होम के जो बाहरी निरीक्षक (विजिटर्स) थे, उनकी टिप्पणियों, मंतव्यों तथा सुझावों को प्रतिमास मुझे सीधा भेजने को कहा। एक माह के भीतर ही लिलुआ होम पटरी पर आ गया। लिलुआ होम की सनसनी खबरें स्थानीय बांग्ला समाचार-पत्रों में प्रकाशित होनी बंद हो गईं। मेरे विभाग छोड़ने के समय लिलुआ होम पश्चिम बंगाल सरकार का उत्तम महिला आश्रम हो गया। लिलुआ होम के अनुभव को मैंने राज्य के अन्य आश्रमों में कार्यान्वित किया तथा जिन आश्रमों में आश्रम की संचालिकाएँ अपने परिवारों के साथ निवास कर रही थीं, उन पर या तो विभागीय काररवाई की अथवा उनका स्थानांतरण कर दिया।

समाज-कल्याण विभाग में स्वयंसेवी संगठनों को इतना बढ़ावा देने का अवसर

प्राप्त हुआ कि सेवानिवृत्ति के पश्चात् मेरा स्वयंसेवी संगठन चलाने का मन ही नहीं किया। मैं सरकार का कृतज्ञ हूँ, जिसने मुझे लोककल्याण का कार्य करने का सुनहरा अवसर प्रदान किया। यही कारण है कि भारत में युवा आई.ए.एस. की नौकरी को प्रथम प्राथमिकता देते हैं।

सरकारी भवनों एवं सड़कों का निर्माण और उनका रख-रखाव

ईश्वर जो करता है, वह अच्छा ही करता है—यह प्रचलित कहावत चरितार्थ हुई। अध्यक्ष, महिला आयोग को खुश करने के लिए मुख्यमंत्री ने मेरे स्थानांतरण का प्रस्ताव दिया, पर उनके सलाहकारों ने उन्हें सलाह दी—"अग्रवाल अपने विभाग में उत्कृष्ट कार्य कर रहा है। ऐसे में उसका स्थानांतरण जहाँ आई.ए.एस. अधिकारियों को हतोत्साहित करेगा, वहाँ पश्चिम बंगाल का सजग जनसंचार माध्यम हमारी आलोचना करेगा। अत: अग्रवाल को एक और श्रेष्ठ विभाग में भेज दिया जाए, जिससे वह बिना किसी विरोध के शीघ्र नए विभाग में जॉइन कर लेगा तथा हम कह सकेंगे कि अग्रवाल को हमने और अधिक जिम्मेदारीपूर्ण विभाग दिया है, जहाँ भ्रष्टाचार नियंत्रण एवं प्रगति की तुरंत आवश्यकता है।" मुख्यमंत्री इस सुझाव से सहमत हो गए और मुझे सार्वजनिक निर्माण विभाग (भवन) तथा सड़क विभाग का प्रमुख सचिव नियुक्त कर दिया गया। मैंने दूसरे दिन ही नए विभाग का कार्यभार सँभाल लिया।

सार्वजनिक निर्माण विभाग में पंचाट मामलों में बहुत धन अपव्यय हो रहा था। मैं प्रात: विभाग में आकर बैठूँ कि एक-दो करोड़ रुपए के भुगतान का प्रस्ताव मेरी मेज पर आ जाता। विभाग का वार्षिक बजट करीब एक हजार करोड़ था। मैंने सोचा कि यदि उसी प्रकार हम पंचाट मामलों में अतिरिक्त भुगतान करते रहे तो विभाग में विकास कार्य करने के लिए धनराशि ही नहीं बचेगी। मैं समस्या की जड़ तक गया और मैंने पाया कि अवकाश प्राप्त मुख्य अभियंता आदि पंच या मध्यस्थ नियुक्त होने पर सेवा-निवृत्ति के पश्चात् भ्रष्ट तरीके से ठेकेदारों की माँगों को मानकर उन्हें अतिरिक्त धनराशि प्रदान करने का आदेश दे देते हैं। मैंने मध्यस्थ मामलों में सेवानिवृत्त अभियंताओं की नियुक्ति बंद करने का निश्चय किया। मैं जानता था कि मंत्री महोदय पर उनके परिचित अधिकारियों का दबाव पड़ेगा और उनके माध्यम से यह कार्य नहीं हो पाएगा। मैंने मंत्री महोदय के अनुमोदन के बिना ही स्वयं विभागीय आदेश दिया कि किसी भी सेवानिवृत्त अधिकारी की विभाग के मध्यस्थ मामलों में नियुक्ति न हो। विभाग में खलबली मच गई, पर सत्य की सदैव जीत होती है। वरिष्ठ इंजीनियरों को छोड़कर विभाग में सभी ने मेरे इस आदेश का समर्थन किया। मंत्री को मैंने मना लिया और कहा—"यदि ऐसा ही रहा तो आपको अपनी कुरसी का खर्च चलाना मुश्किल हो जाएगा।" मंत्री चुप हो गए एवं उन्होंने अपने

अभियंता चापलूसों से कहा—"क्या करूँ? यह प्रधान सचिव मनचला व्यक्ति है। इसकी समझ में जो आता है, वह करता है।"

मेरा इस विभाग में काम करना तलवार की धार पर चलने के समान था, क्योंकि तकनीकी विभाग में तकनीकी अधिकारी आई.ए.एस. अधिकारी का प्रमुख पद पर नियुक्ति का विरोध करते हैं। अत: मैंने इंजीनियरों के लिए कुछ विशेष करने का निश्चय किया। इंजीनियरों को ठेकेदार माफिया कार्यस्थलों पर परेशान करते हैं तथा उन्हें भय दिखाकर अपने बिलों का भुगतान करवा लेते हैं। जहाँ उनकी मिलीभगत है, वे मामले मुझ तक नहीं पहुँचते थे। मैंने पाया कि कनिष्ठ इंजीनियर (जे.ई.), जो इंजीनियरी विभाग की रीढ़ है, को ठेकेदार या कार्यकारी संस्था के विरुद्ध प्राथमिकी दर्ज कराने का अधिकार नहीं है, जबकि वह ही सब समय कार्यस्थल पर उपस्थित रहकर निर्माण कार्य या मरम्मत कार्य का क्रियान्वयन करवाता है। मैंने संबंधित अधिनियम में विधानसभा से संशोधन पास कराया और सभी जे.ई. को यह क्षमता दी कि वे ठेकेदार के विरुद्ध प्राथमिकी दर्ज कर सकें। इस प्रकार सार्वजनिक निर्माण विभाग के सबसे बड़े कनिष्ठ अभियंताओं के संगठन मेरे पक्ष में हो गए। इसके बाद कुछ बड़े-बड़े राजनीतिक पृष्ठपोषण पानेवाले ठेकेदारों का नंबर था। उनके कार्यस्थलों का मैंने निरीक्षण किया और उनमें से कुछ के भुगतान बंद किए या उनके शेष ठेके रद्द किए। इनमें से एक नामीगिरामी माफिया ठेकेदार ने मुझे अप्रत्यक्ष रूप से धमकी दी, पर मैं ऐसी धमकियों का अभ्यस्त हो चुका था। झूठ-फरेब की धरती पर खड़े होकर धमकी देनेवालों के पैरों के नीचे मिट्टी पोली होती है।

सचिवालय में कर्मचारी संगठनों के अतिक्रमणों का विस्थापन

पश्चिम बंगाल सरकार का मुख्य सचिवालय ऐतिहासिक राइटर्स बिल्डिंग में था। कलकत्ता से जब अंग्रेज गवर्नर जनरल सारे देश पर राज करता था तो उसके सहायक (राइटर्स) इस भवन में बैठकर कार्य करते थे। यह चार तल्ला लाल रंग की वास्तुकला से सुसज्जित भवन स्वतंत्रता के पश्चात् पश्चिम बंगाल में राज्य की सत्ता का मुख्यालय रहा। राज्य में राजनीतिक दलों का एकमात्र लक्ष्य होता—येन-केन प्रकारेण सत्ता की प्रतीक राइटर्स बिल्डिंग पर कब्जा करना। राज्य का मुख्यमंत्री यहीं बैठता था। इस भवन का रख-रखाव, मरम्मत तथा प्रशासन सार्वजनिक निर्माण विभाग के अंतर्गत आता है। यह ऐतिहासिक भवन शनै:-शनै: जर्जरित हो रहा था तथा इसका सबसे ऊँचा तल तो मरम्मत लायक ही नहीं रह गया था, पर सभी इस ऐतिहासिक धरोहर से जुड़े थे, अनुरक्त थे। अत: इस भवन के रख-रखाव तथा सुरक्षा का अहम दायित्व मुझ पर था। मैंने पाया कि भू-तल पर, जिसे पश्चिम बंगाल में प्रथम तल कहते हैं, एक पुराना जलपान गृह था,

जिसमें कोयले की भट्ठी पर जलपान तैयार होता था। यह सचिवालय में आग पकड़ने का सबसे अधिक संभावित स्थान था। मैंने उसमें गैस भट्ठी लगाई, जिसका विरोध हुआ, पर एक बार जलपान गृह की साज-सज्जा के पश्चात् सभी मेरी प्रशंसा करने लगे। अब मेरा दूसरा कदम था—भूतल से सभी अनधिकृत अतिक्रमणों को हटाना, जिसमें विभिन्न संगठनों के कार्यालय थे। मैंने उन्हें खाली करने का नोटिस दिया। उनमें से कई समूह बनाकर मुझसे मिलने आए तथा मेरे इस कदम के विरुद्ध उन्होंने अपनी कड़ी आपत्ति दर्ज की तथा अप्रत्यक्ष रूप से मुझे घेराव आदि की धमकी दी। मैंने कर्मचारी संगठनों से संबंधित विभिन्न श्रमिक अधिनियमों का अध्ययन किया तथा पाया कि दो ही संगठनों को सचिवालय में कमरा या कार्यालय दिया जा सकता है। प्रथम, जो बहुमत प्राप्त कर्मचारी संघ है और दूसरा, उसका मुख्य विरोधी कर्मचारी संघ, जिसकी सदस्य संख्या विरोधियों में सबसे अधिक हो। इस पर प्रत्येक भोजनावकाश के समय विरोध प्रदर्शन होने लगे। मेरे विरुद्ध 'निरंकुश प्रधान सचिव—हाय, हाय' के नारे लगने लगे। वैसे भी राइटर्स बिल्डिंग के भीतर और बाहर जोर-शोर से हिंसक विरोध प्रदर्शन आम थे। इसलिए कोलकाता पुलिस का मुख्यालय पास ही में लाल बाजार में ब्रिटिश काल से चला आ रहा था। मैंने सचिवालय के भारप्राप्त पुलिस निरीक्षक व चौकी इंचार्ज को बुलाकर पूछा—"मेरे बुलाने पर या प्राथमिकी दर्ज करने पर आप तुरंत कारवाई तो करोगे? यदि मेरा घेराव हो गया तो मुझे छुड़ा लोगे?"

"मुझे ऊपरवालों से पूछना होगा।"

"पर इस भवन की देखरेख तो मुझ पर है। अत: मेरे आदेश या प्राथमिकी का तो आपको सर्वोपरि संज्ञान लेना चाहिए।"

"सर, मुख्यमंत्री के इशारे के बिना हम कुछ नहीं कर सकते।"

"क्या मुख्यमंत्री सचिवालय के थानेदार हैं?"

यह सुनकर पुलिस निरीक्षक चला गया। मुझे वस्तुस्थिति समझने में देर नहीं लगी। मैंने अपनी व्यक्तिगत सुरक्षा के लिए कोलकाता पुलिस आयुक्त से संबंध बढ़ाए और पुलिस निरीक्षक को आवश्यक निर्देश दिलवा दिए।

इसके पश्चात् एक रात्रि को हमने अपनी सचिवालय ब्रिगेड को लेकर उन अनधिकृत संघों के दफ्तरों को जबरन खाली करके विभाग के ताले लगवा दिए, जिनका वामपंथी सरकार के सत्ता में आने पर समर्थन आधार नगण्य हो गया था। सोमवार को जब सचिवालय खुला तो हमने सचिवालय के भूतल पर विशाल पुलिस बल बुला लिया था। खैर, कुछ विरोध प्रदर्शन, मुझे एकतरफा गाली-गलौज के पश्चात् मामला शांत हो गया।

सचिवालय अतिक्रमण से मुक्त हो गया। उन कमरों की तोड़फोड़ करके बड़े पैमाने पर मरम्मत तथा पुनर्निर्माण का कार्य तत्कालीन प्रारंभ कर दिया गया, ताकि अन्य

विभाग और उनके प्रमुख अपनी चिराकांक्षा पूरी करते हुए राइटर्स बिल्डिंग में पधारकर अपने विभाग का सुचारु रूप से संचालन कर सकें।

मंत्री से लेकर मुख्यमंत्री ने मुझे व्यक्तिगत रूप से इस काररवाई की फोन पर वाहवाही दी। मैंने एक और प्रशासनिक दृष्टि से असंभव समझे जानेवाले कार्य को संभव करके दिखा दिया।

राजधानी दिल्ली में राज्य के एक और अतिथि गृह का निर्माण

देश की राजधानी दिल्ली में जहाँ विभिन्न देशों के राजदूतावास और उच्चायुक्त हैं, वहाँ सभी राज्यों के राज्य अतिथि गृह भी हैं। जैसे-जैसे केंद्रीय सरकार के पास सत्ता तथा वित्त का केंद्रीकरण बढ़ा, राज्यों से अधिकारियों तथा राजनेताओं का दिल्ली आगमन भी बढ़ गया। पश्चिम बंगाल सरकार का अतिथि गृह 'बंग भवन' भी छोटा पड़ने लगा तथा उसमें ठहरने के लिए मारामारी होने लगी। मैं जब कार्यालय पहुँचा तो प्रतिदिन एक-दो फोन बंग भवन में आरक्षण हेतु अथवा आरक्षण संबंधी शिकायत आतीं। यह कार्य दक्षतापूर्वक हमारा एक बाबू ही करता चला आ रहा था, पर अब उसके कार्य का धुआँ मुझ पर आने लगा। मैं यह कार्य कतई पसंद नहीं करता था। मैंने निश्चय किया कि राज्य सरकार की ओर से एक और अतिथि गृह का निर्माण करूँगा, ताकि इस समस्या का स्थायी समाधान निकल सके। मैंने पाया कि पश्चिम बंगाल सरकार का चाणक्यपुरी, नई दिल्ली में एक अतिथि गृह था, जिसमें आकर पश्चिम बंगाल के प्राक्तन मुख्यमंत्री लौह पुरुष सिद्धार्थ शंकर रे ठहरते थे तथा उनकी पत्नी के नाम पर ही उसका विद्युत् कनेक्शन था। इस अतिथि गृह के पास केंद्रीय सरकार की एक जमीन पड़ी थी, जो किसी उपयोग की नहीं थी तथा वह इस अतिथि गृह से संयुक्त हो सकती थी। बस क्या था! मैंने चाणक्यपुरी स्थित इस छोटे अतिथि गृह को पश्चिम बंगाल सरकार के नाम करवाया तथा खाली पड़ी संलग्न जमीन को स्थानांतरित करने के लिए केंद्रीय सरकार के शहरी मंत्रालय में एक प्रस्ताव दिया। इस कार्य को पश्चिम बंगाल संवर्ग के एक आई.ए.एस. अधिकारी संयुक्त सचिव के पद पर देख रहे थे, पर उनसे कोई विशेष सहयोग प्राप्त न हो सका और पश्चिम बंगाल सरकार की ओर से हमें पैंतीस लाख रुपए का चैक केंद्रीय सरकार के खाते में जमा करने पर ही इस जमीन का स्वामित्व प्राप्त हो सका। बाकी काम करने में तो सार्वजनिक निर्माण विभाग दक्ष था। दिल्ली स्थित ठेकेदारों की बन आई। सेवानिवृत्ति के बाद सुना कि वहीं पश्चिम बंगाल सरकार का एक और दिल्ली में विशाल एवं सुंदर अतिथि गृह निर्मित हो गया है। सेवानिवृत्ति के पश्चात् ऐसे सभी सेवाकाल में संपादित उत्तम कार्य सरकारी सेवक को अवकाश ग्रहण के पश्चात् जीने का संबल प्रदान करते हैं। यद्यपि उसकी इन कहानियों को सुनने में न तो उसके परिवारवालों की कोई

अभिरुचि होती है, न मित्रों की और न ही पास-पड़ोसवालों या अन्य मिलनेवालों की। सरकारी सेवक ही अपनी शेखी बघारता रहता है, पर ऐसे ही लोकसेवकों के कृत्य के कारण देश वर्तमान खराब या अच्छी स्थिति में पहुँचा है।

सार्वजनिक निर्माण सड़क विभाग में लोगों की रुचि नहीं होती। मैंने भी सुनिश्चित किया कि सभी सड़कों का यथारीति मरम्मत का काम हो, गड्ढे न हों तथा दार्जिलिंग पार्वत्य क्षेत्र में सड़कें पूर्ण सुरक्षित तथा उत्तम हों। दार्जिलिंग की सड़कों को देखकर ही देशवासी पश्चिम बंगाल के प्रति अपना विचार बनाते हैं। उससे पूर्व पूरा जोर कोलकाता पर ही होता था, पर वामपंथी सरकार का जोर कोलकाता के बाहर अधिक था, क्योंकि कोलकाता से उन्हें आशानुकूल जन समर्थन प्राप्त नहीं होता था। सड़क विभाग के मुख्य अभियंता एक तकनीकी विशेषज्ञ तथा ईमानदार अधिकारी थे। मैं उनकी ओर से आश्वस्त था, पर सड़क विभाग में यांत्रिकी विभाग के मुख्यअभियंता के पद को लेकर विवाद उठ खड़ा हुआ। गंगासागर मेले में मोटरचालित नौकाओं (लॉन्चों) का संचालन यही प्रभाग करता है। इसके लिए एक अभ्यर्थी अन्य पिछड़े वर्ग के मंडल थे, पर वे पैरों से अक्षम थे। जब मुख्य अभियंता नौका पर चढ़ ही नहीं पाएगा तो वह प्रभाग की कैसे देखरेख करेगा? मैंने उनको मुख्य अभियंता न बनाकर अन्य अधिकारी को यह पद दे दिया। वे उच्च न्यायालय गए, सर्वोच्च न्यायालय गए, तब तक वे भी सेवानिवृत हो गए। प्रभाग का संचालन एक सक्षम मुख्य अभियंता ने दक्षतापूर्वक किया। उन्हें भी न्यायलय से उसी दिन से मुख्य अभियंता के पद का वेतन तथा सेवानिवृत्ति के सभी लाभ प्राप्त हो गए, जो हमने उन्हें खुशी-खुशी उपलब्ध करा दिए। हमें उनसे कोई व्यक्तिगत द्वेष नहीं था, हम केवल विभाग एवं सरकार के हित में काम कर रहे थे। उच्च न्यायालय ने फाइल अवलोकन करके यह स्पष्ट रूप से दृष्टिगोचर कर लिया तथा हमारे विरुद्ध कोई आदेश या अपना मंतव्य प्रकट नहीं किया।

विभाग में मुझे दो वर्ष हो चुके थे। हुगली नदी पर तीसरे रोड कम ब्रिज का निर्माण कार्य विभाग के अंतर्गत हो रहा था, यद्यपि यह एक अंतरराष्ट्रीय सेतु निर्माण कंपनी अपने खर्चे पर ही इस सेतु का निर्माण कर रही थी और वह सेतु से गुजरने वालों पर टिकट लगाकर निर्धारित कई वर्षों में अपना निर्माण-खर्च वसूलेगी। यह हावड़ा एवं विवेकानंद सेतु की भाँति बिना खंभों का सेतु था, ताकि सेतु के नीचे जलपथ द्वारा जल परिवहन में बाधा सृष्टि न हो। यह सेतु अत्यंत आधुनिक तकनीक से निर्मित हो रहा था। निर्माण कार्य के दौरान दो-तीन मजदूर हुगली में गिरकर मर गए। कोलकाता में इस पर आक्रोश उत्पन्न हुआ। मैं तुरंत सेतु स्थल पर निरीक्षण करने गया तथा मैंने पाया कि मजदूर सुरक्षा संबंधी नियमों का पालन ही नहीं करते हैं। दुर्घटना के बाद भी मेरे सामने मजदूर हेलमेट लोहे के सरिये पर लटकाकर काम कर रहे थे। कंपनी ने उन्हें सुरक्षा संबंधी हैट, जूते,

दस्ताने आदि उपकरण दे रखे थे, पर वे उनका उचित उपयोग नहीं करते थे। उनके बिना काम करने में उन्हें आसानी होती थी, विशेषतः कोलकाता की आर्द्रतापूर्ण ग्रीष्म में।

पर मैंने जन-आक्रोश को देखते हुए ठेकेदार कंपनी को जिम्मेदार ठहराया। उनसे दुगुने सुरक्षा उपायों को करने के लिए आदेश दिया तथा मृतकों के परिवारों को निर्माण कंपनी से काफी मुआवजा दिलवाया। तब जाकर कोलकाता का एवं कोलकाता मीडिया का आक्रोश शांत हुआ। मैं केवल आयोग बैठाकर मामले को रफा-दफा करने में विश्वास नहीं करता था। फिर भी इस दुर्घटना के लिए एक जाँच आयोग एक सेवानिवृत्त मुख्य अभियंता की अध्यक्षता में गठित किया, ताकि विभाग इस दुर्घटना से सबक ले सके।

साथ-साथ मैंने केंद्र सरकार के साथ अच्छे संबंध स्थापित किए। हम क्यों केंद्र सरकार, एक दुधारू गाय की उपेक्षा करें? केंद्र सरकार के भूतल परिवहन विभाग के सचिव एवं हमारे इलाहाबाद छात्रावास के वरिष्ठ अधिवासी को कोलकाता आमंत्रित करके राज्य की समस्याओं से अवगत कराया। उन्हें आश्चर्य हुआ। सचिव एक प्रसिद्ध नौकरशाह थे। उन्होंने व्यक्तिगत पहल करके पश्चिम बंगाल राष्ट्रीय राजमार्गों के निर्माण और रख-रखाव के लिए आवश्यक धनराशि उपलब्ध कराई, पर इससे पूर्व प्राक्तन राष्ट्रपति प्रणब मुखर्जी राष्ट्रीय राजमार्ग-34 पर दुर्घटना में घायल हो गए थे एवं हमारी आलोचना हो चुकी थी। एक नौकरशाह विभिन्न विभागों का अनुभव करना चाहता है, ताकि उसका अनुभव कोश समृद्ध हो सके। फिर मेरी सेवानिवृत्ति तारीख दहलीज पर थी। मैं भी दो वर्ष के पश्चात् अपने प्रिय विभाग में काम करना चाहता था, जहाँ पर मैं भूमिहीनों, बटाईदारों तथा निर्धन कृषकों के अपने मिशन को गंतव्य तक ले जाकर आत्मसमीक्षा कर सकूँ।

एक ओर सरकारी काम में सफलता प्राप्त हो रही थी, दूसरी ओर पारिवारिक और लेखन के क्षेत्र में सफलता और संतुष्टि का परिवेश उत्पन्न हो रहा था। मेरे ज्येष्ठ पुत्र अंकुर का अमरीका से लौटने पर मेरे हल्दिया की अवधि के मित्र इंडियन ऑयल कॉरपोरेशन के निदेशक श्री वी.के. अग्रवाल की पुत्री उर्वशी के साथ दिल्ली के पाँच सितारा सम्राट् होटल, चाणक्यपुरी में धूमधाम से विवाह आयोजित हुआ। उर्वशी भी चेन्नई से बी.टेक. (कंप्यूटर) में थी तथा एडॉबी कंपनी में कार्यरत थी। विवाह में मेरे पैतृक गृह बरुआसागर के सभी कुटुंबी एवं रिश्तेदार सम्मिलित हुए। अंकुर भी जिंदल स्टेनलेस स्टील के स्वामी एवं प्रबंध निदेशक के कार्यकारी सचिव के पद पर कार्य करने लगा। इसी बीच एक और अच्छा समाचार आया। जेल विभाग के अनुभवों पर आधारित मेरी पुस्तक 'कारागार में कैदियों का जीवन' पुस्तक का राष्ट्रीय मानवाधिकार ने पुरस्कार हेतु चयन किया और मुझे भारत के प्राक्तन मुख्य न्यायाधिपति एवं अध्यक्ष राष्ट्रीय मानवाधिकार आयोग ने पुरस्कृत किया।

भूमि-सुधार कार्यक्रम को कार्यान्वित करने का अंतिम सुअवसर

भूमि-सुधार कार्यक्रम से संबंधित कार्यक्रम में प्रायः सभी पदों पर मुझे काम करने का सुअवसर प्राप्त हुआ। प्रधान सचिव के पद पर नियुक्ति एक सुनहरा अवसर था, जब मैं अपने इस भूमि-सुधार क्षेत्र में विगत कार्यों को भी शिखर से देख सकता था। भूमि एवं भूमि-सुधार विभाग, पश्चिम बंगाल सरकार में वामपंथी सरकार ने सबसे महत्त्वपूर्ण विभाग बनाया था, जिसके अधीन सभी जिलाधिकारी तथा मंडलायुक्त आते थे। यह अन्य राज्यों की भाँति केवल भूमि राजस्व से संबंधित विभाग नहीं था। भूमि राजस्व निरीक्षक एवं पटवारी का पद तो सरकार ने आते ही समाप्त कर दिया था। सरकार इस विभाग को सरकार के नीति-निर्धारण तथा सरकारी कार्यक्रमों में प्राथमिकता देती थी। इसके अधीन लगभग तीस हजार कर्मचारी एवं अधिकारी थे, जो संपूर्ण राज्य में ग्राम पंचायत स्तर तक फैले थे। विभाग के अंतर्गत जिला स्तर पर भूमि एवं भूमि-सुधार अधिकारी भी था, जो भूमि आलेखों को बनाने, सुधारने तथा आधुनिकीकरण का काम करता था। साथ-साथ बटाईदारों को सूचीबद्ध करना तथा गाँव स्तर तक नक्शा तैयार करना एवं भूमि आलेखों का कंप्यूटरीकरण करके उन्हें अद्यतन बनाए रखना। यद्यपि भूमि-सुधार कार्यक्रम में मुख्य कार्यकर्ता अतिरिक्त जिलाधिकारी (भूमि-सुधार) तथा जिला भूमि एवं भूमि-सुधार अधिकारी ही थे, पर जिलाधिकारी पदेन भूमि संबंधी कार्यक्रमों को परंपरागत रूप में नेतृत्व प्रदान करता था। यही कारण है कि जिलाधिकारी एवं मंडलायुक्तों की वार्षिक चरित्र-पंजिका प्रधान सचिव, भूमि एवं भूमि-सुधार के पास समीक्षा के लिए अनिवार्य रूप से आती है। अतः जिला प्रशासन पर भूमि एवं भूमि-सुधार विभाग का प्रभावी नियंत्रण है।

प्रधान सचिव के पद का कार्यभार ग्रहण करने के पश्चात् मैंने संपूर्ण राज्य में शिविर लगाकर भूमिहीनों एवं छोटे तथा सीमांत किसानों को सरकार में निहित जोत सीमा से अधिक कृषि भूमि के वितरण की सुव्यवस्था की। कई शिविरों में विभागीय मंत्री गए, जो एक मुसलमान भद्रलोक सी.पी.एम. की किसान सभा के समर्पित कार्यकर्ता रहे। एक शिविर उनके गाँव में भी लगाया, जहाँ आसपास के कई सौ भूमिहीनों तथा गरीब किसानों में जमीन वितरित की। खरीद-फरोख्त के पश्चात् खसरा, खतौनी में नाम परिवर्तन तथा जमीन का वर्गीकरण परिवर्तन दो ऐसे कठिन क्षेत्र थे, जो अभी तक सरलता से कहीं नहीं कार्यान्वित हो रहे हैं। उन दोनों प्रक्रियाओं को समयबद्ध तरीके से निबटाने के लिए समय-सारणी का मुख्यमंत्री द्वारा सरकारी आदेश निर्गत करवाया, ताकि भूमि एवं भूमि-सुधार विभाग के अधिकारी इस सरकारी आदेश का अक्षरशः पालन करें एवं जनता को परेशान न करें। विभाग के इस महत्त्वहीन कार्य के लिए विभाग की भ्रष्टाचार के कारण बड़ी बदनामी हो रही थी।

विभाग के लगभग एक सौ मुकदमे उच्च न्यायालय में चल रहे थे तथा करीब दस उच्चतम न्यायालय में। मुझे अधिवक्ता के कक्ष के सामने प्रतीक्षा करना खराब लगता था। इसलिए मैं स्वयं न्यायालय के लिए उत्तर तैयार कर देता था। फिर यह मेरी रुचि का काम था तथा मुझे वकालत सीखने का सुअवसर प्राप्त हुआ।

सिंगुर में टाटा की छोटी कार निर्माण योजना

राज्य के नए मुख्यमंत्री बुद्धदेव भट्टाचार्य पश्चिम बंगाल में उद्योगों की स्थापना के पीछे पड़े थे, यद्यपि उनके पूर्व मुख्यमंत्री को पश्चिम बंगाल की नब्ज समझते हुए उद्योगों की स्थापना पर भरोसा नहीं था, क्योंकि पश्चिम बंगाल की जनता अपने पुराने अनुभवों के आधार पर उद्योगपतियों पर भरोसा नहीं करती थी। टाटा के ख्याति प्राप्त चेयरमैन रतन टाटा देश के लोगों को लगभग 2500 डॉलर में छोटी कार नैनो उपलब्ध कराना चाहते थे, ताकि सामान्य भारतीयों का चार पहिया वाली गाड़ी में चढ़ने का सपना पूरा हो सके। टाटा समूह की पसंद पर पश्चिम बंगाल सरकार के उद्योग विभाग के उद्योग विकास उपक्रम ने इस आशय के लिए टाटा को 997 एकड़ उपजाऊ जमीन कोलकाता के पास हुगली जिले के सिंगुर में देने का निश्चय किया। इस परियोजना के अंतर्गत 1500 परिवार की जीविका जा रही थी, जबकि केवल एक हजार नौकरियाँ ही नए कारखाने एवं सहायक उद्योगों में सृजित होतीं। उनमें से अधिकांश नौकरियाँ बाहरी कुशल लोगों को दी जातीं। तीस प्रतिशत स्थानीय लोगों ने इसका विरोध किया और उनका नेतृत्व करने के लिए सुश्री ममता बनर्जी, मेधा पाटकर, अरुंधति राय तथा प्रसिद्ध लेखिका महाश्वेता देवी आगे आईं। नक्सलवादी भी इस आंदोलन में पीछे से आग सुलगा रहे थे।

विरोध करनेवालों को दल के कड़े निर्देश के अनुसार सी.पी.एम. समर्थक रोक रहे थे, पर वे तापसी मलिक के विरोधी नेतृत्व का सामना करने में असमर्थ थे। उन्होंने सत्रह वर्षीय तापसी का बलात्कार करके उसे जला दिया। प्रतिवाद करने के लिए ममता बनर्जी को कार्यस्थल पर जाने से रोका। यह पश्चिम बंगाल में असामान्य था। फलस्वरूप आंदोलन जोर पकड़ता गया। एक दिन टाटा मोटर्स के कुछ अधिकारियों से मारपीट भी आंदोलनकारियों ने कर दी तथा आंदोलन की तीव्रता को देखते हुए टाटा मोटर्स के प्रबंध निदेशक कारखाना तक विशाल पुलिस दल की सहायता से पहुँच सके। तभी टाटा ने वहाँ से कारखाना हटाने का मन बना लिया। जब वे अपने कारखाने तक जा ही नहीं सकते तो वे वहाँ कैसे काम करेंगे? उद्योग शांति एवं कानून के माहौल में पनपते हैं। जब भूमि अधिग्रहण की फाइल मेरे अनुमोदन के लिए जिला कलेक्टर हुगली से आई तो मैंने कुछ स्पष्टीकरण माँगे। वह उद्योग विभाग को गवारा नहीं हुआ। मैंने अंतरराष्ट्रीय मानकों, मारुति मोटर आदि के उदाहरण देकर सिद्ध किया कि इस उद्योग के लिए

250 एकड़ जमीन से अधिक जमीन की आवश्यकता ही नहीं है। मैंने सुझाव दिया कि अधिगृहीत जमीन में से एक-एक सौ एकड़ जमीन सबसे गरीब परिवारों में वितरित कर दी जाए, ताकि वे भी उद्योग के कारण उत्पन्न प्रगति में साझीदार हो सकें। मैंने हुगली जिले के कलेक्टर को भूमि अधिग्रहण के फलस्वरूप भूमिहीन व्यक्तियों को पास में सरकारी जमीन का पट्टा देने के लिए कहा, पर कलेक्टर मुख्यमंत्री की बात सुन रहे थे तथा मुझे अनसुना कर रहे थे, जिसका खामियाजा उन्हें बाद में भुगतना पड़ा। मैंने उनकी वार्षिक चरित्र-पंजिका में उनकी इस अनुशासनहीनता का उल्लेख कर दिया। जमीन का अधिग्रहण करने के पश्चात् भी वैसे पश्चिमी बंगाल उद्योग अवसंरचना विकास निगम के द्वारा तुरंत टाटा मोटर्स को जमीन हस्तांतरित करना उचित नहीं था। मेरे सुझाव से उद्योग विभाग के शक्तिशाली प्रधान सचिव एवं भार प्राप्त मंत्री जमीन का अधिग्रहण करने के पश्चात् क्षुब्ध हो गए और उन्होंने सभी स्तरों पर यह प्रचारित किया कि मैं उद्योग विरोधी हूँ। फलतः मुख्यमंत्री भी मुझसे नाखुश हो गए। एक दिन कोलकाता उद्योग एवं व्यापार चैंबर्स में टाटा मोटर्स के प्रतिनिधि ने अपनी परेशानियों का उल्लेख करते हुए कहा, "कैसे इस परिवेश में पश्चिम बंगाल में नए उद्योग स्थापित हो सकते हैं?"

मैंने उनसे प्रश्न किया, "क्या आप जानते हैं कि आपकी जमीन का मामला किसके पास था? कौन इस मामले में सक्षम अधिकारी था?"

टाटा मोटर्स के अधिकारी केवल मंत्री, उद्योग विभाग, प्रधान सचिव, उद्योग विभाग तथा प्रबंध निदेशक, पश्चिम बंगाल आई.आई.डी.सी. का नाम बता सके। मैंने कहा— "क्या आप कभी मुझसे मिलने आए?"

टाटा मोटर्स का अधिकारी निरुत्तर था। मैंने कहा—"मैं ही आपके उद्योग का पूरा मामला देख रहा हूँ और आपके सामने खड़ा हूँ। उन्हें आप मिलें या न मिलें। आप ठीक ही प्रधान सचिव उद्योग विभाग से मिलते हैं, पर देश का सबसे बड़ा निजी क्षेत्र का औद्योगिक समूह होने के नाते आपको कम-से-कम यह सूचना रखनी चाहिए कि आपका मामला किस शीर्ष अधिकारी के क्षेत्राधिकार में आता है।"

इस प्रकरण से यह स्पष्ट हो गया कि भारत में जहाँ एक ओर सरकारी विभाग वांछित रूप से सक्षम एवं ईमानदार नहीं है, वहीं निजी क्षेत्र में भी बहुत सक्षम और ईमानदार नहीं है। आज आवश्यकता है, देश में सभी स्तरों पर गहराई से समस्याओं को समझने एवं उनका समाधान निकालने की। इस संसार में कुछ भी असंभव नहीं है।

सिंगुर में टाटा कार कारखाना विरोधी आंदोलन दिन-प्रतिदिन तीव्र से तीव्रतर होता गया। सुश्री ममता बनर्जी ने 26 दिन का अनशन किया और जनता का विश्वास हासिल किया। बाद में वे वामपंथी सरकार को हटाकर मुख्यमंत्री बनीं और उन्होंने उच्चतम न्यायालय के आदेश के अनुसार सभी किसानों की जमीनें वापस करने का फैसला किया,

जो आज भी कार्यान्वित हो रहा है।

टाटा ने 7 अक्तूबर, 2008 को सिंगुर से अपना संयंत्र हटाकर गुजरात के मुख्यमंत्री नरेंद्र मोदी के आमंत्रण पर गुजरात के सानंद क्षेत्र में लगाया एवं सन् 2010 में इस संयंत्र से नैनो कार निकली तथा पूरे देशवासियों का कुछ वर्षों के लिए सस्ते चार पहिया वाहन में सवारी करने का सपना पूरा हुआ।

सिंगुर की घटना के उपरांत भी ईमानदार एवं सरल मुख्यमंत्री भट्टाचार्य सबक न ले सके। शायद अंतरराष्ट्रीय वामदल के दबाव में उन्होंने इंडोनेशिया के एक मुसलिम उद्योगपति द्वारा उद्योग स्थापित करने के लिए कोलकाता के आसपास काफी जमीन का अधिग्रहण प्रस्तावित किया। हमारे मंत्री महाशय श्री अब्दुर रज्जाक मुल्ला मजबूर थे। उन्हें सी.पी.एम. दल के मुख्यालय अलीमुद्दीन स्ट्रीट से इस मामले में सहायता करने का निर्देश था। वे मुझे सीधा मुख्यमंत्री के पास भेज देते थे, जबकि वे मुझसे शत-प्रतिशत सहमत थे तथा मेरी ईमानदारी, गरीबों के प्रति सहानुभूति, परिश्रम तथा विधि-संबंधी योग्यता का सम्मान करते थे। मुख्यमंत्री ने इन भूमि अधिग्रहण मामलों में तेजी लाने के लिए संबंधित कलेक्टरों के साथ एक बैठक आहूत की। मुझे भी बुलाया गया। मुख्यमंत्री की बैठक से पूर्व कुछ कलेक्टर मेरे कक्ष में आए और इन भूमि अधिग्रहण प्रस्तावों पर पंचायत चुनावों से पहले अमल न किए जाने का अनुरोध किया। मुख्यमंत्री की बैठक में किसी भी कलेक्टर की मुख्यमंत्री के बोलने के पश्चात् उन्हें सुझाव देने का साहस न हुआ। पर मैंने कहा—"माननीय, उत्तम होता यदि इन भूमि अधिग्रहण प्रस्ताव पर काररवाई आसन्न पंचायत निर्वाचन के तुरंत बाद किया जाए। उस समय संघातिक कानून-व्यवस्था की समस्याएँ आ सकती हैं।" यह मुख्यमंत्री को अच्छा नहीं लगा। उन्होंने कहा—"जो भी हो, हमें इन भूमि अधिग्रहण प्रस्तावों पर तुरंत काररवाई करनी चाहिए। कानून-व्यवस्था की समस्या से हम निपट लेंगे। फिर हमारे पीछे हमारा शक्तिशाली दल एवं उसका कैडर है।"

बैठक के बाद मुख्यमंत्री ने अतिरिक्त मुख्य सचिव गृह विभाग से कहा—"यह अग्रवाल ही हमारे सभी प्रस्तावों का विरोध करता है। यह हमारे अनुशासित दल का निर्णय है और हमें उसे कार्यान्वित करना ही है।"

अतिरिक्त मुख्य सचिव गृह विभाग ने मुझे बैठक के बाद बुलाकर समझाया—"तुम क्यों मुख्यमंत्री के प्रस्ताव का विरोध करते हो? जो हो रहा है, होने दो।"

मैंने उन्हें कलेक्टरों के विचारों से अवगत कराया तथा वे भी इस निर्णय के फलस्वरूप कानून और व्यवस्था की स्थिति में खराब प्रभाव से अवगत थे। मैं उनका विरोध न करके अपने कक्ष में चला गया, पर मुझे निश्चित हो गया कि मेरा इस प्रिय पद से कुछ समय में स्थानांतरण अवश्यंभावी है, क्योंकि करीब 34 वर्ष लगातार सत्ता में रहने

के कारण सरकार के मंत्रीगण और अधैर्य हो गए थे। वे सचिवों की बात पर कम ध्यान देते थे। वे अपने राजनीतिक दल या व्यक्तिगत सूचना-तंत्र पर अधिक विश्वास करते थे तथा हमसे हमेशा कहते—"अगले चुनाव में देख लेना। हम और भारी बहुमत से जीतकर आएँगे।" बस उनका यही कथन हमें प्रजातंत्र प्रणाली में चुप करनेवाला सूत्र वाक्य था, जिसका पालन करना प्रत्येक नौकरशाह का कर्तव्य है, क्योंकि प्रजातंत्र में लोक बहुमत ही अंतिम निर्णायक है।

मैं प्रत्येक दिन कार्यालय में छह बजे शाम तक काम करता। तब कुछ समाचार-पत्रों तथा टेलीविजन माध्यमों के संवाददाता मेरे कक्ष में प्रवेश कर जाते तथा मेरी काम के प्रति एकता, लगन तथा स्पष्ट समझ से प्रभावित होते। वे जानते थे कि प्रधान सचिव सब फाइलें निपटाकर ही घर जाएँगे। मैं कार्यालय से सीधा क्लब जाता, वहाँ तैराकी में भाग लेता या बैडमिंटन या टेनिस खेलता तथा घर पहुँचकर दुनिया से बेखबर होकर साहित्य-साधना करता या बच्चों से दूरभाष पर वार्त्ता करता। न मेरे घर पर कोई सुरक्षा गार्ड तैनात था, न ही कोई सहायक। सभी मेरी कार्यपद्धति से भली-भाँति परिचित थे। इसलिए कार्यालय के बाद हमारे पास कोई फोन नहीं आता, यदि आता तो मेरी पत्नी मना कर देती थी। हम पति-पत्नी अपनी गृहस्थी या साहित्यिक चर्चा में मग्न रहते तथा प्रातः उठकर मैं योगासन तथा प्राणायाम करता तथा पास के सार्वजनिक पेड़ों या पौधों से फूल लाकर अपना फ्लैट सजाता तथा भगवान् की पूजा करता। दस बजते-बजते उसी कार्यालय के रास्ते जिस पर चलकर मैं कभी एक घंटे से पहले कार्यालय नहीं पहुँच पाया, कार्यालय जाता। जाम और जाम, इस एक घंटे की कार यात्रा में हमारा प्रिय वाक्यांश हो गया था, जिसका हम दिन में कम-से-कम दस बार उच्चारत करते। महानगरों में लेट-लतीफी के लिए जाम सबसे आसान और सटीक बहाना है।

प्रधान सचिव के पद पर प्रत्येक दिन ऐसा नहीं होता था, जब मुझे दिन में दो बार अपने अधीनस्थों को धमकाना न पड़े या डाँटना न पड़े। एकाध बार तो ड्राइवर या चपरासी पर क्रोध आ जाता था। मैं अंदर से उन पर क्रोधित नहीं होता था। क्रोध करने से तो व्यक्ति के स्वयं के स्वास्थ्य एवं मानसिकता को क्षति पहुँचती है तथा रक्तचाप बढ़ता है। इसलिए प्रधान सचिव को सरकार आवश्यक सुविधाएँ उपलब्ध कराती है। कभी-कभी मुझ पर कुछ पक्षपात या अनुकंपा के लिए दबाव बन जाता था तो कभी-कभी मुझे अप्रत्यक्ष रूप से लोग लालच देते थे। सरकार की वित्तीय क्षमता मेरे पास थी। धनवान के पीछे सभी भागते हैं। इन सभी को पहले हँसकर टाल देता, जैसे मैंने समझा ही नहीं। मैं मन-ही-मन खुश होता जैसे एक वेश्या अपनी कीमत सुनकर या महिला अपनी सुंदरता की प्रशंसा सुनकर खुश होती है, पर जब व्यक्ति बार-बार कहता तो मैं अपनी मजबूरी प्रकट कर देता कि वह कार्य मेरी क्षमता के बाहर है, क्योंकि फाइल नीचे से आती है।

वे जैसा चाहेंगे, लिखेंगे। मैं सरकार नहीं हूँ। मैं सरकार का प्रतिनिध हूँ। सरकार का मुहरबरदार हूँ, जैसे राष्ट्रपति या राज्यपाल होता है। इस पर भी यदि कोई अनुचित काम के लिए दबाव बनाता तो मैं उससे मेरे उच्चाधिकारी, मंत्री या मुख्यमंत्री के पास जाने के लिए कहता तथा स्पष्ट कर देता कि मैं चंबल क्षेत्र से हूँ तथा किसी से डरता नहीं हूँ।

मैं इस सत्य में विश्वास करता हूँ कि यदि व्यक्ति सकारात्मक कार्य नहीं करेगा तो उस पर नकारात्मक कार्य होता रहेगा। इसलिए कार्यालय के बवंडर से निजात पाने के लिए मैंने सारे प्रदेश में भूमि आवंटन का पवित्र कार्य फिर से तीव्र गति से शुरू कर दिया, पर इस बार मुझे आश्चर्य हुआ कि कांग्रेस की भाँति वामदल के लोग भूमि या पट्टा वितरण में एक-दो भूलें होने पर उन्हें तूल देने लगे, क्योंकि बड़े-बड़े जोतदारों, जमीदारों की सरकार में निहित जमीनें बँट चुकी थीं। अब मध्यमवर्गीय जमीन मालिकों का क्रम आ गया था, जिनके पास जोत सीमा से अधिक जमीनें थीं अथवा जो बाहर नौकरी करते थे तथा अपने गाँव में बर्गादारों से खेती करवाते थे, पर उनका नाम सरकारी भू-आलेखों में दर्ज नहीं कराना चाहते थे। यह मध्यम वर्ग ही सभी राजनीतिक दलों की रीढ़ होती है। वे गरीबों, भूमिहीनों को अपने अनुसार समझा-बुझा लेते हैं, क्योंकि वे उनके बहुत करीबी तथा कठिनाई में उनके पास खड़े होते हैं। सी.पी.एम. दल ने मध्यम वर्ग या भद्रलोक वर्ग का यह प्रभुत्व नष्ट कर दिया था तथा वे इस प्रकार के कार्यक्रमों से सीधे निम्न वर्ग से जुड़ गए थे तथा उनके चहेते हो गए थे और उन्होंने गरीबों का विश्वास जीत लिया था। गरीब या किसान यदि किसी को एक बार अपना हितैषी मान लेता है तो आसानी से उसे वर्षों तक नहीं छोड़ता है, जबकि मध्यम वर्ग या उच्च वर्ग की स्वामिभक्ति समय या परिस्थिति के अनुसार बदलती रहती है। वामपंथी दलों के लंबे शासन का यही एक मुख्य आधार था। बाद में उनके नीचेवाला कैडर या स्वयंसेवक भ्रष्ट हो गया और उनका पश्चिम बंगाल में सूर्यास्त हो गया, पर सूर्यास्त भी सदा के लिए नहीं होता है।

अब मुझे चिंता हुई कि मेरा अनुभव कहीं मेरी सेवानिवृत्ति के साथ मुझ तक ही सीमित न रह जाए। अतः मुझे जब भी अवसर प्राप्त होता, मैं विभाग के प्रशिक्षण केंद्र, सालबनी में जाकर पश्चिम बंगाल सरकार की नई पौध, नई प्रशासनिक पीढ़ी को भूमि-सुधार कार्यक्रम सिखाता तथा उनके अंदर कर्म-संस्कृति के प्रादुर्भाव हेतु अभिप्रेरण पर भाषण देता।

□

उपभोक्ता हितों का संरक्षण

प्रधान सचिव उद्योग विभाग मेरे पीछे पड़े थे। अपनी असफलताओं का ठीकरा वह मुझ पर फोड़ रहे थे। वह मेल-मिलाप में निपुण थे और मैं अपना योगी की भाँति अकेला फाइल करता था। जैसे सचिन तेंदुलकर केवल अपने क्रिकेट के बल्ले से बोलते थे, वैसे ही मैं केवल अपनी फाइलों के द्वारा बोलता था। यह मेरी कमी थी एवं मुझे अपने आई.ए.एस. सेवाकाल में इस कारण इतनी तरक्की नहीं प्राप्त हुई, जितनी होनी चाहिए थी। फिर मैं तो स्वभाव से ही लेखक था। कभी पुस्तकों का लेखक तो कभी सरकारी कामकाज का। फलस्वरूप मेरा स्थानांतरण भूमि एवं भूमि-सुधार विभाग से प्रधान सचिव उपभोक्ता विषयक विभाग में कर दिया गया। मुझे अत्यंत खराब लगा, क्योंकि मेरी भूमि एवं भूमि-सुधार विभाग में कोई गफलत नहीं थी। इसका तुरंत कारण एक बांग्ला समाचार-पत्र 'वर्तमान' में प्रकाशित एक सनसनीखेजपूर्ण समाचार था कि एक भूमि अधिग्रहण के मामले में अमला-तंत्र (नौकरशाही) में काफी ओवरटाइम की बंदरबाँट हुई। मेरा भी नाम आया, पर वास्तव में मैंने एक पैसा भी ओवरटाइम नहीं लिया था, पर एक निजी कंपनी से भूमि अधिग्रहण के लिए प्रशासनिक खर्च किए, बाबत पाँच लाख रुपए लेकर कर्मचारियों तथा अधिकारियों के लिए अनुमोदित किया गया था। उनमें संबंधित जिलाधिकारी भी थे। इस कारण मुख्यमंत्री ने हमारे मंत्री के भ्रमण पर रहते हुए मेरा स्थानांतरण आदेश कर दिया। मैंने उपभोक्ता विषयक विभाग में 1 अप्रैल, 2018 को प्रधान सचिव के पद का कार्यभार ग्रहण कर लिया। इस बार मैंने सरकारी नौकरी से अवसान ग्रहण करने की सोची, क्योंकि अब मुझसे मंत्रियों तथा मीडिया का तमाशा बरदाश्त नहीं हो रहा था। वे कहते कुछ हैं, जबकि उनकी मंशा दूसरी रहती है। आजकल कार्यालयों में कुछ भी गोपनीय नहीं है। सूचना का अधिकार तो एक बहाना है, ताकि अधिकृत रूप से वह सूचना प्रकाशित की जा सके। पर मेरे जेष्ठ पुत्र ने मुझे त्याग-पत्र देने से मना किया कि लोग क्या कहेंगे तथा कुछ दिनों में सभी कुछ ठीक हो जाएगा। मैं अपने जेष्ठ पुत्र की सलाह को काफी महत्त्व देने लगा था, जैसा कि अपने

संयुक्त परिवारों में 50 वर्ष की उम्र पार करने पर ज्येष्ठ पुत्र के विचार को प्राथमिकता दी जाती है।

मुझे उपभोक्ता विषयक विभाग में काम करने में अति आनंद आने लगा। कोलकाता के सबसे महत्त्वपूर्ण बाजार न्यू मार्केट से सटा हुआ कार्यालय। छोटा विभाग—घरोबा परिवेश। बस, मंत्री की ही समस्या थी, जिनकी गिनती मंत्रिमंडल के भ्रष्ट मंत्रियों में होती थी। निराशा के क्षणों में मैंने खजुराहो पर पुस्तक लिखने की सोची, जिसके लिए प्रकाशक बार-बार कह रहा था। इसके लिए खजुराहो तथा कोणार्क का भ्रमण किया, क्योंकि पद से अलग होने पर सरकारी दस्तावेज, गजेटियर आसानी से उपलब्ध नहीं होते हैं। मैंने एकत्र सामग्री के आधार पर खजुराहो के मंदिरों के निर्माण के पीछे उस कहानी को खोज निकाला, जो इस विश्व धरोहर पर आज तक नहीं लिखी गई तथा विदेशी पर्यटक यह प्रश्न बार-बार करते हैं, पर न तो स्थानीय पर्यटक गाइडों को पता था और न ही खजुराहो पर काम करने वाले पुरातत्त्व विशेषज्ञों को। मैं 'स्टोरी ऑफ खजुराहो' लिखकर तथा प्रकाशित कराकर आत्म-संतुष्ट था। मैंने उपभोक्ता विषयक विभाग में राज्य सहायता फोन (स्टेट हेल्पलाइन) चालू किया तथा जिला स्तर पर हेल्पलाइन चालू करने के निर्देश दिए। मैंने जनता में जागरूकता के लिए सरकार की ओर से एक जन आंदोलन खड़ा कर दिया और विभागीय मंत्री के साथ चौरंगी पर पदयात्रा पर निकला। यह मेरा अजीबोगरीब पदक्षेप था, क्योंकि अभी तक केवल राजनीतिक दल ही पश्चिम बंगाल में पदयात्राएँ निकालते थे। स्कूल-कॉलेजों तथा जिले में मैं स्वयं जाकर लोगों को उनके उपभोक्ता अधिकारों के विषय में बताता तथा उनकी जिज्ञासाओं तथा प्रश्नों का उत्तर देता। मैंने जगह-जगह होल्डिंग, बैनर लगवाए एवं मुख्य-मुख्य सार्वजनिक स्थानों पर छोटे-छोटे अल्प समय के दृश्य के द्वारा संदेशों का प्रसार किया, जैसे रेलवे स्टेशनों पर।

मैं नियमित तौर से डी.डी. दूरदर्शन, कोलकाता के रुपहले परदे पर आने लगा तथा लोगों के प्रश्नों के उत्तर देता। ऐसे 23 फोन-इन-कार्यक्रम दूरदर्शन पर प्रसारित करवाए। आकाशवाणी (ए.आई.आर.) पर भी कई उपभोक्ता संबंधी अधिकारों एवं कर्तव्यों पर वार्त्ताएँ दीं, जिससे उपभोक्ता संरक्षण अधिनियम, 1986 का धरातल पर क्रियान्वयन हुआ एवं जनता में जाग्रति उत्पन्न हुई। उपभोक्ता संबंधी कार्यक्रम में पश्चिम बंगाल भारत में अग्रणी हो गया। अत: भारत सरकार के उपभोक्ता विषयक मंत्रालय ने मेरा यूरोपीय परिसंघ (ई.यू.) में विचार-विनिमय के लिए चयन किया एवं मुझे भारतीय दल का महत्त्वपूर्ण दायित्व सौंपा, क्योंकि नया पदक्षेप होने के कारण केवल मुझे उपभोक्ता संरक्षण संबंधी उपायों का क्रियान्वयन करने का व्यावहारिक अनुभव था। सर्वप्रथम जर्मनी में उपभोक्ता संरक्षण व्यवस्था का अध्ययन करने के लिए हम पहुँचे। जर्मनी में उपभोक्ता संरक्षण के

कारण वस्तुओं एवं सेवाओं की गुणवत्ता पर पूरा जोर है, इसलिए जर्मनी अंतरराष्ट्रीय बाजार में अपने उत्पादों की गुणवत्ता के लिए अग्रणी है। वहाँ बाजार स्तर तक माध्यस्थम अधिकारी बैठता है, जिसके पास जाकर ग्राहक अपनी शिकायत कर सकता है। स्पेन दूसरा देश है, जहाँ हम गए और वहाँ देखा कि सरकार की ओर से तैनात एल-एल.बी. डिग्रीधारी अधिवक्ता ही बिना खर्चे की उपभोक्ता की शिकायतों का मध्यस्थ की हैसियत से निवारण कर रहे हैं। हम यूरोपीय परिसंघ के मुख्यालय ब्रूसेल्स में रुके, जहाँ वर्तमान 27 देशों के उपभोक्ता आंदोलन की बागडोर महानिदेशक (डायरेक्टर जनरल-सैंको) के पास है। हमने उनसे विचार-विनिमय के साथ-साथ विश्व में चॉकलेट की राजधानी बेल्जियम का दौरा किया तथा चॉकलेट निर्माण के केंद्र देखे एवं हजारों विदेशी पर्यटकों के साथ मूल चॉकलेट का आनंद लिया, यद्यपि हमारे दल में दो तिहाई सदस्य शर्करा से ग्रस्त होने के कारण चॉकलेट के आनंद से विरत रहे। हमारा अंतिम पड़ाव इंग्लैंड था, जहाँ 'सीधी उपभोक्ता लाइन' काफी सक्रिय थी तथा स्वच्छ व्यापार निदेशालय, इंग्लैंड उचित व्यापार निदेशालय के माध्यम से वाणिज्य एवं उद्योग के क्षेत्र में स्वच्छता, ईमानदारी तथा उत्तम गुणवत्ता सुनिश्चित करता है। इस बार लंदन भ्रमण में मैं ब्रिटिश अजायबघर में कोहिनूर हीरा देखने गया, जिसका टिकट लगभग आठ हजार रुपए था तथा मैंने कार्ल मार्क्स की वह कुरसी देखी, जिस पर बैठकर वह ब्रिटिश अजायबघर के पुस्तकालय में 18 घंटे बैठकर अध्ययन करते थे। मुझे यह देखकर आश्चर्य हुआ कि लंदन के आकाश में प्रत्येक दो मिनट में एक हवाई जहाज उड़ता है या नीचे उतरता है।

यूरोपीय परिसंघ में उपभोक्ता संरक्षण के लिए निम्न व्यवस्थाएँ अपनाई हैं—

(क) यूरोप में अधिक-से-अधिक वस्तुओं के मानक निर्धारण,

(ख) यूरोप के सभी देशों में यूरोपीय परिसंघ द्वारा संचालित यूरोपीय उपभोक्ता केंद्र (ई.सी.सी.) स्थापित करना, जो उस देश के नागरिकों द्वारा यूरोपीय संघ के अन्य देशों में खरीदी गई वस्तुओं या सेवा से संबंधित शिकायतों का निस्तारण कर सकें,

(ग) अनुचित वाणिज्यिक अभ्यासों के संबंध में आवश्यक निर्देश जारी करना,

(घ) संपूर्ण यूरोप में उपभोक्ताओं में चेतना जाग्रत् करने हेतु विभिन्न उपभोक्ता संगठनों की यूरोपीय परिसंघ द्वारा मान्यता एवं आर्थिक सहायता, विभिन्न प्रशिक्षणों का आयोजन तथा विद्यालय स्तर पर छात्रों में उपभोक्ता संबंधी अधिकारों एवं कर्तव्यों का प्रचार व प्रसार। गत वर्ष यूरोपीय परिसंघ ने स्कूली छात्रों में उपभोक्ता विषय से संबंधित 18 लाख डायरियाँ वितरित कीं।

(घ) जो देश यूरोपीय संघ के निर्देशों की अवहेलना करते हैं अथवा उनके अनुपालन में ढिलाई बरतते हैं, उनके विरुद्ध यूरोपीय न्यायालय के मुख्य न्यायाधीश के समक्ष मामला दायर करना।

इस प्रकार यूरोपीय परिसंघ में उपभोक्ता संरक्षण वास्तविकता है, न कि भारत जैसे अन्य देशों की भाँति अकादमिक अथवा सैद्धांतिक परिचर्चा। यूरोप में कोई भी खरीदारी संबंधी अनुचित संविदा मान्य नहीं है। किसी भी परिस्थिति में क्रेता का शोषण नहीं चल सकता। सभी वस्तुओं तथा सेवाओं पर निर्धारित मूल्य अंकित होना चाहिए। संविदा की शर्तें सरल तथा समझने लायक हों। विक्रेता को वस्तुएँ संविदा के अनुसार ही देनी चाहिए। यदि देते समय किसी वस्तु में कमी हो तो विक्रेता उसकी या तो मरम्मत करे या उसके स्थान पर दूसरी वस्तु दे अथवा उसका मूल्य कम करे या उस संविदा को निरस्त करे अथवा खरीदार को मुआवजा दे।

यूरोपीय परिसंघ से लेकर प्रत्येक देश के अपने मानक स्थिर करनेवाले विभिन्न संगठन हैं। इन देशों के उत्पादक या व्यापारीगण स्वेच्छापूर्वक तथा सहृदयता से मानकों को स्वीकार करते हैं और उत्तम-से-उत्तम उत्पाद बाजार में लाने का प्रयास करते हैं। यूरोप में उद्योगपति अथवा व्यापारी या सेवा-संगठन अंतरराष्ट्रीय स्तर की वस्तुएँ या सेवा उपलब्ध कराने का पूरा प्रयत्न करते हैं, ताकि वे अंतरराष्ट्रीय बाजार में अपनी धाक जमा सकें। अपने उत्पादों को भारत जैसे विकासशील देशों में उत्पादक या व्यापारी मानकों से बचाकर निकलना चाहते हैं। जर्मनी में 'डिन' नामक संगठन है, जो वर्षों से जर्मन उद्योग एवं व्यापार के लिए विभिन्न उत्पादों के मानक निश्चित कर रहा है तथा इसकी शीर्ष परिषद् में उपभोक्ताओं का भी प्रतिनिधित्व है। अभी तक यह संगठन वस्तुओं एवं सेवाओं को मिलाकर करीब 30,716 मानक निश्चित कर चुका है। इसी प्रकार यूरोपीय परिसंघ तथा उद्योग द्वारा सहायता प्राप्त एनेक, एक गैर-सरकारी संगठन, प्राय: 600 मानक विभिन्न क्षेत्रों में प्रकाशित कर चुका है। एनेक के ये मानक यूरोपीय परिसंघ के सभी सदस्य देशों के लिए बाध्यकारी हैं। अत: वस्तुओं तथा सेवाओं के मूल स्थान से ही जब ठीक से जाँच करके वस्तु या सेवा निकलती है तो उसमें गड़बड़ी की गुंजाइश कम-से-कम होती है। इंग्लैंड में उचित व्यापार कार्यालय (ओ.एफ.टी.) है, जो अपने मानकों के अनुसार विभिन्न उत्पादकों एवं सेवाप्रदायी केंद्रों को औपचारिक लाइसेंस देता है तथा उत्पाद अथवा सेवा में कमी होने पर उस लाइसेंस को वापस ले लेता है। इंग्लैंड में उचित व्यापार कार्यालय द्वारा यह काररवाई ही विभिन्न औद्योगिक अथवा व्यापारिक संगठनों को गुणवत्ता के प्रति सचेत रखता है।

दूसरे सबसे महत्त्वपूर्ण पदक्षेप परीक्षण पत्रिकाएँ प्रकाशित करना है। विभिन्न देशों में गैर-सरकारी संस्थाओं में उपभोक्ता सदस्यों की विशाल संख्या है तथा वे इन

पत्रिकाओं के सदस्य हैं। उदाहरणार्थ जर्मनी से प्रकाशित 'टेस्ट' पत्रिका में विभिन्न वस्तुओं, उपकरणों के तुलनात्मक गुणवत्ता-विश्लेषण निरपेक्ष रूप से प्रकाशित होते हैं। अकेले जर्मनी में इस पत्रिका के 15 लाख सदस्य पाठक हैं। स्वयं यूरोपीय परिसंघ ने बच्चों में प्रारंभ से जागरूकता उत्पन्न करने के लिए स्कूली छात्रों में 15 लाख 'दि यूरोपा' नामक डायरियाँ वितरित की हैं। स्पेन के संविधान के 51वें अनुच्छेद में उपभोक्ता तथा लाभार्थियों को सरकारी अधिकारियों द्वारा रक्षा प्रदान की गई है।

इस प्रकार कम महत्त्वपूर्ण विभाग में प्रधान सचिव के पद पर मुझे यूरोप के चार प्रमुख देशों के भ्रमण का सुअवसर प्राप्त हुआ। यह आनंद के साथ-साथ काफी शिक्षात्मक भ्रमण था। हमने पाया कि यूरोप में इतनी भीड़ होने के बावजूद वहाँ का वातावरण प्रदूषण से मुक्त है तथा ईमानदारी एवं अपने निर्धारित कार्य के प्रति पूर्ण समर्पण यूरोप की प्रगति के दो ठोस आधार हैं। यूरोप में अतिथियों का सम्मान 'अतिथि देवो भव:' के उद्घोषक भारत से अधिक है। इस भ्रमण के पश्चात् पश्चिम बंगाल को जर्मनी की सहायता से उपभोक्ता आंदोलन मजबूत करने के लिए जी.टी. जेड परियोजना मिल गई। मैंने अपने राज्य लौटकर जिला स्तर पर विभाग के अधिकारी को ही माध्यस्थम प्रक्रिया चालू करने के आदेश दिए। जिला उपभोक्ता आयोग में विभाग की ओर से एक मध्यस्थ की नियुक्ति की, ताकि वह आयोग में मामला जाने से पूर्व परस्पर सहमति से विवाद निपटा सके। इस कार्यविधि से प्राय: साठ प्रतिशत विवाद हल हो गए, जो एक बहुत बड़ी उपलब्धि थी। बाट एवं माप विभाग में तकनीकी उन्नत की, ताकि इस परंपरागत भ्रष्ट इकाई में कुछ सुधार हो सके। साथ ही में एक दो मामलों जैसे एक पेट्रोल पंप के मामले में अधिकारियों को खराब जगह स्थानांतरित करके उनके विरुद्ध विभागीय अनुशासनात्मक काररवाई की। इससे कम-से-कम मेरी अवधि में यह इकाई नियंत्रण में रही। विभाग के अधिकारियों को उपभोक्ता संबंधी नई-नई कार्यविधियों, पदक्षेपों तथा उपायों से समृद्ध करने हेतु हुगली जिला मुख्यालय चिनसुरा में, गंगा के किनारे नेताजी राष्ट्रीय उपभोक्ता शिक्षण संस्थान केंद्र सरकार के अनुदान से स्थापित किया, जिसमें अन्य कई राज्यों विशेषत: उत्तर-पूर्वी राज्यों से अधिकारी एवं कर्मचारी प्रशिक्षण हेतु आए। उसके साथ-साथ कई स्वयंसेवी संस्थाओं को भी विभाग में पंजीकृत करके उन्हें मध्यस्थता करने का अधिकार दिया।

जिला उपभोक्ता आयोग की कार्यप्रणाली में सुधार

हम जहाँ भी जागरूकता अभियान के लिए जाते, उपभोक्ता फोरम या आयोग में सुनवाई में विलंब के लिए शिकायतें आतीं। राज्य उपभोक्ता आयोग के अध्यक्ष एक सेवानिवृत्त उच्च न्यायालय के न्यायाधिपति थे। हम कई स्थानों पर जागरूकता अभियान

के लिए एक साथ गए, पर जिला उपभोक्ता आयोगों के विरुद्ध शिकायतें सुनने के बाद अध्यक्ष महोदय ने जाना बंद कर दिया तथा मुझे इन्हें ठीक करने के लिए कहा। मैंने कई जिला उपभोक्ता आयोगों का निरीक्षण किया, चल रहे परिवादों की फाइलें देखीं एवं पाया कि न्यायालयों की भाँति आयोगों द्वारा स्वेच्छापूर्वक स्थगन दिए जा रहे थे, जबकि दीवानी प्रक्रिया संहिता (सी.पी.सी.) के अनुसार एक पक्ष को तीन से अधिक स्थगन नहीं दिए जा सकते थे तथा उपभोक्ता अधिनियम के अनुसार 90 दिन में ही परिवाद का निर्णय होना चाहिए, पर उपभोक्ता मुकदमे तीन वर्ष तक चलते रहते थे। मैंने अपनी निरीक्षण आख्या में मामलों को शीघ्र निपटाने के लिए निर्देशित किया, जो जिला आयोग के कई सदस्यों एवं अध्यक्षों के गले के नीचे नहीं उतरा, क्योंकि वे न्यायाधीश की कुरसी पर बैठकर, इजलास से, स्वयं को सबसे ऊपर मानते हैं, जबकि उनकी पूर्ण जवाबदेही है। मुझे याद है कि जब मैं बाँकुड़ा जिले में जिला उपभोक्ता फोरम के निरीक्षण के लिए गया तो अध्यक्ष ने मेरे निरीक्षण का बहिष्कार किया। मैंने पाया कि अध्यक्ष वैसे भी आयोग की बैठकों में मनमाने ढंग से आते थे तथा उनकी पिछले छह महीने में प्राय: एक महीने की अनधिकार अनुपस्थिति थी। मैंने उनका एक मास का वेतन काट दिया। फिर क्या था। अध्यक्ष महोदय एक सेवानिवृत्त पश्चिम बंगाल सिविल सेवा के वरिष्ठ अधिकारी थे। सरकारी अफसर न्यायाधीश बनने पर बाँका-बाँका चलता है, जैसे नया मुल्ला अधिक प्याज खाता है। उन्होंने अपना पूरा दबाव मुझ पर बनाया, पर वे सफल नहीं हुए और उनको मैंने अध्यक्ष, राज्य उपभोक्ता आयोग की सहमति से सेवा विस्तार नहीं दिया। अब सभी जिला उपभोक्ता आयोगों में कुछ कर्म संस्कृति बढ़ी, पर लोगों ने शिकायतें कीं कि जिला उपभोक्ता आयोग में जो नियुक्तियाँ होती थीं, विशेषत: महिलाओं की, वे विधि-संबंधी ज्ञान में शून्य रहती हैं तथा आयोग की काररवाई में भी मूकदर्शक बनी बैठी रहती हैं, अर्थात् फोरम की काररवाई में उनका कुछ भी योगदान नहीं होता। जब अध्यक्ष उपस्थित न हो सके, तब वे मामलों में तारीख देने का काम कर देती थीं।

मैंने पाया कि हम जो जिला उपभोक्ता आयोग में नियुक्तियों के प्रस्ताव भेजते थे, उनसे मंत्री महोदय सहमत न होते हुए अन्य अभ्यर्थियों को सदस्य नियुक्त करने के लिए आदेश भेज देते। मैंने उच्चतम न्यायालय का एक आदेश निकाला, जिसमें कहा गया था कि तीन लोगों की समिति अर्थात् प्रधान सचिव, उपभोक्ता विषयक विभाग, प्रधान सचिव, विधि-विभाग तथा अध्यक्ष, राज्य आयोग की सिफारिश पर ही आयोगों में नियुक्तियाँ होंगी।

मैंने इस समिति को सक्रिय किया तथा आवेदकों का राज्य आयोग के अध्यक्ष की अध्यक्षता में साक्षात्कार लेकर उन्हें नियुक्त कर दिया, क्योंकि मैं निश्चित था कि मंत्री या तो फाइल दबाकर बैठ जाएँगे या अपने नाम अलग से भेज देंगे या हमारी सिफारिश सूची में से प्रथम को नियुक्त न करके नीचेवाले को नियुक्ति का आदेश दे देंगे।

मंत्री के पास आयोगों में नियुक्तियों की फाइलें जानी बंद हो गईं। मंत्री को जब यह सूचना मिली तो वे आगबबूला हो गए। यद्यपि उससे पूर्व हमारे बड़े अच्छे-कार्यकारी संबंध थे। मैं कोई मिशनरी तो था नहीं कि मंत्री को पाठ सिखाता। हम हमेशा मंत्री के साथ चलने की कोशिश करते, पर जब मंत्री का आदेश शत-प्रतिशत नियम विरुद्ध होता तथा उससे विभाग को क्षति होती तो उसका कैसे पालन किया जाए? मंत्री ने मुझे नोट भेजा कि यह स्थापित कार्य-संचालन नियमावली का उल्लंघन है। मैंने उत्तर में उच्चतम न्यायालय के आदेश का संदर्भ दिया तथा मंत्री से संबंधित नियम की प्रतिलिपि भेजने का अनुरोध किया, जो उपलब्ध नहीं थी। मंत्री मुझे नियम न भेज सके और प्रकरण यहीं दफना दिया गया। हमारा संयुक्त सचिव बहुत भयभीत था, क्योंकि मेरी सेवानिवृत्ति के पश्चात् उसे तो विभाग में काम करना था और इन मंत्री के साथ ही, पर मैंने फाइल में उसे दरकिनार करके स्वयं उत्तरदायित्व ले लिया। हम फिर से विभाग में एक साथ काम करने लगे। सत्य और न्याय की जीत हुई।

मैं कभी भी किसी फाइल या अपनी टिप्पणी से व्यक्तिगत तौर से संलिप्त नहीं होता था। राजा जनक की भाँति राग-द्वेष रहित रहता था। मैं तो विधि और नियम के अनुसार अपना मंतव्य फाइल पर लिख देता—संदर्भित विषय के दोनों पक्षों का नीर-क्षीर विश्लेषण करते हुए, और नीचेवालों की टिप्पणियों का विश्लेषण करते हुए। प्राय: अस्सी प्रतिशत फाइलों में मेरे तक ही अंतिम निर्णय हो जाता था। मैं अधीनस्थों को उनके विचार व्यक्त करने की पूर्ण स्वायत्तता देता तथा उनके सुझावों से स्वयं बँधा नहीं रहता। मैं उन्हें सीधा कार्यान्वयन के लिए भेज देता था। यह धारणा गलत है कि सभी कुछ मंत्री कर रहे हैं। अस्सी प्रतिशत मामलों में लोगों को राहत मिल सकती है, यदि हमारी नौकरशाही ठीक तरह से काम करे। अनावश्यक रूप से मैं मंत्री को फाइलें नहीं भेजता था। मंत्री जनता के चुने हुए प्रतिनिधि होते हैं। उनके द्वारा हमें जनता की इच्छा, आकांक्षा तथा स्वर सुनाई देता है। नौकरशाह के तौर पर मैं मंत्री के प्रत्येक आदेश का प्राणपण से सम्मान करता था, पर जब ये आदेश राज्य के या देश के हित में नहीं होते, किसी व्यक्ति या दल के हित में ही होते अथवा कानून-नियम विरुद्ध तो मुझे उसका विरोध करना ही पड़ता। मैं अपनी विधि या नियमसम्मत टिप्पणी या मंतव्य भेज देता, तथा मंत्री को उनके निर्णय का दुष्परिणाम भी इंगित कर देता। यदि इसके बावजूद मंत्री अपना आदेश बहाल रखते तो मैं कार्यान्वयन के लिए नीचे विभाग में भेज देता। मैं ही सरकार था। बिना सचिव के हस्ताक्षर के सरकार का आदेश नहीं हो सकता। यदि विभाग में भी इस पर आपत्ति होती तो मंत्री के निर्णय को मुख्यमंत्री के अनुमोदन के लिए भेज देता। पर ऐसे अवसर कम ही आए, क्योंकि मुख्यमंत्री या प्रधानमंत्री को फाइल भेजने का संचालन नियमावली में सामान्यत: प्रावधान नहीं है।

ईमानदारी से काम करने से भी समस्या कार्यालय में आती थी। सही कामों में नीचेवाले जिम्मेदारी नहीं लेना चाहते, ताकि उनकी प्यारी नौकरी खतरे में न पड़ जाए। वे काम से आनेवाले प्रभावशाली व्यक्ति को मेरे पास जाने की अनौपचारिक सलाह दे देते थे, क्योंकि वे निश्चिंत होते कि मैं गलत काम नहीं करूँगा, चाहे जैसी नीचे से टिप्पणी आए। अतः मेरे ऊपर अत्यधिक बोझ था, मैं दबाव में आ जाता था तथा मेरे इर्द-गिर्द तनाव उत्पन्न हो जाता था। बहुत से व्यक्ति अनावश्यक रूप से मुझसे व्यक्तिगत तौर से दुश्मनी मानने लगते थे, जैसे मैं अकेला ही उनके काम में रोड़ा अटका रहा था। मैं तो सरकार का हितधारक, संरक्षक, संवर्धक, मुद्रारक्षक तथा समन्वयक था, जिस सरकार से मेरे परिवार की रोजी-रोटी चलती थी, उसकी मैं बजाता था—पूर्ण स्वामिभक्ति से कुत्ते की भाँति। मेरा स्वास्थ्य ठीक रहता था। इसलिए सामनेवाला, फोन या मोबाइल पर बात करनेवाला मुझे केवल कलमवीर नहीं समझता था, वह भली-भाँति जानता था कि शारीरिक, मानसिक एवं व्यक्तिगत रूप से भी अधिकारी निर्भय है। मंत्रीगण तो कह ही देते कि डॉ. अग्रवाल कानून का पंडित है, वह जो करेगा, ठीक ही होगा। वह न्याय करेगा। एक बार गलत या अवैध कार्य करने से व्यक्ति मकड़जाल में फँसता चला जाता है और ऊपर तथा नीचेवाले उसका भयादोहन करते हैं। मैं किसी दुष्चक्र या षड्यंत्र में नहीं फँसता था, क्योंकि मुझे आवास लौटकर शांत एवं स्थिर मन-बुद्धि से रात्रि के समय साहित्य-सेवा में लगना होता था।

उपभोक्ता-विषयक विभाग में मंत्री से मतभेद के बावजूद मेरे संबंध मंत्री के साथ अच्छे रहे। प्रत्येक भ्रष्ट मंत्री चाहता है कि उसका सचिव ईमानदार हो ताकि उसका भ्रष्ट चक्र सुचारु रूप से चलता रहे। उसे घूस का पूरा अंश मिलता रहे तथा सचिव के उत्तम कार्यों के कारण उसका सुनाम भी होता रहे। मैंने उनके निर्वाचन क्षेत्र में कई उपभोक्ता जागरूक शिविर स्वयं आयोजित किए तथा नेताजी राष्ट्रीय उपभोक्ता शिक्षण संस्थान की स्थापना उनके निर्वाचन क्षेत्र में की। इस कारण मंत्री गद्गद थे। साथ-साथ मेरे काल में उपभोक्ता विभाग के नए भवन का शिलान्यास भी हुआ। मंत्री के पूर्ववर्ती चहेते प्रधान सचिवगण ये कार्य संपादित नहीं करा पाए। अतः मुख्य सचिव एवं मुख्यमंत्री भी मुझसे नाखुश नहीं थे और मेरा नाम आई.ए.एस. में शीर्षस्थ पद के लिए प्रस्तावित हुआ। सूची में अन्य अधिकारी भी थे तथा निर्धारित पदों की संख्या से अधिक थे। प्रयास किया गया कि एक-दो बंगाली अधिकारी की मेरे स्थान पर प्रोन्नति हो जाए, पर भारत सरकार से जो अतिरिक्त सचिव भारत सरकार के प्रतिनिधि के तौर पर आए थे, उन्होंने दोनों की वार्षिक चरित्र-पंजिकाओं की तुलना पेश की। वे मेरे छात्रावास के वरिष्ठ थे तथा उन्हें एवं मुझे इसकी जानकारी नहीं थी। यद्यपि करीब दो वर्ष की मेरी वार्षिक चरित्र-पंजिकाएँ कुछ कमजोर थीं, पर कुल मिलाकर प्रस्तावित अधिकारी से बेहतर थीं

तथा मेरा अनुभव वैविध्य था। मैं जिस विभाग में प्रधान सचिव रहा, वह विभाग केंद्रीय सरकार के आकलन में अग्रणी रहा। इस कारण मेरा नाम राज्य के मुख्य सचिव पद के लिए अनुमोदित हो गया। मुझे आई.ए.एस. में गंतव्य प्राप्त हो गया और 01 जनवरी, 2009 से भारत सरकार के सचिव के समकक्ष प्रोन्नति पाकर मैंने उपभोक्ता विभाग में ही अतिरिक्त मुख्य सचिव का पदभार ग्रहण कर लिया। इस अंतिम सीढ़ी पर चढ़ने का प्रत्येक आई.ए.एस. अधिकारी का स्वप्न होता है। मुख्य सचिव का केवल एक पद प्रत्येक राज्य में होता है। यह पद तो खाली होने पर ही एक अधिकारी को मिल सकता है। मुझे यह पद मेरी सेवानिवृत्ति से पूर्व लंबी पंक्ति होने के कारण केंद्र सरकार में नहीं मिलता। मैंने ईश्वर के तथा अपनी माँ के आशीर्वादस्वरूप यह भार ग्रहण किया तथा सभी कमियों, समालोचनाओं के बावजूद प्रशासनिक तंत्र को भी धन्यवाद दिया। अभी भी काले बादलों के बीच तारे टिमटिमाते हैं। जो व्यक्ति ईमानदारी, परिश्रम तथा सत्यनिष्ठा से काम करते हैं, उन्हें हो सकता है कि उनका उचित फल प्राप्त करने में विलंब हो, पर एक-न-एक दिन उन्हें अपने अच्छे कर्मों का सुफल मिलेगा ही। यही कर्म का सिद्धांत है। जो अजर, अमर है, पर मेरे साथ मेरा भाग्य भी साथ दे रहा था, जिस कारण मेरे शत्रु परास्त हो जाते थे।

मैंने उपभोक्ता विषयक विभाग में प्रायः समृद्ध अनुभवों पर एक पुस्तिका लिखना आरंभ किया, जो 'जागो ग्राहक जागो' के शीर्षक से मेरे सेवा से अवसान ग्रहण करने के पश्चात् प्रकाशित हुई। नया पदभार ग्रहण करने से पूर्व एक खुशी का समाचार आया। प्रवीण प्रकाशन, नई दिल्ली से मेरे तीन उपन्यास 'प्रमोद कुमार अग्रवाल समग्र-खंड-1' के अंतर्गत प्रकाशित हुए। इस प्रकार मैंने सरकारी सेवा में रहते यह सुनिश्चित किया कि मेरे पूर्व प्रकाशित उपन्यास नए स्वरूप में हिंदी के विद्वानों, समीक्षकों तथा देश के प्रमुख पुस्तकालयों में पहुँच सकें। मुझे दुःख है कि यह सुयोग सभी लेखकों को नहीं हो पाता, क्योंकि उनके पास न तो आर्थिक संसाधन होते हैं और न ही दिल्ली के प्रकाशकों तक उनकी पहुँच। इस प्रकार देश के कई मेधावी साहित्यकार अंधकार के गर्त में समा जाते हैं।

□

सरकार में अंतिम पारी

मेरा भूमि एवं भूमि-सुधार विभाग के प्रधान सचिव पद से स्थानांतरण के पश्चात् मेरे द्वारा जिला कूचबिहार में प्रशिक्षित आई.ए.एस. अधिकारी ने पदभार ग्रहण किया तथा उद्योग विभाग के प्रधान सचिव को अतिरिक्त मुख्य सचिव बनाकर विभाग में लाया गया, ताकि उद्योगों को जमीन संबंधी रियायतें प्राप्त हो सकें। मैंने अपने प्रशिक्षु आई.ए.एस. अधिकारी को मना किया, क्योंकि इस पद के लिए भूमि संबंधी मामलों में लंबा अनुभव तथा एक अधिवक्ता का ज्ञान आवश्यक है। कहाँ वह अनुभवहीन अधिकारी और कहाँ मेरा विभाग में पक्का 10 वर्ष का अनुभव। पर वह नहीं माने तथा छह माह के अंदर ही वे विभाग में अयोग्य करार दिए गए तथा उन्हें भी काम करने में बेचैनी हुई। मेरे प्रतिद्वंद्वी उद्योग विभाग के प्रधान सचिव तो बीमार पड़े और उन्हें अस्पताल में भरती करवाना पड़ा। मेरे प्रशिक्षु को भी विभाग छोड़ना पड़ा तथा उनके स्थान पर एक सेवानिवृत्ति के कगार पर आई.ए.एस. अधिकारी नियुक्त हुए, जो मुझसे बीच-बीच में सलाह लेते रहते थे। मुझे ही 01 जनवरी, 2019 से भूमि एवं भूमि-सुधार विभाग में प्रधान सचिव तथा महाआयुक्त भूमि-सुधार के पद का तथा सदस्य, राजस्व परिषद् का पदभार दिया गया। यह मेरी पसंद का पद था, जिसका मैं आई.ए.एस. नौकरी में प्रवेश पाने पर स्वप्न देखता था, पर अब इन दोनों पदों के साथ उपभोक्ता विषयक विभाग के अतिरिक्त मुख्य सचिव का कार्यभार भारी हो रहा था। फिर भी मैंने सोचा कि अपनी अंतिम पारी में यदि मुझे क्षमता से अधिक परिश्रम करना पड़ेगा तो मैं करूँगा। लेखन-कार्य सेवा से अवसान प्राप्ति पर पूर्णत: चलेगा, दौड़ेगा। अब कोलकाता के उद्योग एवं मारवाड़ी समाज में मेरा सम्मानजनक स्थान हो गया था। सरकारी तथा राजभवन में भी कई भोजों का आयोजन होता रहता था। वामपंथी सरकार के मंत्रीगण सिद्धांतत: इन भोजों या आयोजनों में सम्मिलित नहीं होते थे। वामदलों के निर्देशानुसार उनका उत्सवों में जाना निषेध था। अत: कोलकाता जैसे महानगर में पश्चिम बंगाल सरकार के प्रधान सचिव, अतिरिक्त मुख्य सचिव तथा कुछ उच्च पुलिस अधिकारी वी.आई.पी. होते थे। हम रात्रि

भोजों में खुलकर सम्मिलित होते, क्योंकि वहाँ मुझे अपने विभाग के कार्य के विषय में सूचना या समीक्षा प्राप्त हो जाती, पर मैं इन भोजों के उपयुक्त नहीं था, क्योंकि मैं न तो शराब पीता था और न ही मांसाहारी था। कोलकाता में मुझे कई बड़े-बड़े क्लबों की सदस्यता प्राप्त हुई। मेरे विषय में कोलकाता के अंग्रेजी दैनिक 'इंडियन एक्सप्रेस' में प्रकाशित हुआ कि एक नौकरशाह, जो हिंदी और अंग्रेजी का एक स्थापित लेखक भी है। कई महिलाएँ भी मुझसे सचिवालय में मिलने आतीं, पर उन्हें स्पष्ट हो जाता कि मैं तो अपनी धर्मनिष्ठ और कर्तव्यनिष्ठ पत्नी का ही प्रेमी हूँ, पर महिलाओं से मिलने के कारण ही पुरुष सज-धजकर रहता है। इसी समय हमारे एक बैचमेट अरुण मिश्र उ.प्र. में विद्युत् विभाग के प्रधान सचिव हो गए। उनके सहयोग से मैंने अपने कस्बे में 33/11 के.बी. का सब-स्टेशन बनवा दिया, जिसके लिए नगरवासी मेरा हमेशा एहसान मानते हैं, क्योंकि उन्हें कस्बे में बार-बार विद्युत् व्यवधान से निजात मिली।

मैं अपनी अंतिम पारी मनोयोगपूर्वक, पूर्ण क्षमता के साथ खेलना चाहता था, ताकि सेवानिवृत्ति के पश्चात् कोलकाता तथा पश्चिम बंगाल के लोग मुझे याद करें। मैं सेवा से अवसान प्राप्ति के पश्चात् कोलकाता में नहीं बसना चाहता था, क्योंकि बंगाली घमंड के साथ कहते थे कि उनके सोनार बांग्ला में बाहरी अधिकारी बसते हैं। मेरे विभाग में दोबारा आते ही प्रसन्नता की लहर दौड़ गई। सही पद पर सही व्यक्ति। यह सरकार में कम ही होता है। मंत्रीजी को मुझ पर अटूट विश्वास था। मंत्री महोदय सभी विषयों पर मेरी राय के बिना काम नहीं करते, उन्होंने मुझे चाय बागानों का भी दायित्व सौंप दिया।

मैं अभी युवाकाल की स्वर्णिम कर्मभूमि छोड़ने से पूर्व पश्चिम बंगाल को आखिरी भेंट देना चाहता था। मैं फिर से पूर्ण मनोयोगपूर्वक कार्य में लग गया। यह सामान्य प्रशासनिक परंपरा के विपरीत था, क्योंकि पश्चिम बंगाल में पेंशन सुरक्षित करने के लिए सरकारी सेवक प्रायः 6 माह से 1 वर्ष पूर्व काम करना बंद कर देते हैं, पर मैंने सदैव गलत परंपराओं से संघर्ष किया, जो लोकहित में नहीं थीं। क्यों न मेरे परिपूर्ण समृद्ध अनुभव का सरकार और जनता को लाभ हो? लोकसेवक तो सेवानिवृत्ति के पश्चात् सरकारी टुकड़ों के लिए अपने सिद्धांतों, निष्पक्षता और ख्याति से समझौता कर लेते हैं तो मैं क्यों पूर्व पूर्णकालिक लोक सेवा से स्वयमेव विरत हूँ? इस प्रकार के संघर्षों में मुझ पर ईश्वर की सर्वदा कृपा रही।

प्रशासनिक दायरे में हमें इस बात की आलोचना का सामना करना पड़ता था कि कोलकाता में एक अच्छा सर्किट हाउस नहीं था, जैसा कि भारत के अन्य राज्यों में है। इस योजना में मंत्री का कोई हस्तक्षेप नहीं था। एक निजी भवन निर्माण कंपनी सरकार और निजी साझेदारी (पी.पी. पार्टनरशिप) मॉडल में यह काम मुफ्त में करने को तैयार थी। केंद्र सरकार भी ऐसी योजनाओं की पक्षधर थी। हमारे विभाग की एक अधिगृहीत

जमीन कोलकाता में लंबी न्यायिक लड़ाई के बाद खाली पड़ी थी तथा उसका एक अंश उस निजी कंपनी को देने पर वह सर्किट हाउस का निर्माण करने के लिए तैयार थी। मेरे पूर्व उस कंपनी के साथ समझौता-पत्र एवं ज्ञापन-पत्र हस्ताक्षरित हो चुका था, पर कोई अधिकारी सतर्कता जाँच के भय के कारण उस फाइल को स्पर्श नहीं करता था। मैंने यह कार्य करने का दृढ़ निश्चय किया, ताकि आई.ए.एस. वृत्त और कोलकाता में भी लोग मुझे याद करें। यद्यपि यह सरकारी सेवा से अवमुक्त होने से पूर्व तलवार की धार पर चलने के समान था, पर महान् व्यक्ति रास्ते पर निकल पड़ते हैं, लोग उनके कारवाँ में बाद में शामिल होते हैं। मैं स्वयं ही पूरी फाइल तैयार करता तथा टिप्पणियाँ लिखता। शनैः-शनैः कार्यालय के कुछ लोग नोट्स लिखने लगे, जब उन्हें लगा कि इस परियोजना में वित्तीय संबद्ध अधिक नहीं है। भवन तो निजी कंपनी ने अपने खर्चे पर बना दिया, पर सर्किट हाउस में विद्युत् फिटिंग, कमरों में साज-सज्जा सामग्री आदि की खरीददारी का प्रश्न था। यद्यपि मुख्य सचिव ने मौखिक रूप से मुझसे चीनी फर्नीचर खरीदने के लिए कहा, पर मैंने उनका सुझाव अनसुना करके पश्चिम बंगाल वन विकास निगम से फर्नीचर लिया तथा उन्हें वित्त विभाग की अनुमति लेकर धनराशि उपलब्ध करा दी। कपड़ा आदि कमरों की सजावट का सामान बाजार से खरीदना पड़ा। उसके लिए कोटेशन लिये तथा अधिकांश आदेश पश्चिम बंगाल सूक्ष्म उद्योग निगम को दिए, ताकि स्वयं न फँसूँ। टेलीविजन, फ्रिज आदि एक निजी कंपनी ने सबसे सस्ती दरों पर अपने उत्पाद के विज्ञापन हेतु उपलब्ध करा दिए। इस कार्य में एक महिला मुख्य अभियंता तथा मुख्य वास्तुकार, सार्वजनिक निर्माण विभाग ने मेरी अत्यंत सहायता की तथा उन्होंने बिना कुछ मानदेय लेकर काम किया। मेरी धर्मपत्नी बड़ी नाराज थी। मैं प्रतिदिन कार्यालय जाने से पूर्व तथा बाद में सर्किट हाउस निर्माण की प्रगति का निरीक्षण करने जाता तो सर्वथा उसके लिए अन्यायपूर्ण था और वह भी निवृत्ति से कुछ दिन पूर्व पत्नी को सेवानिवृत्ति के दिन जाने के लिए पैकिंग भी करनी थी। मैं थक जाता तथा घर पर बात करने लायक नहीं रहता। लगभग साठ बार मैं कार्यस्थल पर गया, तभी निजी साझीदार कंपनी ने मेरे अनुसार काम किया एवं समझौते से बाहर अतिरिक्त निर्माण कार्य किया ताकि दोनों पर कोई आक्षेप न लगे। यहाँ तक कि करीब दस कमरे अनुमोदित डिजाइन से अतिरिक्त जोड़ दिए तथा तीन सितारा भवन बनाकर दिया।

पश्चिम बंगाल सरकार की ओर से केवल दो करोड़ रुपए लागत आई, जबकि करीब 10 करोड़ की लागत का सर्किट हाउस भवन बनकर तैयार हो गया। उसके उद्घाटन में मेरे मंत्री के अतिरिक्त, वित्त मंत्री एवं मेरी विशेष इच्छा पर मेरी धर्मपत्नी भी उपस्थित थीं। मेरा नाम उद्घाटन पटल पर था, जो मेरे लिए एक बड़ी उपलब्धि थी। आज भी करीब चौदह वर्षों बाद यही पश्चिम बंगाल सरकार का कोलकाता में सर्वोत्तम

अतिथि गृह है तथा विभिन्न सरकारी बैठकों, चुनाव पर्यवेक्षकों आदि के लिए इसका उपयोग होता है। यहाँ तक कि मेरे द्वारा स्थापित सर्किट हाउस का प्रशासनिक ढाँचा भी वैसे-का-वैसा है तथा कैंटीन का ठेकेदार तथा मेरे द्वारा नियुक्त प्राक्तन सैनिक ही उसके सुरक्षाकर्मी हैं।

इस प्रकार सरकार में काम करना कठिन नहीं है, पर बिना सतर्कता जाँच के काम संपादित करना या सतर्कता जाँच-पड़ताल के घेरे से सुरक्षित निकल आना अवश्य ही श्लाघनीय है। मैं इस परियोजना के कार्यान्वयन में सफल हुआ तथा कोई भी जाँच-पड़ताल नहीं हुई। मेरे विरुद्ध यदि कोई शिकायत होती तो मेरे साथ के मुख्य सचिव, जो मुझ पर आँख बंद करके विश्वास करते थे, फाड़कर कूड़ेदान में फेंक देते थे। इसी प्रकार मैंने एक और परियोजना के क्रियान्वयन में महत्त्वपूर्ण भूमिका निभाई। जिंदल स्टील समूह अपने संस्थापक के नाम पर सालबनी, खड़गपुर के आसपास एक स्टील का कारखाना स्थापित करना चाहता था, क्योंकि उनके संस्थापक ने अपने उद्योगों की शुरुआत कोलकाता से ही की थी। उसे हमने लगभग 80 एकड़ सरकारी जमीन प्राथमिकता के आधार पर उपलब्ध कराई, जिसकी कीमत का भुगतान जिंदल समूह, मुंबई को बाद में किस्तों में करना था। मुझे नौकरशाही समाज में उद्योग विरोधी प्रचारित किया गया था, जबकि मैं उद्योग विरोधी नहीं था। मेरी धारणा थी कि गरीबों का हित हो और उद्योगों की भी स्थापना हो। उद्योग ही राज्य या देश में बढ़-चढ़कर राजस्व देते हैं, जो अंतत: गरीबों के कल्याण हेतु लगता है। मैं अपने इस दुर्नाम को सेवानिवृत्ति से पूर्व दूर करना चाहता था। नौकरशाह को तो जो काम दिया जाता है, वही पूर्ण लगन और सच्चाई से करना चाहिए, चाहे वह उससे सहमत न हो। मैंने जिंदल समूह तथा पश्चिम बंगाल अवसंरचना उद्योग विकास निगम की भरपूर सहायता की कि उनकी सलाहकार खेतान एंड कंपनी को मन-ही-मन आश्चर्य हुआ कि एक सरकारी अधिकारी बिना किसी व्यक्तिगत स्वार्थ के निजी व्यक्ति या समूह की इतनी सहायता कैसे कर रहा है! खैर, वह स्टील संयंत्र स्थापित होने की दिशा में तीव्रगति से आगे बढ़ रहा था कि एक दिन नक्सलवादियों ने कंपनी के मालिक की कार के काफिले पर हमला कर दिया। वे अनावश्यक रूप से भयभीत हो गए। उन्हें स्टील संयंत्र चलाने के लिए उचित दाम पर कोयला भी नहीं मिल पा रहा था। इन सब कारणों से जिंदल कारखाने की स्थापना में विलंब होता गया, पर मेरे योगदान की सभी ने भूरि-भूरि प्रशंसा की।

बाद में मैंने एक अन्य स्थानीय सीमेंट उद्योगपति की सहायता करके पास ही में लगभग एक मिलियन टन क्षमता के स्टील संयंत्र की स्थापना करवा दी, जिससे स्थानीय लोगों को कुछ तो राहत मिली तथा मेरे ऊपर लगा उद्योग विरोधी छाप हट गई।

मैंने प्रदेश में सभी जिलाधिकारियों के कार्यालयों का निरीक्षण किया, जो केवल मेरे

जैसे दो पदों पर पदस्थ अधिकारी ही कर सकता था, ताकि स्वयं को शासक समझनेवाले जिलाधिकारियों का दर्पण उनके सामने रखा जा सके। प्रत्येक विभाग में निरीक्षण करते-करते मैं इस कार्य में दक्ष हो गया था। मुझे जिलाधिकारी के कार्यालय का निरीक्षण करने में करीब दो घंटे का समय लगता, क्योंकि मैं निरीक्षण बिंदु पहले से भेज देता था। यह जिलाधिकारी की सत्ता को चुनौती देना नहीं था, बल्कि जिलाधिकारी कार्यालय में उन कर्मचारियों तथा अधिकारियों के कारनामों तथा अक्षमता को प्रकाश में लाना था, जो जिलाधिकारी जैसा शक्तिशाली संस्था की आड़ में मनमानी करते हैं और भ्रष्ट तरीके अपनाते हैं। अंत में मैंने लगभग सभी कलेक्टरों की निरीक्षण पुस्तिका निकाली, जो न पूर्व में कभी हुआ था, न ही कोई अधिकारी बाद में ऐसा दुस्साहस करेगा। मैं तो कहता—कबीरा खड़ा बाजार में, लिए लँगोटी हाथ। कार्यालयों के निरीक्षण को अत्यंत महत्त्वपूर्ण प्रशासनिक प्रक्रिया मानता हूँ, जो अधिकारी मौखिक प्रशासन में विश्वास रखते हैं, वे यह नहीं समझते कि उनके मौखिक आदेश का तीन-चौथाई दूसरे तक नहीं पहुँचता है। एक-चौथाई वह गटक जाता है तथा आधा वह जब अपने अधीनस्थ के सामने उगलता है तो उसका अधीनस्थ एक-चौथाई गटक जाता है। शेष एक-चौथाई में आधा कार्यान्वित होता है। जब निरीक्षण टिप्पणी संबंधी कार्यालय में जाती है तो उसे निचले स्तर के कर्मचारी अवश्य पढ़ते हैं तथा निरीक्षण रिपोर्ट को कई समर्थक मिल जाते हैं। देश में विभिन्न शीर्षस्थ प्रबंध संस्थानों और पेशेवर प्रशिक्षण संस्थाओं में सरकार की ओर से प्रायः 10-12 प्रशिक्षण कार्यक्रम पूरा करने के पश्चात् मैंने सारांश रूप में यह सीखा कि नौकरशाह का मुख्य लक्ष्य है, जनकल्याण; जिस प्रकार निजी क्षेत्र या संस्थानों का मुख्य उद्देश्य होता है लाभार्जन करना। मैं जनकल्याण के पद पर था तथा देश का कानून और ईश्वर मेरे सहायक थे, पर आई.ए.एस. की नौकरी करते समय ऐसे अवसर भी आते जब आप अपने परिवार एवं परिचितों का भला कर सकते हैं

दो कार्य मुझे सेवाकाल में खूब अखरते थे। प्रत्येक पद पर विशेषतः प्रधान सचिव के पद पर एक विभागीय सम्माननीय बड़ा बाबू मेरे कक्ष में नियमित आता तथा भ्रष्टाचार में पकड़े गए कर्मचारियों तथा अधिकारियों के विरुद्ध काररवाई तथा दंड की फाइलें तथा प्रस्ताव व्यक्तिगत रूप से रखता। मैं भारी मन से उन्हें एक-एक करके अनुमोदित करता, क्योंकि यह काम भी देश-हित में अपरिहार्य है।

भ्रष्टाचार हमारे देश का नासूर है। यदि भारत दोबारा गुलाम होगा तो भ्रष्टाचार के कारण। जहाँ भ्रष्टाचार है, वहाँ उसका दंड भी है। भ्रष्टाचार के नाग के फन को कुचलना आवश्यक है, अन्यथा यह हमारे राजतंत्र को निगल जाएगा, पर मैं यह हमेशा स्पष्ट कर देता कि हमारा काम पुलिस, केंद्रीय अन्वेषण ब्यूरो या सतर्कता आयोग का नहीं है। हमारा मुख्य लक्ष्य विकास है। तेजी से निर्णय लेने से भ्रष्टाचार स्वयमेव निष्क्रिय हो

जाएगा। विलंब ही उसका सहोदर है, जो हमारे विकास के पथ में बाधक है। उसे विकास के रास्ते से हटाना आवश्यक है। हम जनता के राजस्व के प्रहरी हैं, न कि भक्षक। ऐसा न हो कि कोई त्वरित निर्णय लेने वाला ईमानदार व्यक्ति हमारे गलत निर्णय का शिकार हो जाए, पर परंपरागत बड़े बाबुओं की यह सीख गले से नहीं उतरती। वे लकीर के फकीर थे। कार्यालय की प्रक्रिया को वे जीवनपर्यंत सर्वोच्च मानते रहे। चाहे उसकी चक्की में कुछ निरपराध या जनहितकारी कर्मचारी या अधिकारी फँस जाएँ। मैं उनसे कई बार सहमत न होते हुए अपनी लंबी-लंबी टिप्पणियाँ देता, जो उन्हें रास न आतीं। शायद बाद में चलकर उन उत्तम कर्मचारियों एवं अधिकारियों को बचाने के चक्कर में मेरे विरुद्ध ही सतर्कता आयोग द्वारा मामला प्रारंभ हो गया। ऐसा ही एक मामला उत्तर बंगाल की आयुक्त के विरुद्ध आया, जो आंध्र प्रदेश के ईसाई भद्रलोक थे तथा स्थानांतरण होने पर आयुक्त के आवास से फर्नीचर ले गए। मैंने उनसे एक व्यवसायी पृष्ठभूमि के कारण स्पष्ट रूप से कहा कि वे पहले वह फर्नीचर वापस करें, फिर उनका स्पष्टीकरण सुना जाएगा। अनुशासनात्मक काररवाई से पूर्व उन्हें वह सरकारी फर्नीचर वापस करना पड़ा। बाद में वे त्याग-पत्र देकर वापस अपने गृह प्रदेश चले गए और राजनीति में आ गए तथा राजनीति की भीड़ में खो गए।

दूसरा कष्टप्रद काम था—बार-बार न्यायालय की अवमानना के लिए उच्च न्यायालय में उपस्थित होना। कभी-कभी उच्चतम न्यायालय के भी दर्शन करने पड़े। मैं स्वयं एडवोकेट था। अत: अपने संज्ञान में न्यायालय की अवमानना नहीं करना चाहता था, पर कभी-कभी हमारे सामने न्यायालय के आदेश ठीक तरह से रखे भी नहीं जाते थे और कभी-कभी हमारी न्यायालय के आदेश की व्याख्या करने में त्रुटि हो जाती थी और कुछ दुर्लभ मामलों में प्रशासन का पक्ष जनहित में लेने के लिए हम न्यायालय के आदेश का तोड़-मरोड़कर पालन करते थे। उस पर न्यायालयों की असंतुष्टि का औचित्य है, पर दु:ख है कि न्यायालय योग्य प्रशासनिक अधिकारियों की मजबूरियों तथा वस्तुस्थिति का संज्ञान नहीं लेते एवं अपने अहं की संतुष्टि के लिए उन्हें भिन्न-भिन्न तरीकों से दंडित कर देते। तब राजनीतिक आका अपना पल्ला झाड़ लेते। वे कहते—"यह तो आपका काम, आप ही जानें।" खैर, विधि का गहन ज्ञान होने के कारण न्यायालय से मुझे कभी न तो दंड मिला, न ही न्यायालय ने मेरे विरुद्ध कोई प्रतिकूल टिप्पणी की। मैं कई बार अवमानना के मामलों में स्वयं अपना पक्ष न्यायालय के समक्ष रखता। मैं उनके आदेश का पालन करके न्यायालय में पेश हो जाता, पर मैं उन आई.ए.एस. अधिकारियों के प्रति सहानुभूति रखता हूँ, जो अनावश्यक ही न्यायालयों से दंडित हो जाते हैं। हाँ, कुछ अधिकारी, जो स्वयं को तानाशाह समझते हैं, उनको न्यायालय से दंडित होने पर कोई सहानुभूति आवश्यक नहीं।

सरकारी उच्च नौकरी की इन समस्याओं के बीच साहित्य मुझे मानसिक शांति देता। कोलकाता में मैं क्लब जाते समय अपराह्न भारतीय भाषा परिषद् के कार्यक्रमों में उपस्थित होकर साहित्यिक चर्चा और विमर्श श्रवण करता। मैं साहित्यकारों की भी यथाशक्ति सहायता करने का प्रयास करता। कोलकाता के ही एक अग्रणी साहित्यकार कृष्ण बिहारी मिश्रा मेरे मित्र हो गए। उनका ज्येष्ठ सुपुत्र केंद्र सरकार में नौकरी करता था और मेरे पास आता-जाता रहता था। उनका कनिष्ठ पुत्र मिश्राजी के साथ रहता था। उसने मुझे बताया कि वह जिस मकान में बीस साल से रहता है, वह सरकारी जमीन है तथा उनके नाम नहीं है। यह पेचीदा मामला था तथा हम कोलकाता की इन फाइलों को स्पर्श नहीं करते थे, पर मिश्राजी के लिए मैंने मामले का अध्ययन किया और मंत्री के पास जाकर उनकी अनुमति लेकर मिश्राजी के मकान की जमीन एक अपवादस्वरूप मामले की भाँति उनके नाम कर दी। मैंने फाइल में स्पष्ट लिखा—"श्री कृष्ण बिहारी मिश्रा हिंदी के अग्रणी लेखक हैं और सरकार को उनके सम्मान में जमीन उन्हें आवंटित करनी चाहिए। कृष्ण बिहारी मिश्राजी हमेशा कहते—"अग्रवाल साहब, यदि आप आई.ए.एस. न होते तो बहुत अच्छा साहित्य सृजन करते।" पर मैं कैसे अपनी प्रियतमा आई.ए.एस. को छोड़ता।

बंद एवं रुग्ण चाय बागानों को चालू कराना

उत्तर बंगाल तथा दार्जिलिंग में रुग्ण और बंद पड़े चाय बागानों की एक बड़ी समस्या थी। इससे उत्तर बंगाल में लगभग पचास हजार मजदूर बेकार हो गए थे, क्षेत्र का अर्थतंत्र भी प्रभावित हो गया था तथा सरकार को भी इन चाय बागानों से राजस्व की क्षति हो रही थी। सरकार को उलटा मजदूरों पर खर्च करना पड़ रहा था। अपना आधार खोती वाम दल सरकार इन चाय बागानों को तुरंत चालू करना चाहती थी। इसका भार मुझ पर था। एक बार मेरे पुरुलिया जिले में जिलाधिकारी बॉस रह चुके मुख्य सचिव अपने साथ मुझे उत्तर बंगाल के भ्रमण पर ले गए। वहाँ सिलीगुड़ी में उन्होंने इस समस्या को लेकर चाय बागानों के मालिकों, प्रबंधकों, मजदूर संगठनों, श्रमिक समस्याओं से संबंधित स्वयंसेवी संगठनों तथा राजनीतिक प्रतिनिधियों के साथ एक बैठक की। बैठक में मैं भी उनके साथ मंच पर था। मुख्य सचिव ने दबाव में आकर कह दिया कि ९० दिनों में हम कुछ बंद चाय बागानों को खोल देंगे। उन्होंने मुझसे सलाह ली एवं यह घोषणा कर दी। पर जनप्रतिनिधि एवं समिति प्रतिनिधि मुझसे सुनना चाहते थे, क्योंकि मेरी साख जनता में विशेषत: उत्तर बंगाल में स्थापित हो चुकी थी कि अग्रवाल जो कहता है, वह करके दिखाता है। केवल राजनीतिक नेताओं या मंत्रियों की भाँति विश्वास या झूठे आश्वासन नहीं देता। मैंने कहा—"मुख्य सचिव राज्य के प्रमुख कार्यकारी हैं। यदि उनका सहयोग रहा तो ९० दिनों में अवश्य ही कुछ चाय बागान खुलने शुरू हो जाएँगे।" कुछ दिनों बाद

वाणिज्य एवं उद्योग मंत्रालय, भारत सरकार के अतिरिक्त सचिव ने कोलकाता के चाय परिषद् (टी बोर्ड) में एक बैठक आहूत की। वहाँ उन्होंने समस्या रखी जैसे चक्रव्यूह को तोड़ने के लिए युधिष्ठिर ने महाभारत युद्ध के दौरान पांडवों की बैठक बुलाकर अपनी चिंता प्रकट की थी। अंत में उत्तरदायित्व मुझ पर आया, क्योंकि चाय उद्यानों का लाइसेंस मैं ही देता था। मैंने सुझाव दिया—"यदि आज की सभा में चाय बागानों को खोलने के लिए राज्य सरकार तथा केंद्र सरकार की एक संयुक्त समिति का गठन हो तथा मुझे अध्यक्ष बनाया जाए तथा समिति का सचिव, भूमि एवं भूमि-सुधार विभाग का संयुक्त सचिव हो तथा अतिरिक्त सचिव, भारत सरकार उपाध्यक्ष बनें, चेयरमैन, चाय परिषद, पश्चिम बंगाल सरकार के वाणिज्य एवं उद्योग विभाग के प्रधान सचिव पदेन सदस्य हों तथा उसमें संबंधित बैंक के प्रतिनिधि हों तो मैं इस कार्य को संपादित कर सकता हूँ। बाध्यतावश अपने-अपने अहं को एक किनारे रखकर मेरे सुझाव के अनुसार उच्च क्षमतासंपन्न समिति का गठन कर दिया गया। अब मेरी राह आसान हो गई, क्योंकि चाय परिषद, केंद्र एवं राज्य सरकार के वाणिज्य एवं उद्योग विभाग ही हितधारी थे तथा निर्णय प्रक्रिया में भागीदार थे, जो अन्यथा अपनी-अपनी दिशा में भागते थे और निजी स्वार्थों के कारण लक्ष्य के विपरीत काम करते थे।

मैंने स्वयं कुछ बंद पड़े चाय बागानों में जाकर वहाँ के चाय मजदूरों से बात की। वे चाहते थे कि किसी उचित मालिक को चाय बागान में बैठा दिया जाए। वे सभी राजनीतिक दलों के झूठे आश्वासनों तथा प्रबंध समितियों एवं पंचायतों के प्रबंधन से थक चुके थे। मुझे यह जानकर विस्मय हुआ कि पश्चिम बंगाल जैसे जागरूक प्रदेश में मजदूर फिर से पूँजीपति मालिकों विशेषतः मारवाड़ी मालिकों को चाय बागानों की बागडोर सौंपना चाहते थे। मैंने चाय बागान में जाकर आदिवासी पुरुष एवं महिला मजदूरों की आँखों में जो चमक देखी, करुण भाव देखा, मुझ में उन्होंने आशा की किरण देखी, उस पर मैं मर-मिटा एवं मैंने येन-केन-प्रकारेण चाय बागानों को खोलने का निश्चय किया। भाग्य से भारत सरकार ने मुझे उस उच्च अधिकार संपन्न समिति का अध्यक्ष बना दिया, जिसमें कोई सदस्य सचिव नहीं था। अतः मैं अकेला ही निर्णय लेने में सक्षम था।

मैं खाली समय में प्रस्तावित चाय बागानों के मालिकों से बातचीत करता। वे भी शीघ्र ही मेरी सदाशयता के कारण मुझसे एकमत हो गए और उन्होंने मेरे साथ चलने का निर्णय लिया। राज्य सरकार भी पचास हजार लोगों को वर्षों मुफ्त राशन, पानी तथा बिजली देते हुए थक चुकी थी। अतः श्रम विभाग तथा भारतीय टी बोर्ड भी इन प्रस्तावों से तुरंत सहमत हो गए। मैं सभी संबंधित पक्षों को विस्तार से सुनता तथा स्वयं प्रत्येक वाक्यांश नोटशीट पर लिखता ताकि नौकरी से निवृत्त होने पर निहित स्वार्थी तत्त्व मुझे किसी विवाद में न घसीटें। एक के बाद एक चाय बागान खुलते गए, जबकि राज्यपाल

तथा केंद्रीय मंत्री कई चाय बागानों का परिदर्शन करके एक भी चाय बागान नहीं खुलवा सके थे। मेरे विभागीय मंत्री ने अति हिचकिचाहट के साथ मेरे प्रस्तावों पर हस्ताक्षर कर दिए। विभागीय मंत्री भी नौकरशाहों की भाँति निर्णय लेने में घबराने लगे थे। यह दोष वामपंथी सरकार में घुन की तरह लग गया था, क्योंकि वे निरंतर 33 वर्षों से शासन में थे। राजत्व अपने साथ सामंतवाद ले आता है।

मुझे अपने इस कार्य में संजीवनी मिली, जब मुझसे दो मारवाड़ी नवयुवक सिलीगुड़ी से मिलने आए, जो क्रमश: दिल्ली विश्वविद्यालय तथा अमरीका के एक प्रतिष्ठित प्रबंध कॉलेज से एम.बी.ए. थे तथा वे भारत छोड़कर अमरीका जाना चाहते थे, क्योंकि भारत में सरकारी कामकाज में कोई अंतिम फलाफल नहीं आता है। मैंने उनसे चाय बागान लेने के लिए कहा तथा उन्हें आश्वासन दिया कि यदि वे भारत में रहें तो उन्हें यहाँ एक सुअवसर प्राप्त होगा। पता नहीं कि नौकरशाहों पर सामान्यत: अविश्वास करनेवाले पश्चिम बंगाल के इन दो युवकों ने मेरे आश्वासन पर कैसे विश्वास कर लिया! मैंने सभी प्रतिष्ठित चाय बागानों कंपनियों एवं समूह को लिखित एवं दूरभाष पर चाय बागान लेने का आमंत्रण भेजा, पर एक को छोड़कर अन्य कोई भी प्रतिष्ठित चाय बागान समूह बंद चाय बागान लेने को तैयार नहीं हुआ। इससे पूर्व कई निविदाओं पर करोड़ों रुपए खर्च हो चुके थे, बिना किसी ठोस परिणाम के। वे चाय बागान लेना चाहते थे उनकी शर्तों पर, अर्थात् जिम्मेदारी कुछ नहीं, उन्हें बिना कुछ मूल्य के चाय बागान का लाइसेंस दे दिया जाए। इसमें उन्हें बैंकों के ऋण चुकाने थे, मजदूरों को लेना था तथा रियायती दरों पर हमारी बाकी लाइसेंस या पट्टा फीस चुकानी थी तथा इन चाय बागानों के पुराने स्वामी या कंपनियाँ कुछ धनराशि की आशा कर रही थीं, अन्यथा वे फिर से चाय बागानों का हस्तांतरण न्यायालय में जाकर अटका देंगे।

सर्वप्रथम दोनों युवाओं ने बंद पड़े सबसे खराब तीन चाय बागानों को ग्रहण किया। इसके बाद मेरी राह आसान हो गई। हमें चाय बागान लेनेवाले उद्यमी मिलने लगे। एक प्रतिष्ठित चाय बागान समूह ने दार्जिलिंग के दो बंद चाय बागानों को लिया। एक बंगाली उद्यमी आया। मैं खुश हुआ कि बंगाल में बंगाली को तो प्राथमिकता देनी चाहिए। मैंने दो चाय बागान उसको आवंटित करने का निर्णय लिया। एक अंतरराष्ट्रीय ख्याति प्राप्त बंगाली उद्यमी चाय बागान मालिक मंत्री की सिफारिश से आया। सभी का मत था कि वह चाय बागान नहीं संचालित करेगा तथा उसके पीछे कोई मारवाड़ी था। वे केवल कुछ मध्यस्थ के रूप में पैसा लेना चाहते थे, पर मैंने उसे भी एक चाय बागान देने का निश्चय किया, क्योंकि अंत में प्रत्येक फाइल पर मंत्री से अनुमोदन प्राप्त करना था। हमने नए उद्यमियों को कई रियायतें दीं, जैसे चाय बागान की पट्टा-राशि कम की तथा उसका भुगतान किस्तों में करने की सुविधा दी। बैंक भी खुश थे, क्योंकि उनकी शून्य

संपत्तियों (एन.पी.ए.) से कुछ ऋण अदायगी हुई। श्रमिकों के हित के लिए कुछ सरकारी योजनाओं को चाय बागानों में ले जाया गया। पश्चिम बंगाल सरकार की प्रतिमाह करोड़ों रुपए की जिम्मेदारी शून्य हो गई एवं श्रमिक विभाग इस पचड़े से निकल गया। फिर भी निहित स्वार्थों से प्रेरित कुछ चाय बागान मालिकों ने एक स्वयंसेवी कार्यकर्ता के माध्यम से उच्च न्यायालय, कोलकाता में जनहितकारी वाद दायर कर दिया, पर कोलकाता उच्च न्यायालय कई बार कई चाय बागानों को खोलने का आदेश देकर असफल हो चुका था। इस मामले में अपना हाथ जला चुका था। उनका निर्णय हमारे पक्ष में आया। कोलकाता उच्च न्यायालय वस्तुस्थिति समझता था। मैं भविष्य के खतरे से बच गया, पर जब यह मामला उच्चतम न्यायालय गया तो वहाँ तब तक कोयले की खानों तथा स्पेक्ट्रम आवंटन को लेकर उच्चतम न्यायालय का ऐतिहासिक कड़ा निर्णय आ चुका था। तब तक मेरे आवंटी अपना काफी निवेश निकाल चुके थे। फिर भी उच्चतम न्यायालय में हमारी जीत हुई तथा निहित स्वार्थों की करारी हार हुई। यह न्याय या सत्य की जीत सुनकर मुझे अपनी सेवानिवृत्ति काल में आत्मसंतोष हुआ कि न्याय की टिमटिमाती रोशनी बड़े-से-बड़े अंधकार को निगल सकती है, भले ही उसके लिए संघर्ष का पथ लंबा, काँटों से युक्त तथा परेशानियों से भरा हो। पर मुझे कई वर्षों बाद यह जानकर दुःख हुआ कि ममता बनर्जी सरकार, जो इन चाय बागानों को खोलने का श्रेय लेकर भी इन चाय बागानों को वे सभी सुविधाएँ देने से कतराती रही, जो इन्हें सरकारी आदेशनामे में काले-सफेद के रूप में दिया गया था। यही कारण है कि लोगों का विश्वास अब सरकार के फैसलों पर, यहाँ तक कि सरकारी आदेशों पर नहीं रह गया है, क्योंकि न्यायालय कभी भी इन्हें पलट सकते हैं। शायद गुजरात को छोड़कर इस कारण भविष्य में बंद पड़े चाय बागान या उद्योग और कहीं नहीं खुलेंगे।

चाय बागानों के मामले को करते-करते मैं थक गया था। फिर भी मैंने धैर्य नहीं खोया। पश्चिम बंगाल की प्रथम बिड़ला समूह की कार कंपनी 'हिंदुस्तान मोटर्स' बंद होने के कगार पर थी। मेरे पूर्ववर्ती अधिकारी एवं मंत्रिमंडल ने हिंदुस्तान मोटर्स के कारखाने में खाली पड़ी लगभग 80 एकड़ जमीन की बिक्री का निर्णय ले लिया था, ताकि उस बिक्री-राशि से कारखाना फिर से पटरी पर आ जाए तथा श्रमिकों की रोजी-रोटी बहाल हो जाए। मैंने इस निर्णय का क्रियान्वयन करते हुए हिंदुस्तान मोटर्स को जमीन बिक्री का अनुज्ञा-पत्र दे दिया। बाद में इसी को लेकर मेरी प्रशंसा होने के स्थान पर मेरी राज्य के मुख्य सतर्कता अधिकारी के पास शिकायत दर्ज हो गई, जिसका मुझे सेवानिवृत्ति के बाद सामना करना पड़ा। आवश्यक है कि उद्योग से संबंधित काम करनेवालों को निर्णय लेने की और अधिक स्वायत्तता मिले तथा उनके निर्णयों का विश्लेषण तत्कालीन प्रशासनिक परिवेश के आधार पर हो। यद्यपि पूर्व में मेरे विरुद्ध दो-तीन उच्च स्तरीय जाँचों की भाँति

इससे भी मैं ससम्मान निर्दोष बरी हो गया, पर सेवानिवृत्ति के काल में उससे एक घाव अवश्य मेरे हृदय पर हो गया, जिसको सेवाकाल में सहने की अपार क्षमता थी।

इन सभी बवंडरों के बीच मुझे एक अंतिम विदेश यात्रा का शुभ अवसर प्राप्त हुआ। मेरा जापान में विश्व के शीर्षस्थ प्रबंधकों की संगोष्ठी के लिए चयन हुआ। मुझे जापान यात्रा में उनकी प्रगति का रहस्य समझने का अवसर प्राप्त हुआ। मुझे आश्चर्य हुआ कि जापान में बस या टैक्सी के चालक या सहायक यात्री का सामान चढ़ाता है और उतारता है तथा साथ-साथ यात्री का अभिवादन भी जापानी शैली में करता है। भारत में तो चालकों का व्यवहार दिन-प्रतिदिन अभद्र होता जा रहा है। मुझे एक और आश्चर्य हुआ जब जापान की सबसे बड़ी बहुदेशीय कंपनी सुजुकी के प्रबंधक निदेशक का दो कमरों का फ्लैट या परिवार-आवास दूर से दिखाया गया। ये बहुदेशीय कंपनियाँ ही पूरे विश्व से लाभ कमाकर जापान में जमा करती हैं तथा सरकारी राजकोष भरती हैं। वहाँ सबसे बड़े राज्य के राज्यपाल से भी मिलने का सौभाग्य प्राप्त हुआ, जो सरलता एवं ज्ञान के धनी थे। उस राज्य का कुल सकल घरेलू उत्पाद भारत से भी अधिक था। जापान में सभी काम करते दृष्टिगोचर होते हैं। उनकी कर्म संस्कृति स्पृहणीय है। जापानवासी भारतवासियों को स्नेह एवं सम्मान की दृष्टि से देखते हैं एवं कहते हैं—"भारतीय बड़े बुद्धिमान लोग हैं, वे कंप्यूटर में अग्रणी हैं।" जापान ने विदेशी व्यापार एवं सहायता के माध्यम से अपनी युवा पीढ़ी को अंतरराष्ट्रीय स्तर पर सक्षम बना दिया है, ताकि जापान भविष्य में भी विश्व व्यापार में प्रथम स्थान पर रहे। जापान से लौटते समय मेरी चीन की प्रगति देखने की आकांक्षा थी, पर वह सफलीभूत न हो सकी। मैं सरकार के प्रति मेरे व्यक्तित्व को समृद्ध करने के लिए कोटि-कोटि कृतज्ञता ज्ञापन करता रहता हूँ एवं सरकार बहादुर का जीवनपर्यंत ऋणी रहूँगा। सरकार कैसी भी हो, वह अंततोगत्वा हमारी अपनी ही है।

मेरी पेंशन स्वीकृत हो गई। मुझे सरकार से अधिकतम पेंशन राशि मिली। मैंने सेवानिवृत्ति से पूर्व उपभोक्ता विषयक विभाग के विभागीय भवन की आधारशिला रखी। राष्ट्रीय उपभोक्ता शिक्षा संस्थान का उद्घाटन किया। बारह चाय बागान खोले तथा कोलकाता में तीन सितारा सर्किट हाउस का निर्माण किया।

मैं नहीं कह सकता कि मैंने अपने सेवाकाल में कितने रन बनाए या उपलब्धियाँ हासिल कीं, पर मैं इतना निश्चित कह सकता हूँ कि मैं सरकार की अपनी अंतिम पारी के बाद आत्म-संतुष्टि के साथ सेवानिवृत्त हुआ।

मैं 28 फरवरी, 2010 को सेवानिवृत्त हुआ। उसी दिन मैं बोरिया-बिस्तर बाँधकर राजधानी ट्रेन से अपने गृह प्रदेश को चल दिया—हावड़ा स्टेशन पर पश्चिम बंगाल की धरती को प्रणाम करके!

□

वकालत

एल-एल.बी. परीक्षा में सर्वप्रथम होने के पश्चात् वकालत पेशा मेरा प्रथम नौकरी का विकल्प था। मैं इलाहाबाद डिग्री सांध्य कॉलेज में विधि का प्रवक्ता हो गया। फिर करीब तीन वर्ष बिक्रीकर अधिकारी एवं आयकर अधिकारी के पद पर कार्य करते हुए विधि का कार्यान्वयन करता रहा। आई.ए.एस. अधिकारी इत्यादि की तीन बार परीक्षा में मेरे लॉ पेपर ही थे। फिर एक आई.ए.एस. अधिकारी का दिन-प्रतिदिन विधि एवं अधिनियमों से गहरा संबंध रहता है। एल-एल.एम. तथा डि.फिल. या डी.लिट. या पी-एच.डी. करने के कारण विधि क्षेत्र में ज्ञानार्जन में संलग्न रहा। तत्पश्चात् विधि एवं न्याय मंत्रालय में पाँच वर्ष से अधिक अवधि के लिए संयुक्त सचिव पद पर विधि एवं विधि सुधार से सीधा संपर्क रहा। प्रधान सचिव के पद पर लगभग आठ वर्ष सरकार की ओर से मुकदमा लड़ना, अधिनियम बनाना, उनमें संशोधन करना एवं अधिवक्ताओं के साथ संपर्क रखना मुख्य कार्य था। अत: सेवा निवृत्ति के पश्चात् वकालत के पेशे का चयन स्वाभाविक था। सौभाग्य से भारत की दूसरे नंबर पर विधि फर्म खेतान एंड कंपनी अपने दिल्ली स्थित कार्यालय में जमीन-भवन संबंधी वकालत का प्रभाग आरंभ करना चाहती थी। मेरी जमीन-जायदाद मामलों के विशेषज्ञ के रूप में कोलकाता में ख्याति फैल चुकी थी। फिर मेरी देश के सभी राज्यों एवं केंद्र शासित प्रदेशों के भूमि-सुधारों एवं भूमि संबंध विधि पर एक पुस्तक प्रकाशित हो चुकी थी। भूमि विधि राज्य का विषय है। अत: भारत में बहुत कम विद्वान् हैं, जिन्हें सभी प्रदेशों एवं केंद्र शासित राज्यों के भूमि संबंधी अधिनियमों एवं नियमों का समुचित ज्ञान हो। फिर उन्होंने जिंदल स्टील संयंत्र लगाते समय मेरी ईमानदारी, विशेषज्ञता तथा सद्व्यवहार को परख लिया था। व्यक्ति को अपना काम कर्तव्यनिष्ठा से करना चाहिए। पता नहीं कब कौन उससे प्रभावित होकर उसे अपना ले। कब किसी को उससे प्यार हो जाए। अत: सरकारी सेवा से अवसान ग्रहण करते ही औपचारिक रूप से साक्षात्कार लेकर उन्होंने मुझे खेतान एंड कंपनी का साझीदार बना लिया तथा मुझे तुरंत बाराखंबा रोड पर स्थित अशोका इस्टेट भवन में यह भार सौंपा।

सन् 1911 में कलकत्ता में स्थापित खेतान एंड कंपनी भारत की अग्रणी विधि संस्था है, जिसके संस्थापक श्री डी.पी. खेतान थे। वे प्रथम राष्ट्रपति डॉ. राजेंद्र प्रसाद के साथ प्रेसिडेंसी कॉलेज, कोलकाता में पढ़ते थे। वे डॉ. बी.आर. आंबेडकर की अध्यक्षतावाली संविधान की सबसे महत्त्वपूर्ण संविधान सभा की मसौदा समिति के छह सदस्यों में से एक थे। आजकल इसका मुख्यालय कोलकाता से मुंबई आ गया है। दिल्ली तथा बेंगलुरु में भी इसके कार्यालय हैं, जो स्वायत्ततापूर्वक कार्य करते हैं। दिल्ली में इसका अशोका इस्टेट में आठवें, नौवें तथा ग्यारहवें तल पर कार्यालय है, जो पाँच सितारा होटल की भाँति सुसज्जित है, क्योंकि संस्थान को अपने कार्यरत अधिवक्ताओं के परिवेश का विशेष ध्यान रखना पड़ता है। वे ही इस विधि संस्था के संसाधन हैं। खेतान एंड कंपनी का मुख्य कार्य कंपनियों के मामले विशेषत: विलय, अधिग्रहण, विक्रय और मुकदमेबाजी है। वैसे नए-नए क्षेत्रों को संस्था बहुत शीघ्र अपनाती है, जैसे भवन निर्माण संबंधी, प्रतियोगिता आयोग, कॉपीराइट संबंधी कार्य। संस्था का मुख्य कार्य सलाह देना है। मैं जमीन-जायदाद संबंधी प्रभाग का साझीदार तथा अध्यक्ष था। इसी प्रकार अन्य पाँच-छह साझीदार थे, जिनमें एक इंग्लैंड से तथा दो अमरीका से खेतान एंड कंपनी में काम करने आए थे। लगभग दो सौ पचास अधिवक्ता दिल्ली कार्यालय में कार्यरत थे, जो मुख्यत: भारत के राष्ट्रीय विधि विद्यालयों से निकले थे। मेरा कक्ष सबसे अच्छा था, क्योंकि उन्हें पता था कि मैं ऐसे कक्षों का आई.ए.एस. में अभ्यस्त था। मैंने आई.ए.एस. अधिकारी के एडवोकेट पुत्र को अपना विशेष सहायक नियुक्त किया तथा एक दक्षिण भारतीय मेरा स्टेनो (लिपिक) था। अन्य दो-तीन वरिष्ठ अधिवक्ता मेरी टीम में थे। मेरा वेतन भी सरकारी नौकरी में मेरे अंतिम वेतन से अधिक था तथा लाभार्जन में भी अंश था।

हमारा कार्य था उन जमीनों की वैधता का अनुसंधान तथा विश्लेषण करना, जो भवन-निर्माण कंपनियाँ तथा अन्य कंपनियाँ उद्योग स्थापित करने हेतु खरीदना चाहती हैं, ताकि उन्हें भवन-निर्माण अथवा उद्योग स्थापित करने के लिए अनुमोदन में समस्या न हो तथा वे अनावश्यक मुकदमेबाजी में न फँसें। यह मेरी रुचि का काम था। प्राय: सभी प्रमुख राज्यों में जमीन के खरीद-फरोख्त के प्रस्ताव हमारे पास आने लगे तथा सभी बड़ी-बड़ी भवन-निर्माण कंपनियाँ हमारे पास सलाह के लिए आने लगीं, जिनमें डी-एल-एफ, अंसल, टाटा आदि अग्रणी कंपनियाँ थीं। हमारे पास वे ही मुवक्किल आते थे, जो हमारी अच्छी फीस दे सकते थे। संस्था के लिए आय पर निगरानी रखना ही साझीदार का मुख्य काम था। हमारे प्रभाग में मुख्य काम था—जमीनों की जाँच-पड़ताल करना कि वे विवादों से मुक्त हैं, ताकि उन पर भवन-निर्माण हेतु सरकार के विभिन्न विभागों या अधिकारियों से अनुमति प्राप्त हो जाएगी। इस जाँच-पड़ताल को

अंग्रेजी में ड्यू-डिलीजेंस कहते हैं। प्रत्येक व्यक्ति को जमीन खरीदने से पूर्व यह देखना आवश्यक है कि प्रथम जमीन का मूल आलेख विक्रेता के पास है। कहीं उसने उस जमीन पर ऋण लेकर उसे बैंक आदि में बंधक तो नहीं रख दिया है। उस जमीन पर कोई और अंशधारी तो नहीं है या उसके परिवार या अन्य व्यक्ति के साथ कोई न्यायालय में विवाद तो नहीं चल रहा है। ऐसी स्थिति में परिवार के उन सदस्यों का अनापत्ति प्रमाण-पत्र आवश्यक है तथा विक्रय विलेख पर उनकी अनापत्ति या हस्ताक्षर हो सकते हैं अथवा वे साक्षी के तौर पर हस्ताक्षर कर सकते हैं। सबसे महत्त्वपूर्ण होता है जमीन का वर्गीकरण। यदि जमीन पूर्व से आबादी या व्यावसायिक भू-आलेखों में नहीं है तो भवन निर्माण से पूर्व कृषि से उसे अकृषि में परिवर्तित कराना एक टेढ़ी खीर है। उसके अतिरिक्त यदि किसी उद्योग के लिए जमीन खरीदी जा रही है तो यह देखना आवश्यक है कि वह उद्योग के लिए निर्धारित क्षेत्र में हो या वह आसानी से कलेक्टर या राजस्व विभाग द्वारा उद्योग में वर्गीकृत कर दी जाए। उसके अतिरिक्त पर्यावरण अधिकारी, अग्नि विभाग, आसपास यदि विमानपत्तन हो तो उनका अनापत्ति प्रमाण-पत्र आवश्यक हैं। यह जाँच-पड़ताल प्रत्येक भूखंड के लिए होती है तथा उपनिबंधक के कार्यालय के प्राय: दस वर्ष या उससे अधिक अवधि के अभिलेखों को सँभाला जाता है। इस प्रकार विभिन्न आयाामों को दृष्टिगत रखते हुए संपूर्ण भूमि के विषय में हमारी संस्तुति, सुझाव या सलाह तैयार की जाती थी।

कभी-कभी महानगरों में बड़े-बड़े भवनों या बँगलों के नियमितीकरण या बिक्री हेतु भी यह काम किया जाता था। चूँकि इस प्रकार की जमीनों के क्रय-विक्रय में काफी धनराशि अंतर्निहित होती है, अत: हमें फीस भी काफी मिलती थी। हमारे साथ दो योग्य अधिवक्ता भी थे, जो मुझसे पूर्व खेतान में प्राय: तीन-चार वर्ष से यह काम करते आ रहे थे। यहाँ मुझे अपने जमीन संबंधी ज्ञान परिपक्व करने तथा व्यावहारिक अनुभव का उपयोग करने का पूरा अवसर था तथा मैंने अपने प्रभाग की आय वर्ष में लगभग दो करोड़ रुपए तक पहुँचा दी थी, जो हमारे प्रभाग पर खर्च से काफी अधिक थी। पर आई.ए.एस. की पृष्ठभूमि होने के कारण नए-नए मुवक्किलों के पास जाकर और कार्य देने का अनुरोध न कर सका। दूसरे मुझे बड़ा आश्चर्य हुआ जब निजी कंपनियों के विधि प्रभाग के अधिकारी हमसे कुछ प्रतिशत फीस की आशा करने लगे। यह मैं न कर सका, पर जो भी मैंने किया, उससे खेतान एंड कंपनी की ख्याति बढ़ गई। वैसे खेतान एंड कंपनी के परंपरागत बड़े-बड़े औद्योगिक समूह मुवक्किल थे। इसलिए हमारे पास काम की कमी नहीं रही।

खेतान एंड कंपनी में चेयरमैन श्री पी.के. खेतान से मेरी घनिष्ठता हो गई, क्योंकि हम दोनों कंपनी में सबसे अधिक उम्र के साझीदार थे तथा कंपनी के रंग-बिरंगे कार्यक्रमों

को दूर से देखते थे। बाद में फर्म एल.एल.पी. में परिवर्तित हो गई। मैं आँख बंद करके हस्ताक्षर कर देता था, क्योंकि मुझे जो भी खेतान एंड कंपनी से पारिश्रमिक या अंशदान प्राप्त होता था, वह मेरी आशा से हमेशा अधिक होता। नई संरचना में एल.एल.पी. में बासठ वर्ष से चौंसठ वर्ष सेवानिवृत्ति की उम्र कर दी गई। मुझे अवसान प्राप्ति पर खेतान एंड कंपनी ने सत्रह लाख सेवा निवृत्ति भेंट दी। वैसे वर्ष के अंत में लाभांश भी काफी मिलता था। मैं ठाट-बाट से रहता। होंडा सिटी कार तथा चालक रखता एवं आए दिन परिवार एवं घनिष्ठ संबंधियों को मिलने के बहाने पाँच सितारा होटल या अच्छे रेस्टोरेंट में दावत देता। मैंने अपने झाँसी स्थित मकान में दो और मंजिलें बढ़ा लीं तथा दोनों लड़कों के फ्लैटों की खरीद एवं साज-सज्जा में सहायता की। मैं रहता भी तो उनके साथ था। हमने विदेशों की यात्राएँ कीं, जैसे स्विट्जरलैंड, इटली, मॉरीशस, फ्रांस, यू.एस.ए. आदि देशों की। पूरा भारत तो हम भ्रमण कर ही चुके थे तथा बीच-बीच में भ्रमण पर जाते रहते थे, विशेषत: जब उच्च न्यायालय और सर्वोच्च न्यायालय लंबे ग्रीष्मावकाश अथवा नए वर्ष के समय बंद रहते थे। मेरी सर्वाधिक महत्त्वपूर्ण विदेश यात्र सन् 2014 में हुई, जब विश्व बैंक ने मेरा भूमि-सुधारों पर शोध, प्रकाशन एवं कार्य की प्रशंसा करते हुए अपने सबसे महत्त्वपूर्ण 'भूमि एवं गरीबी' के सम्मेलन में मुझे आमंत्रित किया तथा पूरा खर्च वहन किया। वहाँ मेरी भेंट भूमि-सुधार संस्थान, न्यूयॉर्क के संस्थापक से हुई, जो विश्व के कई देशों के भूमि-सुधारों पर शोध करवा रहे थे ओर अपने पड़ोसी देश नेपाल, श्रीलंका आदि के प्रतिनिधियों से भी। मैंने भूमि-सुधारों पर काम करने का निश्चय किया। मैं सम्मेलन में प्रकाशित शोध-पत्र आदि सामग्री ले आया। मुझे प्रसन्नता हुई जब विश्व बैंक की महिला पुस्तकालयाध्यक्ष ने मुझे काफी सामग्री फोटोस्टेट कर दी तथा मेरी पुस्तक 'इंडियाज मूव टूवड्‌र्स सस्टेनेबल डेवलपमेंट' अपने पुस्तकालय में दिखाई। बाद में मैंने 'भूमि एवं गरीबी निवारण' पुस्तक अंग्रेजी में प्रकाशित की। मेरा वॉशिंगटन का अनुभव अति उत्तम रहा। मैं सायंकाल व्हाइट हाउस घूमने जाता तथा वहाँ पर खिल रहे धवल पुष्पों के सैकड़ों घने वृक्षों का आनंद लेता। वहाँ के विज्ञान तथा अमरीका की प्रगति को दरशानेवाले संग्रहालयों को देखा।

आयकर भी काफी देना पड़ता था। एक वर्ष तो मैंने तीस लाख रुपए आयकर भरा। खेतान एंड कंपनी में नौकरी करने के पश्चात् मेरे मन से यह मलाल निकल गया कि मुझसे अन्य अधिकारियों ने रिश्वत के माध्यम से अधिक अर्जन किया था। ईश्वर ईमानदार लोगों का ध्यान स्वयं रखता है।

खेतान एंड कंपनी में काम करने के दौरान मैं देश के उच्चकोटि के ख्याति प्राप्त अधिवक्ताओं के पास कुछ महत्त्वपूर्ण मुकदमों को ले जाता, स्वयं उच्च न्यायालय या उच्चतम न्यायालय में तर्क करता। खेतान एंड कंपनी में वेतन के साथ-साथ मैंने

अधिवक्ता के पेशे में भी महारत हासिल कर ली। यद्यपि प्रारंभ में विरोधी पक्ष के बोलने पर मैं कभी-कभी न्यायालय में निरुत्तर हो जाता, पर मैं बाद में विरोधी पक्ष की बहस को ध्यान में रखकर तैयारी करता तथा मुझे फिर न्यायालय में निराशा का सामना नहीं करना पड़ता। पर मुकदमे का क्रमांक आने तक प्रतीक्षा करना बहुत अखरता था, पर शायद इसी के लिए मुवक्किल हमें मोटी फीस देता है।

खेतान एंड कंपनी से अवसान ग्रहण करने के पश्चात् मैंने हमारे बुंदेलखंड के ही साझीदार विराग गुप्ता के साथ वैश ग्लोबल नाम से विधि फर्म बना ली जिसका अपना कार्यालय पास में ही बंगाली मार्केट में था। मेरी उम्र एवं अनुभव को ध्यान में रखते हुए मेरे साझीदारों ने मुझे ही प्रबंध साझीदार बनाया। यद्यपि नई फर्म में उतनी आमदनी तथा वह ठाट-बाट नहीं था, फिर भी मेरा खेतान से बड़ा पृथक् कक्ष था तथा अगल-बगल, ऊपर-नीचे फर्म की इमारत में अधिवक्तागण थे, जिनका आपस में बहुत स्नेह था। आई.ए.एस. में रहने के बावजूद सभी एडवोकेट मेरा बहुत सम्मान करते थे, जितना मुझे अभी तक किसी भी पेशे में नहीं प्राप्त हुआ। मैं गला-काट प्रतियोगिता एवं कटाक्षों से अब पूर्णतः दूर हो गया था। अब मैं अपने जान-पहचान के लोगों के मुकदमे भी कर सकता था या अपने सहयोगी अधिवक्ता से करवा सकता था, जो खेतान में संभव नहीं था। खेतान में केवल मोटी फीस देने वाले ही मुवक्किल प्रवेश पाते थे। फिर व्यक्ति को अपने जीवन के पत्येक मोड़ पर यह सत्य तो स्वीकार करना ही पड़ता है कि उसकी क्या क्षमता है तथा उस मोड़ पर उसके लिए केवल सीमित रास्ता खुला है। मैंने नई फर्म में अपने को व्यस्त रखने तथा थोड़ी-बहुत आय करने के लिए सम्मिलित हुआ था। वह उद्देश्य भी पूरा हो रहा था। हमारे पुरानी जान-पहचान तथा मुझमें विश्वास रखनेवाले कई पक्षकार आने लगे। वकालत के पेशे में वकील पर मुवक्किल का विश्वास ही सेतुबंध है।

उच्चतम न्यायालय में चाय बागान का मामला

पश्चिम बंगाल में चाय बागान खुलने से विरोधी चाय बागान मालिकों को समस्या हुई, जो इन चाय बागानों को सरकार से निःशुल्क बिना किसी उत्तरदायित्व के लेना चाहते थे। वैसे सभी अच्छे कार्यों में भी कोई-न-कोई इस कलियुग में विरोधी हो जाता है। उन्होंने लाल बाजार, कोलकाता स्थित एक स्वयंसेवी संस्था के सचिव को पैसा देकर उसके नाम पर उच्च न्यायालय में एक जनहित वाद दायर कर दिया। उसमें यह आरोप लगाया गया कि पश्चिम बंगाल सरकार ने बिना कोई निविदा या सरकारी सूचना दिए प्रतिभागियों के चाय बागान का स्वामित्व सौंप दिया। इसमें श्रमिकों के हितों की भी अनदेखी हुई। उच्च न्यायालय कोलकाता में इस जनहित वाद की सुनवाई काफी

लंबी चली जिसमें भूमि एवं भूमि-सुधार विभाग, भारत के चाय बोर्ड तथा कलेक्टर जलपाईगुड़ी को अपने उत्तर दाखिल करने पड़े। सरकार में निष्क्रिय रहनेवाले अधिकारी एवं कर्मचारी खुश थे तथा कटाक्ष कर रहे थे—"क्या आवश्यकता थी इन मरे हुए चाय बागानों को स्पर्श करने की, शांत साँप को भड़काने की। अब तथाकथित बड़े अधिकारी भुगतें। बेचारे कर्मचारी दोनों के झगड़े में पिस गए।" मंत्री भी विचलित हो पड़े, पर अतिरिक्त मुख्य सचिव के जब मंत्री महाशय को भरोसा दिलाया तो उन्होंने कहा—"यह मामला आप ही निबटो।" अतिरिक्त मुख्य सचिव इस लंबी कानूनी लड़ाई के लिए तैयार थे।

उच्च न्यायालय ने सरकार पक्ष की दलील मानकर इस जनहितकारी वाद को खारिज कर दिया। फिर उच्चतम न्यायालय में अपील दाखिल हुई, जिसमें विरोधी पक्ष के उद्योगपतियों ने सर्वश्रेष्ठ अधिवक्ताओं को खड़ा करके अपील उच्चतम न्यायालय में दाखिल करवा दी। चूँकि मैं इस वाद में पूर्व से प्रशासनिक अधिकारी के तौर पर संलिप्त था, चाय बागान मालिक उच्चतम न्यायालय में मेरी सहायता के लिए आए। मेरा माथा ठनका। शायद सामान्य नौकरशाह ही ठीक है। मैं इस मामले में संलिप्त था, मैंने अपने आसपास के एक विश्वसनीय अधिवक्ता को यह काम सौंपा। चाय बागानों से जनहितकारी मुकदमे के पीछे विरोधी दल बड़ी धनराशि की माँग कर रहे थे, जबकि चाय बागानों के पास उच्चतम न्यायालय में मुकदमा लड़ने के लिए ही पैसे नहीं थे। अपील आगे बढ़ी और दो-तीन वर्ष पश्चात् उच्चतम न्यायालय का आदेश आया। उच्चतम न्यायालय ने उच्च न्यायालय के आदेश को मान्यता दी। पर जैसे ही यह रुग्ण चाय बागान पटरी पर आ रहे थे, एक महिला ने, जो श्रमिकों के हित में काम कर रही थी, उच्चतम न्यायालय में देश के सभी चाय बागानों के विरुद्ध श्रमिकों की ओर से एक आवेदन दायर किया कि उन्हें चाय बागानों में सभी वैधानिक सुविधाएँ नहीं मिलतीं। इस मामले में मैं भी उच्चतम न्यायालय में दो रुग्ण चाय बागानों की ओर से उपस्थित हुआ, क्योंकि मैं उनकी आर्थिक दुरवस्था जानता था। अन्य चाय बागानों के पास अभी भी उच्चतम न्यायालय के वकीलों को फीस देने लायक क्षमता नहीं थी, पर जब उच्चतम न्यायालय ने उन्हें न्यायालय की अवमानना के लिए जेल भेजने की धमकी दी तो वह मेरे पास आए। महिला आवेदक की ओर से देश के जाने-माने जनहितकारी मुकदमों के विशेषज्ञ अधिवक्ता उपस्थित हुए, जो न्यायालय की ओर से भी न्याय-मित्र (एमिकस क्यूरी) का काम कर रहे थे। दूसरी ओर पश्चिम बंगाल, केरल, तमिलनाडु तथा आसाम की ओर से राज्य के निर्धारित वरिष्ठ अधिवक्ता उपस्थित हुए। तत्कालीन उच्चतम न्यायालय के मुख्य न्यायाधिपति इस मामले में विशेष रुचि ले रहे थे। अंत में उन्होंने एक अवकाश प्राप्त सर्वोच्च न्यायालय के न्यायाधीश की अध्यक्षता में एक

समिति गठित कर दी, जिसे छह महीने में अपना प्रतिवेदन देना था। तीन-चार वर्ष के बाद भी वह एकल न्यायाधीश की समिति कार्य कर रही है। यह है हमारे देश के न्याय तंत्र की गति।

बाद में मुझे यह जानकर अत्यंत दु:ख हुआ कि पश्चिम बंगाल में बाद की सरकार ने इन चाय बागानों को राजस्व में छूट देने से मना कर दिया और चाय बागान मालिक दर-दर भटकते रहे तथा उस कलेक्टर को, जिसने इन्हें खुलवाने में मदद की थी, उस दक्ष एवं ईमानदार महिला आई.ए.एस. अधिकारी के विरुद्ध भी जाँच की जबकि बाद में वह जाँच बंद हो गई, क्योंकि सत्य, सत्य ही होता है। सबसे बड़ा झटका तो मुझे तब लगा जब भारत सरकार के चाय बोर्ड ने शपथ पत्र देकर इन फैसलों से भारत सरकार की अनभिज्ञता दिखाकर स्वयं को पृथक् कर लिया जबकि प्रत्येक निर्णय पर उनके हस्ताक्षर थे, पर इसको कौन प्रकाश में लाता? न्यायालय कितनी फाइलों को देखे? उच्चतम न्यायालय में इतने मुकदमे लगे होते हैं कि प्रत्येक मुकदमे की सुनवाई के लिए यदि 5 मिनट का समय मिल जाए तो वह मामला उपकृत हो जाएगा। यदि भारत सरकार ही झूठ बोलने लगे तो किस पर भरोसा किया जाए? यही कारण है कि शनै:-शनै: जनता में सरकार की विश्वसनीयता का ह्रास होता जा रहा है। इसके बाद और भी चाय बागान बंद हुए, पर कोई भी उन्हें लेने के लिए आगे नहीं आ रहा है। सरकार के पास न तो आर्थिक संसाधन हैं और न ही दक्ष तथा ईमानदार प्रबंध तंत्र, जो इन चाय बागानों का संचालन करे। इन बंद चाय बागानों के श्रमिक भगवान् भरोसे हैं तथा भूखो मर रहे हैं एवं घोर गरीबी में जीवनयापन कर रहे हैं। सुना है कि पश्चिम बंगाल सरकार अब सदा के लिए कुछ चाय बागानों की जमीनें बेचना चाहती है।

मॉरीशस यात्रा

खेतान एंड कंपनी छोड़ने के तुरंत बाद मैं अपनी धर्मपत्नी के साथ वर्ष 2015 में मॉरीशस की साहित्यिक यात्रा पर गया, जो मुंबई के एक तथाकथित हिंदीसेवी संस्था ने आयोजित की थी। इसमें हमने अपना खर्च वहन किया, पर आतिथ्य-सत्कार मॉरीशस के एक हिंदी संगठन ने किया। वहाँ मुझे मॉरीशस के विश्वविख्यात हिंदी लेखकों, जैसे अभिमन्यु अनत आदि से मिलने का सौभाग्य प्राप्त हुआ। हमारी कई विचार गोष्ठियाँ आयोजित हुईं तथा हम मॉरीशस के प्राय: सभी हिंदी संगठनों का परिदर्शन करने गए। हम विश्व हिंदी सचिवालय भी गए तथा वहाँ विचार-विनिमय हुआ। तब विश्व हिंदी सचिवालय का भवन निर्माणाधीन था, जो बाद में भारत सरकार की आर्थिक सहायता से बनकर पूरा हुआ। हिंदी प्रचारिणी सभा, मॉरीशस ने मुझे साहित्य गौरव सम्मान दिया, जो मेरे लिए एक धरोहर है। मुझे आश्चर्य हुआ कि मॉरीशस की प्राय: 48% जनसंख्या

हिंदू है और हिंदी बोलती है तथा प्रत्येक घर में प्रवेश करते ही हनुमानजी की मूर्ति लगी है। तुलसीकृत 'रामचरितमानस' और 'मॉरीशस का संविधान' दो ऐसी पुस्तकें हैं, जो प्रत्येक मॉरीशसवासी के घर में हैं।

सलाहकार का कार्य

खेतान एंड कंपनी छोड़ने के पश्चात् मुझे कोलकाता के इमामी समूह ने उनके भूमि संबंधी मामलों में सलाहकार नियुक्त कर दिया, जो प्रायः 4 वर्ष तक चला। मैंने इमामी समूह की तमिलनाडु में मदुरई के पास रामानाथपुरम् जिले में करीब दस हजार एकड़ जमीन खरीदने में अपने शोध के आधार पर सलाह दी और मुझे प्रसन्नता हुई कि मेरा विधि में शोध-प्रबंध विधि के तराजू पर ठीक था। उसके आधार पर उन्होंने प्रायः 250 कंपनियों के माध्यम से जमीनें खरीदी, जो किसी जोत सीमा अधिनियम के अंतर्गत नहीं आती थी। उन्होंने इन जमीनों पर नई-नई फसलें उगाईं, जो अब तक बेकार पड़ी जमीनें थीं। बाद में सुना कि इमामी समूह जब आर्थिक परेशानी में आया तो उसने ये जमीनें क्रमशः बिक्री कर दीं। इमामी समूह ने सौर ऊर्जा के भी कुछ संयंत्र लगाने के लिए आवश्यक भूमि खरीद के प्रस्ताव मेरे पास अनुमति के लिए भेजे। उनमें से एक उत्तराखंड के रुड़की क्षेत्र में था। इमामी समूह जमीन के सभी प्रस्तावों में अनुमति के बाद ही आगे बढ़ता था, जैसे रायपुर, छत्तीसगढ़ में सीमेंट कारखाना। जमीनों की जाँच-पड़ताल करते समय मुझे आश्चर्य हुआ कि प्रायः सभी सीमांत, मझोले तथा छोटे जमीन मालिकों ने अपनी जमीनें बैंकों में गिरवी रख दी हैं तथा उन्होंने वह ऋण राशि बैंक मैनेजरों से मिलकर अपनी व्यक्तिगत आवश्यकताओं की पूर्ति में खर्च कर दीं। अब बैंक गाँव में नए जमींदार होकर उभर रहे हैं, जो भविष्य में एक विकट समस्या की दस्तक है।

वैश ग्लोबल-अपनी लॉ फर्म

वैश ग्लोबल हमारी अपनी लॉ फर्म थी। हम वैश ग्लोबल में छोटे-बड़े सभी तरह के मुकदमे लेने लगे। मेरे पास वह सभी मुकदमे आए, जो हमारे परिचितों के थे तथा जिन्हें मेरी ईमानदारी तथा योग्यता में आस्था थी। कुछ हमारी जान-पहचान के आई.ए.एस. अधिकारियों के भी मुकदमे आए। मुझे आश्चर्य हुआ कि अपने जन्म स्थान से 40 से अधिक वर्ष दूर रहने के बाद भी झाँसी के लोग मुझमें विश्वास रखते हैं। झाँसी से दो-तीन बड़े उद्योगपति आए तथा ठेकेदारों के मुकदमे उच्च न्यायालय, दिल्ली, उच्चतम न्यायालय तथा माध्यस्थम अर्थात् पंच निर्णय के लिए हमारे पास आए। फिर मुकदमे के अंदर मुकदमा। भारत में मुकदमेबाजी अंतहीन है। अधिवक्ताओं को उससे

क्या लेना-देना। उनकी फीस ही उनका धर्म है। फीस और फीस ही। मुकदमे में तारीख हो तो भी फीस, मुकदमे में मुवक्किल हारे तो भी फीस। पर मैं यह नहीं हजम कर पाया। मैं भावनात्मक रूप से मुकदमे से जुड़ जाता तथा तारीख पर सफलता से खुश होता तथा असफलता होने पर दुखी। इसका एक कारण यह भी था कि मुवक्किलों से मेरा पुराना परिचय था तथा वे मुझमें पूर्ण विश्वास करते थे। अत: मैंने इस व्यवसाय को भी अलविदा कहने का निश्चय किया, पर मेरी धर्मपत्नी मेरे इस निर्णय से सहमत नहीं थी। स्त्री संग्रह प्रवृत्ति की होती है और हो भी क्यों नहीं? अंतत: घर उसको ही चलाना है।

चैक लौटाने का मुकदमा

मेरा मुवक्किल झाँसी का एक बड़ा उद्योगपति था, जो विद्यालयों की पाठ्य पुस्तकें छापने में भारत में प्रथम था। उसके कारखाने में लगभग ढाई हजार श्रमिक काम करते थे। देश के कई राज्यों के विद्यालयों में ये पाठ्यपुस्तकें छात्रों में नि:शुल्क वितरित की जाती थीं। एक बार उसके पास किसी सरकार की पाठ्य पुस्तक छापने के आदेश नहीं थे। एक दिल्ली के पुस्तकों की छपाई करनेवाले उद्योगपति ने उससे संपर्क किया, क्योंकि उसके पास निर्धारित अल्प समय में निविदा के द्वारा ली गई पुस्तकों के मुद्रण की क्षमता नहीं थी, अत: उसने झाँसी स्थित डायनेमिक पाठ्यपुस्तक प्राइवेट लिमिटेड को करीब 10 करोड़ की पुस्तकें मुद्रण एवं उन्हें दिल्ली राजधानी क्षेत्र के विद्यालयों में आपूर्ति करने का आदेश दिया। मेरे मुवक्किल ने सभी पुस्तकें मुद्रित कर दिल्ली भेज दीं एवं दिल्ली के विद्यालयों में वितरित कर दीं।

बाद में दिल्ली स्थित कंपनी ने हमारे मुवक्किल के करीब दो करोड़ रुपए इस तर्क पर रोक लिये कि उसकी कुछ पाठ्य पुस्तकों की गुणवत्ता खराब थी। इस कारण दिल्ली सरकार ने उसके भुगतान से उस धनराशि की कटौती कर ली। यह उसने हमारे मुवक्किल के वकील के नोटिस से पूर्व कभी नहीं बताया। जब मेरी मुवक्किल कंपनी ने 1.7 करोड़ रुपए की बाकी राशि के लिए चैक बैंक में लगाया तो वह लौटकर वापस आ गया कि पाठ्य पुस्तकों को लेनेवाली कंपनी के.आर.एफ. ने चैक का भुगतान करने से मना कर दिया। जब दोबारा चैक बैंक में डाला गया तो के.आर.एफ. कंपनी के खाते में आवश्यक धनराशि नहीं थी। मेरी मुवक्किल कंपनी ने मेरे द्वारा यह मुकदमा एन.आई. अधिनियम, 1881 की धारा 138 के अंतर्गत मुख्य न्यायिक दंडाधिकारी तीस हजारी न्यायालय के यहाँ दायर करवा दिया। उच्चतम न्यायालय के निर्णय एवं आदेश के अनुसार धारा 138 के अंतर्गत चैक अमान्य का मुकदमा छह महीने की अवधि में निबट जाना चाहिए। पर छह महीने में तो सभी अभियुक्तों को वाद की प्रतिलिपि ही प्रेषित नहीं हो पाई, जो न्यायालय के माध्यम से होनी चाहिए थी। फिर अभियुक्त पक्ष में

से एक वित्त प्रबंधक कंपनी छोड़कर चले गए तथा मुख्य महिला अभियुक्त कंपनी की प्रबंध निदेशक 80 वर्ष की वृद्ध महिला थी। उन्होंने न्यायालय से खराब स्वास्थ्य आदि के कारण कई स्थगन माँगे, जो मेरे विरोध के बावजूद मिलते गए। इसी बीच उनकी मृत्यु हो गई। अब उनका युवा पुत्र ही मुख्य अभियुक्त था। वह भी विदेश यात्रा आदि कारणों से समय माँगता रहा और मेरे विरोध करने पर भी न्यायालय स्थगन देता गया। अंत में जब मैंने कड़ा विरोध किया तो मुझे विलंब के लिए न्यायालय ने विरोधी पक्ष से पाँच हजार रुपए खर्च बाबत दिलवाए। इसी बीच कोविड महामारी आ गई। दिल्ली में तो हाहाकार मच गया। फिर तीस हजारी तो एशिया का सबसे बड़ा अधीनस्थ न्यायालय परिसर है, जहाँ प्रायः 500 न्यायालय एक साथ चलते हैं। हजारों एडवोकेट हैं तथा प्रतिदिन करीब एक लाख व्यक्ति तीस हजारी न्यायालय परिसर में आवागमन करते हैं। अतः मुकदमा खिंचता गया। कोविड महामारी शांत होने पर एक महिला मुख्य न्यायिक दंडाधिकारी ने कड़ाई से आदेश करते हुए अभियुक्त पर अभियोग लगा दिए। इसके बाद हमारे साक्षियों से पूछताछ हुई तथा तर्का-तर्की हुई। उनकी ओर से मुख्य अभियुक्त को पेश करके उनका पक्ष रखा गया। हमारी ओर से भी तर्क-वितर्क हुआ और अंत में दोनों पक्षों के अधिवक्ताओं ने सारगर्भित ढंग से अपने पक्ष प्रस्तुत किए। यह करते-करते लगभग पाँच वर्ष का समय गुजर चुका था, जबकि दीवानी प्रक्रिया संहिता 2002 के ऑर्डर, नियम (रूल) में यह प्रावधान है कि मुकदमे में किसी एक पक्षकार को तीन से अधिक स्थगन (एडजर्नमेंट) नहीं दिए जा सकते हैं। पर न्यायाधीश कानून की सीट पर बैठकर ही इस कानून की धज्जियाँ उड़ाते हैं। इसमें तथाकथित नोबेल पेशवाले अधिवक्तागण मुख्य दोषी हैं। निरीह एवं परेशान जनता इसकी बहुत बड़ी शिकार है। पर जनता की कौन सुनता? प्रत्येक पेशा भारत में स्वयं को दूसरे अधिक शक्तिशाली एवं श्रेष्ठ समझता है तथा इसको सामाजिक रूप में प्रदर्शित करने की देश में अंध एवं घातक प्रतियोगिता लगी हुई है।

अंत में मेरा मुवक्किल जीत गया, पर विरोध पक्ष ने उच्च न्यायालय में अपील कर दी, पर अपील करने से पूर्व उसे 30% धनराशि न्यायालय में जमा करनी पड़ी अर्थात् करीब पचास लाख रुपए।

मैं वकालत छोड़ना चाहता था, क्योंकि वकालत में फीस का लोभ अंतहीन होता है तथा मुकदमे वर्षों चलते हैं। मैं अपने मुवक्किल को भी गलतफहमी में नहीं रखना चाहता था कि मैं उनके मुकदमे करता रहूँगा। कोरोनाकाल में मुझे अपने गृह क्षेत्र झाँसी आकर रहने का अवसर प्राप्त हो गया। मैंने नए-नए मुकदमे लेना बंद कर दिया तथा चलते हुए मुकदमों को निपटाने की रणनीति में संलग्न हो गया, यद्यपि यह मुझसे अधिक न्यायालय पर निर्भर करता था। फिर भी मेरे विधि कर्म में हमारे साझीदार और

अन्य कनिष्ठ अधिवक्ता थे, पर मुवक्किल अपने मुकदमा में वकील की व्यक्तिगत रुचि, ध्यान एवं परिश्रम की आशा से उसे मुकदमे सौंपता है, जो उसके लाभ, हानि और भविष्य से जुड़ा होता है। खैर, मैंने मुवक्किलों को एक-दो मुकदमों में नए अधिवक्ता करवा दिए तथा कुछ बाकी मुकदमों में तारीख पड़ने पर दिल्ली जाने का क्रम जारी रखा। फिर दिल्ली में मेरे दोनों लड़के रह रहे थे तथा अपनी पौत्रियों तथा पौत्र से हमारा बहुत जुड़ाव हो गया था, पर हमें उन्हें और स्वावलंबी बनाने के लिए दिल्ली छोड़ना आवश्यक था। साहित्य के क्षेत्र में मुझे आशानुकूल सफलता प्राप्त हो रही थी, जिसका संक्षेप में वर्णन मैं अंतिम अध्याय में करूँगा, क्योंकि अब इसके बाद न तो पाठकों को मेरी आत्मकथा पढ़ने का धैर्य शेष रह जाएगा, क्योंकि उन्हें यह सत्य आत्मकथा मेरी आत्मप्रवंचना प्रतीत होगी। मैं झाँसी आ गया, ताकि हम पति-पत्नी वानप्रस्थ का जीवन व्यतीत कर सकें तथा झाँसी के समाज के उन्नयन में अपना योगदान दें, क्योंकि दिल्ली या नोएडा महानगरों में दैनंदिन आपाधापी तथा आर्थिक संपन्नता के मध्य किसी को दूसरे की, विशेषत: बुजुर्गों की कहानी और सलाह सुनने का अवकाश नहीं है।

मैंने वकालत छोड़ दी, क्योंकि मुझे जीवन में अन्य और महत्त्वपूर्ण कार्य करने थे। उनमें मुख्य था साहित्य सृजन, समाज सेवा एवं सलाहकार का कार्य, जो आसान एवं आरामदायक था तथा जिसमें केवल मेरी बुद्धि का प्रयोग होता था, अदालत की भागदौड़ नहीं थी।

मुझे अपनी मातृ प्रशिक्षण संस्थान लाल बहादुर शास्त्री राष्ट्रीय अकादमी, मसूरी के राष्ट्रीय प्रशासनिक शोध संस्थान में भूमि-सुधारों पर बाँग्लादेश आदि विदेशों के अतिथियों को भाषण देने तथा गोष्ठियों में विचार-विनिमय के लिए पाँच-छह बार बुलाया गया। मेरे आई.ए.एस. के सेवाकाल में कोई दाग, धब्बा न होने के कारण मेरा नाम केंद्र सरकार के उपक्रमों की सलाहकारों की सूची में आ गया। मुख्य सतर्कता आयोग भारत सरकार तथा प्रोजेक्ट इंजीनियर्स इंडिया लिमिटेड (इंडिपेंडेंट एक्सटर्नल मॉनीटर) ने मुझे आई.ए.एम. नियुक्त कर दिया अर्थात् उनके जो भी कार्य या ठेके होंगे, उन पर मेरी राय ली जाएगी, ताकि वह विधि, पर्यावरण आदि के दृष्टिकोण से बाद में बाधित न हों। यह कार्य तीन चार वर्ष चलता रहा तथा मेरे परिश्रम, ईमानदारी तथा ठीक-ठीक विश्लेषण एवं सलाह के कारण मुझे विभिन्न केंद्र सरकारी उपक्रमों से सलाह के लिए प्रस्ताव आने लगे। उनमें चार भ्रष्ट आचरण से संबंधित जाँचें थीं, जिनमें से तीन अन्य एक केंद्र सरकारी उपक्रम की थीं। मुझे दु:ख रहा कि उन्हीं महाप्रबंधक के विरुद्ध मुझे अपनी जाँच-आख्या देनी पड़ी, जो इंजीनियर इंडिया प्रोजेक्ट लिमिटेड में मुझे सलाह के लिए आमंत्रित करते थे, पर वे यह स्पष्ट जानते थे कि मैं केवल और केवल सत्य और न्याय पर आधारित आख्या दूँगा। अत: कोई द्वेष भावना नहीं

आई। इसके बाद मुझे राष्ट्रीय ताप विद्युत् कॉरपोरेशन (एन.टी.पी.सी.) में तीन-चार माध्यस्थम करने का अवसर मिला तथा एन.बी.बी.सी. तथा बी.एच.ई.एल. माध्यस्थम (आर्बिट्रेशन) में भी मैंने माध्यस्थम के मामले निबटाए। गेल एवं ओ.एन.जी.सी. में उनके अधिनियमों के अंतर्गत सुलह कराने का अवसर प्राप्त हुआ। सभी उपक्रमों में, यद्यपि नीचे अधिकारियों की असहमति रही, पर उनके निदेशक मंडल ने मेरी सिफारिशों को स्वीकार कर लिया। मेरा लंबा अनुभव था, जबकि नीचेवाले अधिकारी अपने उपक्रम के हित में ही सोचते थे, चाहे वह विधिसम्मत न हो तथा उच्चतम न्यायालय के नवीनतम निर्णयों के विरुद्ध हो। यहाँ भी मेरा विधि-ज्ञान काम आया। मेरी ख्याति फैलती गई और साथ-साथ आमदनी भी हुई। मुझे सरकार एवं सरकारी संस्थाओं से अपार स्नेह, समर्थन तथा सहायता मिली। हमारी रोजी-रोटी सरकार से ही चली, चाहे वह प्रारंभ में उत्तर प्रदेश सरकार हो, तदंतर केंद्र सरकार और बाद में पश्चिम बंगाल सरकार हो। आई.ए.एस. की सेवा शर्तें तथा विकासमूलक जिम्मेदारी केंद्र सरकार की है। मैंने निश्चय कर लिया था कि जैसा हमारी सेवा के विषय में केंद्र सरकार तय करेगी, मैं उसी राह पर चलूँगा, क्योंकि मेरा आई.ए.एस. समूह में कोई समर्थक लॉबी नहीं थी। केंद्र सरकार एक-एक करके सभी आई.ए.एस. अधिकारियों को विदेश भ्रमण तथा विदेशी प्रशिक्षण का अनुभव सुनिश्चित करती है। भारत में मैंने प्रायः दस-एक या दो सप्ताह के प्रशिक्षण कार्यक्रम में सहभागिता की। तब मेरे ज्ञान चक्षु खुल गए कि ज्ञान, अनुभव, तकनीकी में नए क्षेत्रों का विशाल आयाम है, जबकि एक तरह से हम नौकरी करते-करते कूपमंडूक की भाँति अपने अनुभवों एवं अधकचरी विचारधारा को सर्वोत्तम मान लेते हैं। मुझे भारतीय प्रबंध संस्थान, अहमदाबाद में दो तथा भारतीय प्रबंध संस्थान बेंगलुरु में तथा भारतीय प्रबंध संस्थान, कोलकाता में एक-एक प्रशिक्षण कार्यक्रम में जाने के बाद पता चला कि प्रत्येक प्रबंधक या सरकारी सेवक को संगठन के लक्ष्य के साथ स्वयं को आत्मसात् कर लेना चाहिए, इसमें ही उसका व्यक्तिगत तथा उसके संगठन का हित है। जैसे निजी संस्थानों या कंपनियों का उद्देश्य अधिक-से-अधिक लाभ अर्जित करना है, वहीं दूसरी ओर सभी सरकारी कार्यालयों, नौकरशाहों, विभागों या मंत्रालयों का मुख्य उद्देश्य जनकल्याण ही है। जनता ही उनकी अंतिम मालिक है। इसी प्रकार हैदराबाद में प्रशासनिक स्टाफ, कॉलेज, भारत तथा डॉ. चेन्नारेड्डी मानव संस्थान विकास संस्थान में कंप्यूटर सीखने तथा विभिन्न केंद्रीय प्रशासनिक विभागों तथा राज्य सरकारों की सफलता एवं असफलता पर प्रकरणों का अध्ययन एवं तर्क-वितर्क करने का अवसर प्राप्त हुआ। दिल्ली स्थित सर्व भारतीय प्रबंध संगठन संस्थान (आइमा), भारतीय लोक सेवा संस्थान (आई.आई.पी.ए.) तथा राष्ट्रीय स्वास्थ्य एवं परिवार नियोजन संस्थान में प्रबंधन पर विशेष सूत्र एवं व्यावहारिक उदाहरणों

के अध्ययन करने का अवसर प्राप्त हुआ। इसी प्रकार उत्तर प्रदेश राज्य प्रशासनिक प्रशिक्षण संस्थान, नैनीताल, आसाम राज्य प्रशासनिक प्रशिक्षण संस्थान, गुवाहाटी में भी उस राज्य की प्रशासनिक विशेषताओं का अध्ययन एवं विश्लेषण करने का सुनहरा अवसर प्राप्त हुआ। राष्ट्रीय विधि विद्यालय (एन.एल.एस.आई.यू.) बेंगलुरु में भी एक सप्ताह प्रशासनिक विधि में प्रशिक्षण प्राप्त किया। वहाँ प्रशासनिक विधि में मेरी पहुँच देखकर प्रवक्ता दंग रह गए। प्रोफेसर अग्रवाल जब संघ लोक सेवा आयोग के अध्यक्ष थे तब उन्होंने दो-तीन वर्ष मुझे सिविल सेवा के साक्षात्कार बोर्ड का सदस्य बनाया। बाद में मैं कुछ आई.ए.एस. के निजी प्रशिक्षण संस्थानों जैसे ओनली आई.ए.एस. के साक्षात्कार बोर्ड का अध्यक्ष रहा। □

मेरी साहित्य-यात्रा

साहित्य सृजन मेरी अभिरुचि थी, जो समयांतर में मेरा पेशा बन गई, जब मुझे सन् 1980 में मेरे प्रथम उपन्यास 'बेतवा की कसम' पर 700 रुपए रॉयल्टी प्राप्त हुई। तदंतर पुस्तकों तथा लेखों से रॉयल्टी मिलने लगी तथा पुरस्कार और समाज में नाम भी। मूल रूप से साहित्य की मैं स्वांतः सुखाय रचना करता था, क्योंकि भारतीय प्रशासनिक सेवा में कार्यरत होने के कारण आजीविका सुनिश्चित हो गई थी, जबकि साहित्यकारों को उसके लिए संघर्ष करना पड़ता है। यही कारण था कि मैं अपने साहित्य विशेषतः उपन्यासों की समालोचना का आदर करता था तथा अपने लेखन में सुधार का निरंतर प्रयत्न करता था। यद्यपि पूरे दिन अंग्रेजी में कलम घिसते तथा बांग्ला या अंग्रेजी में बात करते हुए हिंदी पारिभाषिक शब्दों के निरंतर सहारे रहता था, पर इस आत्मकथात्मक कृति तक आते-आते मेरा साहित्यिक भाषा पर अधिकार हो गया है तथा मैं जो लिख रहा हूँ, वह मैंने वास्तव में जिया है। आत्मा से निकले विचार या अनुभव में भाषा का स्वतः प्रवाह हो जाता है। इसी अनुभव के प्रकटीकरण के कारण मैं गद्गद हूँ। जहाँ प्रथम मुझे वाराणसी के साहित्यकारों ने कृष्णचंद्र बेरी के सामीप्य के कारण मुझे सराहा, वहाँ प्रयागराज के साहित्यकारों ने मुझे अपना ही लिया। वस्तुतः प्रयागराज मेरा दूसरा घर है। यह कार्य मुझसे अधिक मेरे प्रकाशकगण करते थे। उनका लेखक यदि लोकप्रिय होता है तो उनका साहित्य बिकता है। मैंने प्रकाशकों से रॉयल्टी के लिए कभी सौदेबाजी नहीं की। मैं साहित्यकारों से नियमित मिलता रहता था। तत्कालीन इलाहाबाद में नरेश मेहताजी ने लिखा—"प्रमोदजी के पास अनुभवों का वैविध्य है तथा उन सब को रचनात्मक स्वरूप दे देने का उत्साह भी है।" फिर सन् 1992 में मैं प्रथम बार हिंदी के अग्रगण्य समीक्षक डॉ. नामवर सिंह से कोलकाता में मिला। वे मेरे अंग्रेजी में भूमि-सुधारों पर प्रकाशित शोध-प्रबंध से अति प्रभावित हुए एवं मेरे लेखन में कमियाँ निकालकर मेरा पथ-प्रदर्शन करते रहे तथा मुझे निरंतर लिखने के लिए प्रेरणा देते रहे। नामवर सिंह जैसी साम्यवादी लेखक

ने मुझे सलाह दी—"भारत में साहित्यकार की घंटी तब तक नहीं बजती, जब तक वह अपने धर्म और संस्कृति (राम और कृष्ण) पर न लिखे। उन्होंने राधा पर लिखने के लिए मुझे एक अलभ्य काव्य ग्रंथ दिया।" उन्होंने मेरे उपन्यास 'प्रकाश के पुरोवाक्' में लिखा—"आज के दौर में यदि कुछ लेखक अपवादस्वरूप दिखाई पड़ते हों तो उन्हीं में एक डॉक्टर प्रमोद कुमार हैं। मेरा विचार है कि हिंदी उपन्यास के क्षेत्र में कुछ नवीन पहलुओं का स्पर्श कर रहे हैं।" प्रसिद्ध बांग्ला लेखिका महाश्वेता देवी ने दैनिक हिंदुस्तान में लिखा—"प्रमोद कुमार अग्रवाल की निगाह में हमेशा आम आदमी का जीवन होता है और उसके जीवन को बेहतर करने की कामना होती है। उनकी चिंता यह भी है कि परिवार को, देश को टूटने से कैसे बचाया जाए?" मैंने अपने जिला प्रशासन के कार्यकाल में अनुभव किया कि सांप्रदायिक विद्वेष सबसे प्रमुख समस्या है। अत: मैंने उपन्यास 'आवेश के कदम' हिंदू मुसलमान एकता पर लिखा, जबकि केरल जैसे प्रांतों में हिंदू-ईसाई एकता पर 'चित्रा' उपन्यास प्रकाशित किया। इसी प्रकार जब मैंने लोक सेवा कार्यालयों में कर्म-संस्कृति की कमी पाई तो मैंने अभिप्रेरण (मोटिवेशन) पर शोध करके अंग्रेजी में अभिप्रेरण के लिए गणितीय सूत्र की खोज की। फिर मैंने ध्यानपूर्वक देखा कि कार्यालयों के कर्मी या सेना में सैनिक तब तक प्रेरित नहीं हो सकते, जब तक उनके परिवार के सदस्य या समाज उन्हें कर्म-संस्कृति की ओर न प्रेरित करें। अत: मैंने पूरे समाज के लिए लितक के पश्चात् कर्म को केंद्र बिंदु में रखकर 'भगवद्गीता : नाट्य रूप' का प्रणयन किया। इसी प्रकार जब जो समस्या भारतीय समाज में मुख्य रूप से उठती है, मैं उसका स्थायी हल पुस्तक के रूप में प्रस्तुत करता हूँ, जैसे पर्यावरण प्रदूषण, विलंब पद्धति प्रक्रिया, संवैधानिक भ्रम, भ्रष्टाचार आदि। फिर भी मैं अपनी बढ़ती उम्र में स्वयं साहित्य का अध्येता ही बना रहा। वर्ष 2015 में मैंने हिमांशु जोशी से कहानी लिखना सीखा। हिमांशु जोशीजी ने मुझे समझाया, "अपने लिखे हुए को बार-बार पढ़ो और सुधारो। आप से जो निकले, उसमें कोई कलम न लगा सके। कहानी वही है, जो किसी को हँसा सके या रुला सके। पाठक को कहानी या उपन्यास के पात्रों के साथ आत्मसात् हो जाना चाहिए।"

मैंने सब समय समाज के ओत-प्रोत से संपर्क में रहने के लिए अपने जन्मस्थान के पास एक दो एकड़ का फार्म हाउस अर्थात् उद्यान बनाया। वहाँ सभी स्थानों से लाकर विशेषत: पश्चिम बंगाल से फूलों के पेड़ लगाए, ताकि मुझे जमीन संबंधी मामलों का वास्तविक अनुभव हो और वहाँ रहकर मैं साहित्य-साधना भी कर सकूँ। मैं भी इस जमीन के कारण अपने साझीदार के लालच के कारण एक लंबी कानूनी लड़ाई में फँस गया। अत: भारत में जमीन रखना आसान नहीं है। फिर मैंने पाया कि बिना वित्तीय लेन-देन के समाज का वास्तविक अनुभव नहीं होता। अत: मैंने अपने उद्यान

में वृक्ष लगाने के लिए प्लास्टिक की काली थैली का सूक्ष्म उद्योग लगाया, जिसने आसपास की प्रायः दो सौ पौधशालाओं को जीवनदान मिला और वे देश के विभिन्न कोनों में अपनी पौध भेजने लगे। इस प्रकार मैं सेवानिवृत्ति के बाद पूरा व्यस्त रहता, समाज का अनुभव करता, समाज सुधार के लिए प्रयास करता और साहित्य-सृजन करता। अपने इस चौथे कामकाज का वर्णन विस्तार से मैंने अपने उपन्यास 'साकार होते सपने' में किया है।

सेवानिवृत्ति के पश्चात् जब व्यक्ति को कुछ नहीं मिलता, तब मेरे पास पुरस्कारों तथा सम्मानों की झड़ी लग गई। मैं साहित्यकार संसद् इलाहाबाद द्वारा दो बार सम्मानित हुआ। साहित्य मंडल नाथद्वारा राजस्थान ने मुझे सन् 2010 में हिंदी प्रचारक शताब्दी सम्मान दिया। दिसंबर 2014 में भारतीय हिंदी परिषद्, प्रयाग तथा बुंदेलखंड विश्वविद्यालय द्वारा बुंदेलखंड गौरव सम्मान प्राप्त प्रदान किया। मेरा सपना उस दिन साकार हुआ, जब हिंदी साहित्य सम्मेलन प्रयाग द्वारा 2017 में मुझे 'साहित्य महोपाध्याय' की उपाधि से विभूषित किया गया। मैं मुख्य समारोह में उपस्थित न हो सका, क्योंकि मुझे जब सूचना मिली, मैं हैदराबाद और औरंगाबाद की यात्राओं पर था। मेरा नाम डॉ. रामकिशोर शर्मा की 'हिंदी साहित्य का समग्र इतिहास' में भी उपन्यासकार के रूप में उल्लेखित हुआ है।

साहित्य भूषण पुरस्कार

झाँसी में मैं प्रतिदिन अपने प्राक्तन राजकीय इंटर कॉलेज के विशाल मैदान में घूमने जाता हूँ। जब 3 जुलाई, 2022 को घूमकर लौट रहा था तो मेरे आत्मीय बुंदेलखंड के निवासी और नूतन कहानियों के संपादक सुरेंद्र अग्निहोत्री की मोबाइल पर घंटी बजी। उन्होंने मुझे चिर-प्रतिक्षित सूचना दी कि उत्तर प्रदेश हिंदी संस्थान से साहित्य भूषण पुरस्कार, 2021 की घोषणा हो गई है और सरकारी विज्ञप्ति उनके पास है, जिसके अनुसार मुझे वर्ष 2022 का साहित्य भूषण पुरस्कार मिला है। मैं तो फेसबुक, गूगल तथा व्हाट्सएप से दूर रहनेवाला व्यक्ति। आज क्या संचार क्रांति है! समाचार वनाग्नि की भाँति फैलता है। मुझे सुखद आश्चर्य हुआ, क्योंकि मैं उत्तर प्रदेश हिंदी संस्थान में व्याप्त भ्रष्टाचार, निरंकुशता, सरकारी हस्तक्षेप एवं अदृश्य संस्था के पक्षपात के विरुद्ध उत्तर प्रदेश लोकायुक्त तक गया था, पर अब उत्तर प्रदेश हिंदी संस्थान के अध्यक्ष मुख्यमंत्री ने अपने विवेक के अंतर्गत संपूर्ण क्षमता ग्रहण कर ली थी। अब मेरे पास उत्तर प्रदेश हिंदी संस्थान के विरुद्ध विधि सम्मत बोलने के लिए कुछ भी नहीं था। मुख्यमंत्री एक विशेष दल का नेता होता है। राजकीय राजकोष उसके विवेकाधीन नहीं है, वह संविधान और विधि के अधीन है। वह जनता का पैसा है, जनता की गाढ़ी

कमाई है और उस पर न्यायपूर्ण ढंग से खर्च करने का ही मुख्यमंत्री और प्रधानमंत्री को अधिकार है। अत: मैं खुश था कि योगी की भाजपा सरकार में कुछ न्यायपूर्ण काम भी हो रहे हैं। मैं नहीं जानता कि उत्तर प्रदेश में या तत्कालीन हिंदी साहित्य के परिदृश्य में मेरी तरह और कितने साहित्यकारों की उपलब्धियाँ हैं। मेरे 14 उपन्यास, 3 कहानी-संग्रह, 5 निबंध-संग्रह, 3 नाट्य रूप, 1 अनुवाद कृति सहित 50 पुस्तकें हिंदी में प्रकाशित थीं तथा रामचरितमानस : नाट्य रूप एवं भगवद्गीता : नाट्य रूप सहित धर्म और संस्कृति पर छह पुस्तकें थीं। राम के नाम पर जीतनेवाला भाजपा दल क्या मेरी उपलब्धियों को अनदेखा कर सकता था? पर सरकार में दायाँ हाथ नहीं जानता कि बायाँ हाथ क्या काम कर रहा है। अंत में न्याय की विजय होती है और मुझे ढाई लाख का पुरस्कार प्राप्त हुआ। इस पैसे के युग में लोग पुरस्कार के नाम से अधिक ढाई लाख का पुरस्कार कह रहे थे। फिर क्या था? बधाइयों का ताँता लग गया। मेरी धर्मपत्नी उषा भी प्रसन्न हुई, क्योंकि हम दोनों की वर्षों की तपस्या और कड़ी मेहनत के पश्चात् आशानुकूल पुरस्कार मिला। मेरे बरुआसागर में तो खुशी की लहर दौड़ गई। स्थानीय पत्रकारों ने अपनी पहुँच के अनुसार स्थानीय एवं राष्ट्रीय समाचार-पत्रों में मेरी साहित्यिक उपलब्धियों के विषय में समाचार छपवाए एवं टेलीविजन चैनलों पर भी यह समाचार खूब चला। यद्यपि मेरे अतिरिक्त 15 लोगों को भी साहित्य भूषण पुरस्कार मिला था, पर दूसरों के विषय में शायद समाचार-पत्रों एवं टेलीविजन चैनलों के पास अधिक लिखने या बोलने के लिए नहीं था। किसी साहित्यकार की एक-दो कृतियाँ थीं तो वाराणसी के एक साहित्यकार की तो एक भी कृति प्रकाशित नहीं थी। उनकी कुल योग्यता थी कि वह उत्तर प्रदेश के ही नहीं, भारत के संस्कृत और हिंदी के विद्वान् लेखक के छोटे भाई थे और प्रधानमंत्री के संसदीय क्षेत्र वाराणसी के निवासी थे। शायद उन्हें पुरस्कार देकर प्रधानमंत्री को कुछ और मत मिल जाएँ। पर शायद जनता के सामने पक्षपात प्रकट होने पर उससे अधिक वोट कम भी हो जाएँ। मेरा जीवन में विश्वास और दर्शन दृढ़ होता गया कि मैं अपने विद्यार्थी जीवन की भाँति उस श्रेणी में ही स्वयं का निर्माण करूँगा कि पक्षपात से कटते-कटते भी मैं पुरस्कार की श्रेणी में आ जाऊँगा। हुआ भी यही। सरकार के पास सभी निर्णयों के लिए तर्क होता है। फिर फालतू सरकारी फौज किसलिए है? किसी को पुरस्कार प्रदान करने के लिए अधिक उम्र का कारण है तो दूसरे के लिए उसकी दलित जाति या अवहेलित वर्ग है। यही नाटक पद्म पुरस्कारों सहित सभी पुरस्कारों में होता है।

मुझे साहित्य भूषण पुरस्कार प्राप्त होने पर इतनी बधाइयाँ मिलीं, जो कि मेरी कल्पना के बाहर थीं। कोई मेरे अग्रवाल होने से खुश था तो कोई मेरे साथ पढ़ा था, कोई मेरे नगर से संबंधित था अथवा कोई मेरा सगा-संबंधी था। सभी का अपना-

अपना खुश होने, गर्व करने का कारण था। यहाँ तक कि आई.ए.एस. अधिकारियों ने भी बधाइयाँ भेजीं। आई.ए.एस. भारत का शक्तिशाली संगठन है। यदि उसके सदस्य अपने वर्ग के बाहर हावी हो जाएँ तो इससे बड़ी क्या बात? कुछ लोगों ने ईर्ष्यावश चुप्पी साध ली थी, क्योंकि उन्होंने समझ रखा था कि नौकरी से अवसान ग्रहण करने से जीवन का अवसान हो जाता है। वह नहीं समझते कि नौकरी से छुटकारा पाने पर नया सूर्योदय हो सकता है तथा वे अपने स्थान पर रहकर देश और समाज के लिए पूर्ववत् योगदान कर सकते हैं। मेरा मोबाइल बधाइयों से भर गया तथा मुझे तुरंत ही उसे खाली करके उसको स्वस्थ बनाना पड़ा। इस कारण मैं कई बधाई संदेश न पढ़ सका। व्यक्ति अपनी प्रशंसा में जितना कम सुने-पढ़े, उतना ही उत्तम है, ताकि उसमें अहं न प्रवेश करे। उसकी उपलब्धि तो अक्षुण्ण है, वह यदि रिस-रिसकर आए तो और भी उत्तम है, पर मेरी नातिनें तथा नाती मेरी उपलब्धि को पूरी तौर से न समझ सके, जो मेरे सर्वप्रिय हैं। मुझे उनसे जबरदस्ती बोलकर बधाइयाँ लेनी पड़ीं।

हिंदी में साहित्य एवं इतर साहित्य पर मेरी 52 से अधिक पुस्तकें हिंदी के प्रतिष्ठित प्रकाशकों से प्रकाशित हैं तथा 500 से अधिक लेख प्रकाशित हो चुके हैं। वर्ष 2021 में मेरा सर्वश्रेष्ठ ऐतिहासिक उपन्यास 'झाँसी की वीरांगना' प्रकाशित हुआ, जिसको साहित्यिक मनीषियों ने सराहा है। इस प्रकार मेरे द्वारा हिंदी पुस्तकों में कुल 8237 पृष्ठ प्रकाशित हैं, जिनमें 36.8 लाख शब्दों ने स्थान पाया है। मैं अंग्रेजी में भी पुस्तकें लिखता रहा तथा विभिन्न पत्र-पत्रिकाओं में लेख प्रकाशित कराता रहा। अंग्रेजी पत्रिका 'ब्यूरोक्रेसी टुडे' में तो तीन-चार वर्षों मेरा कॉलम ही प्रकाशित होता था। अंग्रेजी में कुल 5023 प्रकाशित पृष्ठ हैं, जिनमें मैंने 20 लाख अंग्रेजी शब्दों को लड़ी में पिरोया है। इस प्रकार मैंने लगभग 56.8 लाख शब्दों की माला बनाई है और अक्षर ब्रह्म की सेवा की है। अब तक आंग्ल भाषा में मेरी 21 पुस्तकें प्रकाशित हो चुकी हैं।

पर हिंदी मेरी मातृभाषा है। मातृभाषा का कोई भाषा स्थान नहीं ले सकती। हिंदी से मुझे प्रेम है, अंग्रेजी में मैं इसलिए लिखता हूँ, ताकि मातृभाषा में पढ़ने-लिखने वालों को अंग्रेजी पुस्तकों के लिए न भटकना पड़े तथा विदेश में रहने वाले आप्रवासी भारतीय भारत की सांस्कृतिक एवं सामाजिक प्रगति से जुड़े रहें। मुझे खुशी है कि मेरी लिखी 'भगवद्गीता : नाट्यरूप' अमरीका सहित 60 देशों में प्रसारित है। इसी क्रम में मैं हिंदी में त्रैमासिक पत्रिका 'वैश्विक साहित्य' का संपादन करीब ग्यारह वर्षों से कर रहा हूँ, जिसने हिंदी साहित्य के क्षेत्र में अपना विशेष स्थान बना लिया है। मेरे साहित्य पर दो प्रकाशित कृतियाँ हैं—डॉ. विजयानंद द्वारा संपादित 'प्रमोद कुमार अग्रवाल : व्यक्ति रचनाकार एवं शोध-प्रबंध' ('प्रमोद अग्रवाल के साहित्य का विवेचन')। मेरी पुस्तक 'भारत का संविधान' के लिए मुझे विधि एवं न्याय मंत्रालय, भारत सरकार से पुरस्कार

मिला तथा राजधर्म पर आधारित 'चित्रकूट में राम-भरत मिलाप' कृति पर सन् 2020 में उत्तर प्रदेश हिंदी संस्थान, उत्तर प्रदेश सरकार से पुरस्कार प्राप्त हुआ। मैं आज भी नियमित साहित्य सृजन करता हूँ तथा आगे भी करता रहूँगा। साहित्य अनंत है। मैं तो साहित्य-समुद्र के किनारे पड़ी हुई अल्प रेत को उठाकर उससे घरौंदा बनाने का प्रयत्न कर रहा हूँ, पर चिर आकांक्षित घरौंदा अभी भी नहीं बन पाया है, लेकिन प्रयास जारी है और अंत तक जारी रहेगा। मैं तो साहित्य के समुद्र में एक कंकड़ फेंक पाया, जो समुद्र में कुछ हलचल उत्पन्न करके विशाल जलराशि में समा गया।

□□□